国家示范性高等职业院校重点建设专业教材

Haishang Huowu Yunshu

海上货物运输

（航海技术专业）

主　编　陈福金
主　审　郑榕华［福州佳信船务有限公司］

人民交通出版社

内容提要

本书是国家示范性高等职业院校重点建设专业教材。全书共十二章，内容包括：船舶货物基础知识、船舶载货能力、船舶稳性、船舶吃水差、船舶强度、包装危险货物运输、杂货运输、集装箱运输、固体散装货物运输、散装谷物运输、散装液体货物运输和实践操作。其中第十二章特为加强学生实践能力，适应实践评估而编，内容有杂货船、集装箱船、散装船积载和校核舱面货物单元的系索强度等。并在每章后附根据海船船员适任证书全国统考试题库中的考题形式和内容编写的练习题，帮助学生有针对性地进行自学和备考。

本书可用作高职高专院校航海技术专业和相关的海事管理专业、集装箱运输管理专业和报关与国际货运专业的教材，或用作无限、近洋或沿海航区 500～3000 总吨或 3000 总吨及以上海船驾驶员考证培训教材，也可供船员或港航有关人员自学参考。

图书在版编目（CIP）数据

海上货物运输/陈福金主编. —北京：人民交通出版社，2009.9

ISBN 978-7-114-07951-1

Ⅰ.海… Ⅱ.陈… Ⅲ.海上运输：货物运输－高等学校：技术学校-教材 Ⅳ.U695.2

中国版本图书馆 CIP 数据核字（2009）第 153491 号

国家示范性高等职业院校重点建设专业教材

书　　名：海上货物运输
著 作 者：陈福金
责任编辑：张　淼
出版发行：人民交通出版社
地　　址：(100011)北京市朝阳区安定门外外馆斜街 3 号
网　　址：http://www.ccpress.com.cn
销售电话：(010)59757973
总 经 销：人民交通出版社发行部
经　　销：各地新华书店
印　　刷：北京鑫正大印刷有限公司
开　　本：787×1092　　1/16
印　　张：17
字　　数：414 千
版　　次：2009 年 9 月第 1 版
印　　次：2020 年 7 月第 6 次印刷
书　　号：ISBN 978-7-114-07951-1
定　　价：42.00 元

序

2006年是中国高等职业教育的春天。这一年,我国教育部、财政部启动了国家示范性高等职业院校建设计划,高等职业教育首次被定性为中国高等教育发展的一种类型。时代赋予了高等职业教育非常广阔的发展空间。

2006年也是福建交通职业技术学院发展的春天。同年12月,这所有着140多年办学历史的百年老校,被确定为全国首批国家示范性高等职业院校建设单位。这对学校而言,是荣誉更是责任,是挑战更是压力。

国家示范性院校建设的核心是专业建设,而课程和教材又是专业建设的重要内容之一。如何通过课程的建构来推动人才培养模式的改革和创新?教材编写工作又如何与学校人才培养模式和课程体系改革相结合?如何实现课程内容适合高素质技能型人才的培养?这均是我校示范性建设中的重要命题。

难能可贵的是,3年来,在全体教职员工的不懈努力下,我校8个重点建设专业(6个为中央财政支持的重点建设专业)在实验实训条件建设、师资队伍建设、人才培养模式与课程体系改革等方面,都取得了突破性的进展。

更令人欣慰的是,我院教师历经3年的不断探索和实践,为我院的教材建设作出了功不可没的成绩。一系列即将在人民交通出版社出版的国家示范性高等职业院校重点建设专业教材,就是我院部分成果的体现。在这些教材中,既有工学结合的核心课程教材,也有专业基础课程教材。无论是哪种类型的教材,在编写中,我院都强调对教材内容的改革与创新,强调示范性院校专业建设成果在教材中的固化,强调教材为高素质技能型人才培养服务,强调教材的职业适应性。因为新教材的使用,必须根植于教学改革的成果之上,反过来又促进教学改革目标的实现,推进高职教育人才培养模式改革。

培养社会所需要的人,是我院一直不懈的努力方向,而这些教材就是我们努力前行的足迹。

在这些教材的编写过程中,也倾注了相关企业有关专家的大量心血和辛勤劳动,在此谨向他们表示衷心的感谢!

福建交通职业技术学院院长
福州大学博士生导师

前　言

《海上货物运输》是研究各类货物的海运特性、各类船舶的货运性能、货物在船上装载的基本规律以及编制和实施货物积载计划的程序和方法的一门应用学科。

本书是福建交通职业技术学院国家示范性高职院校建设期间“工学结合、校企合作”的产物，按照海上船舶货物运输实际工作的需要，关注学生实践能力，注重培养严谨的工作态度，本着简明、适用、实用的原则，系统介绍了船舶货物积载的相关知识。

本书由福建交通职业技术学院副教授陈福金船长主编并统稿，福州佳信船务有限公司郑榕华船长主审。陈福金编写第一章至第五章，第七章、第十二章；福建交通职业技术学院黄慧霖船长编写第六章、第八章至第十一章。厦门兴诺信船务有限公司安全培训总管林忠文船长为本书提供了大量的资料，并审阅了部分章节。本书编写过程中，广泛征求了有关教师、行业主管部门和校企合作航运企业的意见，使教材的系统性和实用性更强，在此一并表示衷心的感谢。

由于水平有限，疏漏和不足之处在所难免，欢迎读者批评指正。

编者

2009 年 06 月

目　　录

第一章　船舶货物基础知识

本章概述了与货运有关的船舶知识和货物知识。

重点：船舶重量性能和容积性能、船舶载重线、货物积载因数。

第一节　船舶浮性

浮性是指船舶在一定装载情况下具有漂浮在水面并保持平衡位置的能力。浮性是船舶的基本性能之一，任何船舶都必须具有一定的浮性。

一、船舶的平衡条件

船舶在任何装载情况下，漂浮在水面一定位置时，是一个平衡状态的浮体。这时作用在船上的力有船舶本身的重力以及静水压力所形成的浮力。

作用在船上的重力是由船舶本身各部分的重量所组成的，如船体构件、机电设备、人员行李及货物等的重量。这些重量形成一个铅垂向下的合力，此合力就是船舶的重力 W，重力的作用中心称为船舶的重心 G。

作用在船上的浮力如图1-1所示。当船舶漂浮于水面一定位置时，船体浸水表面的每一点都受到水的静压力，静水压力总是垂直作用在船体表面的，其大小与浸水深度成正比；静水压力的水平分力互相抵消，垂直分力则形成一个铅垂向上的合力，此合力就是船舶的浮力，浮力的作用点称为浮心 B，也就是船舶水线下船体排水体积的中心。

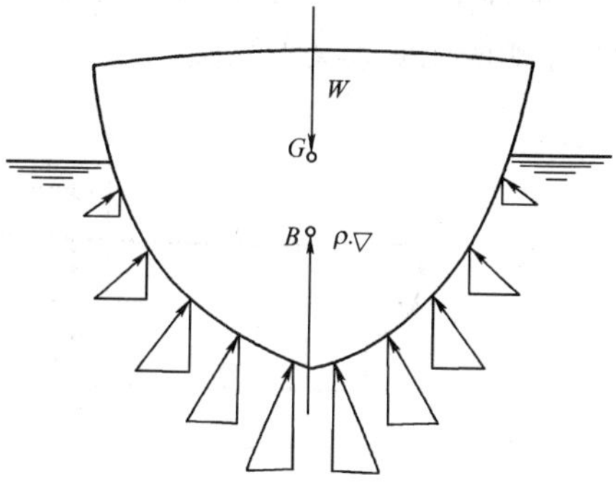

图1-1　作用在船体上的浮力和重力

根据阿基米得定理，物体在水中所受到的浮力等于该物体所排开的水的重量。因此船舶所受到的浮力等于船舶所排开的水的重量，即：

$$\Delta = \rho \cdot \nabla \tag{1-1}$$

式中：Δ——船舶排水量，t；

∇——船舶排水体积，m^3；

ρ——水的密度，t/m^3，淡水 $\rho = 1t/m^3$，标准海水 $\rho = 1.025t/m^3$。

综上所述，船舶静止漂浮于水中一定位置时只受到两个作用力，即作用于重心 G 点并垂直向下的重力 W 和作用于浮心 B 点并垂直向上的浮力 Δ。

船舶的平衡条件是：

（1）船舶的重力与浮力大小相等而方向相反，即：

$$W = \rho \cdot \nabla \tag{1-2}$$

（2）重心与浮心在同一条铅垂线上。

二、船舶的浮态

浮态即船舶漂浮于静水的平衡状态，是指船舶在静水中处于平衡时船与静水平面的相对位置。船舶的浮态有四种：正浮、横倾、纵倾和任意倾（横倾与纵倾兼有）。

船舶的浮态与船舶的重力、浮力及其作用点的位置有关。为了确切表达重心和浮心的位置，一般在船体上建立如图1-2所示的 *oxyz* 直角坐标系。它以船体上三个相互垂直的平面即基平面、中站面和中线面的交点作为原点 *O*，以三个平面之间的交线作为坐标轴，基平面与中线面的交线是 *X* 轴，指向船首为正方向；基平面与中站面的交线是 *Y* 轴，指向右舷为正方向；中线面与中站面的交线是 *Z* 轴，向上为正方向。国外也有的将船舶坐标的原点取在船舶尾垂线与船底基线的交点处，在使用船舶资料时应予以注意。

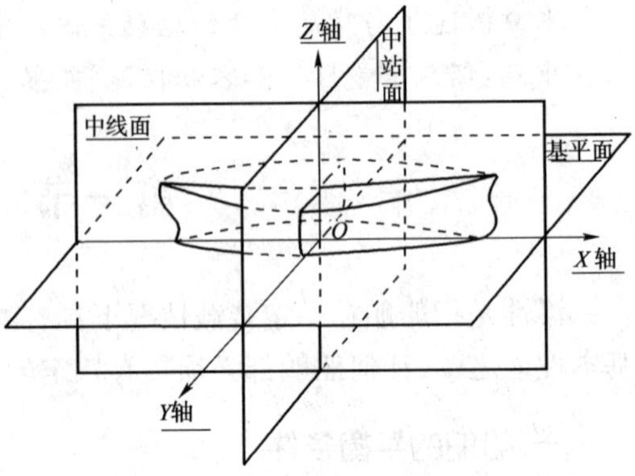

图1-2 船体坐标系

船舶的浮态可以用吃水、横倾角和纵倾角等参数表示，若用坐标值（x_g、y_g、z_g）表示船舶重心 *G* 的位置，坐标值（x_b、y_b、z_b）表示船舶浮心 *B* 的位置，则可将船舶的四种浮态描述如下：

1. 正浮

船体中线面和中站面都垂直于静水面的一种浮态，如图1-3所示，*ox* 轴和 *oy* 轴都是水平的，船舶既无横倾又无纵倾。

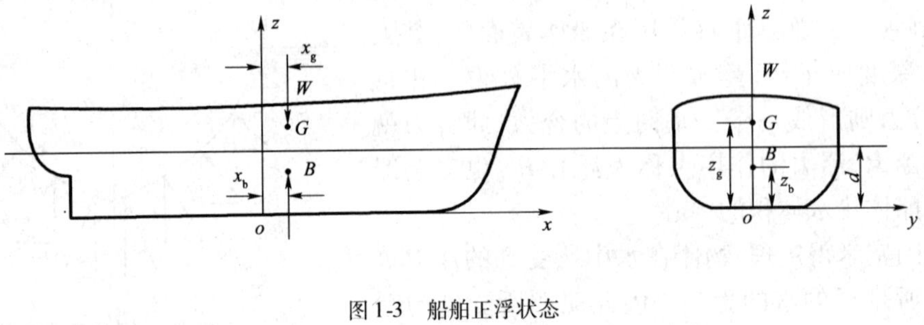

图1-3 船舶正浮状态

2. 横倾

船舶从正浮位置向右舷或左舷方向倾斜的一种浮态，如图1-4所示，*ox* 轴与静水平面平行，*oy* 轴是倾斜的，船体中线面与铅垂面成一角度 θ，此即船舶正浮时的水线面与横倾后的水线面的交角，角度 θ 叫横倾角，船舶横倾的大小用横倾角来表示；横倾有右倾和左倾之分。

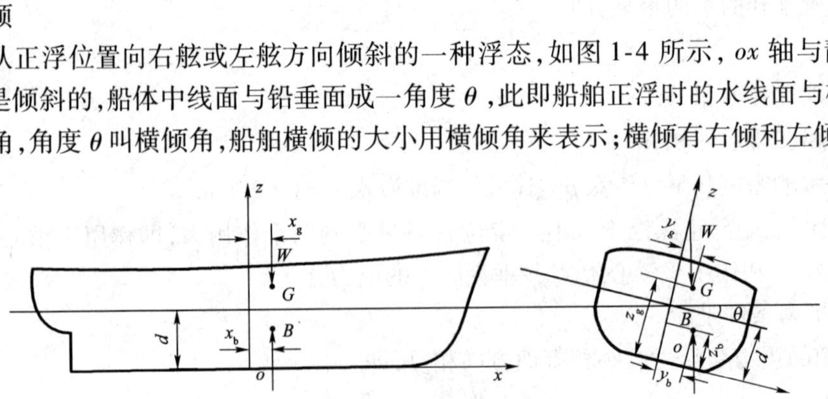

图1-4 船舶横倾状态

3. 纵倾

船舶从正浮位置向船首方向或船尾方向倾斜的一种浮态，如图 1-5 所示，oy 轴与静水平面平行，ox 轴是倾斜的，船体中站面与铅垂面相交成一角度 φ，此即船舶正浮时的水线面与纵倾后的水线面的交角，角度 φ 称为纵倾角。船舶纵倾的大小用纵倾角或首尾吃水差表示，向首部方向的倾斜称为首倾；向尾部方向的倾斜称为尾倾。

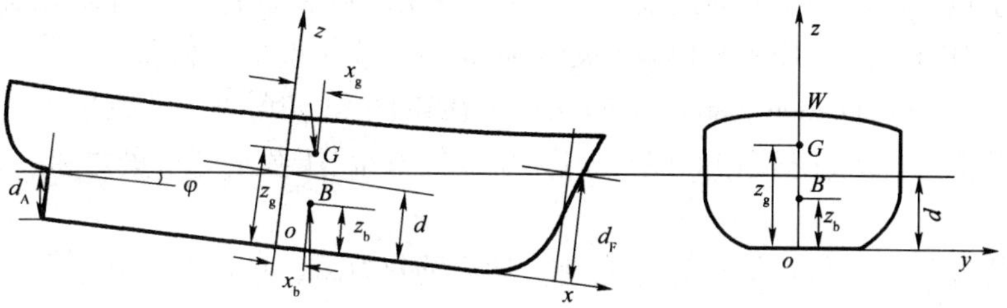

图 1-5　船舶纵倾状态

4. 任意倾

船舶既有横倾又有纵倾的一种状态，如图 1-6 所示，ox 轴和 oy 轴都是倾斜的，船体的中线面与铅垂面成一横倾角 θ，同时中站面与铅垂平面成一纵倾角 φ。

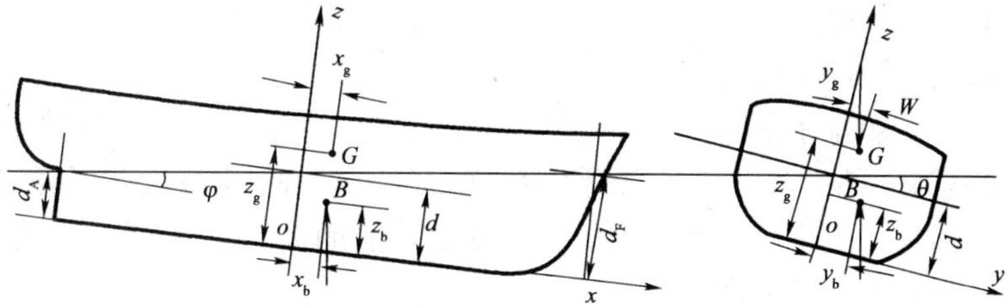

图 1-6　船舶任意倾状态

一般船舶在正常情况下航行应处于无横倾和稍有尾倾的状态，大型船舶过浅水区时通常要求保持平吃水。

第二节　船舶重量性能和容积性能

一、船舶的重量性能

船舶的重量性能包括排水量及载重量。

1. 排水量(Displacement)Δ

排水量是指船舶在静水中处于自由漂浮状态时船体所排开水的重量，它等于该装载状态下船舶的总重量。其计算公式为：

$$\Delta = \nabla \cdot \rho \tag{1-3}$$

式中：Δ——船舶排水量，t；

∇——船体排开水的体积，m^3；

ρ——舷外水的密度，t/m^3。

按照船舶的装载状况的不同，排水量可分为：

(1)空船排水量(Light ship displacement)Δ_L。指船舶装备齐全但无载重时的排水量。空船排水量等于空船重量,包括船体、机器及设备、机器中的燃料及润料、锅炉中的燃料和淡水以及冷凝器中的淡水等重量的总和。新船空船排水量为一定值,相应的吃水为空船吃水,数值可以在船舶资料中查得。

(2)满载排水量(Full loaded displacement)Δ_S。指船舶吃水达到规定的满载水线时的排水量。满载排水量等于船舶满载时的总重量,包括空船重量和货物、燃润料、淡水、压载水、船员及行李、粮食和供应品、船用备品以及船舶常数等各类载荷重量的总和。

(3)装载排水量(Loaded displacement)Δ。指船舶在空载水线与满载水线之间任一吃水下的排水量。其值为该装载状态下空船、货物、航次储备量、压载水等重量之和。

2. 载重量

船舶所能装载的载荷重量称为载重量。载重量分为总载重量和净载重量。

(1)总载重量(Deadweight)DW。指船舶在任一装载吃水时船舶所装载的载荷总重量。总载重量等于该装载状态所包括的所有货物、燃润料、淡水、压载水、船员及行李、备品及船舶常数等重量的总和。其值等于该装载吃水时船舶的排水量与空船排水量的差值,即:

$$DW = \Delta - \Delta_L \tag{1-4}$$

式中:DW——总载重量,t;

Δ——船舶装载排水量,t;

Δ_L——船舶空船排水量,t。

总载重量是随船舶排水量的变化而变化,与航行区域和季节有关。船舶资料中作为船舶主要参数给出的总载重量一般指船舶夏季满载排水量与空船排水量之差,其值为定值,是船舶载重能力的重要指标。通常用来表征船舶大小和统计船舶拥有量,作为签订租船合同及航线配船、订舱配载、船舶配载的依据。

(2)净载重量(Net deadweight)NDW。净载重量是指船舶在具体航次中所能装载货物重量的最大值,与航次储备量和船舶常数有关。其值等于总载重量与航次储备量和船舶常数之差:

$$NDW = DW - \sum G - C \tag{1-5}$$

式中:NDW——净载重量,t;

$\sum G$——航次储备量,t;

C——船舶常数,t。

总载重量表示船舶载重能力的大小;净载重量表示船舶载货重量能力的大小。它们都是海上货物运输管理中计算航次货运量的根据。

(3)航次储备量(Stores)$\sum G$。航次储备量是指船舶在具体航次中为维持正常运输和生活需要必须储备的所有重量的总和。按其构成分为固定储备量和可变储备量。固定储备量包括船员和行李、粮食和供应品及船用备品,这部分重量在储备量中占的比例很小,因此无论航次时间长短,在计算 NDW 时可取一定值。可变储备量包括燃料、润料和淡水,其随航次时间长短及补给方案不同而变化。

(4)船舶常数(Constant)C。船舶经过一段时间营运后的实际空船重量与新出厂时的空船重量之差称为船舶常数。船舶常数可以通过测定求得,其值等于测定时空船排水量(已包含船舶常数)Δ_{L+C}与新出厂时空船排水量 Δ_L 的差值。

船舶常数通常包括以下几部分重量:

①船体、机械等进行定期修理和局部改装而导致的空船重量的改变量。

②船上库存的破旧机件、器材和各种废旧物料的重量。

③货舱内的残留物、垫舱物料及垃圾的重量。

④油、水舱柜及污水井内残留的污油、污水及沉淀物的重量。

⑤船体外附着物如海藻、贝壳等的重量。

船舶常数的大小随以上各项重量的变化而变化，因此不是一个固定值。为了比较准确地掌握船舶常数的大小，一般在大修后对其测定一次，测得的常数值一般延续使用到下次重新测定为止，或者在必要的情况下重新测定。

综上所述，船舶在使用夏季载重线且无压载的条件下，船舶排水量和载重量之间的关系如下：

- 夏季满载排水量 Δ_S（船舶的总重量 W）
  - 空船排水量 Δ_L（空船重量 W_L）
  - 总载重量 DW
    - 净载重量 NDW
    - 航次储备量 $\sum G$
    - 船舶常数 C

二、船舶的容积性能

船舶的装载能力除受船舶的载重性能限制外，还受船舶容积性能的限制。船舶所具有的容纳各类载荷体积的性能称为船舶容积性能，用来表征船舶容积性能的指标包括舱柜容积、舱容系数、船舶登记吨位及甲板货位等。

1. 舱柜容积（Compartment capacity）

舱柜容积是指船体内部用来装载货物或燃料、淡水等液体载荷的围蔽处所的容积。按照丈量原则和适用对象的不同，舱柜容积可用货舱散装容积、货舱包装容积、液货舱容积、液舱容积等参数表示。

（1）货舱散装容积（Grain capacity）。指干货舱内所能容纳无包装的小块状、颗粒状、粉末状的散货（如谷物、矿砂等）的最大容积。

它包括舱口围在内，量自内底板或舱底板上面，舱壁板表面，甲板和外板之内面，是型容积扣除舱内骨架、支柱、货舱护板、通风筒等所占空间后而得的船舶各货舱的总容积或其中任一货舱的单舱容积。

（2）货舱包装容积（Bale capacity）。指干货舱内所能容纳具有一定尺度的成件包装或裸装货物的最大体积。

它包括舱口围在内，量自内底板或舱底板上面、横梁或甲板纵骨的下缘、肋骨或舷侧纵内缘、横舱壁骨架的自由翼缘或量自货舱护板的表面，是型容积扣除舱内支柱、通风筒等所占空间后而得的船舶各货舱的总容积或其中任一货舱的单舱容积。

一般货舱的包装容积约为散装容积的90% ~95%。在件杂货运输时，均使用包装容积。

（3）液货舱容积（Liquid capacity）。指船舶的液货舱内所能容纳特定的液体货物的最大容积。

（4）液舱容积（Tank capacity）。指船舶的燃料、润料舱柜、淡水舱柜、压载水舱内所能容纳相应液体载荷的最大容积。

在船舶资料中有舱容图、货舱容积表和液舱容积表，驾驶员可利用这些资料直接查取有关舱柜容积的具体数据。

（5）甲板货位。对于某些种类的船舶，允许或者适合于在上甲板装载一定数量的货物，如集装箱船、木材运输船,但受到船舶稳性、安全瞭望、货物系固、甲板强度等方面的限制。

2. 舱容系数(Coefficient of load)

指船舶货舱的总容积与船舶净载重量之比,即每一净载重吨所占有的货舱容积。

其计算公式如下:

$$\mu = \frac{V}{NDW} \tag{1-6}$$

式中:μ—— 舱容系数, m^3/t;

V——船舶货舱的总容积,m^3;

NDW——船舶净载重量,t。

在船舶资料中,船舶舱容系数是指船舶在夏季满载,按最大续航能力配备燃油、淡水、供应品等情况下的数值,它是一个固定值。

舱容系数是表征船舶适宜装轻货或重货的重要容积性能系数。舱容系数较大的船舶适用于装轻货;舱容系数较小的船舶适用于装重货。一般杂货船的舱容系数在 $1.5 \sim 2.1 m^3/t$ 之间。

3. 登记吨位(Registered tonnage)

船舶的登记吨位是指船舶为登记注册及便于海上运输的需要,按照《1969 年国际吨位丈量公约》或各国制定的丈量规范丈量确定的船舶容积。

我国按照《船舶与海上设施法定检验规则》(以下简称《法定规则》)中关于吨位丈量的规定确定船舶登记吨位并核发吨位证书。我国政府已参加了《1969 年国际船舶吨位丈量公约》,《法定规则》的制定遵守了该公约的规定,因此,《法定规则》中有关国际航行船舶的吨位丈量方法与该国际公约一致。

根据丈量范围和用途的不同,船舶登记吨位可分为总吨位、净吨位和运河吨位三种。

(1)总吨位(Gross tonnage)*GT*。指根据《1969 年国际吨位丈量公约》或各国制定的丈量规范丈量确定的船舶总容积。

船舶总吨位的主要用途有:

①表示船舶规模的大小,作为商船拥有量的统计单位。

②作为船舶规范、国际公约中划分船舶等级及对船舶进行技术管理的依据和标准。

③作为估算船舶建造、买卖、租赁的费用及海损事故最高赔偿额的基准。

④作为某些港口使用费的计算基准。

⑤作为计算净吨位的基础。

⑥作为船舶登记、检验和丈量等收费的标准。

⑦作为国际劳工组织(ILO)关于各种船舶人员配备要求的依据。

(2)净吨位(Net tonnage)*NT*。净吨位是按照《1969 年国际吨位丈量公约》或各国制定的丈量规范丈量确定的船舶有效容积。

净吨位的主要用途是作为计算船舶各种港口费用或税金(如港务费、引航费、灯塔费、码头费、进坞费、吨税等)的基准。各国港口的规定有所不同,有些港口也有按船舶的总吨位、吃水等计收费用的。

船舶吨位证书中的总吨位和净吨位的数值应采用整数,不计小数点以下的数值,总吨位、净吨位只填写数字,数字后面没有单位“吨”。

(3)运河吨位(Canal tonnage)。苏伊士运河当局和巴拿马运河当局为维护各自国家的利益,均制定了相应的船舶吨位丈量规范。运河吨位是船舶按运河当局制定的船舶吨位丈量规范而量取的登记吨位。运河吨位主要有：苏伊士运河吨位和巴拿马运河吨位，分别包括总吨位和净吨位。同一船舶运河总吨位和净吨位一般比该船总吨位和净吨位大。

运河吨位的主要用途是船舶在经过运河时，作为向运河当局交纳通航费的计费依据。普通商船以运河净吨位为基准计算运河通航费。

第三节 船舶静水力资料

船舶在营运过程中，经常需要根据具体装载情况计算和校核船舶的浮态、稳性等性能，而船舶的浮态、稳性等性能与船体所受的浮力及其分布密切相关，为此，船舶设计部门根据船体型线图把若干表示浮力及其分布的性能参数与船舶平均吃水之间的函数关系预先加以计算并编制成船舶静水力资料，供船舶使用者查用。船舶静水力资料包括静水力曲线图、载重表尺和静水力参数表。

静水力参数图表中所涉及的参数，若无特别说明，都是指船舶静止正浮在标准海水中计算得出的结果。

一、静水力曲线图

静水力曲线图（Hydrostatic curves plan）：表示船舶在静止正浮状态时的浮性参数、稳性参数和船型系数随平均吃水变化的关系曲线图。图1-7为“Q”轮的静水力曲线图。

静水力曲线图上的曲线包括浮性曲线、稳性曲线和船型系数曲线。静水力曲线图全面表达了船舶在静止正浮状态下浮性和稳性要素随吃水而变化的规律。

1. 静水力曲线图的组成

（1）型排水体积（Volume of moulded displacement）曲线：表示船舶型排水体积随平均吃水变化的关系曲线。

①型排水体积 ∇_M：根据船体型线图近似计算求得，没有把水下部分的船壳及船壳外的螺旋桨、舵、舭龙骨等附体的体积计算在内。

②实际排水体积（Volume of real displacement）∇：型排水体积加上船壳及附体体积的总和。用公式表示为：

$$\nabla = k \cdot \nabla_M \quad (m^3) \tag{1-7}$$

式中：k——船壳系数，k 值约在1.006～1.030范围内。一般情况下，对于不同船舶，小船 k 值较大，大船 k 值较小；对于同一船舶，吃水较小时 k 取大些，吃水较大时 k 取小些。新船 k 值可在船舶资料中查取。

（2）排水量（Displacement）Δ 曲线：表示排水量随平均吃水变化而变化的曲线，一般包括标准海水排水量 Δ 与标准淡水排水量 Δ_f 两条曲线。

$$\Delta_f = 1.000 \cdot \nabla \quad (t) \tag{1-8}$$

$$\Delta = 1.025 \cdot \nabla \quad (t) \tag{1-9}$$

（3）浮心距船中距离（Longitudinal center of buoyancy from midship）曲线：表示浮心纵向坐标 X_b 随平均吃水变化而变化的曲线，简称 X_b 曲线。我国规定，浮心 B 的纵向位置用其距船中的距离 X_b 表示，船中前为正（+），船中后为负（-）。

（4）浮心距基线高度（Vertical center of buoyancy above baseline）曲线：表示浮心 B 距基线的垂直高度 KB 随平均吃水变化的关系曲线。

(5)水线面面积(Area of water planes)曲线:表示水线面面积 A_W 随平均吃水变化的关系曲线,简称 A_W 曲线。所谓水线面是指船体型表面与静水面的交线所围成的水平面。

(6)漂心距船中距离(Longitudinal center of floatation from midship)曲线:表示漂心纵坐标 X_f 随平均吃水变化的关系曲线。水线面的形心称为漂心,用 F 表示。我国规定漂心的位置用其距船中的距离 X_f 表示,船中前为正(+),船中后为负(-)。

(7)每厘米吃水吨数(Metric tons per centimeter immersion)曲线:TPC 是指船舶平均吃水变化 1cm 时,船舶排水量的变化量。表示每厘米吃水吨数随平均型吃水变化的关系曲线,简称 TPC 曲线。

每厘米吃水吨数 TPC 值是表示船舶平均吃水变化 1cm 时,船舶排水量的变化值。

$$TPC = \frac{\rho A_W}{100} \quad (\mathrm{t/cm}) \tag{1-10}$$

式中:ρ ——水的密度,$\mathrm{t/m^3}$;

A_W——水线面面积,$\mathrm{m^2}$。

显然,每厘米吃水吨数曲线与水线面面积曲线的变化规律是一致的。

(8)横稳心距基线高度(Transverse metacenter above baseline)曲线:表示横稳心点 M 距基线的高度 KM 随平均吃水变化的关系曲线,简称 KM 曲线。

所谓横稳心 M 是指船舶横倾前的浮力作用线与横倾后的浮力作用线的交点。

(9)纵稳心距基线高度(Longitudinal metacenter above baseline)曲线:表示纵稳心点 M_L 距基线的高度 KM_L 随平均吃水变化的关系曲线,简称 KM_L 曲线。

所谓纵稳心 M_L 是指船舶纵倾前的浮力作用线与纵倾后的浮力作用线的交点。

(10)每厘米纵倾力矩(Moment to change trim one centimeter)曲线:表示每厘米纵倾力矩 MTC 随平均吃水变化的关系曲线,简称 MTC 曲线。

所谓每厘米纵倾力矩 MTC 是指使船舶首、尾吃水差值改变 1cm 所需要的力矩。

(11)水线面系数(Water plane coefficient)曲线:表示水线面系数 C_W 随平均吃水变化的关系曲线。

(12)中横剖面面系数(Midship section coefficient)曲线:表示中横剖面系数 C_M 随平均吃水变化的关系曲线。

(13)方形系数(Displacement coefficient)曲线:表示方形系数 C_b 随平均吃水变化的关系曲线。

(14)棱形系数(Prismatic coefficient)曲线:表示纵向棱形系数 C_P 随平均吃水变化的关系曲线。

2. 静水力曲线图的使用方法

船舶静水力曲线图汇集了三组共 15 条曲线。为使这些曲线能在同一平面直角坐标系下表示且布局合理,曲线的横坐标值与各曲线所表示的参数数值之间必须采用不同的比例。

如图 1-7,静水力曲线图中的纵坐标表示船舶的型吃水,它是各参数共同的自变量;横坐标则表示与各参数数值有关的参考坐标值,称为计量长度。浮性曲线和稳性曲线上,都标有各自的参数数值与厘米数之间的比值。

静水力曲线图的使用方法如下:

(1)根据装载状态下的船舶型平均吃水在纵坐标轴上确定一点。

(2)通过该点作与横坐标轴的平行的横线与所要查取的曲线相交。

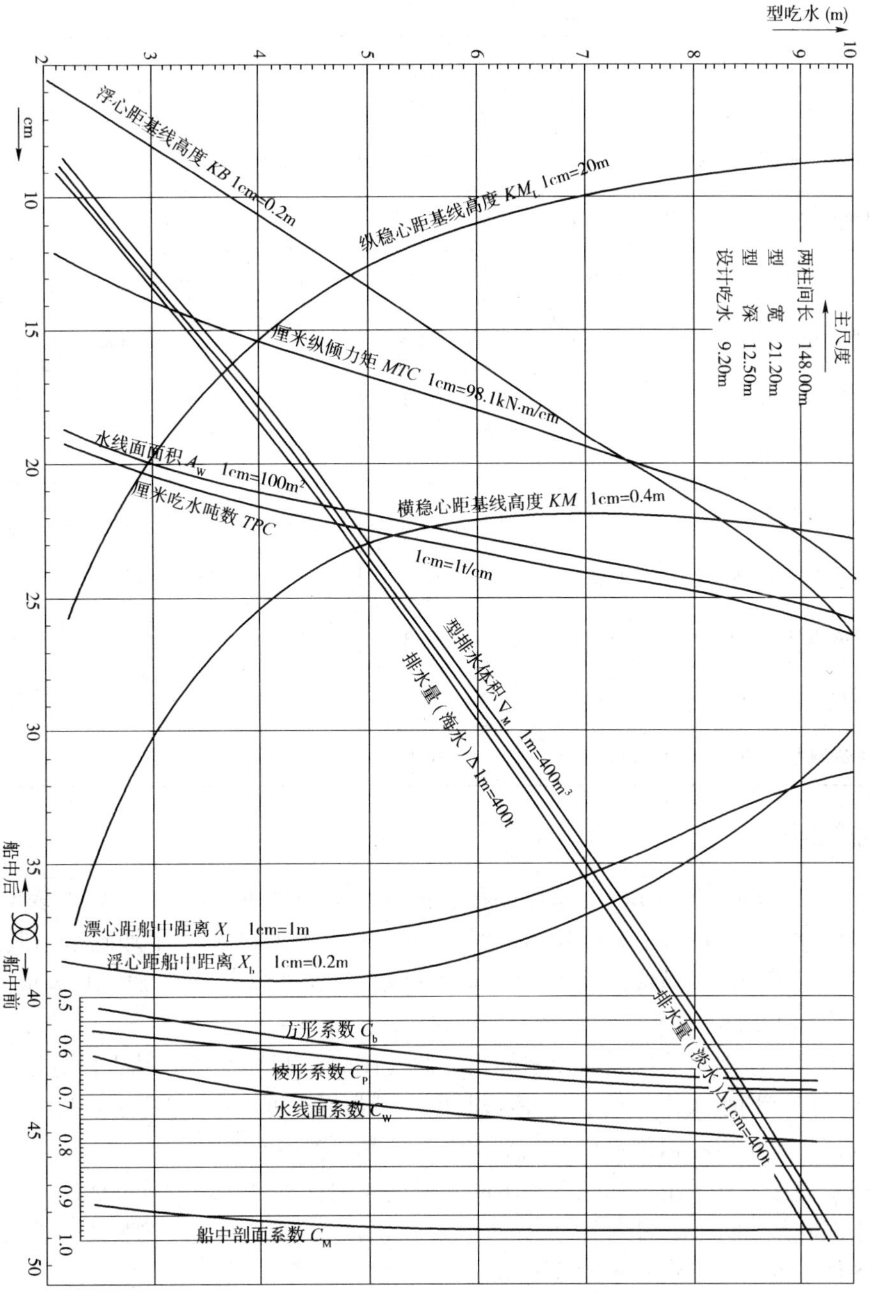

图 1-7 “Q”轮静水力曲线图

(3)按照该交点的横坐标读取计量长度。

(4)将读取的计量长度与该曲线上标示的单位长度所代表的参数数值相乘即得相应参数的数值。

计量长度读数的起点，除 X_f 曲线和 X_b 曲线为船中外，其余浮性曲线和所有稳性曲线都为坐标系的原点。所有船型系数曲线，都从图中右下方独立的横坐标上读取数值。

【例题 1-1】 试求“Q”轮在平均吃水 8m 时各曲线相应参数的具体数值。

答:根据平均吃水 8m,查"Q"轮静水力曲线图得各参数的具体数值如表 1-1 所示。

表 1-1

编号	曲线名称	每厘米计量长度代表的数值	计量长度(cm)	所求得的参数值
1	型排水体积 ∇_M	400m³	40.4	$400\times40.4=16\ 160\ m^3$
2	淡水排水量 Δ_f	400t	40.6	$400\times40.6=16\ 240t$
3	海水排水量 Δ	400t	41.7	$400\times41.7=16\ 680t$
4	浮心距船中距离 X_b	0.2m	-2.9	$0.2\times(-2.9)=-0.58m$(中后)
5	浮心距基线高 KB	0.2m	21.6	$0.2\times21.6=4.32m$
6	水线面面积 A_W	100 m²	24.1	$100\times24.1=2410\ m^2$
7	漂心距船中距离 X_f	1.0m	-4.3	$1.0\times(-4.3)=-4.3m$(中后)
8	每厘米吃水吨数 TPC	1.0t/cm	24.6	$1.0\times24.6=24.6\ t/cm$
9	横稳心距基线高 KM	0.4m	21.9	$0.4\times21.9=8.76m$
10	纵稳心距基线高 KM_L	20.0m	9.2	$20.0\times9.2=184m$
11	每厘米纵倾力矩 MTC	98.1kN·m/cm	20.6	$98.1\times20.6=2021kN\cdot m/cm$

二、载重表尺

载重表尺(Deadweight scale)是指船舶在静止、正浮状态时船舶浮性和稳性参数随船舶实际平均吃水变化的关系图表。在船舶出厂时,船厂计算出该船不同的平均吃水与其对应的排水量、总载重量、横稳心距基线高度、每厘米吃水吨数、每厘米纵倾力矩等数值,列成图表,有的还附上载重线标志,如图 1-8 所示。

利用载重表尺求取有关参数比使用静水力曲线图更直观和实用。其查取方法为:根据装载状态下的实际平均吃水作一水平线,该线与所查参数栏刻度相交,直接读出刻度对应数值即为所查参数值。也可以根据排水量查取平均吃水及其他各参数。

有些载重表尺上标示出不同吃水和不同水密度时的排水量和总载重量标尺。从该标尺上可以求取不同吃水、不同水密度时的船舶排水量和总载重量值,也可以求取某一排水量时在不同水密度条件下的船舶平均吃水的改变量。

三、静水力参数表

静水力参数表(Hydrostatic data table)又称船舶性能数据表,以数值表格的形式给出了船舶在静止正浮的条件下其型平均吃水与各性能参数之间的关系。与上两种形式的图表比较,静水力参数表具有简便、可靠的特点。若已知船舶型吃水,则可直接在表中查取有关参数值而无需进行辅助线和比例转换。为了减少查表误差,建议尽量使用静水力参数表。

在查用静水力参数表时,若查表引数不在表中所列,可用线性内插法求取有关参数值。附录一表 F1-1 列出的是"Q"轮的静水力参数表。

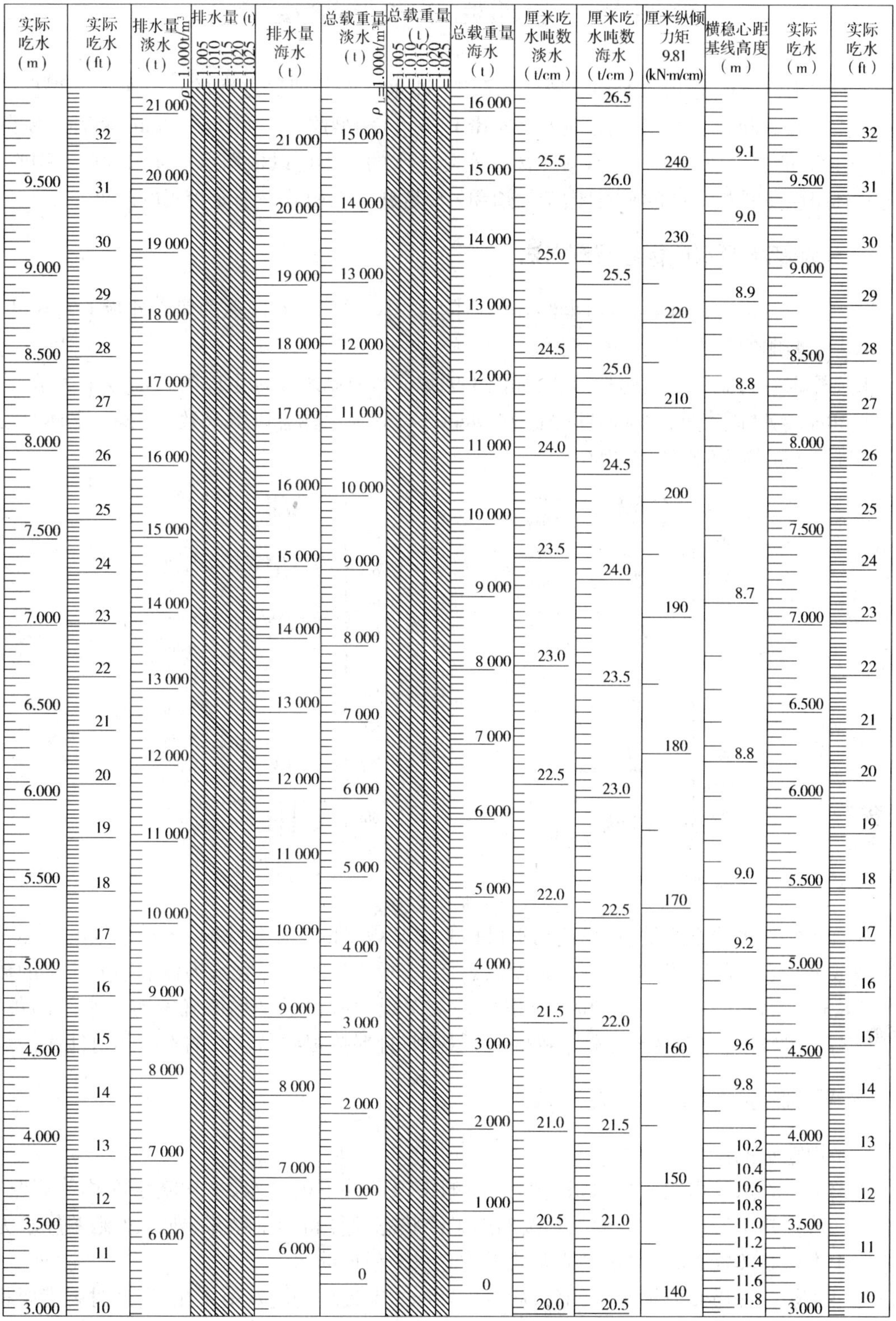

实际吃水（m）
9.500 9.000 8.500 8.000 7.500 7.000 6.500 6.000 5.500 5.000 4.500 4.000 3.500 3.000
实际吃水（ft）
32 31 30 29 28 27 26 25 24 23 22 21 20 19 18 17 16 15 14 13 12 11 10
排水量 淡水（t） ρ=1.000t/m³
21 000 20 000 19 000 18 000 17 000 16 000 15 000 14 000 13 000 12 000 11 000 10 000 9 000 8 000 7 000 6 000
排水量（t）
1.005 1.010 1.015 1.020 1.025
排水量 海水（t）
21 000 20 000 19 000 18 000 17 000 16 000 15 000 14 000 13 000 12 000 11 000 10 000 9 000 8 000 7 000 6 000
总载重量 淡水（t） ρL=1.000t/m³
15 000 14 000 13 000 12 000 11 000 10 000 9 000 8 000 7 000 6 000 5 000 4 000 3 000 2 000 1 000 0
总载重量（t）
1.005 1.010 1.015 1.020 1.025
总载重量 海水（t）
16 000 15 000 14 000 13 000 12 000 11 000 10 000 9 000 8 000 7 000 6 000 5 000 4 000 3 000 2 000 1 000 0
厘米吃水吨数 淡水（t/cm）
25.5 25.0 24.5 24.0 23.5 23.0 22.5 22.0 21.5 21.0 20.5 20.0
厘米吃水吨数 海水（t/cm）
26.5 26.0 25.5 25.0 24.5 24.0 23.5 23.0 22.5 22.0 21.5 21.0 20.5
厘米纵倾力矩 9.81（kN·m/cm）
240 230 220 210 200 190 180 170 160 150 140
横稳心距基线高度（m）
9.1 9.0 8.9 8.8 8.7 8.8 9.0 9.2 9.6 9.8 10.2 10.4 10.6 10.8 11.0 11.2 11.4 11.6 11.8
实际吃水（m）
9.500 9.000 8.500 8.000 7.500 7.000 6.500 6.000 5.500 5.000 4.500 4.000 3.500 3.000
实际吃水（ft）
32 31 30 29 28 27 26 25 24 23 22 21 20 19 18 17 16 15 14 13 12 11 10

图1-8　“Q”轮载重表尺

第四节　船舶吃水及水密度修正

船舶吃水(Draft)是指水线面下船体的深度,即水线面与船底之间的垂直距离。根据量取方法和作用的不同,吃水可分为实际吃水(Real draft)和型吃水(Moulded draft)两种。实际吃水:水线面到船底龙骨板下缘的垂直距离。实际吃水的大小可以根据水尺标志读取。型吃水:水线面到船底龙骨板上缘的垂直距离。实际吃水与型吃水相差一个龙骨板的厚度。

一、船舶吃水及水尺标志观测方法

船舶的水尺标志(Draft mark)勘绘在船体的首、中、尾部左右两舷的船壳外板上共6处,是以数字表示船舶实际吃水的一种标记。

水尺标志有公制和英制两种形式,如图1-9所示。公制水尺标志以阿拉伯数字表示,字体高度为10cm,字与字之间的垂向间隔也为10cm。英制水尺标志以罗马数字表示,字体高度为6in,字与字之间的垂向间隔也为6in。

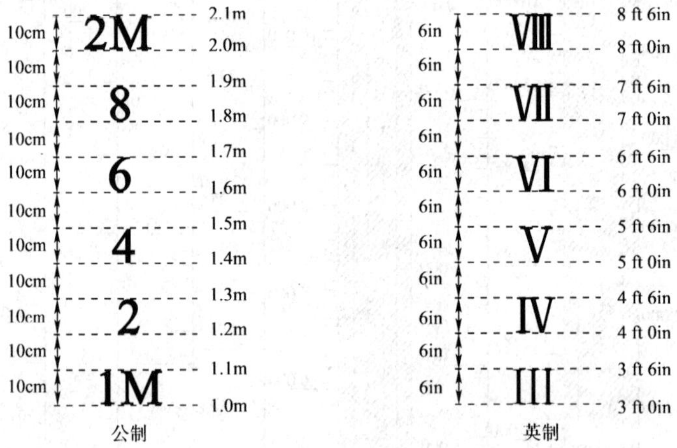

图1-9　船舶水尺标志

观察实际吃水的方法是:水线达到水尺标志上某数字的字底边缘时,表示该处的实际吃水值为该数字所表示的数值;水线刚好淹没该数字,表示该处的实际吃水为该数字所表示的数值加上相应的字高。当水面有波动时,应根据若干次观测所得的平均值确定实际水线的位置。为了提高观测精度,应选择水面较平静的时候观测,且保持视线与水面的夹角尽可能小。

二、平均吃水及其计算方法

1.平均吃水的概念

所谓平均吃水是指在该排水量时对应船舶正浮条件下的吃水,平均吃水亦称等容吃水。静水力参数资料中所涉及的数值都是按船舶正浮状态计算得出的结果,所以从船舶静水力参数资料中查取有关参数时,均是以船舶的平均吃水为依据的。

如果船舶存在横倾或纵倾时,那么从各水尺标志上读取的吃水值不相等,这时就需要将这些吃水值换算成一个与正浮状态相当的平均吃水值,然后才能查取有关参数值。

所谓与正浮状态相当的平均吃水是指当船舶纵倾或横倾状态下的排水量与船舶某一正浮状态时的排水量相同时该正浮状态所对应的船舶吃水。小倾角横倾和纵倾时船舶的型平均吃水和实际平均吃水均是指船舶漂心处的吃水。

型平均吃水：在船舶中线面上，从正浮时的水线与倾斜后的水线的交点处，沿垂直于基平面的方向量到龙骨板上缘的垂直距离。

实际平均吃水：在船舶中线面上，从正浮时的水线与倾斜后的水线的交点处，沿垂直于基平面的方向量到龙骨板下缘的垂直距离。

2. 平均吃水的计算方法

(1) 船舶处于正浮状态时，船舶各处的吃水值完全一致，此时，任何位置的吃水值都为实际平均吃水 d_m。

(2) 当船舶处于纵倾（无横倾）状态时，实际平均吃水按下式计算：

$$d_m = \frac{d_F + d_A}{2} + \frac{t}{L_{bp}} \cdot X_f \qquad (m) \tag{1-11}$$

式中：t——船舶吃水差 $t = d_F - d_A$（m）（d_F 是首吃水，d_A 是尾吃水）；

L_{bp}——船舶垂线间长，m；

X_f——船舶漂心距船中距离，m（漂心 F 在船中前为 +，船中后为 -）。

当漂心在船中，即 $X_f = 0$ 时，船舶的平均吃水可按下式求取：

$$d_m = \frac{d_F + d_A}{2} \qquad (m) \tag{1-12}$$

(3) 当船舶既有纵倾又有横倾时，实际平均吃水按下式计算：

$$d_m = \frac{d_{FP} + d_{FS} + d_{MP} + d_{MS} + d_{AP} + d_{AS}}{6} + \frac{t_f}{L_{bp}} \cdot X_f \qquad (m) \tag{1-13}$$

式中：$t = \frac{d_{FP} + d_{FS}}{2} - \frac{d_{AP} + d_{AS}}{2}$ (m)

d_{FP}、d_{FS}——船舶首部左、右舷吃水，m；

d_{MP}、d_{MS}——船舶中部左、右舷吃水，m；

d_{AP}、d_{AS}——船舶尾部左、右舷吃水，m。

(4) 有纵横倾又有纵向变形时。用以上公式计算求得的平均吃水值均将船体视为刚体，而实际上船体为一弹性体，在某一浮态下可能存在一定纵向弯曲变形，当船舶存在拱垂变形时，按上述方法求得的平均吃水与实际平均吃水相比，存在一定误差，实际平均吃水可按下式计算：

$$d_m = \frac{\bar{d}_F + 6\bar{d}_M + \bar{d}_A}{8} + \frac{X_f \cdot t}{L_{bp}} \tag{1-14}$$

式中：$\bar{d}_F$、$\bar{d}_M$、$\bar{d}_A$—— 船舶首、中和尾部左右平均吃水（m）。

三、舷外水密度的变化对船舶吃水的影响

船舶在航行于不同水域之间，舷外水密度经常发生变化。同一条船舶在排水量即船舶的总重量不变的情况下，舷外水密度的改变必然导致船舶排水体积发生变化，从而保持重力与浮力的平衡，而船舶排水体积改变，必然由船舶吃水的改变反映出来。

船舶由密度大的水域进入密度小的水域，吃水会增大，反之，吃水会减小，所以当船舶舷外水密度发生改变时需对船舶吃水进行修正。

当船舶停泊在非标准海水密度的水域时，从水尺标志上观测到的船舶吃水换算成平均吃

水后不能直接用来从静水力参数资料中查取有关参数,而必须把此平均吃水换算成标准海水($\rho=1.025g/cm^3$)中的平均吃水后才能查取有关参数值。

当利用水尺计算装卸货物重量以及判断船舶能否安全通过有水深限制的浅水区域时,必须用密度计测定当地水域的实际密度,修正由于水密度不同对船舶吃水的影响。

1. 新水域船舶平均吃水的求法

(1)用载重表尺直接查取。载重表尺图表中列出了不同水密度时排水量与平均吃水的关系,则可根据排水量和舷外水密度值查出相应的平均吃水。

(2)用基本公式计算平均吃水的变化值。船舶由水密度 ρ_0 的水域进入到水密度为 ρ_1 水域时,舷外水密度变化引起的平均吃水的变化量为:

$$\delta d=\frac{\Delta}{100TPC}\cdot\left(\frac{\rho_s}{\rho_1}-\frac{\rho_s}{\rho_0}\right) \tag{1-15}$$

式中:δd——舷外水密度变化引起的平均吃水变化量,m;

Δ——船舶排水量,t;

TPC——船舶当时平均吃水时的每厘米吃水吨数,t/cm;

ρ_s——标准海水密度($1.025t/cm^3$);

ρ_0——原水域水密度,t/cm^3;

ρ_1——新水域水密度,t/cm^3。

【例题 1-2】 已知某船排水量 $\Delta=18000t$,在海水中的吃水 $d_{海}=8.6m$,$TPC=25t/cm$,上海港的水密度 $\rho_1=1.010t/m^3$,求该船驶入上海港后的吃水。

解:

船舶由海水进入上海港后的平均吃水增量为:

$$\delta d=\frac{\Delta}{100TPC}\cdot\left(\frac{\rho_s}{\rho_1}-\frac{\rho_s}{\rho_0}\right)=\frac{18000}{100\times25}\cdot\left(\frac{1.025}{1.010}-\frac{1.025}{1.025}\right)=0.11m$$

船舶驶入上海港后的吃水为:

$$d=d_{海}+\delta d=8.6+0.11=8.71m$$

答:该船驶入上海港后的吃水为 8.71m。

(3)近似计算新水域的平均吃水。新水域船舶的平均吃水可由下式近似计算:

$$d_1=\frac{\rho_0}{\rho_1}\cdot d_0 \tag{1-16}$$

式中:d_1——新平均吃水,m;

d_0——原平均吃水,m;

ρ_0——原水域水密度,t/m^3;

ρ_1——新水域水密度,t/m^3。

【例题 1-3】 已知某船排水量 $\Delta=18000t$,在海水中的吃水 $d_{海}=8.6m$,$TPC=25t/cm$,上海港的水密度 $\rho_1=1.010t/m^3$,求该船驶入上海港后的吃水。

解:

船舶驶入上海港后的吃水为:

$$d_1=\frac{\rho_0}{\rho_1}\cdot d_0=\frac{1.025}{1.010}\times8.6=8.73m$$

答:该船驶入上海港后的吃水为 8.73m。

2. 淡水水尺超额量和半淡水水尺超额量

(1)淡水水尺超额量(Fresh water allowance)。船舶由标准海水($\rho_s = 1.025g/cm^3$)进入标准淡水($\rho_1 = 1.000g/cm^3$)时,其平均吃水增量称为淡水水尺超额量,用 FWA 表示。

$$FWA = \frac{\Delta}{TPC}\left(\frac{1.025}{1.000} - \frac{1.025}{1.025}\right) = \frac{\Delta}{4000TPC}(m) = \frac{\Delta}{40TPC}(cm) \quad (1\text{-}17)$$

(2)半淡水水尺超额量(Semi fresh water allowance)。船舶由标准海水水域进入半淡水($1.000 < \rho < 1.025g/cm^3$)水域时平均吃水的增加量称为半淡水水尺超额量 $SFWA$,可按以下公式求取:

$$\delta d = 40 \times (1.025 - \rho) \cdot FWA \quad (cm) \quad (1\text{-}18)$$

式中:ρ——半淡水密度。

第五节 船舶载重线

为保障船舶航行安全和发生海损时仍能保持一定的航海性能,并使船舶具有尽可能大的装载能力,《1966 年国际载重线公约》及《法定规则》均规定必须在船舶两舷勘绘载重线标志,以限制船舶满载最大吃水。

一、储备浮力和干舷

1. 储备浮力(Reserved buoyancy)

储备浮力是指满载水线以上船体水密空间所能提供的浮力。为了保证船舶浮性,需要在满载水线以上储备一定的水密船体容积,以适应临时性载荷增加而为船体提供相应浮力的需要。储备浮力是船舶适航性的重要指标,储备浮力的大小与船舶尺度、类型、航区和航行季节等因素有关,海船的储备浮力约为排水量的 25% ~50%。

2. 干舷(Free board)

干舷是指在船中从干舷甲板上边缘向下量至载重线上边缘(或满载水线)的垂直距离。干舷甲板指用以计算干舷的甲板,通常指最高一层露天全通甲板。

干舷的计算公式如下:

$$F = D + \delta - d \quad (m) \quad (1\text{-}19)$$

式中:F——干舷,m;

D——型深,m;

δ——干舷甲板边板的厚度,m;

d——船舶满载吃水,m。

干舷可以作为衡量储备浮力大小的尺度。显然,吃水越大,干舷就越小,储备浮力也越小;反之,吃水越小,干舷越大,储备浮力也越大。为了保障船舶安全并使船舶具有尽可能大的装载能力,公约和规则都规定了船舶在任何装载情况下应具有的最小干舷值。

船舶最小干舷分为夏季、热带、冬季、北大西洋冬季和淡水、热带淡水干舷,其中夏季最小干舷是确定其他最小干舷的基准,而夏季最小干舷是由船舶主尺度、丰满度、船舶类型、上层建筑、舷弧等因素所决定的。

勘划载重线确定相应的干舷高度时除必须满足储备浮力的要求外,还必须根据船舶用途、航区和船舶结构,全面满足对船舶强度、完整稳性、破舱稳性等各方面的综合要求。当按上述要求所核定的干舷值不一致时，应取其中的最大值作为最小干舷，以最大限度地确保船舶的航行安全。

二、载重线标志

船舶载重线标志（Load Line Marks）是指勘绘于船中两舷，标明载重线位置以限制船舶最大吃水，确保船舶最小干舷的标志。

船舶装载后实际水线未淹没相应载重线的上边缘，则视为满足最小干舷的要求。

各类船舶载重线标志的特点介绍如下。

1. 国际航行船舶的载重线标志

除木材甲板货运输船以外的国际航行船舶载重线标志如图 1-10 所示，由甲板线、载重线圈、各载重线三个部分组成。

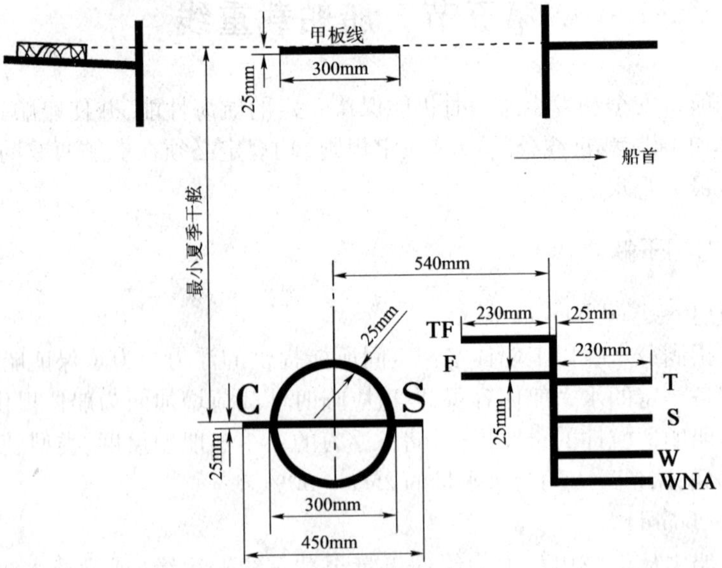

图 1-10　载重线标志

（1）甲板线（Deck line）。勘绘于船中两舷，其上边缘与干舷甲板边缘上表面处于同一水平位置，用以表明干舷甲板位置，作为量取有关最小干舷的基准线。

（2）载重线圈（Load line ring）。由中心位置位于船中的圆环和上边缘中点通过圆环中心的水平线两部分组成。圆环两侧标有船级社名称字母缩写，如字母“CS”，为中国船级社（China Classification Society），“LR”为英国劳氏船级社。

从甲板线上边缘至圆环中心的垂直距离为夏季最小干舷。

（3）各载重线（Load lines）。位于载重线圈船首方向的与一根铅垂线垂直的若干水平线表示不同种类的载重线。由甲板线上边缘至各载重线上边缘的垂直距离即为规定的各种最小干舷的大小。载重线共有以下 6 种：

①夏季载重线（Summer load line）：其高度与载重线圈中的水平线一致，标有字母“S”。通常所说的船舶满载吃水是指龙骨基线至夏季载重线上边缘的垂直距离，称夏季吃水。

②热带载重线（Tropical load line）：标有字母“T”，热带干舷较夏季干舷小 1/48 的夏季吃水。

③冬季载重线（Winter load line）：标有字母“W”，冬季干舷较夏季干舷大 1/48 的夏季

吃水。

④夏季淡水载重线(Fresh water load line in summer):标有字母“F”,夏季淡水干舷较夏季干舷小 $\Delta_s/40TPC$(cm)或1/48的夏季吃水。

⑤热带淡水载重线(Tropical fresh water load line)标有字母“TF”,热带淡水干舷较热带干舷小 $\Delta_s/40TPC$(cm)或1/48的夏季吃水。

⑥北大西洋冬季载重线(Winter North Atlantic load line):标有字母“WNA”,北大西洋冬季干舷较冬季干舷大50mm。船长不大于100m的船需要勘划北大西洋冬季载重线。

2. 国际航行木材甲板货运输船的载重线标志

公约和规则规定,对于在干舷甲板或上层建筑的露天部分装载木材货物,且船舶结构、设备和装载均满足公约和规则要求的木材甲板货运输船,可勘绘和使用木材载重线。

由于木材甲板货给船舶提供了一定的附加浮力,因而木材船最小干舷比相应的其他船舶最小干舷小些。对于同一艘船舶,木材载重线高于相应的非木材载重线。

木材载重线在非木材载重线以外另行勘划,位于载重线圈的船尾一侧一定距离处。各载重线一端在规定字母标志前加标英文字母“L”(Lumber)。木材载重线标志如图1-11所示,LT干舷较LS干舷小1/48的夏季木材型吃水,LW干舷较LS干舷大1/36的夏季木材型吃水,LWNA干舷与WNA干舷相同,淡水木材干舷的规定同其他货船。

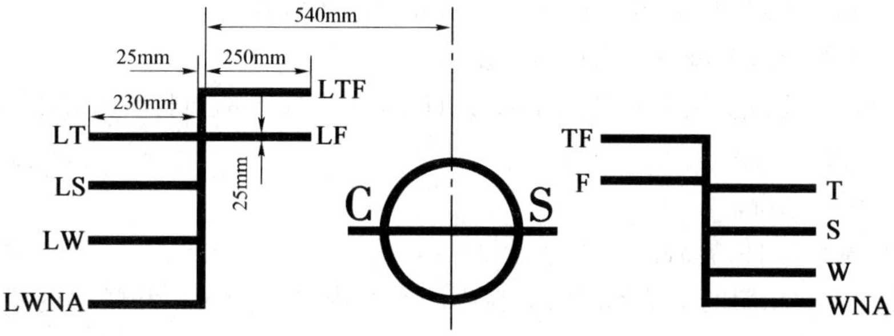

图1-11　木材载重线标志

3. 国内航行船舶载重线标志

对于我国国内沿海航行的船舶,由于沿岸海面风浪较小,对稳性、强度、抗沉性等的要求可低于国际航行船舶,储备浮力可相应减小,因此,根据规则规定,国内航行船舶的最小干舷比国际航行船舶的最小干舷小。

对于我国国内沿海航行的船舶,根据《法定规则》规定,其干舷可适当降低要求。国内航行船舶的载重线标志如图1-12所示。载重线圈下半部与标志同色,两侧标以字母“ZC”。所勘划的载重线有热带载重线(标以字母“R”)、夏季载重线(标以字母“X”)、热带淡水载重线(标以字母“RQ”)和夏季淡水载重线(标以字母“Q”)。我国沿海海区定为季节热带区域,所以没有标有冬季载重线。

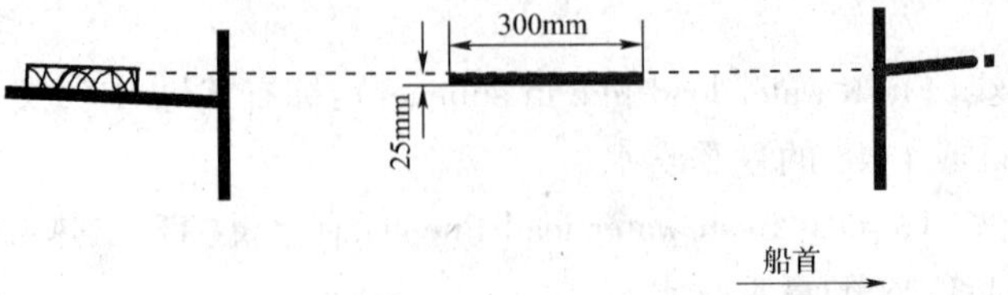

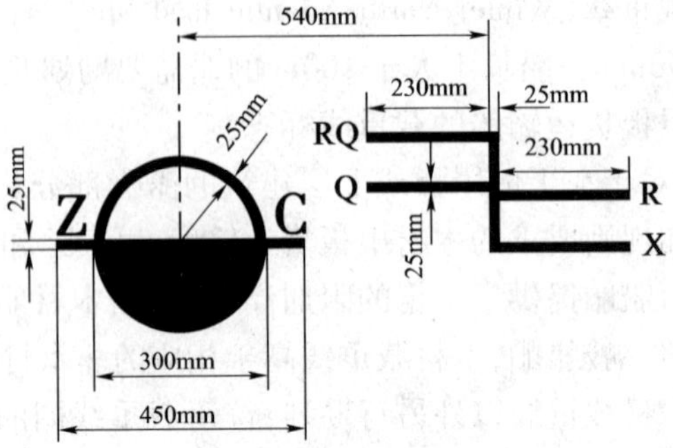

图 1-12　国内航行船舶的载重线标志

三、载重线海图

船舶航行于不同海区和季节，可能遭遇的风浪大小不同，公约和规则要求在不同的风浪条件下使用不同的载重线以确定所允许装载的最大吃水。根据世界各海区在不同季节期的风浪状况，公约和规则中的《商船用区带、区域和季节期海图》（简称载重线海图）将其划分成不同的区带和季节区域。

1. 海区划分的标准

《1966 年国际载重线公约》规定世界海区划分的标准是：

夏季：蒲氏 8 级及以上风力不超过 10%；

热带：蒲氏 8 级及以上风力不超过 1%，并且 10 年内任一单独日历月在 5°×5°区域内热带风暴不多于一次。

冬季：其余风力情况。

2.《载重线海图》对世界海区的划分

根据长期观测和积累的全球不同海区在不同季节内风浪的大小和频率的资料，将世界海区划分为以下几类：

（1）区带（Zones）。指一年各季节中风浪变化不大，因此允许船舶全年使用同一载重线的海区。区带可分为：

①热带区带（Tropical zones）：指允许在该区带航行的船舶全年使用热带载重线的海区。

②夏季区带（Summer zones）：指允许在该区带航行的船舶全年使用夏季载重线的海区，该海区出现大风的频率较热带区带高些。

（2）季节区带或季节区域（Seasonal zones or seasonal areas）。指一年各季节风浪变化较大，船舶在不同的季节期要使用不同载重线的海区。季节区域（带）可分为：

①热带季节区域（带）（Tropical seasonal zones or area）：在该区域内航行的船舶，根据季节交替使用热带载重线和夏季载重线。当处于规定的热带季节期时，允许使用热带载重线；当处于规定的夏季季节期时，则允许使用夏季载重线。

②冬季季节区域(带)(Winter seasonal zones or area):在该区域内航行的船舶,根据季节交替使用冬季载重线和夏季载重线。当处于规定的冬季季节期时,允许使用冬季载重线;当处于规定的夏季季节期时,则允许使用夏季载重线。

③北大西洋冬季季节区带(North Atlantic winter seasonal zone):指北大西洋冬季季节区带Ⅰ的全部和Ⅱ中位于15°W和50°W两子午线之间的部分。凡船长小于或等于100m的船舶航行于这两个海区时,均应在规定的冬季季节期使用北大西洋冬季载重线,而在其余时间使用夏季载重线。对于船长大于100m的船舶,在该区带根据季节交替使用冬季载重线和夏季载重线。

3. 我国沿海海区的划分

(1)国际航行船舶。根据《1966年国际载重线公约》规定,我国沿海海区分别属于夏季区带和热带季节区域。我国政府在加入该公约时,就该公约对我国沿海海区划分的规定声明保留。我国政府规定,我国沿海海区分为南北两个热带季节区域,即:

①香港—苏阿尔恒向线以北:夏季季节期自10月1日至来年4月15日;热带季节期自4月16日至9月30日。

②香港—苏阿尔恒向线以南:夏季季节期自10月1日至来年1月20日;热带季节期自1月21日至9月30日,比公约规定延长了4个月。

国际航行的中国籍船舶可按上述规定执行,而悬挂缔约国国旗的外国籍船舶仍可执行公约的规定。

(2)国内航行船舶。《法定规则》中对于国内航行船舶的季节区域和季节期的划分也做了如下规定:

①汕头以北的中国沿海季节期:

热带——自4月16日至10月31日

夏季——自11月1日至来年4月15日

②汕头以南的中国沿海季节期:

热带——自2月16日至10月31日

夏季——自11月1日至来年2月15日

四、载重线标志的使用

依据公约和规则所核定的船舶最小干舷,由船级社或由其委托指定机关负责勘绘船舶载重线标志,并发给国际船舶载重线证书。公约规定,国际航行的船舶出入有关国家的港口时,必须接受海事部门的检查,确保船舶载重线标志的有效并按规定使用载重线标志。

船舶在营运期间使用载重线标志时,应注意以下事项:

(1)船舶所勘划的载重线位置与证书所载相符合。

(2)保持载重线标志清晰可见。

(3)保持证书在有效期内,展期不超过5个月。国际船舶载重线证书有效期为5年,在证书签发每周年前后3个月进行年度检验,以保证船体和上层建筑无实质性改变。

(4)船舶总载重量必须受到限制,船舶无论在出港时、航行中,还是到港时,船中两舷按航区和季节所确定的载重线的上边缘不被水线淹没。

(5)当船舶的始发港、中途港或终点港在淡水水域时,应根据港口所在的位置及季节期使用相应的淡水载重线。

(6)船舶从江河或内陆水域的港口驶出时,准许适当超载,超载量应等于或小于船舶在内河航行期间消耗的燃油及淡水等重量。

(7)船舶由于天气恶劣或其他不可抗力的原因而发生绕航或延滞情况,可背离公约中的有关规定。

第六节　货物基础知识

杂货(General cargo)是指有包装或无包装的,按件托运或承运的货物。也称件杂货。一般批量小、种类繁多、性质各异,包装形式多样,对运输的要求也各不相同,一般由杂货船承运。杂货船运输特点是:航线靠港多、装卸作业时间长,船舶积载工作较其他船舶复杂。

一、件杂货的分类

根据货物的性质和装运保管条件的要求,杂货可以分成以下几大类:

1. 危险货物(Dangerous cargo)

指具有爆炸、易燃、毒害、腐蚀、放射性等特性,在运输、装卸和储存过程中,容易造成人身伤亡、财产毁损和/或环境污染而需要特别防护的货物。

2. 散装货物(Bulk cargo)

指非整船装运的不加包装的块状、颗粒状、粉末状的货物,如煤、矿石、粮谷等。

3. 重大件货物(Awkward and lengthy cargo)

凡货物的单件重量或单件尺度超过规定限额的货物即为重大件货物,如成套设备、机车车辆等。

4. 易腐冷藏货物(Perishable and reefer cargo)

在常温下易于腐败变质,要求在一定的低温条件下运输的货物,如冻鱼、冻肉、禽蛋、水果、蔬菜等。

5. 液体货物(Liquid cargo)

指在杂货船的深舱内装运的散装液体货(如植物油、矿物油等)和在普通货舱内装运的有包装的液体货,如酱油、酒类、蜂蜜、化工产品等。

6. 气味货物(Smelly cargo)

指能散发特殊气味的货物,如生皮、猪鬃、骨粉、樟脑、大蒜等。

7. 扬尘污染货物(Dusty and dirty cargo)

指极易扬尘并能使其他货物污染的货物,如水泥、炭黑、各种矿石和矿粉等。

8. 清洁货物(Clean or fine cargo)

指运输中本身不易变质,外观清洁干燥,对其他货物无污染,但不能混入杂质或不能被沾污的货物。如棉毛织品、滑石粉、纸浆等。

9. 易碎货物(Fragile cargo)

指机械强度低,不能受压、易于损坏的货物。如玻璃制品、陶瓷制品、精密仪器、各种瓶装酒类等。

10. 贵重货物(Valuable cargo)

指价格昂贵或具有特殊使用价值的货物,如金银、历史文物、名贵药材等。

11. 活的动植物(Live cargo)

指在运输过程中仍需不断照料、维持生命和生长机制，不使其发生死亡或枯萎的动物和植物，如鱼苗、蜜蜂、牲畜、花卉、树苗等。

12. 普通货物(General cargo)

杂货中除上述货类以外的其他货物。它们对装卸和积载无特殊的要求。

二、货物的海运性质

在海上运输过程中，由于货物本身的自然特性、化学组成与结构不同，当受到温度、湿度、微生物等环境因素的影响以及装卸作业引起的货物质量变化，往往会造成货物使用价值的下降或丧失以及货物数量上的减少。货物发生质量和数量上的变化，主要是其物理、化学、生物和机械性质引起的。为保证人员、船舶的安全和货物运输质量，应了解各种货物的相关特性。

1. 物理性质

货物的物理性质是指货物受外界因素影响而发生物理变化的性质，包括吸湿、散湿、冻结、熔化、吸附、挥发、胀缩、物理爆炸、放射性等性质。

(1)吸湿性和散湿性：是指货物具有吸收水分或者散发水分的性质。

(2)冻结性和熔化性：冻结性是指含水分较多的货物在低温下容易冻结的性质。熔化性是指货物遇高温会熔化，从而失去形状，影响纯度并污染其他货物。

(3)吸附性：是指某些货物具有粘附杂质或者吸收异味的性质。

(4)挥发性：是指液体货物表面能迅速气化变成气体向周围空间散发的性质。

(5)膨胀性和物理爆炸性：膨胀性是指不少液体货物和气体货物具有热胀冷缩的特性。物理爆炸性是指装于容器内的压缩气体遇高温可能引起内部气压急剧上升，当其超过容器耐压值时，会引起物理爆炸。

(6)放射性：是指放射性物质由于其本身性质放射出有害射线的性质。

2. 机械性质

货物的机械性质是指货物的形态、结构在外力作用下发生机械变化的性质，主要形式有货物的破碎、变形、渗漏、结块、散捆等。

3. 化学性质

货物的化学性质是指货物的形态、结构以及货物在光、热、氧、水、酸、碱等作用下，发生化学变化的性质。主要形式有货物的氧化、腐蚀、燃烧、爆炸等。

(1)氧化性：是指货物与空气中的氧和其他物质放出的氧接触，发生与氧结合的化学变化。绝大多数金属及制品被氧化而锈蚀。

(2)腐蚀性：是指某些货物具有的能对其他物质产生破坏作用的性质。如强酸、强碱等化学物质如果从容器中泄漏，会对船体及其他货物造成腐蚀的性质。

(3)燃烧性：是指某些货物在自热的基础上导致温度升高引起燃烧的性质。

(4)爆炸性：是指货物在外界的高温、高压或机械冲击等的诱发下发生的剧烈的氧化反应。

4. 生物性质

货物的生物性质是指有生命的有机体货物，在外界各种条件的影响下，为了维持其生命而发生生物变化的性质。主要形式有呼吸、发芽、胚胎发育、后熟、微生物作用和受虫害影响等。

三、货物的包装

货物的包装(Package)通常分为内包装和外包装两种。内包装又称为商品包装,它是指直接盛装或包裹货物的一种包装,它能弥补外包装在防潮、防振以及防止气味的侵入和散失方面的不足;外包装又称运输包装,它是指能保护货物以适应运输过程中正常的装卸和堆码,能承受外界环境的变化及一般的碰撞、挤压、摔跌等外力的作用的一种包装。货物的包装常见的有箱装、袋装、捆装、桶装、坛装、瓶装、篓装等,详见附录二中的表F2-1。

在货物积载中,为各种包装货物选定合适的舱位是保证货运质量的重要措施之一。但是,对确因货物包装不良所引起的货损,承运人不负赔偿责任。

四、货物的标志

货物标志(Mark)的作用是建立货物本身与其运输单证的联系,便于工作人员在货物运输的每个环节中识别和区分货物,启示货物的正确装运、交接和保管。货件缺少标志或标志不全,除会造成运输作业困难或货主拒收货物外,有时还会引发其他事故。

目前,在国际贸易中已形成了较为统一和完整的货物标志。根据货物标志中各部分的作用不同,货物标志可分为以下7种:

1. 主标志(Main mark)

又称发货标志(Shipping mark),俗称"唛头"。主标志是货主的代号,是货物运输中识别同批货物的基本标志。其内容一般为收货人名称的缩写或代号、贸易合同号、订单号或信用证号等。在有关的贸易或运输单证中,都记载有主标志的内容。

2. 副标志(Counter mark)

是附加在主标志范围内的补充记号。主要用于在同批货物中区别不同供货人、不同收货人或区分不同规格、品质和等级的货物,以方便货物的交接。包括发货港、货物名称等。

3. 件号标志(Package number mark)

又称箱(包)号。它是将同一主标志的货物分成若干批,再将每批按顺序逐件在货物或外包装上编印的箱(包)件顺序号。件号标志主要作用是辅助主标志区分货组,便于计算每一货组和整批货组的件数。当一批货物同时投入运输时,应按顺序号码对货件逐一制作件号标志。

货物件号的编制形式通常有以下几种:

(1)按顺序号逐件编排,如No.1、No.2等。

(2)按货组编制统号,如No.201/300表示品质、规格完全相同序号自201至300一组货件中的某一件。

(3)按货组编制组合号,如No.8/20-5表示该票货物系第5批,该批货物共有20件,此件为第8件。

(4)成套设备可编制套号,如SET.C/No.(2)-2/3,表示第2套成套设备共有3箱,此箱为第2箱。

4. 目的地标志(Destination mark)

又称港埠标志,标示货物运往的目的地名称。目的地标志必须书写目的地的完整全名,而且必须书写正确。以防止造成货物错卸或漏卸。当过境货物的目的地尚未确定时,可用"过境"(Through)字样以示货物还需继续转运。

5. 原产国标志(Original mark)

它是国际贸易中特殊需要的一种标志，表明货物在某个国家生产制造。不少国家禁止无原产国标志的货物进口，大多数国家对不符合原产国标志规定的进口商品要处以罚款。

6. 包件尺寸重量标志

包件尺寸是指货物外包装及裸装货件的外形尺寸，需要注明单位。包件重量包括毛重、净重和皮重，应标明单位。该标志所记载的内容是运输部门确定货物计费标准以及安排货物合理舱位的重要依据。

7. 注意标志(Cautionary mark or care mark)

用于标注货物在装卸、运输、保管过程中应予注意的具体事项，一般以图形或文字表示。注意标志包括用于表示危险货物特性的警戒标志和用于其他货物的指示标志两种。

警戒标志又称危险品标志(详见第六章)，用于指示危险货物的性质。

指示标志又称保护标志。它是根据货物特性指示有关人员按一定要求操作和保管货物，以保护货物的安全和质量。常用的指示标志见图 1-13。

图 1-13　货物指示标志

除以上标志外，根据有些国家海关的规定或收货人的要求，在货件上还可以标注货名、商标、型号、规格、出厂编号等。这些内容根据需要可多可少，但危险货物必须标示其正确的运输名称。

在有些资料中将货物标志分为三类，其中将上述 3、4、5 和 6 归入副标志。

货物托运人应负责保证货物标志的正确和完整以及在目的地交货时仍能保持其完整和清晰。船方在收受货物时，如遇标志不清或不符合要求时，应要求货主及时按规定加以纠正，否则船方可以拒绝货物装船。船方在货物积载、装卸和保管中，应严格按货物标志分隔货物，合理安排舱位，并按标志所指示的要求处理货物。

五、货物积载因数

每吨货物所占货舱容积或货物量尺体积称为货物的积载因数，积载因数分为包括亏舱的积载因数和不包括亏舱的积载因数两种。

1. 包括亏舱的积载因数 SF

$$SF = \frac{V_{ch}}{Q} \qquad (m^3/t) \tag{1-20}$$

式中：Q —— 货物重量，t；

V_{ch}—— 货物所占舱容,m^3。

2. 不包括亏舱 SF_0

$$SF_0 = \frac{V_c}{Q} \qquad (m^3/t) \tag{1-21}$$

式中:V_c——货物的量尺体积,m^3。

3. 积载因数的应用

不包括亏舱的积载因数一般由货主提供。按照国际惯例,当货物的积载因数小于 $40ft^3/t$($1.1328m^3/t$)时,该货物为计重货物;当货物的积载因数大于 $40ft^3/t$($1.1328m^3/t$)时,该货物为容积货物。在我国,当货物的积载因数小于 $1.00m^3/t$ 时,该货物为计重货物;当货物的积载因数大于 $1.00m^3/t$ 时,该货物为容积货物。

在货源充裕的条件下,当货物平均积载因数小于船舶舱容系数时,船舶满载但不满舱;当货物平均积载因数大于舱容系数时,船舶满舱但不满载;但货物平均积载因数等于船舶舱容系数时,船舶既满载又满舱。

六、货物亏舱率

1. 亏舱舱容 δV(Broken stowage)

货物所占的货舱容积与货物体积之差称为亏舱。是由于货物堆装技术不完善和货物包装与货舱不相适应等而造成的舱容损失。

$$\delta V = V_{ch} - V_c \qquad (m^3) \tag{1-22}$$

式中:δV——亏舱,m^3;

V_{ch}——货物所占货舱容积,m^3;

V_c——货物量尺体积,m^3。

2. 亏舱率 C_{bs}(Rate of broken stowage)

各类货物的亏舱大小通常以亏舱率为衡量指标。亏舱率是指亏舱舱容与货物所占舱容的百分比。

$$C_{bs} = \frac{V_{ch} - V_c}{V_{ch}} \times 100\% \tag{1-23}$$

亏舱率大小与许多因素有关,如货物种类和性质,包装大小与形态,货舱大小、形状及舱内设备布置,货物堆垛方式和质量,装载技术等。

3. SF 与 C_{bs} 的关系

根据亏舱率和积载因数的定义,亏舱率和两种积载因数之间存在如下关系

$$C_{bs} = \frac{SF - SF_0}{SF} \tag{1-24}$$

七、货物自然损耗

货物在运输过程中,因货物本身原因、自然条件和运输技术条件的限制而产生的货物重量上不可避免的减少,称为自然减量或自然损耗。

造成自然损耗的原因有:

干耗和挥发、渗漏和沾染、飞扬和散失。

货物自然减量的大小通常以自然损耗率来表示,它是指货物自然损耗占原来总重量的百分比。货物自然损耗率与货物种类、装卸方式、装卸次数、气候条件、包装形式和运输时间长短

等因素有关。在贸易合同中可订有损耗限度条款。货物在运输中非事故性减量在公认的自然损耗率或贸易合同规定的损耗限度内时，船方不承担赔偿责任。

练习题

1. 下列哪一项可以被用来统计普通货船的拥有量？

A. 排水量Δ　　B. 总吨位 *GT*　　C. 总载重量 *DW*　　D. B 或 C

2. 船舶的重量性能包括______。

A. 排水量和总吨位　　B. 排水量和载重量

C. 排水量、总载重量、总吨位和净吨位　　D. 总吨位和净吨位

3. 船舶的空船重量包括______。

A. 船体、机器设备及船员行李的重量

B. 锅炉中的燃料、冷凝器中水的重量及备品

C. 船体、机器设备及船舶舾装的重量

D. B + C

4. 杂货船的航次净载重量 *NDW* 等于______。

A. 总载重量减去航次储备量及船舶常数

B. 排水量减去空船排水量

C. 排水量减去空船重量及航次储备量和船舶常数

D. A、C 均对

5. 普通货船的船舶常数 *C* 是指船舶______。

A. 测定时的空船重量减去航次储备量

B. 新出厂的空船重量减去测定时的空船重量

C. 测定时的空船重量与船舶参加营运后的空船重量的差值

D. 测定船舶常数时的空船重量与船舶新出厂时空船重量的差值

6. 杂货船的航次净载重量 *NDW* 是指______。

A. 船舶净吨位

B. 具体航次中船舶实际装载的货物重量

C. 具体航次中船舶所能装载货物的最大重量

D. 具体航次中船舶所能装载的最大限度的货物及旅客等的重量

7. 船舶的总载重量等于船舶的满载排水量减去______。

A. 船舶常数　　B. 空船重量　　C. 航次储备量　　D. 净载重量

8. 通常情况下，表示船舶载货能力大小的指标是______。

A. 净载重量 *NDW*　　B. 满载排水量　　C. 总吨位 *GT*　　D. 总载重量 *DW*

9. 船舶静水力曲线图是表示船舶在静止、正浮状态下其______。

A. 船体受力情况的曲线

B. 吃水与各特性参数的关系曲线

C. 吃水与载荷弯矩的关系曲线

D. 静稳性力臂与船舶横倾角的关系曲线

10. 船舶的每厘米吃水吨数 *TPC* 是指船舶的______。

A. 吃水变化 1cm 时所需要的纵倾力矩值

B. 吃水变化1cm时所需要加减货物的吨数

C. 吃水差变化1cm时所需要的纵倾力矩值

D. 吃水差变化1cm时所需要加减货物的吨数

11. 船舶的浮心 B 是指船舶______。

A. 总重量的中心　　B. 受风面积的中心

C. 水线面面积的中心　　D. 水下排水体积形状的几何中心

12. 船舶的漂心 F 是指______。

A. 船舶排水体积的形心

B. 船舶水线面面积的几何中心

C. 船舶所受重力的作用中心

D. 船舶倾斜前后两条浮力作用线的交点

13. 根据我国的规定，使用静水力曲线图查取浮心距船中距离 X_b 时，以下说法正确的是______。

A. 不论浮心B在船中的前或后，X_b 均为负(－)

B. 不论浮心B在船中的前或后，X_b 均为正(＋)

C. 浮心B在船中后，X_b 为负(－)；在船中前为正(＋)

D. 浮心B在船中后，X_b 为正(＋)；在船中前为负(－)

14. 某轮在始发港开航时吃水 $d=9.00$m，$TPC=20.0$t/cm，途中消耗油水200.0t，问该轮到达目的港时的吃水为______。

A. 8.90m　　B. 9.00m　　C. 9.10m　　D. 9.50m

15. 船舶的淡水水尺超额量 FWA 是指船舶______。

A. 由海水进入半淡水时平均吃水的增加量

B. 由淡水进入海水时平均吃水的增加量

C. 由标准海水进入标准淡水时平均吃水增加量

D. 由标准淡水进入标准海水时平均吃水减少量

16. 船舶在甲港装载后，首吃水为8.30m，尾吃水为8.50m，排水量10 200t，$TPC=20.0$t/cm，然后驶往乙港(密度＝1.000)，航行途中消耗油水200t，问：船舶由海上进入乙港时的平均吃水为______m。

A. 8.375　　B. 8.400　　C. 8.425　　D. 8.625

17. 船舶的平均吃水通常是指船舶的______处的吃水。

A. 漂心　　B. 稳心　　C. 重心　　D. 船中

18. 总载重量 DW 的主要用途有______①签订租船合同的依据；②收取运费的依据；③船舶配积载的依据；④统计船舶拥有量；⑤计算航次货运量的依据。

A. ①②③　　B. ①②③④　　C. ①②③④⑤　　D. ①③④⑤

19. 散装液体货船及其他货船的载重线标志，包括______。

A. 各条载重线　　B. 载重线圈和水平线段

C. 甲板线　　D. A＋B＋C

20. 我国在承认《1966年国际载重线公约》的附则时，声明有保留，我国认为沿海区域应为______。

A. 夏季区带　　B. 热带区带　　C. 冬季季节区域　　D. 季节热带区域

21. 根据载重线公约的规定夏季干舷等于______。

A. 夏季载重线上边缘至甲板线上边缘的垂直距离

B. 夏季载重线下边缘至甲板线上边缘的垂直距离

C. 夏季载重线下边缘至甲板线下边缘的垂直距离

D. 夏季载重线上边缘至甲板线下边缘的垂直距离

22.《载重线海图》中季节区带(或区域)是指该海区一年内各季风浪情况______。

A. 变化不大　B. 变化较大　C. 没有变化　D. 变化没有规律

23. 各类船舶勘划载重线的目的是规定在各种不同条件下航行时船舶的______。

A. 最小干舷及最小吃水　B. 最小干舷及最大吃水

C. 最大干舷及最小吃水　D. 最大干舷及最大吃水

24. 船舶干舷是指在船中处,由干舷甲板上边缘向下量至有关载重线______的垂直距离。

A. 下边缘　B. 任意处　C. 上边缘　D. 中央

25. 船舶的总载重量 *DW* 包括______①船舶常数;②空船重量;③净载重量及航次储备量。

A. ①②　B. ①③　C. ②③　D. ①②③

26. 国际航行船舶,船长______者应标绘北大西洋冬季载重线。

A. 小于 100m　B. 大于 100m　C. 等于 100m　D. A + C

27.《载重线海图》中的海区和季节期是根据______划分的。

A. 水温　B. 气温　C. 季节　D. 风浪频率和大小

28. 根据规定,杂货船的夏季淡水干舷等于______。

A. 夏季海水干舷 - 夏季吃水的 1/36

B. 热带海水干舷 - 热带吃水的 1/36

C. 夏季海水干舷 - 夏季吃水的 1/48

D. 热带海水干舷 - 热带吃水的 1/48

29. 一般来讲,杂货船的热带载重线______同级别木材船的热带木材。

A. 稍高于　B. 稍低于　C. 等于　D. 不能确定

30. 通常情况下,杂货船在装货计算时所使用的货舱容积是______。

A. 包装舱容　B. 散装舱容　C. 液货舱容积　D. A、B 均是

31. 世界上造船业和航运业表示船舶规模大小的指标是______。

A. 船舶满载排水量　B. 船舶总吨位 *GT*

C. 船舶总载重量 *DW*　D. 船舶净吨位 *NT*

32. 船舶规范和国际公约中常用______来划分船舶等级及作为技术管理和设备要求的基准。

A. 船舶尺度　B. 船舶总载重量　C. 船舶排水量　D. 船舶总吨位

33. 以下有关货舱包装舱容的定义,说法正确的是______。

A. 两舷外板内侧、舱底板顶面至甲板横梁下端之间的容积 + 舱口围容积

B. 两舷舱壁肋骨内侧、舱底板顶面至甲板横梁下端之间的容积 + 舱口围容积

C. 两舷舱壁护板内表面、舱底板顶面至甲板横梁下端之间的容积 + 舱口围容积

D. B、C 均对

34. 以下有关运河吨位用途的说法,错误的是______。

A. 作为船舶交纳港务费的基准

B. 向运河管理当局交纳运河通航费(以净吨)的基准

C. 作为船舶交纳引航费的基准

D. A、C 均是

35. 船舶的舱容系数是指______。

A. 每吨货物所占舱容

B. 每一总载重吨所占的货舱容积

C. 每立方米货舱容积所能装载货物的重量

D. 以上都不对

36. 根据国际规范的规定,当船舶______才可以勘绘木材船载重线标志。

A. 在甲板上装运木材时

B. 在舱内装运木材时

C. 其结构和设备满足规范要求时

D. A + C

37. 一般杂货船的舱容系数为______。

A. $2.8 \sim 3.2m^3/t$　B. $2.0 \sim 2.5m^3/t$　C. $1.5 \sim 2.1m^3/t$　D. $0.8 \sim 1.4m^3/t$

38. 海运货物的主标志是货物标志的主体,它是______的代号。

A. 装货港　B. 货物　C. 货主　D. 目的港

39. 远洋运输中,装货清单上 Ctn 缩写符号表示______包装形式。

A. 钢瓶装　B. 牛皮纸袋装　C. 纸板箱装　D. 琵琶桶装

40. 海运货物的主标志内容有______①贸易合同编号;②卸货港;③货物品名;④订单号

A. ①②③④　B. ②③④　C. ②③　D. ①④

41. 下列______项是属于货物副标志的内容。

A. 信用证编号　B. 货物品名　C. 贸易合同编号　D. 收货人名称

42. 在远洋货物的标志中,图案形象醒目,色彩鲜艳的标志是______。

A. 主标志　B. 副标志　C. 指示标志　D. 警戒标志

43. 某件杂货不包括亏舱的积载因数 $S.F = 1.2m^3/t$,按海运惯例,该货应为______。

A. 容积货物　B. 计重货物

C. 容积货物或计重货物　D. 既非容积货物又非计重货物

44. 远洋运输中,货物的交接/装运应以______为货物的计量单位。

A. 容积吨　B. 重量吨

C. 容积吨或重量吨　D. 既非容积吨又非重量吨

45. 海运货物在运输途中因其本身的理化性质、自然条件或运输技术条件等因素的影响,产生的货物重量的不可避免的减少,称为______。

A. 散失　B. 货差　C. 自然损耗　D. 短缺

46. 运输中,当船舶的舱容系数大于货物的平均积载因数时的装载称为______。

A. 满舱满载　B. 满舱不满载　C. 既不满舱又不满载　D. 满载不满舱

47. 货物积载因数是指每吨货物所占______。

A. 量尺体积　B. 舱容　C. 货舱总容积　D. A 或 B

48. 某票货物重量为 200t,不包括亏舱积载因数 $S.F = 1.8m^3/t$,亏舱率 = 10%,则所占舱容为______ m^3。

A. 400　　B. 398　　C. 324　　D. 425

49. 当根据国际载重线公约及我国《法定规则》的规定核算的船舶最小干舷与强度、稳性、抗沉性等要求所决定的干舷不一致时，应______作为船舶的最小干舷。

A. 取其中最大者　　B. 取其中最小者

C. 可根据需要任意选取　　D. 以国际载重线公约为准

50. 影响货物亏舱大小的因素包括______。Ⅰ货物的包装形式；Ⅱ堆码质量；Ⅲ所装载的舱位；Ⅳ货物种类；Ⅴ配载技术

A. Ⅰ、Ⅱ、Ⅲ、Ⅳ　　B. Ⅱ、Ⅲ、Ⅳ、Ⅴ

C. Ⅰ、Ⅱ、Ⅳ、Ⅴ　　D. Ⅰ、Ⅱ、Ⅲ、Ⅳ和Ⅴ

第二章　船舶载货能力

本章概述了船舶载货能力的概念、船舶载货能力的核算、充分利用船舶载货能力的主要途径。

重点:船舶载货能力的概念、船舶载货能力的核算。

第一节　船舶载货能力概述

一、船舶载货能力的概念及其表示

船舶的载货能力是指船舶在具体航次中所能装运货物的种类和数量的最大限值。它由载货重量能力、载货容量能力和其他载货能力三项组成。

载货重量能力是指船舶在具体航次中所能承运货物重量的最大限额,即船舶的航次净载重量。其大小受到船舶航经海区所允许使用的载重线、航线上的限制水深、航程长短、油水及其他储备品的装载及补给计划、船舶稳性及强度、船舶常数等因素的限制。

载货容量能力是指船舶所能容纳货物体积的最大限额。各种不同的船舶,其载货容量能力有所不同。对必须装于舱内的件杂货,容量能力用货舱总包装舱容表示;对于固体散装货物,容量能力用货舱总散装舱容表示。液体散装货船的载货容量能力应为扣减膨胀余量后的液舱容积。

其他载货能力是指船舶结构和设备所具有的装载某些特殊货物的能力,即所能承运特殊货物数量的最大限额。对于杂货船而言,指对于性质相抵货物的隔离能力及对重大件、危险货物、冷藏货、散装液体货等的承运能力。它可用船上供装载特殊货物舱室的容积、结构和有关设备的性能来表示。

二、核算船舶载货能力的目的

船公司在为具体的船舶下达货运任务时,需先核算船舶的载货能力,然后以装货清单的形式送交船上大副。

船舶大副根据公司下达的货运任务,在编制货物积载计划前,也需先核算船舶的载货能力。校核船舶的载货能力是否与航次货运任务相适应,以便判明船舶能否承运装货清单中所列的货物品种及数量。如果装货清单中所列货物的总数过多,在重量、体积、货物的特殊要求等方面有一项或数项超过了船舶相应能力,致使货物不能全部装船,则应及早退掉部分货载,以免影响货主备货、货物报关及船舶装载和开航。如果出现船舶的载货重量能力和容积能力均未得到充分利用,即亏舱或亏载过多,应联系追加货物,以免造成运力浪费,充分利用船舶的载货能力,提高船舶营运效益。

第二节　航次净载重量计算

对于某一艘具体船舶而言，其载货容量能力和其他载货能力是固定不变的，我们可以查阅有关的船舶资料及根据对船舶熟悉了解的情况便可以确定。船舶的载货重量能力，随航行区域、所处季节期、航程长短、航线及港口水深是否受限制等而变化。因此，为确定船舶在具体航次中的载货重量能力，每一个航次均应计算航次净载重量。

船舶航次最大载货重量，即净载重量 NDW 可按下式计算：

$$NDW = DW - \sum G - C \qquad (\mathrm{t}) \tag{2-1}$$

式中：DW——船舶总载重量，t；

$\sum G$——航次储备量，t；

C——船舶常数，t。

在式(2-1)中，总载重量 DW、航次储备量 $\sum G$ 及船舶常数 C 均为变量。如果要求取航次净载重量，则需要逐一确定式(2-1)等式右边的总载重量、航次储备量及船舶常数。

下面分别介绍不同条件下船舶总载重量、航次储备量及船舶常数的确定方法。

一、船舶总载重量的确定

当船舶的吃水不受水深限制时，总载重量根据该航次所允许使用的载重线来确定；当船舶的吃水受水深限制时，总载重量则根据允许的最大装载平均吃水来确定。

1. 船舶的吃水不受水深限制时总载重量的确定

船舶的吃水不受水深限制时，根据本航次船舶航行经过的海区及季节期，利用《载重线海图》确定船舶所允许使用的载重线，据此可以求得载重线限制下的船舶总载重量。由于不同航线上航经的海区种类不同，因而载重线限制下的总载重量确定方法也不相同，具体又分以下几种情况：

(1)当船舶整个航次在使用同一条载重线的海区航行时，这时船舶的总载重量可根据该载重线求得。

例如，船舶整个航次在使用热带载重线的海区航行时，船舶的总载重量可根据热带载重线确定，按下式求取：

$$DW_{\mathrm{T}} = \Delta_{\mathrm{T}} - \Delta_{\mathrm{L}} \qquad (\mathrm{t}) \tag{2-2}$$

式中：DW_{T}——使用热带载重线时的总载重量，t；

Δ_{T}——热带排水量，t，查船舶资料求得；

Δ_{L}——空船排水量，t，查船舶资料求得。

(2)当船舶由使用较低载重线的海区航行至使用较高载重线的海区时，为满足船舶在始发港载重线要求，则只能允许使用较低载重线，按较低载重线确定总载重量。

例如，当船舶由使用夏季载重线的海区航行至使用热带载重线的海区时，总载重量应按夏季载重线确定，即：

$$DW_{\mathrm{S}} = \Delta_{\mathrm{S}} - \Delta_{\mathrm{L}} \qquad (\mathrm{t}) \tag{2-3}$$

(3)当船舶由使用较高载重线的海区航行至使用较低载重线的海区时，应视其高载重线海区段油水消耗量情况来确定船舶总载重量。

①计算求出使用高、低两条载重线时排水量的差值；符号记作 $\delta\Delta_{H-L}$

例如，船舶从热带载重线海区航行至夏季载重线海区时，高、低两条载重线对应的船舶排水量的差值为：

$$\delta\Delta_{H-L}=\Delta_T-\Delta_S \quad (t) \tag{2-4}$$

②计算求出船舶在高载重线航段内的燃料、淡水的消耗量，符号记作 δG_H。

船舶在高载重线航段内的燃油、淡水的消耗量可根据船舶在高载重线航段内的航行天数乘以每天燃油、淡水的消耗定额求得，见表 2-1。

当计算求得的船舶在高载重线航段内的燃料、淡水的消耗量大于或等于计算求得的船舶使用高、低两载重线时排水量的差值时，则在始发港可允许使用高载重线对应的总载重量。即：

当 $\delta G_H \geqslant \delta\Delta_{H-L}$ 时：

$$DW=\Delta_H-\Delta_L \quad (t) \tag{2-5}$$

当计算求得的船舶在高载重线航段内的燃油、淡水的消耗量小于计算求得的船舶使用高、低两载重线所对应的排水量的差值时，则总载重量可按低载重线确定，再加上船舶在高载重线航段内燃油、淡水的消耗量，也就是船舶在始发港的最大吃水是高低载重线之间的某一水线。即：

当 $\delta G_H<\delta\Delta_{H-L}$ 时：

$$DW=\Delta_{LO}-\Delta_L+\delta G_H \quad (t) \tag{2-6}$$

式中：Δ_{LO}——根据低载重线确定的船舶排水量(t)。

(4)船舶由使用高载重线海区航行至低载重线海区再航行至更低载重线的海区时，如船舶由使用热带载重线的海区航行至使用夏季载重线的海区，再航行至使用冬季载重线的海区，这时可根据以上类似的原理确定船舶航次的总载重量。

此外，根据《1966 年国际载重线公约》的规定，当船舶从内河港口驶出时，允许船舶超载，允许的超载量等于从出发港到入海口航行所需消耗的燃料、淡水的重量。如果内河航程较长，则应充分利用这一允许超载的船舶载重量。

2. 船舶吃水受水深限制时总载重量的确定

当船舶的吃水受航线(港口、航道)水深限制时，可根据航线上最浅处的水深及其他一些影响水深的因素来确定船舶在装货港允许装载的最大平均吃水，然后根据该平均吃水及港口水密度在载重表尺上求取船舶的总载重量。

船舶在装货港允许的最大装载平均吃水可由下式求得：

$$d_{max}=D_d+H_w+\delta d_g\pm\delta d_\rho-D_a-\frac{|t|}{2} \quad (m) \tag{2-7}$$

式中：D_d——港口或航道最浅处的基准水深(m)，即最浅处的海图水深；

H_w——航道最浅处可利用的潮高(m)，可从潮汐表查取；

δd_g——由始发港到航线上最浅处船舶燃料、淡水的消耗量对平均吃水的影响值(m)；

δd_ρ——始发港与航线上最浅处舷外水密度不同引起的平均吃水变化量(m)；

D_a——船舶通过浅水区时应留出的富裕水深(m)。

D_a 值应根据船舶大小、浅水区的水底质及船上所载货物种类等因素来确定。显然，当船舶较大，装载危险货物，浅水区为石底质时，富裕水深应取得大些，否则可小些。富裕水深一般可取 0.5～0.7(m)。

如果经过浅水区时船舶存在吃水差，则最大装载平均吃水还要减少 $|t|/2$。则总载重量值

就受到影响。因此,在始发港须安排好船上各类载荷的纵向分布,使船舶过浅水区时正好处于平吃水状态。

二、船舶航次储备量的确定

航次的储备量可以分成两类:

1. 油水储备量 G_1

这类储备量包括燃油、润滑油、淡水及压载水。航次所需的油水储备量随航次时间的不同其数量变化较大。它的数量取决于船舶的航次油水补给方案。航次的油水补给可以采用在始发港一次性装足的方案,也可采用在中途港进行油水补给的方案。航次燃油、淡水的装载及补给方案应根据具体情况及考虑充分发挥船舶的运输能力、达到良好的营运效益等因素来确定。

航次所需的燃油、淡水的储备量可按下式计算:

$$G_1 = \left(\frac{S}{24 \cdot v} + t_{rs}\right) \cdot g_s + t_b \cdot g_b \quad (t) \tag{2-8}$$

式中:S——从始发港到油水补给港的距离,n mile;

v——船舶航速,kn;

t_{rs}——船舶航行储备时间(也称荒天储备时间),船舶航行途中可能受恶劣天气影响而延长的航行时间,该值取决于船舶的航行区域、季节期以及航程,一般沿海、近洋航线取 3d,远洋航线取 5~7d;

g_s——船舶航行每天油、水消耗定额,t/d,在确定淡水消耗定额时,对具有制淡设备的船舶,只需考虑船员生活用水的消耗量;

t_b——到下次补给油水前在各港口的总停泊时间,d;

g_b——船舶停泊每天的油水消耗定额,t/d,通常又分为使用和不使用装卸设备两个值。

2. 其他储备量 G_2

其他储备量包括粮食和供应品 G_p、船员和行李 G_{ce} 及船用备品 G_s 三项。因其数量变化较小,总重量也相对较小,所以对特定船舶不论航次时间长短,其大小可按船舶资料中的数值,一般可取为定值。

$$G_2 = G_p + G_{ce} + G_s \quad (t) \tag{2-9}$$

船舶航次储备量 $\sum G$ 可按下式求取:

$$\sum G = G_1 + G_2 \quad (t) \tag{2-10}$$

表 2-1 是"Q"轮航次其他储备量及油水消耗定额情况。

"Q"轮航次其他储备量及油水消耗定额表 表 2-1

项目	船用备品、粮食和供应品、船员和行李(t)			燃料消耗量(t/d)				淡水消耗量(t/d)		燃料及淡水消耗量(t/d)		
				航行		停泊					停泊	
	粮食和供应品	船员和行李	船用备品	主机	辅机	使用装卸设备	不使用装卸设备	航行	停泊	航行	使用装卸设备	不使用装卸设备
数量	8	10	10	25	2	2	1	20	15	47	17	16

三、船舶常数的测定

船舶常数是船舶营运一段时间后,实际空船重量与船舶新出厂时空船重量的差值。也就是船舶重量中产生的一些难以确知的重量的总和。因此,船舶常数只能用实际测定的方法求得,一般在年度修理后进行测定,测定后的一定时间内认为该值不变。测定船舶常数的步骤如下:

(1)选择水面平静时观测船舶六面水尺读数,并用密度计测定舷外水密度。

(2)计算测定时的船舶平均吃水。

(3)根据船舶的平均吃水及舷外水密度求取测定时的船舶排水量Δ。

(4)根据实际装载状况计算船上除组成船舶常数以外的其他载荷的总重量$\sum P$。

(5)从上述船舶排水量Δ中扣除$\sum P$,得到测定时的实际空船排水量Δ_{L+C},即:

$$\Delta_{L+C} = \Delta - \sum P \quad (t) \tag{2-11}$$

(6)按下式计算船舶常数C,即:

$$C = \Delta_{L+C} - \Delta_L \quad (t) \tag{2-12}$$

【例题 2-1】 "Q"轮停泊在上海港测定船舶常数,实测黄浦江水密度为 1.005g/cm^3,当时船舶实际吃水为:首吃水:左 3.30m、右 3.25m;中吃水:左 4.78m、右 4.65m;尾吃水:左 5.80m、右 5.77m。漂心距船中距离为 0.11m。船上存有燃油 693t,淡船舶水 350t,压载水 1 644t,其他储备量 28t,出厂时空船重量为 5 565t,试求船舶常数。

解:

(1)计算船舶平均吃水d_M:

$$d_M = \frac{d_{FP}+d_{FS}+d_{MP}+d_{MS}+d_{AP}+d_{AS}}{6} + \frac{d_{FP}+d_{FS}-d_{AP}-d_{AS}}{2}\cdot\frac{X_f}{L_{bp}}$$

$$= \frac{3.30+3.25+4.78+4.65+5.80+5.77}{6} + \frac{3.30+3.25-5.80-5.77}{2}\times\frac{0.11}{148}$$

$$=4.59(m)$$

(2)求测定常数时的船舶排水量Δ:

根据水密度 1.005g/cm^3 及平均吃水 4.59m 查载重表尺,得测定常数时的排水量为 8 500t。

(3)计算测定船舶常数时船上所有载荷(不含船舶常数)重量$\sum P$:

$$\sum P = 693 + 350 + 1\ 644 + 28 = 2\ 715 \quad (t)$$

(4)计算测定常数时的实际空船重量:

$$\Delta_{L+C} = \Delta - \sum P = 8\ 500 - 2\ 715 = 5\ 785 \quad (t)$$

(5)求船舶常数C:

$$C = \Delta_{L+c} - \Delta_L = 5\ 785 - 5\ 565 = 220 \quad (t)$$

【例题 2-2】 "Q"轮 1 月 20 日由上海开往坦桑尼亚的达累斯萨拉姆港。船舶吃水不受水深限制。该轮在上海港装足燃油、淡水,共装重柴油 1 141t,轻柴油 200t,滑油 52t,淡水 324t,返航时使用的燃油、淡水可在达累斯萨拉姆港补给。该轮在达累斯萨拉姆港卸货后装运铜锭、转口棉花、沥青及亚麻返回上海港。该轮在达累斯萨拉姆港装卸货共停泊约半个月时间,船舶航速为 17.5kn,上海至达累斯萨拉姆港的航程为 6 218n mile,船舶常数为 220t,航行储备时间取 5d,停泊时间取 2d,求该轮往返两个航次的净载重量。

解:

1)求上海至达累斯萨拉姆航次的净载重量

(1)确定总载重量。根据开航时间及航线情况查《载重线海图》可知:上海至香港海区属夏季季节期,使用夏季载重线,而香港至达累斯萨拉姆海区属热带季节期及热带区带,使用热带载重线,因此本航次的总载重量应按夏季载重线确定。查船舶资料得:该轮使用夏季载重线

时总载重量 $DW_S = 19\ 710 - 5\ 565 = 14\ 145$(t)。

(2)计算该轮航次储备量 $\sum G$：

$$\sum G = G_1 + G_2 = 1\ 141 + 28 + 200 + 52 + 324 = 1\ 745 \quad (t)$$

(3)已知船舶常数 $C = 220$ (t)

(4)计算航次净载重量 NDW：

$$NDW = DW_S - \sum G - C = 14\ 145 - 1\ 745 - 220 = 12\ 180 \quad (t)$$

2)求达累斯萨拉姆至上海的航次净载重量 NDW

(1)确定总载重量 DW。根据开航时间及航线情况查《载重线海图》可知：达累斯萨拉姆至香港海区可使用热带载重线，香港至上海海区应使用夏季载重线，所以应通过计算比较才能确定总载重量。

①计算从达累斯萨拉姆至香港这段航程船舶所消耗的燃料及淡水重量 δG_H：

$$\delta G_H = \frac{S}{24v} \times g_s = \frac{5\ 395}{24 \times 17.5} = 603.7 \quad (t)$$

②计算该轮热带排水量与夏季排水量的差值 $\delta\Delta_{H-L}$：

$$\delta\Delta G_{H-L} = \Delta_T - \Delta_S = 20\ 205 - 19\ 710 = 495 \quad (t)$$

③比较，因为 $\delta G_H > \delta\Delta_{T-S}$，所以，本航次可按热带载重线确定总载重量，

即：
$$DW = \Delta_T - \Delta_L = 20\ 205 - 5\ 565 = 14\ 640 \quad (t)$$

(2)求航次储备量 $\sum G$：

$$G_1 = \left(\frac{6\ 218}{24 \times 17.5} + 5\right) \times 47 + 2 \times 17 = 964.8 \quad (t)$$

$$G_2 = 28(t)$$

滑油不计消耗仍按52t计算，所以，$\sum G = 964.8 + 28 + 52 = 1\ 044.8$(t)

(3)常数 $C = 220$ (t)

(4)计算航次净载重量 NDW：

$$NDW = DW - \sum G - C = 14\ 640 - 1\ 044.8 - 220 = 13\ 375.2 \quad (t)$$

第三节　充分利用船舶载货能力的主要途径

如前所述，船舶的载货能力包括载货重量能力、载货容积能力和其他载货能力三项。要充分利用船舶的载货能力就需从这三个方面分别加以考虑，其主要途径有：

一、提高船舶的载货重量能力

(1)正确确定和使用船舶的载重线或装载吃水。

(2)合理确定船舶航次所需的燃料及淡水重量。

(3)及时清除船上垃圾、废物等重量，以减少船舶常数。

(4)吃水受限时，各舱货物的重量分配应保证船舶过浅滩时平吃水且无初始横倾。

二、充分利用船舶的载货容量能力

在确定了船舶航次的载货重量能力，即确定了船舶航次净载重量后，还有一个如何同时充分利用船舶载货容积的问题。在尽量做到载货重量等于航次净载重量，同时载货体积也要接

近于货舱容积,即通常称之为“满载满舱”,这样就不会造成船舶运力的浪费。具体办法是:

1. 轻重货物合理搭配

对于杂货船,在货源充足且航次货载有较大的选择余地时,应注意轻重货物合理搭配,尽量使船舶能够满载满舱。使船舶的载重能力与容量能力能同时得到充分利用。

设船舶货舱总容积为$\sum V_{ch}(m^3)$,航次净载重量为$NDW(t)$,现拟装轻重两种货,轻货的积载因数为$SF_L(m^3/t)$,重货的积载因数为$SF_H(m^3/t)$。为使船舶达到满载又满舱,轻货P_L和重货P_H。要满足下列要求:

$$\begin{cases} P_L + P_H = NDW \\ SF_L \cdot P_L + SF_H \cdot P_H = \sum V_{ch} \end{cases} \tag{2-13}$$

如果航次货载不只两票,为使船舶达到满载又满舱,各票货物的重量应满足式2-14要求。配货时往往是多种货物的品种及数量已经确定,而待选的货物品种及数量是其中的若干种。此时,在待选的货物中选择一票重货和一票轻货,就能通过求解方程组,以求取所选重货和轻货的重量。

$$\begin{cases} P_1 + P_2 + P_3 + P_4 + \cdots = NDW \\ SF_1 \cdot P_1 + SF_2 \cdot P_2 + SF_3 \cdot P_3 + SF_4 \cdot P_4 + \cdots = \sum V_{ch} \end{cases} \tag{2-14}$$

式中:P_1、P_2、P_3、P_4——每票货物的重量,t;

SF_1、SF_2、SF_3、SF_4——每票货物包括亏舱的积载因数,m^3/t。

【例题2-3】 例2-2中,“Q”轮由达累斯萨拉姆港装运铜锭、棉花、沥青和亚麻返回上海港,已知这4种货物包括亏舱的积载因数分别为0.37、2.83、1.36、和2.80(m^3/t)。现计划装铜锭5200t,棉花1 000t,问该轮应装多少吨沥青和亚麻才能使船舶达到满载满舱?

解:

设应装沥青P_3吨和亚麻P_4吨,才能使船舶达到满载满舱。代入式(2-14)

得方程为:$\begin{cases} 5\ 200 + 1\ 000 + P_3 + P_4 = 13\ 375.2 \\ 5\ 200 \times 0.37 + 1\ 000 \times 2.83 + P_3 \times 1.36 + P_4 \times 2.80 = 19\ 591 \end{cases}$

联立解得:$P_3 = 3\ 648.3$ (t)

$P_4 = 3\ 526.9$ (t)

2. 合理确定货位,紧密堆装,减少亏舱

除了货种的轻重搭配外,在编制货物积载图时需根据货种特点合理选择舱位,如将笨重大件货、大的箱子货、大的桶装货等考虑配装在船舶中部的大舱并配装一些小件货填补空位;体积小的货物、软包装货应配装在狭窄的舱位。同样,二层舱因高度较小,一般不宜配装包装尺寸很大的货件,以避免二层舱上部出现无法被利用的舱容。另外,装货的质量也直接影响到舱容的利用程度,因此还要和港方搞好协作关系,驾驶人员及看舱人员需经常下舱察看货物的堆装情况,要求装卸工人紧密堆装,尽量减少亏舱。

三、充分利用船舶的其他载货能力

当船舶承运有特殊要求的货物,或遇舱容不足时,应当创造条件,挖掘船舶潜力,尽可能充分利用船上的特殊舱室或舱面装载货物。例如可考虑把一些重量轻、易于搬运的小、软包装的货物装于未被利用的深舱或冷藏舱内,把一些在航海习惯上或有关货运单证上确认可以装于舱面的货物装于舱面等,以充分利用船舶运力,增加船舶营运效益。

练习题

1. 船舶满舱满载(full and down)系指______。

A. 船舶的重量性能和容积性能均得到了充分利用

B. 船舶装载了足量货物

C. 运费吨达到了最大值

D. 船舶运输效益最大

2. 船舶载货重量能力是指______。

A. 具体航次所能装运载荷的最大重量

B. 具体航次所能装运货物的最大限重

C. 具体航次所能装运的最大限度旅客及油水等的重量

D. 具体航次所能装运的最大限度油水及压载水等的总重量

3. 以下有关船舶载货能力说法,正确的是______。

A. 船舶载货能力是指具体航次所能装载货物重量的最大限额

B. 船舶载货能力是指在具体航次所能承担运输货物的品种和数量

C. 船舶载货能力是指具体航次装载货物的可能条件和数量的最大限额

D. B 或 C

4. 对于木材船,其载货容量能力体现为______。

A. 液舱容积　　B. 货舱容积

C. 上甲板允许装载容积　　D. B + C

5. 当航线水深不受限制时,船舶的航次净载重量与______有关。Ⅰ航程;Ⅱ航区水密度;Ⅲ航线气候条件;Ⅳ航行季节;Ⅴ始发港最大水深;Ⅵ船舶常数

A. Ⅰ、Ⅱ、Ⅲ、Ⅳ、Ⅴ　　B. Ⅰ、Ⅲ、Ⅳ、Ⅴ、Ⅵ

C. Ⅰ、Ⅲ、Ⅳ、Ⅵ　　D. Ⅱ、Ⅲ、Ⅳ、Ⅴ

6. 当航线水深受限制时,船舶的航次载货重量能力与______有关。Ⅰ空船重量;Ⅱ开航日期;Ⅲ浅区水密度;Ⅳ油水储备;Ⅴ富裕水深

A. Ⅰ、Ⅱ、Ⅲ、Ⅳ　　B. Ⅱ、Ⅲ、Ⅳ、Ⅴ

C. Ⅰ、Ⅲ、Ⅳ、Ⅴ　　D. Ⅰ、Ⅱ、Ⅲ、Ⅴ

7. 某港口当局规定,船底富余水深取 0.5m,该港基准水深 7.20m,装货期间最小潮高 0.37m,最大潮高 1.16m,则船舶在装货期间的最大允许吃水为______ m。

A. 7.86　　B. 7.57　　C. 7.07　　D. 7.15

8. 某船 $\Delta_L = 6\,690$t,过浅滩($\rho = 1.012$)时最大吃水 $d = 9.35$m 所对应的海水排水量 $\Delta = 26\,330$t,船由始发港至过浅处油水消耗 475t,则本航次所允许使用的总载重量为______ t。

A. 26 471　　B. 18 831　　C. 19 360　　D. 19 781

9. 当船舶由较高载重线海区航行至较低载重线海区时,且高载重线段所消耗的油水总量大于高低载重线所对应的排水量之差,则允许使用的总载重量应根据______确定。

A. 较低载重线

B. 较高载重线

C. 较低载重线时的总载重量加上高载重线航段的油水消耗量

D. 较高载重线时的总载重量减去高载重线航段的油水消耗量

10. 当船舶由较高载重线海区航行至较低载重线海区时，且高载重线段所消耗的油水总量小于高低载重线所对应的排水量之差，则船舶允许使用的最大排水量应根据______确定。

A. 较低载重线

B. 较高载重线

C. 较高载重线时的排水量加上低载重线航段的油水消耗量

D. 较低载重线时的排水量加上高载重线航段的油水消耗量

11. 船舶允许最大装载吃水应根据______来确定。(1)航经海区的水深(2)航经海区载重线(3)货物的积载因数(4)船舶舱容系数

A. (1)(2)　　B. (2)(3)　　C. (1)(2)(3)　　D. (2)(3)(4)

12. 某船计划航经海区允许使用的载重线依次为：热带→夏季→冬季→夏季，则允许使用的总载重量不可能根据______确定。

A. 热带载重线　　B. 夏季载重线

C. 冬季载重线　　D. 视相应航段油水消耗量而定

13. 确定航次储备量应根据______。Ⅰ航程；Ⅱ油水补给计划；Ⅲ海况；Ⅳ油水消耗定额；Ⅴ船员习惯

A. Ⅰ、Ⅱ、Ⅲ、Ⅳ　　B. Ⅱ、Ⅲ、Ⅳ、Ⅴ

C. Ⅰ、Ⅲ、Ⅳ、Ⅴ　　D. Ⅰ、Ⅱ、Ⅲ、Ⅳ、Ⅴ

14. 船舶常数是______，其值越______，船上最大装货量越少。

A. 变量；大　　B. 定值；大　　C. 定值；小　　D. 变量；小

15. 某船修理后由 d_M 查得 $\Delta = 7\ 853t$（标准海水中），船上当时存油 230t，淡水 180t，船员、行李、备品等 20t，压载水 450t，已知当时的舷外水密度 $\rho = 1.010g/cm^3$，空船重量 $\Delta_L = 6\ 730t$，则船舶常数为______。

A. 128 t　　B. 243 t　　C. 130 t　　D. 247 t

16. 某船某航次航程 2 345 海里，船舶排水量 $\Delta = 18\ 359t$，船舶航速 15 节，航行每天耗油水 35t，常数为 249t，空船排水量为 6 355t，航行储备 3 天，船舶航次净载重量为______t。

A. 12 127　　B. 11 422　　C. 11 342　　D. 11 527

17. 某船 $\Delta_T = 21\ 367t$，$\Delta_s = 20\ 881t$，空船 $\Delta_L = 5\ 371t$，船舶由夏季载重线海区航行至热带载重线海区时，且夏季载重线段油水消耗量 306t。已知本航次需装油水等共 440t，船舶常数 219t，则本航次最多载货______t。

A. 15 332　　B. 15 006　　C. 14 851　　D. 15 687

18. 提高船舶的载货重量能力的具体措施包括______。Ⅰ合理编制积载计划，减少压载；Ⅱ减少船舶常数；Ⅲ合理确定航次的油水数量；Ⅳ正确确定船舶的装载水尺；Ⅴ正确确定船舶载重线

A. Ⅰ、Ⅱ、Ⅲ、Ⅳ　　B. Ⅱ、Ⅲ、Ⅳ、Ⅴ

C. Ⅰ、Ⅲ、Ⅳ、Ⅴ　　D. Ⅰ、Ⅱ、Ⅲ、Ⅳ、Ⅴ

19. 充分利用船舶净载重量和舱容的方法是______。

A. 品质相同的货物同装一舱　　B. 种类相同的货物同装一舱

C. 轻重货物在各舱合理搭配　　D. 积载因数相近的货物同配一舱

20. 实际营运中，提高船舶载货能力的具体措施是______。

A. 轻重货物合理搭配　　B. 合理确定货位，减少亏舱

C. 合理确定和使用船舶的载重线　　D. 以上都是

第三章　船 舶 稳 性

本章概述船舶初稳性高度计算，自由液面对稳性影响及修正，载荷移动、载荷重量改变、悬挂载荷对稳性的影响及船舶大倾角稳性基本概念及计算，船舶动稳性概念，IMO 及中国对稳性的要求，船舶适度稳性判断及稳性调整。

重点：初稳性高度计算、稳性的要求、船舶适度稳性判断及稳性调整。

船舶稳性（Stability）是指船舶在外力作用下发生倾斜但不倾覆，当外力消失后能自行回复到原平衡位置的能力。

船舶稳性与航行安全有密切的关系，为防止倾覆，首先要求船舶具有足够的稳性；同时，稳性过大又会引起船舶剧烈横摇，对船员、货物、船体结构和航海仪器的使用等产生不利的影响。因此，营运中应保证船舶具有适度的稳性。稳性的大小除了跟船体几何形状有关外，主要跟载荷分布状况有关，这是船舶在积载过程中所要解决的问题。

第一节　船舶稳性基本概念

一、稳性的分类

1. 按船舶倾斜方向分类

按船舶不同的倾斜方向，可分为横稳性和纵稳性。

横稳性（Transverse stability）：船舶在横倾力矩作用下发生横倾后所表现的稳性。

纵稳性（Longitudinal stability）：船舶在纵倾力矩作用下发生纵倾后所表现的稳性。由于纵稳性力矩远大于横稳性力矩，一般不可能因纵稳性不足而导致船舶倾覆。

2. 按倾角大小分类

按船舶倾角大小，可分为初稳性和大倾角稳性。

初稳性（Initial stability）：指倾斜角小于 10°，且上甲板边缘开始入水前的稳性，又称为小倾角稳性。

大倾角稳性（Stability at large angles）：指倾斜角度大于 10°或上甲板边缘开始入水后的稳性。

3. 按作用力矩的性质分类

按作用力矩的性质可分为静稳性和动稳性。

静稳性（Static stability）：船舶在倾斜过程中不计及角加速度和惯性矩的稳性，即倾斜力矩的作用是从零开始逐渐增大，使船舶倾斜时的角加速度很小，可以忽略。

动稳性（Dynamical stability）：船舶在倾斜过程中要计及角加速度和惯性矩的稳性，即倾斜力矩突然作用在船上，使船舶倾斜有明显的角加速度变化。

4. 按船舱是否进水分类

按船舶是否破舱进水将稳性分成完整稳性和破舱稳性。

完整稳性(Intact stability):船体在完整状态时的稳性称为完整稳性。

破舱稳性(Damaged stability):船体破舱进水后所具有的稳性则称为破舱稳性。

二、稳性力矩(Stability moment)

如图 3-1 所示,船舶在外力(倾斜力矩)作用下缓慢地倾斜一小角度时,水线由正浮时的 WL 变成倾斜后的 W_1L_1。船的重量在倾斜前后没有改变,重心保持在原来的位置;船的排水体积的大小没有变化,但船体水下体积的形状发生了改变,浮心由原来的位置 B 点移到了 B_1 点。这时,浮心和重心不再位于同一铅垂线上,因而浮力和重力形成一个力偶。浮力的作用线垂直于 W_1L_1 并与中线相交于 M 点。船舶在微倾过程中,浮力作用线的交点均通过 M 点,M 点称为船舶稳心。

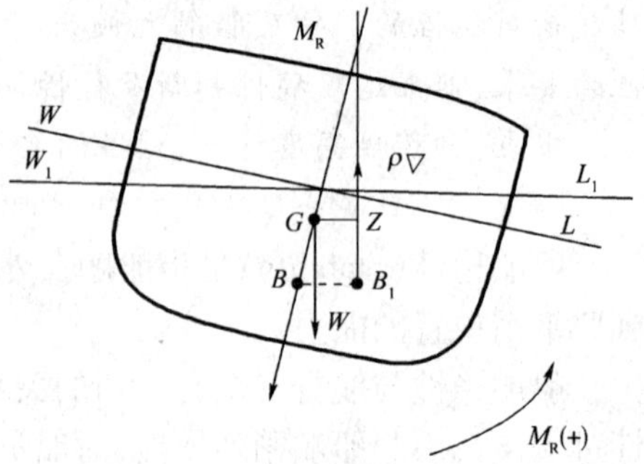

图 3-1　船舶的稳性力矩

重力和浮力形成的力偶矩称为稳性力矩(或复原力矩),用 M_R 表示。与船舶倾斜方向相反的力矩定为正值。

自重心 G 作直线 GZ 垂直于通过 B_1 的垂线(即浮力作用线),则稳性力矩为:

$$M_R = \Delta \cdot GZ \qquad (9.81\text{kN}\cdot\text{m}) \tag{3-1}$$

式中:Δ ——船舶排水量,t;

GZ ——复原力臂,m。

使得船舶离开原来平衡位置的是倾斜力矩,通常由风和浪的作用、船上货物的移动、旅客集中一舷、拖船急牵及船舶回转等所产生,其大小取决于这些外部条件。促使船舶回复到原来平衡位置的是稳性力矩,其大小取决于排水量、重心高度及浮心移动的距离等因素。

三、船舶的三种平衡状态

从重心 G 和稳心 M 的相对位置关系,可以判断稳性力矩 M_R 的性质,而稳性力矩的性质决定了船舶原平衡状态的稳定性能。

如图 3-2 所示,船舶的平衡状态有三种:

1. 稳定平衡状态(Stable equilibrium)

重心 G 在稳心 M 之下,稳性力矩 M_R 的方向与船舶倾斜方向相反,起着抵抗倾斜力矩的

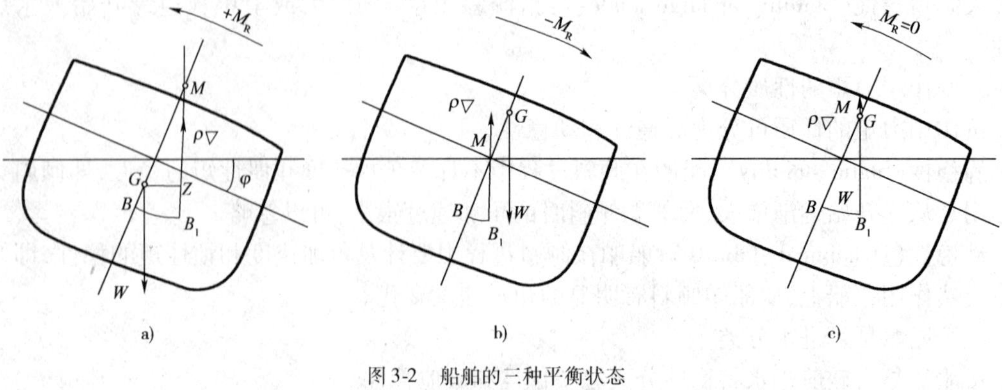

图 3-2　船舶的三种平衡状态

作用，在此力矩作用下，船舶将会回复到初始平衡状态。此时，M_R 为正值，重心 G 到稳心 M 之间的距离 $GM>0$。

2. 不稳定平衡状态（Unstable equilibrium）

重心 G 在稳心 M 之上，稳性力矩 M_R 的方向与船舶倾斜方向相同，不仅不起抵抗倾斜的作用，反而促使船舶继续倾斜。此时，M_R 为负值，重心 G 到稳心 M 之间的距离 $GM<0$。

3. 随遇平衡状态（Neutral equilibrium）

重心 G 与稳心 M 重合，稳性力矩 M_R 等于零，当外力消失后，船舶不会回复到原来的位置，也不会继续倾斜。此时，M_R 为零，重心 G 到稳心 M 之间的距离 $GM=0$。

处于不稳定平衡状态的船舶，当其受到外力矩作用而离开平衡位置时，即使外力矩马上消失，在倾覆力矩作用下船舶仍将继续倾斜，最终导致船舶倾覆；处于随遇平衡状态的船舶受外力矩作用发生倾斜，当外力矩消失后，船舶因复原力矩为零，不可能回至原来的平衡位置，如较长时间受到外力矩作用，船舶的横倾角将在一定范围内不断增大，最终仍有可能导致船舶倾覆；只有处于稳定平衡状态的船舶，才具有一定的抵抗外力矩能力，且当外力矩消失后，在复原力矩作用下，能自行回到原来的平衡位置。

第二节 初 稳 性

一、船舶初稳性的标志

1. 船舶初稳性的特征

如图 3-3，船舶初稳性具有以下特征：

(1) 船舶微倾前后水线面的交线过原水线面的漂心 F，即倾斜前后漂心不变。

(2) 浮心移动轨迹为圆弧段，圆心为定点 M（稳心），半径为 BM（稳心半径）。

2. 初稳性方程式

根据船舶小角度倾斜所具有的特点由图 3-3 得初稳性方程式为：

$$M_R=\Delta\cdot GZ\qquad(9.81\text{kN}\cdot\text{m})\qquad(3\text{-}2)$$

当横倾角较小时，上式可写成：

$$M_R=\Delta\cdot GM\cdot\sin\theta\qquad(3\text{-}3)$$

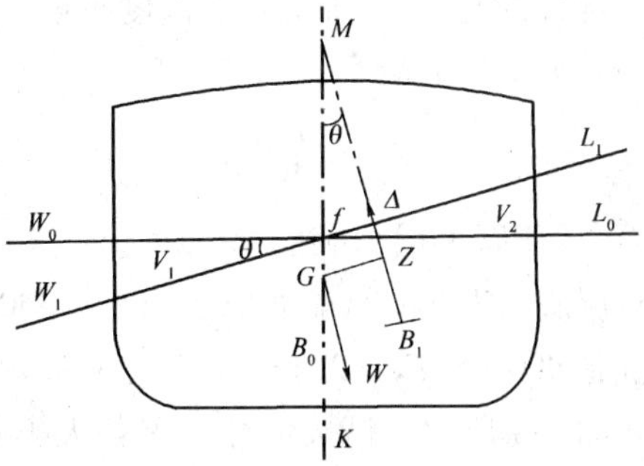

图 3-3 船舶的小角度倾斜

式中：M_R——复原力矩，9.81kN·m；

Δ——排水量，t；

θ——船舶横倾角；

GZ——静稳性力臂，也称复原力臂，m；

GM——初稳性高度，m。

由此可知，当船舶在一定排水量下发生小角度横倾时，复原力矩的大小与初稳性高 GM 成正比。初稳性高度 GM 是衡量初稳性大小的基本标志。要使船舶产生正的复原力矩，必须使 GM 为正值，如要保证船舶有一定量的复原力矩，则必须适当增大船舶的初稳性高度。

二、初稳性高度的计算

1. 初稳性高度的计算公式

初稳性高 GM 是衡量船舶初稳性的重要指标，如图 3-3，初稳性高度可由下式计算：

$$GM = KM - KG \tag{3-4}$$

式中：KM——船舶横稳心距基线高度(m)，在静水力参数资料查得，也可以由下式求得：

$$KM = KB + BM \tag{3-5}$$

KB——船舶浮心距基线高(m)，在静水力参数资料查得。

BM——横稳心半径(m)，可以根据平均吃水或排水量查取，或按下式计算：

$$BM = \frac{I_x}{\nabla_M} \quad (m) \tag{3-6}$$

其中：I_x——船舶水线面面积对于横倾轴的惯性矩，$I_x = KL_{bp}B^3$ (m^4)，对于一般货船，$K = 0.045 \sim 0.065$；

L_{bp}——船舶垂线间长，m；

B——船舶型宽，m；

∇_M——船舶排水体积，m^3；

KG——船舶重心距基线高度(m)，其值与空船重心高度及载荷配置方案有关，根据合力矩原理，可按下式求取：

$$KG = \frac{\sum P_i \cdot Z_i}{\Delta} \tag{3-7}$$

其中：P_i——构成船舶排水量的各项重量，t，包括空船重量、各货物重量、各液舱油水重量、船员及行李、粮食供应品、船用备品、船舶常数等；

Z_i——载荷 P_i 对应的重心距基线高度，m。

2. 载荷重心距基线高度的求法

(1) 估算法。将装在同一舱内且积载因数相近、位置相邻的货物合并起来视为一类货物，然后分别估算各大类货物的重心距基线高度。它与货物体积、舱内货堆高度、货舱结构形式有关，可近似地加以确定。船舶中部的舱室，货堆的重心可取为 0.5 倍的货堆高度；在船首、船尾等部位的舱室，货堆的重心高度可取货堆高度的 0.54～0.58。

如中部的舱室：

$$Kg_i = \frac{1}{2}\text{货高} + \text{货物底边距基线高} \tag{3-8}$$

【例题 3-1】 某船第二货舱舱容为 3 070m^3，舱高 7.8m，双层底高 1.5m，该舱底舱装棉布 1 300t($S.F_1 = 0.74m^3/t$)，纸张 900t($S.F_2 = 2.13m^3/t$) 两种货物，货物在舱内的配置如图 3-4 所示。试按估算法求各大类货物的重心高度及该舱的合重心高度。

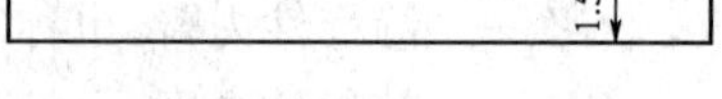

图 3-4 货物在船舱内配置图

解：

列表 3-1 计算各类货物的重心高度如下：

各类货物的重心高度 表 3-1

货名	重量 (t)	S.F (m^3/t)	货物容积 (m^3)	占舱容百分比 (%)	货堆高度 (m)	货物重心高度 (m)
棉布	1300	0.74	962	31.3	0.313 × 7.8 = 2.44	1.5 + 2.44/2 = 2.72
纸张	900	2.13	1917	62.4	0.624 × 7.8 = 4.87	1.5 + 2.44 + 4.87/2 = 6.37

该舱货物的合重心高度为：

$$Kg_i = \frac{1\ 300 \times 2.72 + 900 \times 6.37}{1300 + 900} = 4.21\ (\mathrm{m})$$

答：棉布重心高度为 2.72m，纸张重心高度为 6.37m，该舱货物的合重心高度为 4.21m。

(2) 利用舱容曲线图确定载荷重心高度。对于散货船和杂货船，船舶资料中提供了舱容曲线资料，每一货舱有一张曲线图，其下面横坐标为货舱容积，纵坐标为货堆表面距基线高度，上面横坐标为容积中心距基线高度，图上有两条曲线，分别是舱容曲线和容积中心距基线高度曲线。

如图 3-5 所示，利用舱容曲线确定载荷重心高度的方法如下：

①根据装载货物所占的舱容，在下面横坐标上找到相应的位置点。

②过该点作垂直于下面横轴的直线交舱容曲线于一点 A。

③过 A 点作横轴的平行线，交纵坐标轴于一点，即可读得该货物表面距基线高度。

④过 A 点平行于横轴的直线交容积中心距基线高度曲线于 B 点，过 B 点向上作横轴的垂线，即可在上面的横坐标轴上读得该货物的容积中心距基线高。当所装货物为均质货时，该中心等于货物的重心。

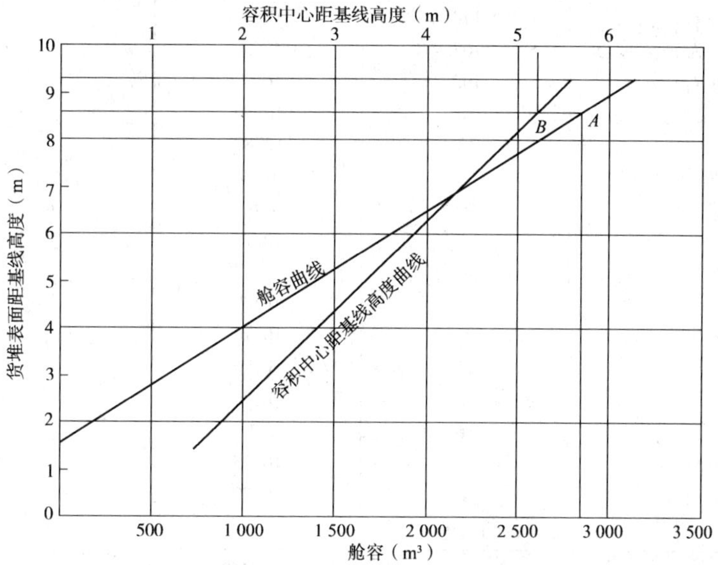

图 3-5 舱容曲线图

(3) 以合体积中心作为该舱货物的合重心高度。在实际工作中，上述两种方法均嫌麻烦，在杂货船上很少被采用。目前绝大多数杂货船，均以舱内所装货物的合体积中心作为该舱货物的合重心，如果货物接近满舱，则取舱容中心为货物合重心。使用这种方法所得的货物重心显然与实际的重心高度有出入，但因方法简便，而且所求得的 GM 值比实际值偏小，偏于安全，所以这种方法经常被采用。

【例题 3-2】 某船某航次在上海装货，计划各舱柜载荷重量如表 3-2 所列，根据船舶查资料得 $KM = 8.67\mathrm{m}$。试求开航时船舶的初稳性高度 GM 。

解：

(1) 列表求船舶的排水量，垂向重量力矩，如表 3-2 所示。

船舶载荷重量、垂向重量力矩计算表 表 3-2

	舱　别	载荷重量 (t)	重心距基线高度 (m)	垂向重量力矩 (9.81kN·m)
货舱	No.1 二层舱	900	11.27	10 143
	底舱	906	5.90	5 345
	No.2 二层舱	882	11.05	9 746
	底舱	1 612	5.18	8 350
	No.3 二层舱	942	10.87	10 240
	底舱	1 537	5.15	7 916
	No.4 二层舱	1 387	10.87	15 077
	底舱	2 401	5.15	12 365
	No.5 二层舱	1 060	10.87	11 522
	底舱	1 482	5.24	7 766
	合计	13 109		98 469
油舱	No.1 燃油舱(左)	107	0.74	79
	No.1 燃油舱(右)	102	0.74	75
	No.2 燃油舱(左)	107	0.74	79
	No.2 燃油舱(右)	107	0.74	79
	No.3 燃油舱(左)	148	0.74	110
	No.3 燃油舱(右)	148	0.74	110
	No.4 燃油舱(左)	107	0.74	79
	No.4 燃油舱(右)	107	0.74	79
	燃油日用舱	20	10.80	216
	燃油沉淀舱	22	10.80	238
	No.1 重柴油舱(左)	230	1.44	331
	No.1 重柴油舱(右)	213	1.51	322
	重柴油日用舱	10	10.78	108
	重柴油沉淀舱	10	10.78	108
	轻柴油舱	22	0.98	22
	轻柴油日用舱	6	10.74	64
	滑油净油舱(左)	12	5.95	71
	滑油储存舱	15	5.95	89
	滑油循环舱	16	1.15	18
	No.1 气缸油储存舱	4	10.75	43
	No.2 气缸油储存舱	9	10.79	97
	合计	1 522		2 417
淡水	饮水舱(左)	49	11.31	554
	饮水舱(右)	49	11.31	554
	尾尖舱(淡水)	153	7.91	1 210
	淡水舱	37	0.94	35
	蒸馏水舱	22	0.89	20
	合计	310		2 373
其他	船员及行李	6	18.00	108
	供应品	20	13.50	270
	备品	30	11.50	345
	常数	172	10.62	1 827
	合计	228		2 550
	空船重量	5 371	8.891	47 754
	总计	**20 540**		**153 563**

(2)求船舶重心高度：

$$KG=\frac{\sum P_i \cdot Z_i}{\Delta}=\frac{153\ 563}{20\ 540}=7.48\ (m)$$

(3)计算初稳性高度：

$$GM = KM - KG = 8.67 - 7.48 = 1.19\ (m)$$

三、载荷的垂向移动对稳性的影响及计算

当计算所得船舶初稳性高 GM 值过大时，可以采取由下层舱往上层舱移动货物的方法，以提高船舶的重心高度，降低 GM 值；反之，GM 过小，可以采取由上层舱往下层舱移动货物的方法以降低船舶的重心高度，提高 GM 值。

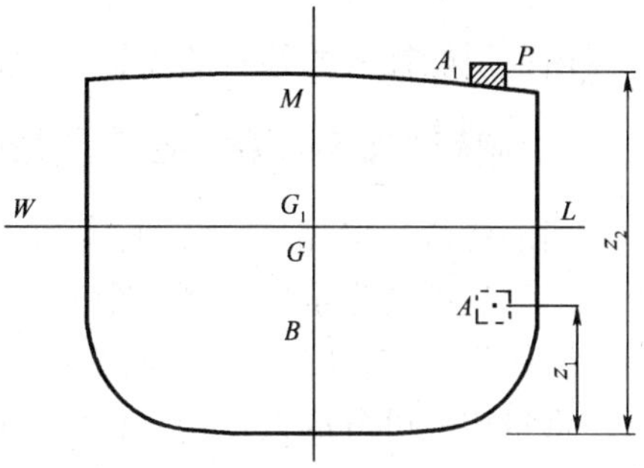

图 3-6　货物的垂向移动

如图 3-6 所示，将船上某一重量为 P 的货物自 A 点（垂向坐标为 z_1）沿垂向移至 A_1 点（垂向坐标为 z_2），移动的距离为 $Z = z_2 - z_1$。

由于船的排水量和船体浸水部分的形状都没有发生变化，M 的位置保持不变，也就是 KM 不变。至于船的重心，则由原来的 G 点垂向移动至 G_1 点，根据重心移动的原理可得：

$$GG_1 = \frac{P(z_2 - z_1)}{\Delta} \tag{3-9}$$

重心的移动引起初稳性高度的改变。原来的初稳性高为 GM，新的初稳性高为 GM_1：

$$GM_1 = GM - GG_1$$

即：

$$GM_1 = GM - \frac{P(z_2 - z_1)}{\Delta} \tag{3-10}$$

则初稳性高度的改变量 δGM 为：

$$\delta GM = \frac{PZ}{\Delta} \tag{3-11}$$

式中：P——垂向移动载荷的重量，t；

Z——载荷移动的垂直距离，m。下移时取正（+），上移时取负（-）。

由上可知，船内载荷上移，船舶重心也上移，KG 变大，GM 变小，δGM 为负（-）；船内载荷下移，船舶重心也下移，KG 变小，GM 变大，δGM 为正（+）。因此在编制积载图时，若上、下层的货舱没有安排满货物，按照上述方法移动重量是可行的。但是如果上、下层货舱均已安排满货物，则需将上下层轻、重货物进行等体积对调，才能实现移动载荷的要求。对调货物的重量需要满足下列联立方程：

$$\begin{cases} P_1 - P_2 = P \\ P_1 \cdot S.F_1 - P_2 \cdot S.F_2 = 0 \end{cases} \tag{3-12}$$

式中：P_1——应移动的重货重量，t；

P_2——应移动的轻货重量，t；

$S.F_1$——重货积载因数，m^3/t；

$S.F_2$ ——轻货积载因数，m^3/t。

【例题 3-3】 某船排水量 $\Delta = 19\,382t$，$GM = 0.89m$，现要求 GM 达到 1m，由二层舱往底舱垂向移动货物，移动的距离为 5.67m，求上、下层货物移动重量 P。

解：

(1)初稳性高的改变量：

$$\delta GM = 1 - 0.89 = 0.11\ (m)$$

(2)垂向移动的货物重量为：

$$P = \frac{\Delta \cdot \delta GM}{Z} = \frac{19\,382 \times 0.11}{5.67} = 376\ (t)$$

由二层舱往底舱移货的重量应为 376t。

四、载荷改变对初稳性高度的影响及计算

船舶在营运中，部分货物的装卸，油水的补给和消耗，压载水的注入和排放，船体结冰及甲板上浪等均可视为重量增减。船上重量增减后船舶排水量发生变化，船舶重心 G 及稳心 M 的位置也发生改变，从而引起初稳性高度 GM 的改变。

重量增减可分成大量增减和少量增减两种情况。若船舶初始排水量为 Δ，重量增减量为 $\sum p_i$，当 $\sum p_i$ 超过 10% Δ 时为重量的大量增减；当 $\sum p_i$ 不超过 10% Δ 时为重量的少量增减。

1. 重量大量增减

当船上增加或卸除大量载荷时，船舶的吃水变化较大，应根据新的吃水或排水量查船舶的静水力资料，查重量变化后的 KM 值，还要重新计算重量变化后的 KG 值。

设重量增减前船舶的排水量为 Δ，重心高度为 KG；$\sum p_i$ 为重量增减量，Z_i 为各项重量 P_i 的重心高度，则重量增减后船舶新的重心高度 KG_1：

$$KG_1 = \frac{\Delta \cdot KG + \sum P_i Z_i}{\Delta + \sum P_i} \tag{3-13}$$

根据重量增减后船舶新的排水量 $\Delta_1 = \Delta + \sum P_i$ 查静水力资料，可得重量增减后的稳心距基线高度 KM_1，于是重量增减后船舶新的初稳性高度 GM_1 为：

$$GM_1 = KM_1 - KG_1 \tag{3-14}$$

2. 重量少量增减

当 $\sum p_i$ 不超过 10% Δ 时，可以用近似方法求载荷改变对 GM 的影响值，从而求新的 GM 值。

如图 3-7 所示，已知船舶初始排水量为 Δ，重心位于 G_0 点，重心高度为 KG。现在船上加载重量为 P 货物（增加重量 P 为正值，减少重量 P 为负值），其重心高度为 KP。则加载后船舶新的重心高度 KG_1 为：

$$KG_1 = \frac{\Delta \cdot KG + P \cdot KP}{\Delta + P} \tag{3-15}$$

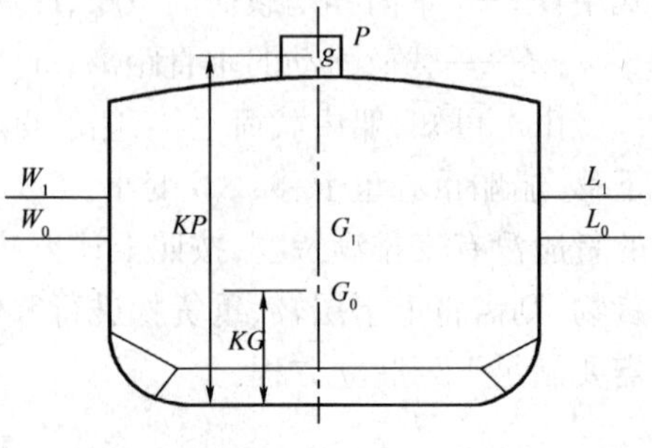

图 3-7　载荷改变对稳性的影响

加载前船舶初稳性高度 $GM = KM - KG$，由于平均吃水变化不大，可假设加载后稳心 M 点的位置不变，即忽略载荷变动对船舶横稳心距基线高 KM 的影响，船舶初稳性高度的变化值就等于船舶重心高度的变化值，但符号相反。

则加载后船舶新的初稳性高 GM_1 为：

$$GM_1 = KM - KG_1$$

加载前后初稳性高的改变量为：

$$\delta GM = \frac{P(KG - KP)}{\Delta + P} \tag{3-16}$$

式中：KG——重量增减前船舶的重心高度，m；

Δ——重量增减前船舶的排水量，t；

P——载荷变化量，t，增加为正(+)，减少为负(-)；

KP——载荷 P 重心距基线高度，m。

当多个载荷增减后，初稳性高的改变量为：

$$\delta GM = \frac{\sum p_i(KG - Kg_i)}{\Delta + \sum p_i} \quad (m) \tag{3-17}$$

式中：p_i——各项重量变动量，t，增加为(+)，减少为(-)；

Kg_i——各项载荷 p_i 的合重心距基线高度，m。

新的初稳性高为：

$$GM_1 = GM + \delta GM \tag{3-18}$$

【例题 3-4】 某船排水量 $\Delta = 18\ 111t$，$GM = 0.56m$，$KG = 8.31m$，若往船尾压载深舱打压载水 127t，其重心高度为 $KP_1 = 7.59m$，往尾尖舱内打压载水 183t，其重心高度 $KP_2 = 9.58m$。求压载后的初稳性高度。

解：

设船舶横稳心距基线高 KM 不变

$$\delta GM = \frac{P(KG - KP)}{\Delta + P}$$

$$= \frac{127(8.31 - 7.59) + 183(8.31 - 9.58)}{18\ 111 + 127 + 183}$$

$$= -0.01 \ (m)$$

$$GM_1 = GM + \delta GM = 0.56 + (-0.01) = 0.55 \ (m)$$

五、悬挂载荷对稳性影响及计算

如图 3-8 所示，使用船吊吊卸重大件货物，悬挂于 m 点，船舶的重心在 G_1 点。重大件重心会随着船舶的横倾而向倾斜的一侧移动。由此产生的倾侧力矩也会部分抵消复原力矩的作用，从而对船舶稳性产生不利影响。新的稳性力矩为：

$$M_R = \Delta \cdot GM_0 \cdot \sin\theta - l \cdot P \cdot \sin\theta$$
$$= \Delta \cdot \left(GM_0 - \frac{l \cdot P}{\Delta}\right) \cdot \sin\theta \tag{3-19}$$

式中：M_R——新的稳性力矩，kN·m；

Δ——排水量，t；

θ——船舶横倾角度数，°；

GM_0——悬挂前船舶初稳性高度，m；

P——悬挂载荷重量，t；

l——悬挂载荷重心到悬挂点 m 的距离，m。

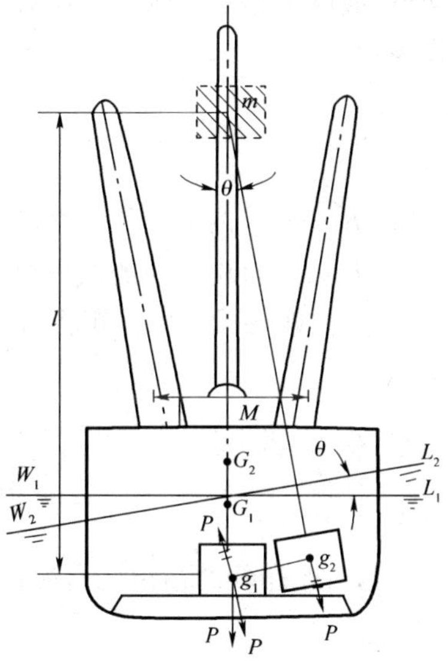

图 3-8 船内悬挂重物

则悬挂载荷 P,对船舶的初稳性高度影响值为:

$$\delta GM = \frac{l \cdot P}{\Delta} \tag{3-20}$$

因 δGM 值等于将载荷 P 移至悬挂点所产生对 GM 影响,所以称悬挂点为悬挂载荷的虚重心。载荷被悬挂后使初稳性高度降低,悬挂载荷的重量越大,悬挂点越高,船舶的稳性高度降低越多;悬挂载荷情况相同时,船舶的排水量越小,稳性高度降低越多。

为避免由于悬挂载荷使船舶稳性高度过低而发生事故,船舶有悬挂载荷时应十分谨慎。主要安全措施有:

(1)航行前要放下悬挂货物并牢固绑扎。

(2)装卸重大件货时,要先核算稳性及最大横倾角,如超过规定横倾角,必须提前采取减少横倾角的措施。

六、自由液面对初稳性高度的影响及计算

船上设有淡水舱、燃油舱、压载水舱等舱柜,如果舱内液体没有装满,则船舶在倾斜时,舱内的液体也将向船舶倾斜一侧流动,这种舱内未装满的液体,可以自由流动的液面称为自由液面(Free surface)。

舱内液体的流动,使其重心向船舶倾斜的方向移动,液体重心移动所产生的力矩称为自由液面倾侧力矩,它将部分抵消复原力矩,从而使船舶初稳性高度 GM 减小,影响船舶安全。

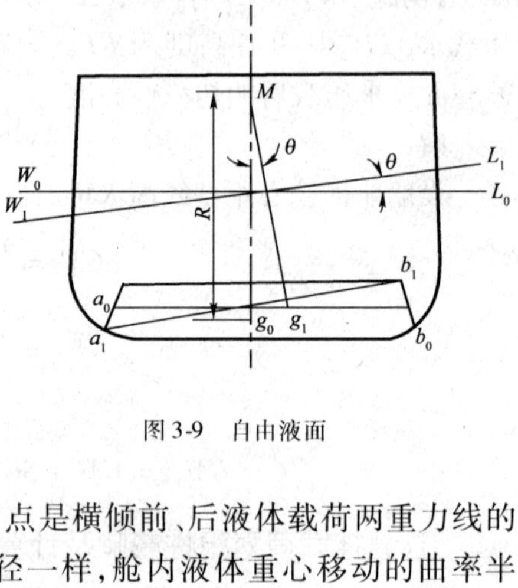

图 3-9　自由液面

如图 3-9,当双层底舱内未装满液体时(设舱内液体密度为 ρ,液体体积为 V),若船舶横倾一小角度 θ,舱内液体表面 a_0b_0 变为 a_1b_1,重心由 g_0 移到 g_1,这和船舶横倾时一样,船舶浮心由 B_0 移到 B_1,而 M 点是横倾前、后液体载荷两重力线的交点,液体重心是液体体积的几何中心,则和求稳心半径一样,舱内液体重心移动的曲率半径为:

$$R = \frac{i_x}{V} \tag{3-21}$$

式中:R——舱内液体重心移动曲率半径,m;

　　i_x——自由液面的面积对其倾斜轴线的惯性矩,m^4。

这时,船舶的复原力矩将减少,船舶的实际复原力矩为:

$$\begin{aligned} M_{R1} &= 9.81\Delta \cdot GM \cdot \sin\theta - 9.81 \cdot V \cdot \rho \cdot R \cdot \sin\theta \\ &= 9.81\Delta \cdot GM \cdot \sin\theta - 9.81 \cdot \rho \cdot i_x \cdot \sin\theta \\ &= 9.81\Delta\left(GM - \frac{\rho \cdot i_x}{\Delta}\right) \cdot \sin\theta \qquad (\mathrm{kN \cdot m}) \end{aligned} \tag{3-22}$$

这时船舶新的初稳性高为:

$$GM_1 = GM - \frac{\rho \cdot i_x}{\Delta} \tag{3-23}$$

即有：

$$\delta GM = \frac{\rho \cdot i_x}{\Delta} \qquad (\mathrm{m}) \tag{3-24}$$

式中：ρ ——液舱中液体的密度，t/m^3；

Δ ——船舶排水量，t。

δGM 称为自由液面对初稳性高度的修正值，即自由液面使 GM 的减少量。其数值只与舱内自由液面的大小、形状及船舶的排水量有关，而与舱内液体体积无关。

当多个液体舱同时存在自由液面时，自由液面修正值应累计计算：

$$\delta GM = \frac{\sum \rho \cdot i_x}{\Delta} \qquad (\mathrm{m}) \tag{3-25}$$

液舱自由液面惯性矩 i_x 的具体数值，一般可以从船舶资料中查得。如无资料，也可用公式计算，它是一个与液面水平截面形状大小有关的参数。

对于水平截面是矩形的自由液面，其面积惯性距为：

$$i_x = \frac{lb^3}{12} \qquad (\mathrm{m}^4) \tag{3-26}$$

式中：l ——沿船舶纵向的液舱长度，m；

b ——沿船舶横向的液舱宽度，m。

对于水平截面是等腰梯形的自由液面，其面积惯性距为：

$$i_x = \frac{1}{48} l(b_1 + b_2)(b_1^2 + b_2^2) \qquad (\mathrm{m}^4) \tag{3-27}$$

式中：l ——沿船舶纵向的液舱长度，m；

b_1、b_2 ——梯形液舱的两端的宽度，m。

为了减小自由液面对稳性的影响，在液体舱安排中要注意尽量不要产生过多的自由液面。在船舶建造时，比较有效的办法是在舱柜中间设置水密纵向舱壁。如自由液面为矩形的液舱用纵向舱壁将其分隔成左右两部分后，自由液面对稳性的不利影响可以减少至原来的1/4。同样，将舱室进行纵向 n 等分分隔后，自由液面的影响可减少到未分舱前的 $1/n^2$。因此，船上宽度较大的油舱、水舱通常在液舱内设置一道或者两道纵向舱壁，以减小自由液面对稳性的不利影响。

【例题 3-5】 某船排水量 $\Delta = 18421t$，有燃油沉淀舱(左和右)和淡水舱(左和右)未装满存在自由液面，燃油密度为0.88。燃油沉淀舱长 $L = 3\mathrm{m}$，宽 $b = 4\mathrm{m}$；淡水舱(左)长 $L = 10\mathrm{m}$，宽 $b_1 = 2.5\mathrm{m}$，$b_2 = 5.5\mathrm{m}$，淡水舱(右)长 $L = 10\mathrm{m}$，宽 $b_1 = 3\mathrm{m}$，$b_2 = 6\mathrm{m}$。试求由于自由液面的影响使初稳性高的减少值。

解：

燃油沉淀舱(左和右)：$\rho i_x = \frac{1}{12} \times 0.88 \times 3 \times 4^3 \times 2 = 28.2\ (\mathrm{t \cdot m})$

淡水舱(左)：$\rho i_x = \frac{1}{48} \times 1.00 \times 10 \times (2.5 + 5.5)(2.5^2 + 5.5^2) = 60.8\ (\mathrm{t \cdot m})$

淡水舱(右)：$\rho i_x = \frac{1}{48} \times 1.00 \times 10 \times (3 + 6)(3^2 + 6^2) = 84.4\ (\mathrm{t \cdot m})$

$$\sum \rho i_x = 28.2 + 60.8 + 84.4 = 173.4 (\mathrm{t \cdot m})$$

$$\delta GM = \frac{\sum \rho \cdot i_x}{\Delta} = \frac{173.4}{18\,421} = 0.009\,4 (\mathrm{m})$$

第三节　大倾角稳性

一、大倾角稳性的基本概念

船舶在海上航行时，受风浪作用而发生大角度横倾的情况也经常发生。当横倾角超过10°或上甲板边缘入水后，其水下部分形状发生明显变化，倾斜轴不再通过初始水线面的漂心 F，横稳心 M 也不再是定点，而是随横倾角 θ 的变化而变化，如图 3-10 所示。船舶不仅要有足够的初稳性，而且还必须具有足够的大倾角稳性，大倾角稳性的大小仍然取决于稳性力矩的大小，但不能用初稳性高度 GM 来表征。稳性力矩的计算公式：

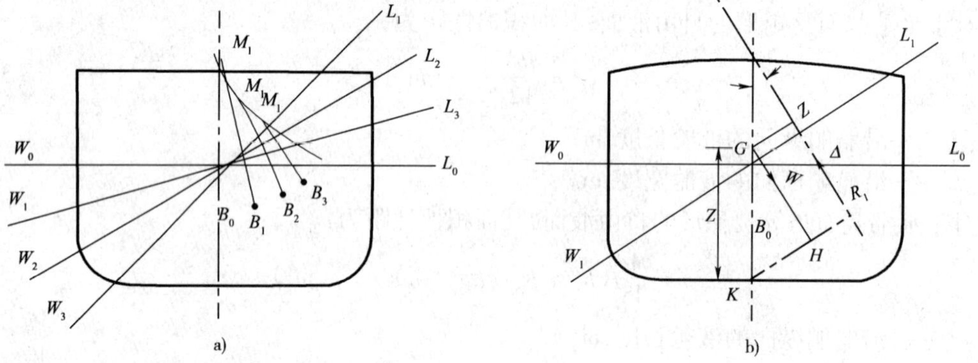

图 3-10　大倾角稳性

稳性力矩的计算公式

$$M_R = \Delta \cdot GZ = \Delta \cdot (KN - KH) \qquad (9.81\text{kN} \cdot \text{m}) \qquad (3\text{-}28)$$

式中：Δ ——排水量，t；

GZ ——静稳性力臂，也称复原力臂，m；

KN ——形状稳性力臂，m；

KH ——重量稳性力臂，m。

当船舶的排水量一定时，稳性力矩大小取决于船舶重心 G 到倾斜后浮力作用线的垂直距离，即取决于静稳性力臂 GZ，并与 GZ 成正比。所以通常可以用静稳性力臂 GZ 来表示大倾角稳性。

二、大倾角稳性的计算

由于船舶资料中提供的稳性交叉曲线不同，静稳性力臂的表达式也不同，常见的有基点法、假定重心法、初稳心点法和初始浮心法。下面仅介绍最常用的基点法，如图3-10，复原力臂可按下式计算：

$$GZ = KN - KH = KN - KG \cdot \sin\theta \qquad (3\text{-}29)$$

1. 利用稳性交叉曲线求取形状稳性力臂 KN 值

稳性交叉曲线（Cross curves of stability）：船舶设计部门绘制的在一定横倾角下，形状稳性力臂 KN 随排水体积变化的关系曲线。

图 3-11 为某船稳性交叉曲线，横坐标为排水量或型排水体积，纵坐标为形状稳性力臂 KN。查用时，根据已知的排水量或型排水体积在横坐标上找到相应的一点，过此点作横轴的垂线与图中相应横倾角的曲线相交。通过相交点作横坐标的平行线，即可在纵坐标上读得相应横倾角时的形状稳性力臂值。

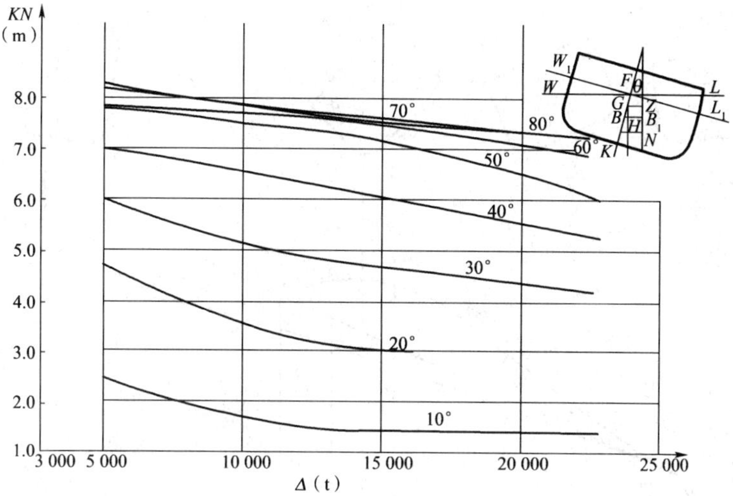

图 3-11　稳性交叉曲线

2. 利用公式计算重量稳性力臂 KH 值

重量稳性力臂 KH 按下式计算：

$$KH = KG \cdot \sin\theta \qquad (m) \tag{3-30}$$

KG 是根据船舶装载情况计算求出。当存在自由液面时，可以把自由液面的影响看作是把船舶重心提高了一些，从而使重量稳性力臂值提高，复原力臂值减少，即：

$$KH = (KG + \delta GM) \cdot \sin\theta \tag{3-31}$$

式中：KG ——船舶重心高度，m；

δGM ——自由液面对初稳性高度的修正值，m。

综上所述，基点法计算复原力臂的公式为：

$$GZ = KN - (KG + \delta GM) \cdot \sin\theta \qquad (m) \tag{3-32}$$

【例题 3-6】 某船排水量 $\Delta = 20\ 881$t，重心高 $KG = 7.40$m，不同横倾角 θ 时的复原力臂 GZ。

解：

根据排水量 $\Delta = 20\ 881$t，查稳性交叉曲线图（如图 3-11）得不同横倾角 θ 时的形状稳性力臂 KN 值，不同横倾角时的 GZ 列表 3-3：

表 3-3

θ	10°	20°	30°	40°	50°	60°
KN (m)	1.520	3.055	4.401	5.518	6.378	6.910
$\sin\theta$	0.173 7	0.342 0	0.500 0	0.642 8	0.766 0	0.866 0
$KG\sin\theta$ (m)	1.285	2.531	3.701	4.758	5.670	6.410
GZ (m)	0.235	0.524	0.700	0.760	0.708	0.500

三、静稳性曲线

静稳性曲线（Curve of static stability）是表示船舶在某一排水量和一定重心高度时的复原

力臂 GZ（或复原力矩 M_R）与横倾角 θ 关系的曲线。

一艘船舶，当排水量及重心高度不同时，静稳性曲线图也就不同。如图 3-12 所示，在静稳性曲线图上，横坐标表示横倾角 θ，纵坐标表示复原力臂 GZ（或复原力矩 M_R）。该曲线是反映船舶稳性特征的重要资料。

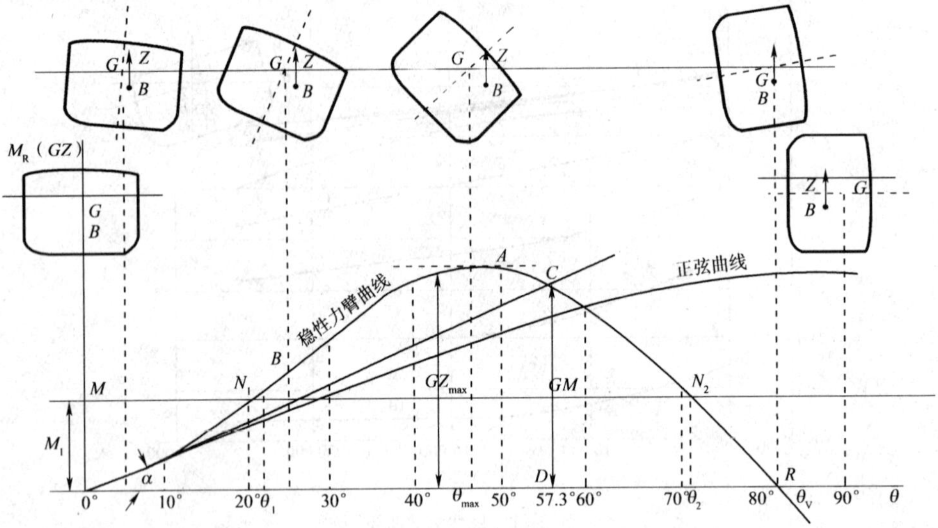

图 3-12　静稳性曲线图

1. 静稳性曲线图的主要特征

(1) 在小横倾角（$\theta < 10°$）时，为正弦曲线，即在小角度范围内，GZ 曲线与正弦曲线重合，说明此时 GZ 可以用 $GM \cdot \sin\theta$ 表示。

(2) 当横倾角 θ 逐渐增大后，GZ 曲线逐渐向上弯曲，与正弦曲线的差别越来越大，说明大倾角时 GZ 与 $GM \cdot \sin\theta$ 不再一致。

(3) 当横倾角 θ 继续增大，GZ 曲线达到最大值 A 点后开始下降。A 点处的稳性力臂称为最大复原力臂 GZ_{max}，也称最大静稳性力臂，它表示船舶在静力作用下抵抗外力矩的能力，所以 GZ_{max} 越大，稳性也越大。A 点对应的横坐标为最大复原力臂对应角 θ_{smax}，称为极限静倾角。

(4) 当横倾角 $\theta = \theta_V$ 时，$GZ = 0$ 称为稳性消失角。静稳性曲线自 $0 \sim \theta_V$ 之间称为稳性范围，在稳性范围内船舶复原力矩（臂）是正值。当 $\theta > \theta_V$ 时，GZ 为负值，船舶将产生倾覆力矩。

(5) 静稳性曲线在原点处的斜率等于初稳性高 GM。过坐标原点作 GZ 曲线的切线，并在横坐标 $\theta = 57.3°$ 处作横轴的垂线与该切线相交，交点到横轴的距离即为初稳性高 GM 值。

(6) 当上甲板边缘浸水后，水线面以下船体的形状将发生突变，复原力矩（臂）增长减缓，曲线出现反曲点，该点所对应的横倾角相当于甲板浸水角 θ_{im}。

2. 影响静稳性曲线的主要因素

(1) 船宽：其他条件相同的船舶，若船宽不同，则静稳性曲线的形状也不同。因为船宽增加，船舶的形状稳性力臂也增大，复原力臂随之增大，但同时甲板浸水角将减小。所以，船宽越大，其静稳性曲线最高点的位置将在较小的横倾角时出现，即船宽越大，最大复原力臂 GZ_{max} 越大，但最大复原力臂对应的横倾角 θ_{max} 及稳性消失角 θ_V 越小，如图 3-13 所示。对于经常出现大角度倾斜的海船来说，这种稳性状况是不满意的。

(2) 干舷：在其他条件相同的情况下，船舶的干舷越小，则甲板浸水角越小，静稳性曲线的

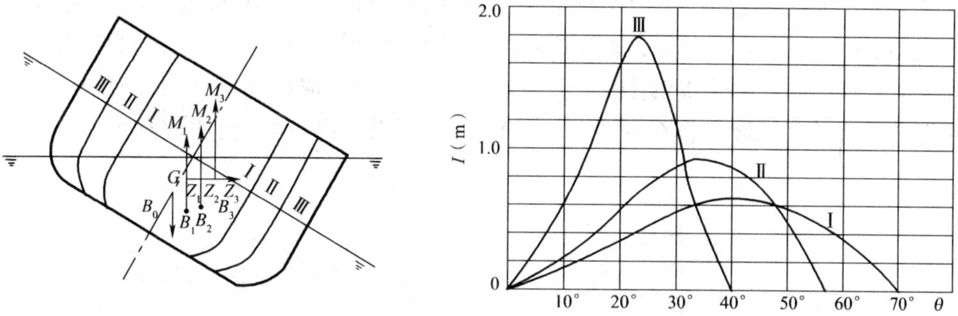

图 3-13　船宽对静稳性曲线的影响

最大复原力臂 GZ_{max} 、最大复原力臂对应角 θ_{max} 及稳性消失角 θ_V 越小。而对甲板浸水角以前的曲线部分不产生影响。也就是说，船舶干舷的大小对初稳性不产生影响，而对大倾角稳性有影响，如图 3-14 所示。

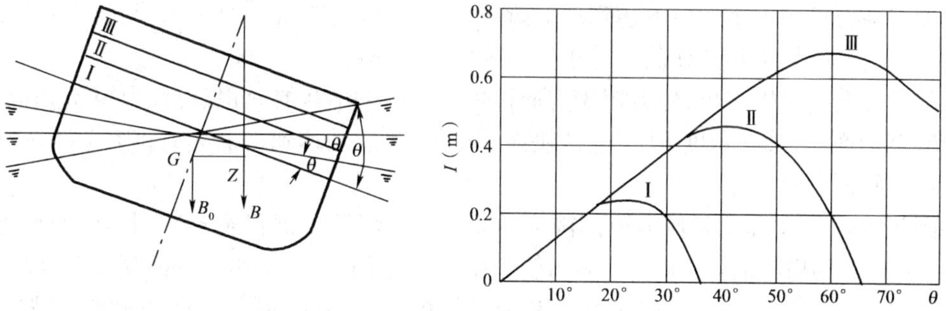

图 3-14　干舷对静稳性曲线的影响

(3)排水量：对于同一艘船舶，排水量不同，其静稳性曲线也不同。因为排水量不同时其形状稳性力臂值不同，所以复原力臂也不同。

(4)船舶重心高度：同一艘船舶，在同一排水量时，其装载方案不同，即船舶的重心高度不同，则其重量稳性力臂不同，所以复原力臂值也不同。

(5)自由液面：自由液面对船舶稳性的影响相当于增大了船舶重心高度，因而，自由液面的存在使静稳性曲线下降，最大复原力臂和稳性消失角减小。

(6)初始横倾：当船舶重心偏离中纵剖面时，船舶会出现初始横倾角。初始横倾角的存在同样会使静稳性曲线下降，最大稳性力臂和稳性消失角减小。

第四节　动　稳　性

一、动稳性的表示及计算

1. 动稳性概念及动平衡

船舶在海上航行时，经常受到阵风的突然袭击及海浪的猛烈冲击，这种作用称为外力矩的动力作用。在横倾力矩 M_h 突然作用下，导致船舶开始横倾，在横倾的初始阶段，由于横倾力矩 M_h 大于复原力矩 M_R ，船舶加速横倾，角速度逐步增大。当外力矩 M_h 和复原力矩 M_R 相等时，由于惯性力使船舶不能停止而继续倾斜，只有当外力矩所作的功 A_h 与复原力矩所作的功 A_R 完全抵消时，船舶的倾斜角速度才能等于零而停止倾斜，此时横倾角达到最大。我们称这种稳性为动稳性。这时船舶的倾斜角为动平衡角或称动倾角 θ_d，如图 3-15 所示。由此可知，船舶受动力作用后将在静倾角 θ_S 周围作周期性的运动，在水和空气的阻尼作用下，最后停止在 θ_S 处，但运动中可能出现的最大横倾角将在 θ_d 处，从图 3-15 中可以看出，动倾角比静倾角大得多。

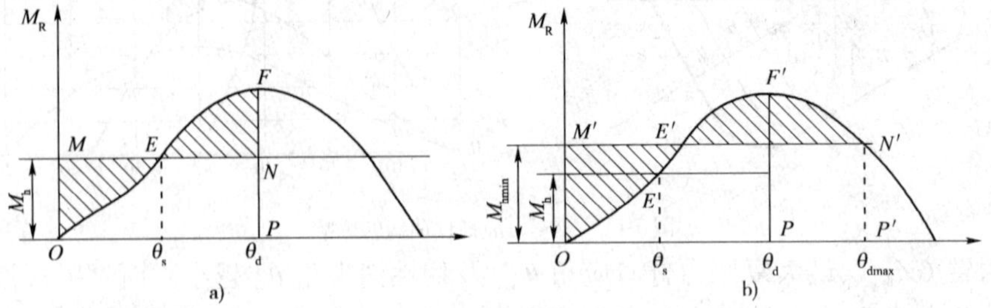

图 3-15　动稳性的概念

2. 动稳性的表示方法

船舶在动力横倾力矩作用下达到动平衡的条件是：外力矩所作的功 A_h 等于复原力矩所作的功 A_R。我们知道：力矩所作的功等于力矩乘以力矩作用下的横倾角。

从静稳性图上可以看出，外力矩 M_h 所作的功等于 $OMNP$ 的面积，稳性力矩 M_R 所作的功等于 $OEFP$ 的面积，某一角度下，当这两块面积相等时，船舶达到动平衡。如图 3-15a）所示。

3. 最小倾覆力矩

如图 3-15b）所示，增大横倾力矩，当船舶在面积 $OM'E'$ 等于面积 $E'F'N'$ 时达到动平衡，此时的横倾力矩值称为极限横倾力矩。它表示船舶在动平衡条件下能够承受的横倾力矩的极限值。

显然，当船舶实际受到的外力矩大于横倾力矩的极限值时，船舶的动平衡遭到破坏，船舶就会倾覆，故这个横倾力矩的极限值又称为最小倾覆力矩（Minimum capsizing moment），即能使船舶倾覆的最小动态横倾外力矩，用 M_{hmin} 表示，是衡量船舶动稳性的重要指标。

最小倾覆力矩所对应的动倾角称为极限动倾角（Maximum angle of dynamical inclination），用 θ_{dmax} 表示。

从动稳性要求考虑，保证船舶不至倾覆的条件是外力矩不得大于最小倾覆力矩，即 $M_h < M_{hmin}$。

二、动稳性曲线图

复原力矩所作的功称为动稳性力矩 A_R，动稳性力矩与排水量的比值称为动稳性力臂 L_d。船舶动稳性的有关参数可用动稳性曲线表示，如图 3-16 所示。动稳性曲线是表示动稳性力矩 A_R 或动稳性力臂 L_d 与横倾角的关系曲线。不同横倾角时的动稳性力臂 L_d 为相应横倾角时静稳性力臂 GZ 曲线所围面积，即是静稳性曲线的积分曲线。该曲线的横坐标为横倾角 θ，纵坐标为动稳性力矩 A_R 或动稳性力臂 L_d，且有：

$$L_d = A_R / 9.81\Delta \tag{3-33}$$

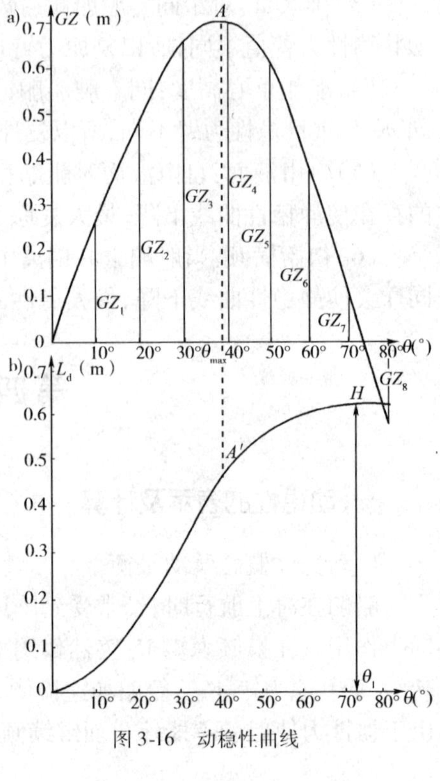

图 3-16　动稳性曲线

动稳性曲线和静稳性曲线之间关系：

(1)当横倾角 $\theta=0°$,静稳性力臂 GZ 和动稳性力臂 L_d 均为0。

(2)当横倾角 $\theta=\theta_{smax}$时,在静稳性力臂曲线上出现最高点,而在动稳性力臂曲线上则出现反曲点 A'。

(3)当横倾角 $\theta=\theta_V$ 时,静稳性力臂等于 $GZ=0$,而在动稳性力臂曲线上则出现最高点。

动稳性曲线的用途是:已知外力矩 M_h,根据动稳性曲线求动倾角 θ_d、最小倾覆力矩 M_{hmin} 和极限动倾角 θ_{dmax}。

第五节　稳性的要求

为保证船舶营运安全,国际海事组织(International Maritime Organization 简称 IMO)和各航运国家的主管机关都以法规形式对船舶的稳性有关的各项指标作出强制性的规定,以便对船舶的设计、建造和使用中的有关问题进行约束。我国《法定规则》对国际航行船舶和非国际航行船舶分别提出了要求。

一、IMO 关于适合各种类型船舶的完整稳性规则

《IMO 稳性规则》对船舶各装载状态下的完整稳性的规定包括两部分,第一部分为对静稳性曲线特征所作的要求,第二部分为天气衡准,即对动稳性所作的要求。

第一部分:对静稳性曲线特征提出了基本衡准要求,即船舶在核算装载状况下经自由液面修正后,要求同时满足:

(1)初稳性高 GM 不小于 0.15m。

(2)静稳性力臂曲线在横倾角 0°~30°之间所围面积应不小于 0.055m·rad。

(3)静稳性力臂曲线在横倾角 0°~40°或进水角中较小者之间所围面积应不小于 0.090m·rad。

(4)静稳性力臂曲线在横倾角 30°~40°或进水角中较小者之间所围面积应不小于 0.030m·rad。

(5)横倾角 30°处的静稳性力臂应 GZ_{30} 不小于 0.20m。

(6)最大静稳性力臂对应横倾角最好大于 30°,但至少不应小于 25°。

第二部分:对船长不小于 24m 的船舶,还要满足天气衡准的要求,即对动稳性的要求。

天气衡准要求主要是考虑了突风和横摇的情况,它要求:

(1)船舶受到稳定的正横风的压力,其方向垂直于船舶的纵中剖面,风压倾侧力臂为 L_{W1}。

(2)在静平衡角 θ_0 处,假定船舶受到波浪的作用使船舶朝着风的方向横倾倒 θ_1 角度。

(3)然后,假定船舶受到突风(Gust wind)的吹袭,突风的横倾力臂为 L_{W2}。

(4)在此情况下,在船舶的静稳性曲线(GZ 曲线)中,面积 A 应大于面积 B,如图 3-17 所示。船舶的静稳性曲线应已计及自由液面的影响。

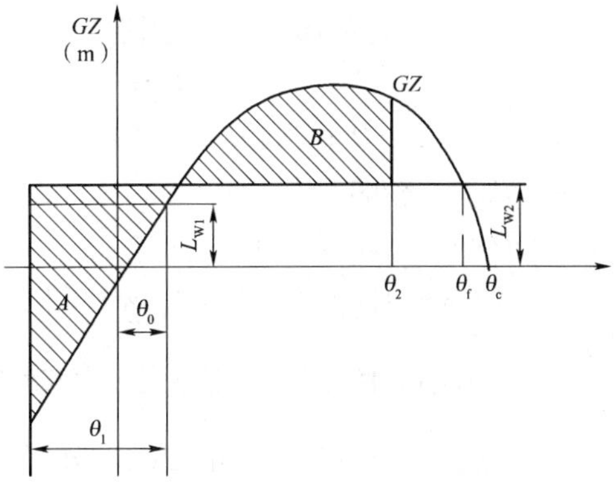

图 3-17　天气衡准

图中:L_{W1}——稳定风压产生的风压倾侧力臂;

L_{W2}——突风倾侧力臂;

θ_0——稳定风压作用下的船舶平衡角;

θ_1——船舶受到波浪的作用朝着风的方向横摇的角度;

θ_2 ——进水角 θ_f 或 50°或 θ_c 三者中取小者;

θ_c——突风倾侧力臂的平行直线与静稳性曲线的第二个交点对应的横倾角。

其中:

$$L_{W1} = \frac{P \cdot A \cdot Z}{1000g \cdot \Delta} \quad (m)$$

$$L_{W2} = 1.5L_{W1} \quad (m) \tag{3-34}$$

式中:P ——单位计算风压,取 0.504Pa;

A ——水线以上船体和上层建筑、甲板货件的受风侧面积,m^2;

Z ——面积 A 中心到水线下船体侧面积中心的垂直距离或近似取为 1/2 吃水的垂直距离,m;

Δ ——排水量,t;

g ——重力加速度,$9.81m/s^2$。

二、我国《法定规则》要求

我国《法定规则》对国际航行的船舶,其完整稳性应符合 IMO 规定的《IMO 稳性规则》的规定,但同时还要满足《法定规则》总则及第一篇适用的规定。对非国际航行船舶的稳性衡准包括三个方面:第一是关于稳性衡准数;第二是关于静稳性曲线特性;第三是对特种船的稳性规定。

1. 稳性衡准数

稳性衡准数 K 是衡量船舶具有的抵御最小倾覆力矩的能力,是指船舶的最小倾覆力矩 M_{hmin} 与风压倾侧力矩 M_W 的比值,或最小倾覆力臂 L_{hmin} 与风压倾侧力臂 L_W 的比值,即:

$$K = \frac{M_{hmin}}{M_W} = \frac{L_{hmin}}{L_W} \geqslant 1 \tag{3-35}$$

《法定规则》规定:船舶在各种装载状态下的稳性衡准数 K 不小于 1。稳性衡准数 K 是衡量船舶动稳性的重要参数,可以利用静稳性曲线图求取,也可以用动稳性曲线图求取。

2. 静稳性曲线特性

(1)经自由液面修正后的初稳性高 GM 不小于 0.15m。

(2)在横倾角等于或大于 30°时的静稳性力臂 GZ_{30} 应不小于 0.20m,若进水角小于 30°时,则进水角处的静稳性力臂值应不小于该值。

(3)最大静稳性臂对应的横倾角 θ_{Smax} 应不小于 25°,且进水角 θ_f 应不小于最大复原力臂对应的横倾角 θ_{Smax}。

上述对 θ_{Smax} 的衡准要求,当船舶的宽深比(B/D)大于 2 时,可以减少 $\delta\theta$ 值:

$$\delta\theta = 20(B/D - 2)(K - 1) \quad (°) \tag{3-36}$$

当 $B > 2.5D$ 时,取 $B = 2.5D$

式中:B ——船舶型宽,m;

D ——船舶型深,m;

K ——稳性衡准数,当 $K > 1.5$ 时,取 $K = 1.5$。

三、最小许用初稳性高度和许用重心高度

根据我国《法定规则》的要求,船舶的每个装载状态,其稳性必须同时满足包括初稳性、大倾角稳性和动稳性的各项要求。在实际工作中,为了便于船员校核船舶实际营运中的稳性,

《法定规则》中规定，设计部门应为船舶提供“最小许用初稳性高度曲线”或“许用重心高度曲线”，以简化稳性衡准。

1. 最小许用初稳性高度曲线

最小许用初稳性高度，也称临界稳性高度 GM_C，是指恰能同时满足《法定规则》对船舶稳性全部要求时，经自由液面修正后初稳性高度的最小值。

最小许用初稳性高值随排水量的变化而变化。最小许用初稳性高度 GM_C 和排水量 Δ 的关系曲线图称为最小许用初稳性高度曲线图。其形式如图 3-18 所示，图中各条曲线分别表示稳性满足规则中某一指标时的初稳性高度变化曲线。连接这些曲线的最高曲线段，即构成最小许用初稳性高度曲线。

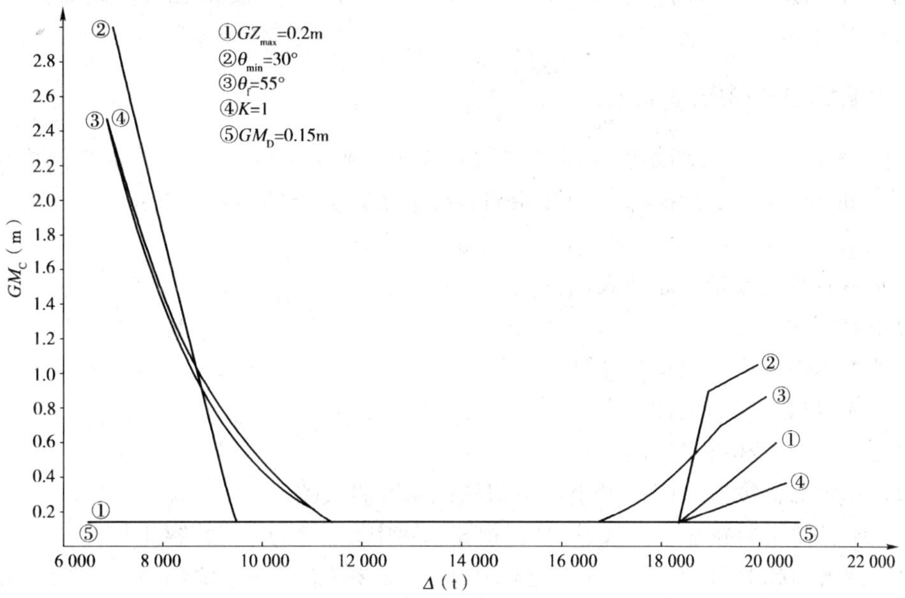

图 3-18　许用初稳性高度曲线

使用时，根据船舶排水量，在横坐标上找到对应点，向上作一垂直线，与最小许用初稳性高度曲线相交。该交点的纵坐标读数值即为该排水量时的最小许用初稳性高度。当船舶实际装载方案经自由液面修正后的初稳性高度不小于该状态下的最小许用初稳性高度值时（即 $GM \geqslant GM_C$），表示船舶的稳性已满足规则规定衡准指标。

2. 许用重心高度曲线

许用重心高度，也称极限重心高度 KG_C，是指恰能同时满足《法定规则》对船舶稳性全部要求时，经自由液面修正后船舶重心高度的最大值。

许用重心高度 KG_C 值亦随排水量的变化而变化。如果已知最小许用初稳性高度 GM_C，则根据公式可以求出相应的许用重心高度 KG_C。许用重心高度和排水量的关系曲线称为许用重心高度曲线，如图 3-19 所示。使用时，根据船舶的排水量，在横坐标轴上找到一点，向上作垂直线，与许用重心高度曲线相交点的纵坐标读数值即为该排水量

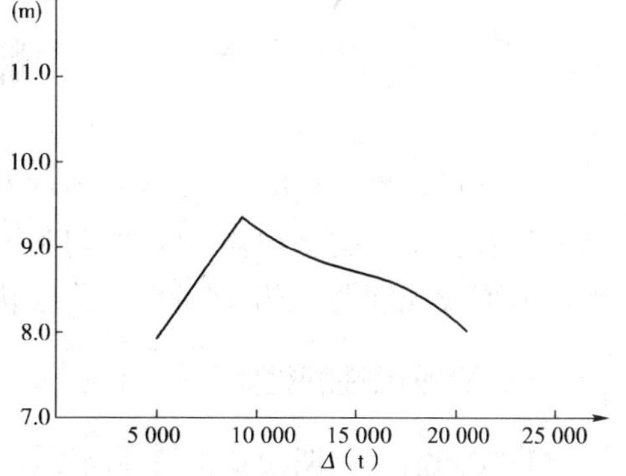

图 3-19　许用重心高度曲线

时的许用重心高度值。实际装载方案经自由液面修正后的船舶重心高度如果不超过查得的许用重心高度值(即 $KG \leqslant KG_C$),则表示船舶的稳性已满足规则规定的衡准指标。

为了保证船舶的安全,船舶稳性必须在满足《法定规则》的最低要求的基础上保留一定的安全余量,安全余量一般取0.20m。由此,在任何装载状态下,船舶经自由液面修正后的初稳性高度应满足如下要求:

$$GM \geqslant GM_C + 0.20 \quad (m) \tag{3-37}$$

或者,经自由液面修正后的船舶重心高度应满足:

$$KG \leqslant KG_C - 0.20 \quad (m) \tag{3-38}$$

船舶在不同排水量时的最小许用初稳性高度和许用重心高度值也可以列成数表,供船员在实际工作中查取。

四、船舶稳性资料应用简介

为便于驾驶人员掌握船舶稳性情况,《法定规则》规定,船舶设计或建造部门应负责提供经船级社核准的船舶《稳性报告书》或《船舶装载手册》,其主要内容包括:

(1)船舶主要参数。

(2)基本装载情况稳性总结表。

(3)主要使用说明。

(4)各类基本装载情况稳性计算。

(5)液体舱自由液面惯性矩表及对初稳性高度修正表。

(6)进水点位置和进水角曲线。

(7)许用重心高度曲线图或最小许用初稳性高度曲线图。

此外,还包括船舶静水力参数、货舱容积和舱容中心位置表、液舱容积和舱容中心位置表、风压倾侧力臂、加载100t首、尾吃水变化标尺或图表、横摇周期与 GM 的关系曲线、稳性横交参数、载荷弯矩许用力矩表。对于有稳性衡准特殊要求的船舶,在报告书或手册中还需提供相关的计算资料。

船舶驾驶人员可利用稳性报告书了解和掌握船舶稳性的整体状况,核算船舶实际装载状态下的稳性及校核船舶的摇摆性等。

应该指出,不同国家的报告书或手册,对于不同船舶其所包括的内容不完全相同,在使用时必须首先了解其基本内容及所适应的稳性规则。

第六节　船舶稳性检验和判断

在船舶稳性校核中,由于各种固有误差和计算误差的影响,使稳性计算结果与船舶实际稳性状况往往难以完全吻合。因此,驾驶人员应采取一定方法,进行实船的稳性检验及判断,以便能及时发现问题,正确评价船舶稳性状态,并采取必要措施,确保船舶安全营运。

一、船舶稳性的检验

1. 实测横摇周期检验初稳性高度

船舶横摇周期是指船舶横摇一个全摆程所需的时间。船舶自正浮起向一舷横倾一定的角度称为一个摆幅,4 个摆幅为一个全摆程。船舶在波浪中航行其摆幅可能发生变化,但摇摆周期基本稳定而与摆幅无关。

船舶在静水中无阻尼横摇称为自由横摇,简称自摇,自摇周期与船舶初稳性高度 GM 在数值上存在一定关系,因而通过测定船舶自摇周期可检验船舶稳性大小。

在波浪中测定的横摇周期因舷外水的阻尼、波浪的干扰、液舱内未满舱的液体移动等因素的影响而与船舶自摇周期有所差异,从而影响自摇周期测定的可靠性,但自由摇摆的特征是每一全摆程周期相同,只要留心观察即可分辨出来。

横摇周期 T_θ 与 GM 的关系如下:

(1)《法定规则》中提供的船舶横摇周期 T_θ 与 GM 的关系式:

$$T_\theta = 0.58f\sqrt{\frac{B^2 + 4KG^2}{GM}} \quad (\mathrm{s}) \tag{3-39}$$

式中:f ——系数,根据船宽吃水比(B/d)查表(见表 3-4);

B ——船舶型宽,m;

d ——船舶型吃水,m;

KG ——船舶重心高度,m;

GM ——未经自由液面修正的初稳性高,m。

***f* 值查算表** 表 3-4

B/d	≤2.5	3.0	3.5	4.0	4.5	5.0	5.5	6.0	6.5	≥7.0
f	1.00	1.03	1.07	1.10	1.14	1.17	1.21	1.24	1.27	1.30

船舶设计单位常根据公式(3-39)计算并绘出在不同排水量时 T_θ 与 GM 的关系曲线图,以方便船舶驾驶员使用。如图 3-20 所示。

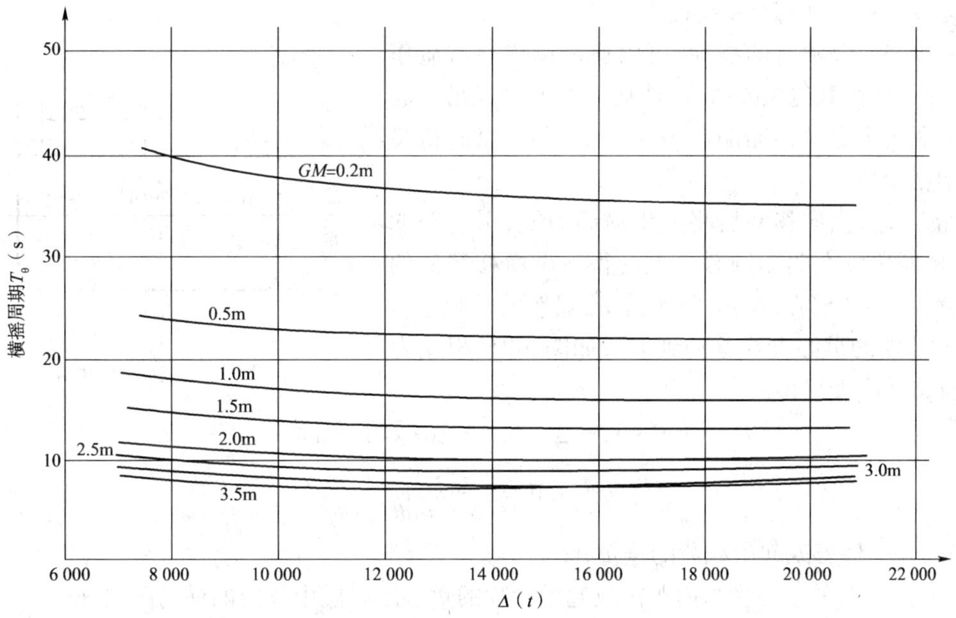

图 3-20 不同排水量时 T_θ 与 GM 的关系曲线图

（2）IMO 稳性规则中提供的船舶横摇周期 T_θ 与 GM 的关系式：

$$T_\theta = \frac{2.01CB}{\sqrt{GM}} \tag{3-40}$$

式中：C 为横摇周期系数，按下式计算：

$$C = 0.3725 + 0.0227(B/d) - 0.0043(L./10)$$

如船中部舷侧为倾斜式或外漂式，则：

$$C = 0.3085 + 0.0227(B/d) - 0.0043(L./10)$$

（3）对于船长不超过 70m 船舶，IMO 建议使用如下经验公式：

$$T_\theta = \frac{f'B}{\sqrt{GM}} \quad (\mathrm{m}) \tag{3-41}$$

式中：f' ——船舶横摇周期系数，其值与船舶大小、形状、重量分布等因素有关，一般货船 $f' = 0.7 \sim 0.8$。

在测定船舶横摇周期求取 GM 时，应注意以下几点：

①在实测 T_θ 时，应测量几个（一般 $n \geqslant 5$）全摆程所需要的时间 t，以减小测量误差，$T_\theta = t/n$；并重复测量 2～3 次，以校正每次测量的误差。

②应选择海浪较小的时机进行实测，以减小波浪周期的干扰。

③应注意抛弃那些偏离其他大多数测定值较远的读数。

④利用 T_θ 求得的 GM 只能作为估算和检验船舶稳性的近似手段。

【例题 3-7】 某船在开航后连测船舶横摇周期 10 次的总时间为 120s，已知该船的型宽为 5.24m，横摇周期系数为 0.8，用经验公式求 GM。

解：

$$GM = \left(\frac{f' \cdot B}{T_\theta}\right)^2 = \left(\frac{0.8 \times 15.24}{12}\right)^2 = 1.03 \quad (\mathrm{m})$$

2. 横向移动载荷检验稳性

检验船舶停泊时的稳性，可以通过调拨左右舱压载水、在一舷压载舱压排海水、消耗一舷油水或吊杆起吊一舷货物等方法使船舶产生一个横倾角，以此检验船舶初稳性高。

船上载荷横向移动后将产生横倾力矩，引起船舶横倾，横倾角可在船舶倾斜仪上读得。设横移载荷的总重量为 P，其重心移动的距离为 Y，船舶的横倾角为 θ，此时船舶的重心由 G 移动到 G_1，如图 3-21，根据力的平行移动原理可得：

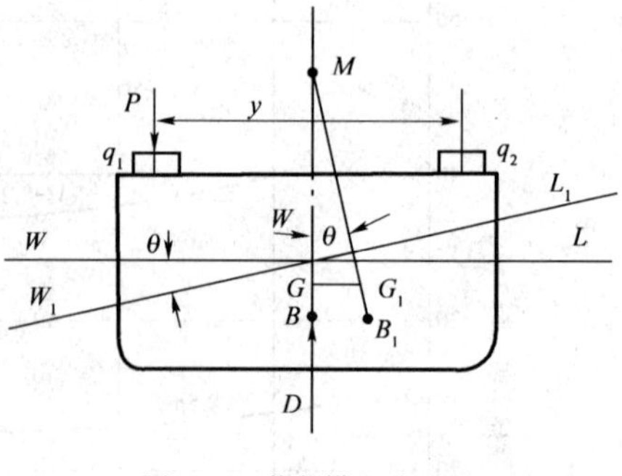

图 3-21　载荷横向移动

$$P \cdot Y = \Delta \cdot G_{G1} = \Delta \cdot GM \cdot \tan\theta$$

$$GM = \frac{P \cdot Y}{\Delta \cdot \tan\theta} \tag{3-42}$$

式中：P ——横移或起吊载荷的重量，t；

Y —— P 的重心横移的距离或起吊货物的重心距船舶中线面的横向距离，m；

θ ——船舶横倾角，°；

GM ——载荷移动前或起吊货物前的初稳性高度，m。

【**例题 3-8**】 某船排水量为 9000t,船宽为 28m,$GM=0.70$m,在港停泊,为修理左舷中部水线下 1m 处的船体外板变形,须将左舷水舱内的水移到右舷水舱使左舷损坏处露出水面,设左右水舱间水平距离为 18m,移水后其重心高度不变。试求:至少需要将左舷水舱内的水抽取多少吨到右舷水舱?

解:

(1)左舷中部水线下 1m 的损坏处露出水面需横倾的角度 $\tan\theta=1/14$。

(2)从左舷水舱内需抽取的水的吨数:

$$P=\frac{\Delta \cdot GM \cdot \tan\theta}{Y}=\frac{0.70\times 9000\times 1/14}{18}=25\ (\mathrm{t})$$

3. 观察船舶征状

船舶当稳性过小时,由于稳性力矩小而使得抵抗横倾力矩的能力减弱,因而即使船舶在较小横倾力矩作用下,也会出现较大横倾角,具体表现在:

(1)船舶在较小风浪中航行时,横摇摆幅较大,摇摆周期较长。

(2)油水使用左右不均时,船舶很快偏向一舷。

(3)用舵转向或拖船拖顶时,船舶明显倾斜且复原缓慢。

(4)甲板上浪、舱内货物少量移动、货舱少量进水时船舶出现较大横倾角。

(5)货物装卸时因吊杆起落摆动或舱内货物左右不均而横倾异常,或缆绳受力过大。

船舶稳性过大时主要表现在航行中稍有风浪即摇摆剧烈,横摇周期较小。

二、船舶稳性的判断

稳性过小或过大都对船舶安全产生不利影响,因此在营运中,船舶应具有适度稳性,需采取必要措施保证船舶稳性满足其安全要求。

1. 稳性对船舶安全的影响

船舶稳性过小时,首先不能保证船舶具有抵御风浪的能力,导致船舶倾覆;其次,影响船舶正常操纵,船舶在用舵转向或避让来船时,产生转船力矩使船横倾,当稳性过小时,出现较大横倾角。另外,稳性过小时,船舶横摇周期增大,维持在倾斜状态的时间增长,对主辅机工况带来不利影响。

稳性过大时,船舶摇摆剧烈,船员工作生活不适,对船用仪器正常使用不利,船舶结构受力过大。更严重的是,货物因剧烈摇摆容易产生移动,从而使船舶出现较大初始横倾,船舶稳性降低,具有倾覆的危险性。

2. 船舶适度稳性的经验数据

在营运中根据船舶实际航行的状况,确定一个适度的稳性范围。可以考虑将船舶稳性的最低值在最小许用初稳性高度的基础上再加上一个安全余量,即:$GM \geqslant GM_c+0.20$m。对于船舶稳性的最大值,一般认为,未经自由液面修正的初稳性高度的最大值应不大于横摇周期 $T_\theta=9$s 时的对应值,即:$GM \leqslant GM|_{T=9s}$。

一般远洋船舶满载时的 GM 为 4% ~5% 船宽比较合适,横摇周期以 14 ~ 15s 为宜。

3. 保证船舶适度稳性的措施

为使船舶在整个营运中具有安全而适度的稳性,驾驶人员应采取必要的措施,以确保船舶营运安全,这些措施归纳起来大体有以下若干项。

(1)了解船舶状况及航线情况。驾驶人员应对所在船舶的技术状况做认真的分析和研究,从中了解船舶装载或压载的能力、重量分布及相应的稳性状态;熟悉本航线所经海区的自然条件、可能出现的气象现象等,根据这些情况确定既安全又适当的稳性值。

(2)合理积载。在编制积载图时,根据所确定的适度稳性大小,合理分配各层舱配货比例,合理搭配各类货物,制定切实可行的系固方案,以适应船舶稳性需要。为便于在船舶稳性校核前就能有效地控制船舶重心高度,减少或避免船舶装载方案确定后出现稳性校核不适当的情况,驾驶人员应当注意不断总结特定船舶在不同排水量条件下,各层舱或舱面间的合理分配货物重量比例。一般认为:对于具有两层舱的船舶,二层舱的装货量约占全船装货量的30% ~35%,底舱的装货量约占全船装货量的65% ~70%。如果还需装甲板货,则底舱占65%,二层舱占25%左右,甲板货不超过10%,而且其堆装高度不宜超过船宽的1/6 ~1/5。对于有三层舱的船舶,底舱装货量应占55%左右,下二层舱占25%左右,上二舱占20%左右。

第七节　船舶稳性的调整

为保证船舶安全,《法定规则》从保证船舶安全出发,对船舶稳性的最低要求作出了强制规定,在整个航次中船舶应具有适度的稳性。当稳性不符合要求时,必须采取相应的措施进行稳性的调整,直至满足要求。

稳性调整的方法可概括为:船内载荷的垂向移动及载荷横向对称增减调整船舶初稳性高度,船内载荷横向移动及载荷横向不对称增减调整船舶初始横倾角。

一、船舶初稳性高度的调整

1.载荷垂向移动调整 GM

由于载荷垂向移动前后排水量不变,故横稳心距基线高度 KM 不变,因此,载荷垂移引起的船舶重心高度改变量在数值上就等于初稳性高度改变量。载荷垂向移动调整初稳性的手段适合于积载图编制阶段,经校核若初稳性高度过大,将载荷上移;若初稳性高度过小,则将载荷下移。

设船舶的排水量为 Δ ,调整前初稳性高度为 GM ,要求调整后的初稳性高为 GM_1 ,则初稳性高的调整幅度为:

$$\delta GM = G_1M - GM \tag{3-43}$$

若采用垂直移动货物的方法来调整,设移动货物的重量为 P ,垂移距离为 Z ,则有:

$$\delta GM = \frac{P \cdot Z}{\Delta} \quad (\text{m}) \tag{3-44}$$

垂向移动的货物的重量为:

$$P = \frac{\Delta \cdot \delta GM}{Z} \quad (\text{t}) \tag{3-45}$$

当上下舱单向移货因满舱而无法实现时,可采用上下舱轻重货等体积双向互换舱位的方法达到调整稳性的目的。

【例题 3-9】　某船某航次积载图拟就后,算得 Δ = 20 000 t,全船垂向重量力矩为 126 000 ×9.81kN · m,查得 KM =7.00m。求:(1)初稳性高度;(2)若将初稳性高度调整至 0.85m,拟将五金($S.F$ =0.75m^3/t,Z_P =11.20m)和麻袋($S.F$ =2.88m^3/t,Z_P =6.20m)互换位置,试计算这两种货物各应调换多少吨?

解：

(1)求初始初稳性高 GM：

$$KG = \frac{\sum P_i \cdot Z_i}{9.81\Delta} = \frac{126\,000 \times 9.81}{20\,000 \times 9.81} = 6.30(\mathrm{m})$$

$$GM = KM - KG = 7.00 - 6.30 = 0.70 \quad (\mathrm{m})$$

(2)求五金和麻袋调整量 P_H 和 P_L：

① GM 调整量：$\delta GM = GM_1 - GM = 0.85 - 0.70 = 0.15$ (m)

②货物垂向移动距离：$Z = Z_{PH} - Z_{PL} = 11.20 - 6.20 = 5.00$ (m)

③垂向移动的货物量：$P = \dfrac{\Delta \cdot \delta GM}{Z} = \dfrac{20\,000 \times 0.15}{5.00} = 600$ (t)

④五金和麻袋调换的重量：

五金：$P_H = \dfrac{P \cdot S.F_L}{S.F_L - S.F_H} = \dfrac{600 \times 2.88}{2.88 - 0.75} = 811.3$ (t)

麻袋：$P_L = P_H - P = 811.3 - 600 = 211.3$ (t)

2. 载荷增减调整 GM

船舶积载时、装载后或航行中在某些情况下可利用载荷增减方法调整稳性。如果船舶未满载，可以加压载水、加装货物；吃水较大或满载时可以排压载水，或者抛货等方法。一般这种调整方法增减的载荷，可以根据少量载荷变动对初稳性高度的影响公式计算。

设载荷改变前船舶初始状态参数分别为 Δ、KG、KM、GM，现拟在重心高度 KP 处增减载荷，使船舶初稳性高度达到 GM_1 值，则可按以下方法求取载荷增减量 P。

(1)载荷增减量 P 可按下式求出：

$$P = \frac{\Delta \cdot \delta GM}{KG - KP - \delta GM} \tag{3-46}$$

或

$$P = \frac{\Delta \cdot \delta GM}{KM - GM_1 - KP} \tag{3-47}$$

式中：δGM ——初稳性高的调整量，m，$\delta GM = GM_1 - GM$

若液舱内存在自由液面，则载荷增减量 P 的计算式为：

$$P = \frac{\Delta \cdot \delta GM + \sum \rho i_x}{KG - KP - \delta GM} \tag{3-48}$$

或

$$P = \frac{\Delta \cdot \delta GM + \sum \rho i_x}{KM - GM_1 - KP} \tag{3-49}$$

(2)由 $\Delta_1 = \Delta + P$ 查取 KM_1，并与初始状态的 KM 进行比较，若两者相差较小，则由式(3-46,3-47)或式(3-48,3-49)计算的载荷增减量即为最终结果；若两者相差较大，则由上式计算的载荷增减量可作为中间结果，需进行第二次近似计算。

(3)载荷增减量 P 的第二次近似计算式如下：

$$P = \frac{\Delta(\delta GM - \delta KM)}{KG - KP - \delta GM + \delta KM} \tag{3-50}$$

或

$$P = \frac{\Delta(\delta GM - \delta KM)}{KM_1 - GM_1 - KP} \tag{3-51}$$

考虑自由液面的影响后，上式应为：

$$P=\frac{\Delta(\delta GM-\delta KM)+\sum\rho i_x}{KG-KP-\delta GM+\delta KM} \tag{3-52}$$

或

$$P=\frac{\Delta(\delta GM-\delta KM)+\sum\rho i_x}{KM_1-GM_1-KP} \tag{3-53}$$

应该指出,船舶排水量一般在半载以下时,其横稳心距基线高度 KM 值随排水量改变而变化较快,因而,船舶初始状态吃水较小时,即使载荷变动不大的情况下,也会产生相对较大的 KM 改变量,此时应进行二次近似计算。

虽然可以通过以上两种方法调整船舶稳性,使其满足安全营运需要,但应该注意,加压载水后船舶重量增加,可能会引起船舶消耗功率增大,从而增加了燃油耗量,且在水深受限航道处造成船舶富余水深不足。因此,在制定积载计划时,应统筹考虑各种因素,在重载时尽量不用加压载水的方法调整稳性,而采取垂向移货的方法对稳性予以适当调整。在轻载状态下,可以考虑使用加载压舱水的方法调整稳性。

【例题 3-10】 某船某航次 $\Delta=20\ 375\text{t}$, $d=8.80\text{m}$, $KM=8.66\text{m}$, $KG=8.06\text{m}$,现拟采取加压载水的方法调整稳性,问需在 No. 2 压载舱($KP=0.80\text{m}$)加多少吨海水才能使初稳性高度调至 0.80m?

解:

(1)船舶初始初稳性高度 $GM=8.66-8.06=0.60\ (\text{m})$

(2)初稳性高度调整量 $\delta GM=GM_1-GM=0.80-0.60=0.20\ (\text{m})$

(3)求压载水注入吨数:

$$P=\frac{\Delta\cdot\delta GM}{KG-KP-\delta GM}=\frac{20375\times0.2}{8.06-0.8-0.2}=577\ (\text{t})$$

(4)由 $\Delta_1=20375+577=20952\ \text{t}$ 查得 $\overline{KM_1}=8.69\ \text{m}$ 可知 $\overline{KM}$ 值变化较小,故不再进行第二次近似计算。

二、船舶初始横倾角的调整

当船舶重心偏离中纵剖面时,则会出现初始横倾角,它将使船舶稳性力矩减小,从而降低各项稳性指标,对船舶安全营运是十分不利的。因此,船舶在航行中,应保持无初始横倾角。在装卸货期间,也应采取一定措施限制货物装卸过程中出现较大的横倾角(一般不超过 3°),以保证船舶的安全和货物装卸的顺利进行。消除和调整船舶横倾角的方法有以下两种:

1. 横向移动载荷

货物横向移动、压载水或淡水的横向调拨等可用来调整船舶初始横倾角。

设船舶的排水量为 Δ,初稳性高度为 GM,船舶初始横倾角为 θ,要求调至 θ_1,横移载荷的重量为 P,其重心移动的距离为 Y。根据载荷横移原理有,载荷横移产生的横倾力矩应等于调整前后船舶所受横倾力矩之差,即:

$$PY=\Delta GM(\tan\theta-\tan\theta_1) \tag{3-54}$$

于是有

$$P=\frac{\Delta\cdot GM(\tan\theta-\tan\theta_1)}{Y} \tag{3-55}$$

式中:Y——载荷横移距离,m。

若要消除初始横倾角,即使 $\theta_1=0$,上式变为:

$$PY=\Delta\cdot GM\cdot\tan\theta \tag{3-56}$$

$$P = \frac{\Delta \cdot GM \cdot \tan\theta}{Y} \tag{3-57}$$

【例题 3-11】 某船装载后 $\Delta = 18000t$, $\overline{GM} = 1.02$ m，船舶由于装载原因右倾2°，现拟调拨 No. 2 压载舱(左、右)的压载水将船调至正浮，已知两压载舱容积中心横向间距为 10m，求压载水调拨数量。

解:

已知 $\theta = 2°$, $\theta_1 = 0°$, $Y = 10$ m，需调拨的压载水量为：

$$P = \frac{\Delta \cdot GM \cdot \tan\theta}{Y} = \frac{18\,000 \times 1.02 \times \tan 2°}{10} = 64.1\ (t)$$

2. 在船舶一舷增减少量载荷

用载荷横向不均衡增减方法调整船舶横倾包括：一舷注入(排出)压载水、在某些情况下一舷加载部分货物、海上一舷抛弃货物、油水横向不对称装载或使用等，但最常用的仍是通过注排压载水将初始横倾予以消除或减小。

设已知初始排水量 Δ 和初稳性高度 GM ，为了消除或减小初始横倾角 θ ，需将载荷 P 加载到距中纵剖面的横向距离为 Y_P 处，使其横倾角降至 θ_1 。此时，需调整的横倾力矩值 $P \cdot Y_P$ 与调整后船舶的稳性力矩 $(\Delta + P)GM_1\tan\theta_1$ 作用方向相同，两者之和应与载荷增加前船舶所承受的横倾力矩 $\Delta GM\tan\theta_1$ 相等，即：

$$P \cdot Y_P + (\Delta + P)GM_1 \cdot \tan\theta_1 = \Delta \cdot GM \cdot \tan\theta$$

即有：

$$P[Y_P + (KM - KP) \cdot \tan\theta_1] = \Delta \cdot GM(\tan\theta - \tan\theta_1)$$

载荷增减量 P 的表达式为：

$$P = \frac{\Delta \cdot GM(\tan\theta - \tan\theta_1)}{Y_P + (KM - KP) \cdot \tan\theta_1} \tag{3-58}$$

当载荷增减后 KM 值变化较大时，载荷增减量 P 需在第一次近似计算的基础上进行第二次近似计算，以减小过大误差，第二次近似计算式如下：

$$P = \frac{\Delta[GM(\tan\theta - \tan\theta_1) - \delta GM \cdot \tan\theta_1]}{Y_P + (KM - KP) \cdot \tan\theta_1 + \delta KM \cdot \tan\theta_1} \tag{3-59}$$

若要完全消除初始横倾角，即 $\theta_1 = 0$ ，则载荷增减量 P 的计算式简化为：

$$P = \frac{\Delta \cdot GM\tan\theta}{Y_P} \tag{3-60}$$

由式(3-60)可见，船舶在利用少量载荷增减调整横倾使之正浮时，与变化大小无关，即式(3-60)适合于任意装载状态下的横倾角调整计算。

【例题 3-12】 某船 $\Delta = 19\,869t$, $KM = 8.62m$, $KG = 7.51m$ ，船舶右倾 $\theta = 3°$ 。现拟在 No. 4 压载舱($Y_P = 5.25m$, $KP = 0.79m$)注入压载水以消除船舶横倾。求应加多少吨压载水可以满足要求？

解:

应加压载水的量为：

$$P = \frac{\Delta \cdot GM\tan\theta}{Y_P} = \frac{19\,869 \times (8.62 - 7.51) \times \tan 3°}{5.25} = 220.2\ (t)$$

练习题

1. 按作用于船上外力矩的性质，将船舶稳性划分为______。

A. 静稳性和动稳性　　B. 横稳性和纵稳性

C. 大倾角稳性和初稳性　　D. 破舱稳性和完整稳性

2. 稳性力矩是指______。

A. 船舶倾斜前后两浮力作用点距离与排水量之积

B. 船舶倾斜前后两重力作用点距离与排水量之积

C. 船舶自身具备的惯性力矩

D. 船舶重力与浮力作用线之间垂直距离与排水量之积

3. 在船舶重心处装载部分货物,则______将不变。

A. *KM*　　B. *KG*　　C. X_f　　D. A 和 C

4. 船舶稳定平衡的主要特征是______。

A. 稳心在浮心之上,复原力矩大于零　　B. 重心在稳心之上,复原力矩大于零

C. 重心在漂心之上,复原力矩大于零　　D. 稳心在重心之上,复原力矩大于零

5. 当船舶重心在浮心之上,则横倾后静稳性力臂______。

A. 为正　　B. 为负　　C. 为零　　D. 以上均有可能

6. 研究船舶初稳性的假设前提有______。

A. 船舶等容微倾　　B. 横倾轴始终通过初始水线面的漂心

C. 在排水量不变时,横稳心的位置不变　　D. 以上都是

7. 在研究初稳性时,船舶受外力作用发生小角度倾斜,则假定______。

A. 船舶的稳心发生变化　　B. 船舶的重心发生变化

C. 船舶的浮心发生变化　　D. 船舶的重心和浮心均发生变化

8. 某轮排水量为 15 000t,垂向总力矩 910 006.0kN. m,船舶稳心距基线高度 $KM = 7.68$m,则其初稳性高度为______m。

A. 1.00　　B. 1.25　　C. 1.50　　D. 1.76

9. 船舶小角度横倾时,稳心点______。

A. 固定不动　　B. 移动幅度很小而可以忽略

C. 移动幅度很大　　D. 是否会发生移动不明确

10. 某轮排水量 20 532t,水线面面积对横倾轴的惯性矩为 82 684m^4,所在水域水密度为 1.008g/cm^3,则该轮的初稳心半径 *BM* 为______ m。

A. 2.84　　B. 3.25　　C. 3.65　　D. 4.06

11. 对一般船舶吃水在满载水线附近时,横稳心半径随吃水的增加而______。

A. 减小　　B. 增大　　C. 无关　　D. 不确定

12. 一般地,货物尽量装满整个货舱时,按货物实际重心求得的 *GM* 比按舱容中心求得的 *GM* ______。

A. 大　　B. 小　　C. 相等　　D. 以上均有可能

13. 船舶重心距基线高度 KG 随船舶排水量的减小而______。

A. 增大　　B. 减小　　C. 不变　　D. 变化趋势不定

14. 利用舱容曲线求取______较为方便。

A. 装载单一货物时的重心高度　　B. 装载多种货物时的重心高度

C. 液体舱柜中液体的重心高度　　D. A 和 C

15. 由均质货物体积可以在______上查取其相应的重心高度。

A. 静水力参数表　　B. 货舱舱容曲线

C. 货舱舱容表　　D. B 或 C

16. 某舱内存在自由液面，其对稳性的减小值______。

A. 随舱内液面面积的增大而增大　　B. 随舱内液面面积的增大而减小

C. 与舱内液面面积无关　　D. 与舱内液面面积关系不能确定

17. 对于矩形液面，自由液面对 GM 的影响值与______成正比。

A. 排水量　　B. 液舱内液体密度

C. 液面宽度的 3 次方　　D. B 和 C

18. 船舶压载后舱内存在自由液面，则压载后的稳性将______。

A. 增大　　B. 减小　　C. 不变　　D. 以上均有可能

19. 某一梯形压载舱（舱内为标准淡水）存在自由液面，舱长 12.3m，舱前宽 10.4m，舱后宽 8.5m，若当时船舶排水量 $\Delta=6\ 638$t，则该液舱自由液面对船舶 GM 的修正值为______ m。

A. 0.118　　B. 0.136　　C. 0.152　　D. 0.171

20. 以下______一定使船舶的稳性变小。

A. 加压载水　　B. 底舱装重大件货物

C. 向下移动货物　　D. 用船吊装卸货

21. 少量装载时，若船舶 KM 值不变，则货物装于______将使 GM 增大。

A. 船舶重心之上　　B. 船舶重心之下

C. 船舶稳心之上　　D. 船舶漂心之下

22. 卸载悬挂货物对稳性的影响相当于______。

A. 将悬挂货物移到悬挂点处　　B. 将悬挂货物由悬挂点处卸出

C. 将悬挂货物移到船舶重心处　　D. 将悬挂货物移到船舶浮心处

23. 某船排水量 $\Delta=6\ 000$t，现若在船舶重心之上 6m 处加载货物 300t，则此项加载对初稳性高度的影响值是______ m。

A. 0.25　　B. 0.29　　C. -0.29　　D. -0.25

24. 在船舶静稳性曲线图上，外力矩和复原力矩相等时对应的横倾角是______。

A. 静倾角　　B. 动倾角　　C. 极限动倾角　　D. 极限静倾角

25. 在吃水和重心位置相同的条件下，船宽较大的船其静稳性曲线______，而较小船宽的船其曲线______。

A. 陡峭，平缓　　B. 平缓，陡峭　　C. 陡峭，陡峭　　D. 平缓，平缓

26. 船舶 $\Delta=10\ 550$t，$GM=1.27$m，因油水使用左右不均而存在初始横倾角 $\theta_0=2.2°$，则船舶横倾角为 10°时 GZ 减小______ m。

A. 0.05　　B. 0.07　　C. 0.09　　D. 0.11

27. 在动稳性曲线图上，曲线最高点所对应的横倾角为船舶的______。

A. 静倾角　　B. 动倾角　　C. 稳性消失角　　D. 极限静倾角

28. 保证船舶受突加外力作用而快速倾斜时不致翻沉的条件是______。

A. 复原力矩大于横倾力矩

B. 要有足够的航速

C. 复原力矩所做的功大于横倾力矩所做的功

D. 要有足够的干舷

29. 利用动稳性曲线图求取最小倾覆力矩时，若不考虑船舶横摇角和进水角的影响，过原点作动稳性曲线的切线，则切点对应角为______。

A. 甲板浸水角　　B. 极限动倾角　　C. 极限静倾角　　D. 稳性消失角

30. 当______时船舶达到动平衡。

A. 外力矩 = 稳性力矩

B. 外力臂曲线下的面积 = 复原力臂曲线下的面积

C. 外力矩的功 = 复原力矩的功

D. B 和 C 都对

31. 按我国《法定规则》要求，在求取船舶最小倾覆力矩 M_{hmin} 时，应进行______修正。

A. 初始横摇角　　B. 极限静倾角　　C. 船舶进水角　　D. A 和 C

32. 根据 IMO 对船舶完整稳性的要求，无限航区航行的普通货船，横倾角等于 30°处所对应的复原力臂值应不小于______ m。

A. 0.15　　B. 0.20　　C. 0.30　　D. 0.35

33. 我国《船舶与海上设施法定检验规则》对船舶稳性的要求应______。

A. 开航时必须满足　　B. 航行途中必须满足

C. 到港时必须满足　　D. 整个航程必须满足

34. 稳性衡准数 $K>1$，下述说法______不对。

A. 风压倾侧力矩 M_w 小于最小倾覆力矩 M_{hmin}

B. 能确保船舶在航行中不致倾覆

C. 船舶在按规则计算的 M_w 作用下不会倾覆

D. A、B 均是

35. 某船经初始横摇角及进水角修正后求得最小倾复力臂为 0.18m，查得风压倾侧力臂为 0.12m，则该船______。

A. 稳性衡准数符合要求　　B. 稳性衡准数不符合要求

C. 稳性符合要求　　D. 稳性不符合要求

36. 船舶的临界初稳性高度值 GM_C 随船舶______的变化而变化。

A. 排水量　　B. 横倾角　　C. 浮心位置　　D. 重心高度

37. 船舶的临界初稳性高度值 GM_C 与______无关。

A. 船舶排水量　　B. 船舶实际重心高度

C. 船舶吃水　　D. 以上都是

38. 根据经验，为了满足船舶具有适度的稳性，对具有二层舱的船舶来说，其底舱应占全部货量的______左右。

A. 1/2　　B. 7/10　　C. 4/5　　D. 9/10

39. 船舶倾斜试验的目的是______。

A. 测量船舶半载时的重心高度　　B. 测量空船时的重心高度

C. 测量船舶满载时的重心高度　　D. 测量船舶任一载重时的重心高度

40. 以下______不是船舶稳性报告书中的基本内容。

A. 基本装载情况总结表

B. 液体舱自由液面惯矩表及初稳性高度修正说明

C. 纵向强度和局部强度校核表

D. 临界重心高度曲线或临界初稳性高度曲线

41. 其他条件相同，船舶的自摇横摇周期______。

A. 与 GM 无关　　B. 随 GM 的增加而减小

C. 随 GM 的增加而增加　　D. 与 GM 的关系不定

42. 船舶因少量货物装卸左右不均形成较大初始横倾角，表明此时______。

A. 稳性较大　　B. 稳性较小

C. 横倾力矩较大　　D. 货物重量较大

43. 一艘满舱满载的船舶若稳性不足时，可通过______来调整。

A. 打压载水　　B. 加装甲板货

C. 垂向轻重货物等体积互换　　D. 横向轻重货物等体积对调

44. 某轮排水量为 10 000t，计算求得 $GM = 0.46$m。现要求初稳性高度达到 0.68m。假如在上、下层舱间移动货物，垂向距离为 8m，则至少应移货______ t。

A. 250　　B. 265　　C. 275　　D. 285

45. 某船排水量 6 402t，$KG = 7.4$m，$GM = 0.67$m，现拟在 $Z_p = 1.3$m 处加压载水将 GM 调至 0.80m，则应打进压载水______ t。不考虑自由液面的影响。

A. 139　　B. 175　　C. 187　　D. 199

46. 船舶航行中宜采取______来调整船舶稳性。

A. 打排压载水　　B. 垂向移动货物　　C. 横向移动货物　　D. B 或 C

47. 某船计算得：$\Delta = 6\ 901$t，$KM = 6.37$m，$KG = 5.21$m，船舶重心偏离中纵剖面 0.06m，则船舶初始横倾角 θ 为______。

A. 3.0°　　B. 2.8°　　C. 1.3°　　D. 4.6°

48. 某船装货时左倾 2.3°，当时船舶 $\Delta = 6\ 836$t，$KM = 6.12$m，$KG = 5.33$m，拟在右舷距船中 4.2m、距基线 6.30m 处装货调平船舶，应装载货物______ t。

A. 61　　B. 43　　C. 70　　D. 52

49. 以下______不是为避免船舶产生初始横倾角的措施。

A. 使货物重量横向对称分布　　B. 左右油水舱均衡使用

C. 合理分配各舱货物重量　　D. 压载舱横向对称压水

50. 某船 $\Delta = 7\ 652$t，$GM = 0.78$m，船舶右倾 3°，现拟调拨压载水将调平船舶，已知左、右压载水舱舱容中心横向间距 8m，则调拨应压载水______ t。

A. 55　　B. 44　　C. 39　　D. 31

第四章　船舶吃水差

本章概述了船舶对吃水及吃水差的要求以及吃水差及首、尾吃水计算方法，载荷变动对船舶吃水差和首、尾吃水改变量的计算，吃水差调整方法，保证船舶具有适当吃水差的经验配货方法。

重点：吃水差及首、尾吃水计算。

第一节　船舶吃水差概述

一、吃水差的概念

纵向上，船舶当其重力作用线与正浮时的浮力作用线不在同一垂线上时，就会产生吃水差。船舶吃水差（Trim）是指船舶首吃水 d_F（Draft forward）与尾吃水 d_A（Draft aft）的差值，用符号 t 表示，$t = d_F - d_A$。当船舶首尾吃水相等，即吃水差等于零时，称为平吃水（Even keel）；尾吃水大于首吃水时，称为尾吃水差（Trim by stern），也叫尾倾，一般用负值表示；首吃水大于尾吃水时，称为首吃水差（Trim by head），也叫首倾，俗称拱头，一般用正值表示。世界上某些国家将尾吃水与首吃水的差值定义为吃水差，与我国定义的吃水差符号刚好相反。

吃水差的大小对船舶的操纵性、快速性和耐波性有直接的影响。船舶在航行中保持足够的吃水和适度的尾倾，使螺旋桨和舵叶及船首底部在水面下具有足够深度，使船体水下部分流体线形良好，螺旋桨沉深增大，有利于提高推进效率，同时也改善了舵效，操纵更为灵活，减少甲板上浪及波浪对船首底部结构的拍击，并增大了船舶的抗风浪能力，保证主机均衡工作，也便于驾驶台瞭望。吃水差的大小同时也影响船舶进出吃水受限制的港口及通过浅水航道时载重量的利用。显然，在吃水受限的情况下，船舶平吃水时的装载量要比有吃水差时的装载量大。

二、对船舶吃水及吃水差的要求

1. 对装载状态下船舶吃水差的要求

船舶航行中适当的尾倾值应根据具体船舶的不同装载状态确定。根据经验：万吨级货船的吃水差值，满载时要求 $t = -0.5 \sim -0.3$m；半载时要求 $t = -0.8 \sim -0.6$m；轻载时要求 $t = -1.9 \sim -0.9$m。大吨位船舶满载通过浅水区时要求平吃水，以免搁浅，并有利于在吃水受限的情况下多装货。部分港口的港口使费与船舶最大吃水有关，出入此类港口的船舶，应设法调平船舶的吃水。

2. 对空载航行的船舶吃水及吃水差的要求

船舶空载航行时，因吃水小，螺旋桨露出水面，使得推进效率降低；同时因受风面积大而增加阻力，影响航速；另外，空船时一般船舶重心较高，因而稳性较差，影响船舶的安全，所以，船舶空载时，必须通过压载，以达到降低船舶重心、增加船舶吃水、保持适当的吃水差，消除各种不利因素对船舶航行的影响。

（1）空船压载航行时对吃水的要求。船舶空船压载航行时的吃水，至少应达到夏季满载吃水的50%以上，冬季航行时应使其达到夏季满载吃水的55%以上。研究认为：船舶空船压载航行时的最小首吃水 $d_{F \cdot min}$ 及最小平均吃水 $d_{M \cdot min}$ 应满足下列要求：

①当 $L_{BP} \leqslant 150$ m 时：

$$d_{F \cdot min} \geqslant 0.025 L_{BP} \ (m)$$
$$d_{M \cdot min} \geqslant 0.02 L_{BP} + 2 \ (m) \tag{4-1}$$

②当 $L_{BP} > 150$ m 时：

$$d_{F \cdot min} \geqslant 0.012 L_{BP} + 2 \ (m)$$
$$d_{M \cdot min} \geqslant 0.02 L_{BP} + 2 \ (m) \tag{4-2}$$

(2)空船压载航行时对吃水差的要求。空船压载航行时为了保证螺旋桨和舵有一定的入水深度以保证船舶的适航性，必须同时满足以下两方面的要求：

①螺旋桨轴至水面的高度 I 与螺旋桨直径 D 之比(螺旋桨沉深比，见图 4-1)在静水中不小于 0.5，在风浪中不小于 0.65 ~ 0.75，这样快速性可以达到满意的效果。在恶劣天气条件下，螺旋桨应具有较大的沉深，从而避免螺旋桨叶梢露出水面或在风浪中出现“飞车”等不利情况。

②吃水差 $|t|$ 与船舶垂线间长 L_{Bp} 之比应小于 2.5%，即纵倾角 φ 小于 1.5°。

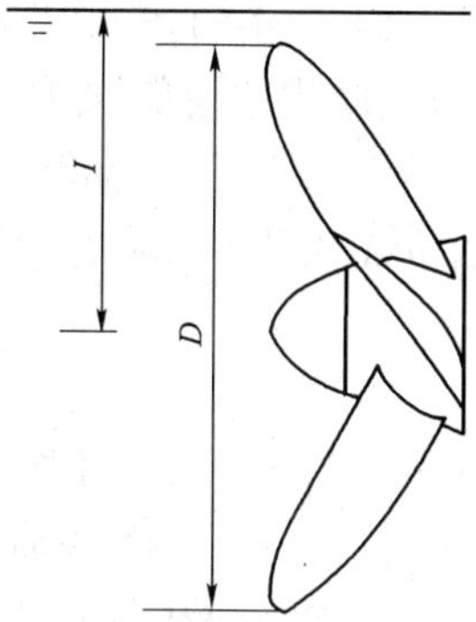

图 4-1　螺旋桨沉深比

第二节　吃水差的计算与调整

一、吃水差及首尾吃水的计算

1. 吃水差的计算

船舶装载后由于重心纵向位置与正浮时浮心纵向位置不在同一垂线上，浮力与重力形成一力偶，产生一纵向力矩 M_L。吃水差可由下式求得：

$$t = \frac{M_L}{100 \times MTC} \quad (m) \tag{4-3}$$

式中：M_L——船舶纵倾力矩 (9.81kN · m)；

MTC ——每厘米纵倾力矩(9.81kN · m/cm)。

由图 4-2 知，船舶纵倾力矩 M_L 是由于船舶的重力作用线和浮力作用线沿纵向不在同一条垂直线上而产生的，纵倾力臂 l_L 等于重力作用线与浮力作用线之间的水平距离，即：

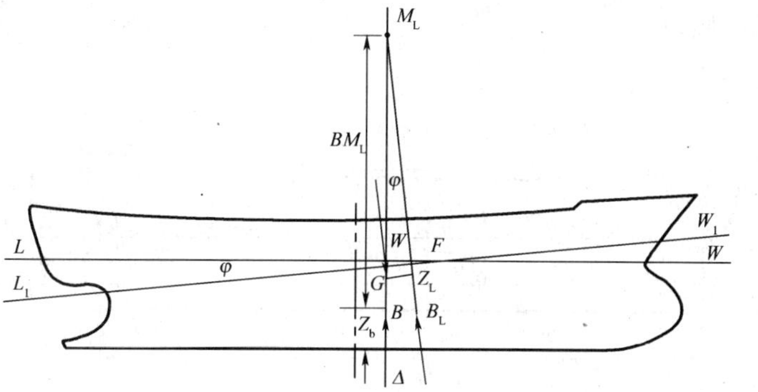

图　4-2

$$l_L = X_g - X_b \text{ (m)} \tag{4-4}$$

式中：X_g——船舶重心距船中距离（m），船中前取正（+），船中后取负（-）；

X_b——船舶浮心距船中距离（m），船中前取正（+），船中后取负（-）。

因为 $M_L = \Delta \cdot l_L$（9.81kN·m），所以，可以得出吃水差的基本计算公式：

$$t = \frac{\Delta \cdot l_L}{100 \times MTC} = \frac{\Delta \cdot (X_g - X_b)}{100 \times MTC} \text{ (m)} \tag{4-5}$$

由式(4-5)可知，当船舶重心在浮心之前，吃水差为正，船舶首倾；反之，当船舶重心在浮心之后，吃水差为负，船舶尾倾。

式(4-5)中，船舶浮心距中距离 X_b（m）及每厘米纵倾力矩 MTC（9.81kN·m/cm）可根据船舶排水量 Δ 或平均吃水 d_M 在船舶静水力资料中查得，而船舶重心距船中距离 X_g 则按下式计算求得：

$$X_g = \frac{\sum P_i \cdot X_i}{\Delta} \text{ (m)} \tag{4-6}$$

式中：P_i——构成船舶排水量的各项重量，t，包括空船重量 Δ_L，船舶常数 C，各货舱货物重量 $\sum Q$，各油、水舱中的油水重量以及船员、行李、粮食、供应品等重量 $\sum G$；

X_i——P_i 距船中距离，m，船中前取正（+），船中后取负（-）；

$\sum P_i \cdot X_i$——包括空船重量在内的各个载荷对中力矩代数和(9.81kN·m)。

2. 构成船舶排水量的各项重量距中距离的确定方法

(1)空船重心距中距离的确定。空船重心距中距离应从船舶资料中查得。

(2)液体载荷重心距中距离的确定。一般以液舱舱容中心距中距离作为该舱满舱液体载荷重心距中距离，该距离可由“液舱容积表”中查得。

(3)船舶常数及船员、行李、粮食、供应品等载荷重心距中距离的确定。可参照“船舶稳性报告书”中的典型装载状态下的数据。如将船舶常数重心取在船中处，船员、行李、粮食、供应品等载荷重心取船员生活区中部处。

(4)货物载荷重心距中距离的确定。正确的方法是先计算每票货物重心距中距离，然后计算舱内货物的合重心距中距离。

一般来说，各舱货物重心可近似取该舱舱容中心，货舱舱容中心距中距离可从船舶资料中“货舱容积表”中查得。

3. 船舶首尾吃水的计算

从图 4-3 可以看出：

$$\tan\varphi = \frac{t}{L_{BP}} = \frac{\delta d_F}{0.5L_{BP} - X_f} = \frac{\delta d_A}{0.5L_{BP} + X_f} \tag{4-7}$$

式中：φ——船舶纵倾角；

L_{BP}——船舶垂线间长，m；

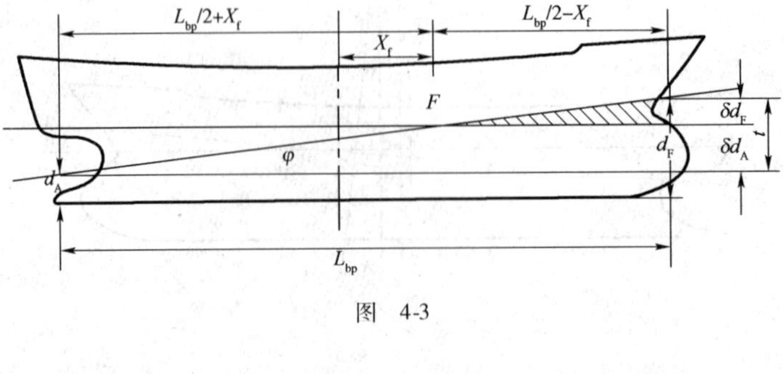

图 4-3

X_f ——漂心距中距离，m，船中前取正（+），船中后取负（-）；

δd_F ——吃水差在船首的分配量，m；

δd_A ——吃水差在船尾的分配量，m。

由式（4-7）及图4-3 可以导出船舶的首吃水 d_F 及尾吃水 d_A 的计算公式：

$$d_F = d_M + \left(0.5 - \frac{X_f}{L_{BP}}\right) \cdot t \ (m)$$

$$d_A = d_M - \left(0.5 + \frac{X_f}{L_{BP}}\right) \cdot t \ (m) \tag{4-8}$$

式中：d_M ——船舶平均吃水，m，根据船舶实际排水量 Δ，查船舶静水力资料获得；

t ——船舶吃水差，m。

当船舶漂心在船中处时，上式可简化为：

$$d_F = d_M + 0.5t \ (m)$$

$$d_A = d_M - 0.5t \ (m) \tag{4-9}$$

在实际工作中，如果不要求计算精确的船舶首尾吃水值时，则可以用式（4-9）求取近似的船舶首尾吃水值。

【例题 4-1】 某轮某航次各舱装载计划如表 4-1 所列（各舱载荷重心取舱容中心），试求船舶的吃水差及首尾吃水。

表 4-1

舱别 \ 荷载力矩		载荷重量（t）	重心距基线高度（m）	垂线载荷力矩（9.81kN·m）	重心距中距离（m）	纵向载荷力矩（9.81kN·m）
货物	No.1 二层舱	970	9.80	9 506	48.16	46 715
	No.1 底舱	1 400	4.90	6 860	47.11	65 954
	No.2 二层舱	1 500	10.00	15 000	22.65	33 975
	No.2 底舱	2 300	4.75	10 925	22.52	51 796
	No.3 二层舱	1 200	8.90	10 680	-2.70	-3 240
	No.3 底舱	2 050	4.10	8 405	-2.75	-5 638
	No.4 二层舱	1 400	10.70	14 980	-28.10	-39 340
	No.4 底舱	2 300	3.50	8 050	-27.75	-63 825
	合计	13 120		84 406		86 397
油水	No.1 燃油舱	350	0.75	262.5	-7.62	-2 667
	重柴油舱	350	0.75	262.5	5.12	1 792
	轻柴油舱	25	1.00	25	-50.26	-1 257
	滑油循环舱	18	1.10	19.8	-50.90	-916
	淡水舱	200	8.50	1 700	-66.85	-13 370
	合计	943		2 269.8		-16 418
其他	供应品等	9	10.50	94.5	-52.50	-473
	备品	18	12.80	230.4	12.87	232
	船舶常数	150	10.00	1 500	0	0
	合计	177		182 4.9		-241
空船重量		6 282	10.05	63 134	-9.60	-60 307
总计		20 522		151 634.7		9 431

解：

(1)列表计算船舶排水量、纵向重量力矩(见表4-1)，$\Delta = 20\ 522t$，$\sum P_i X_i = 9\ 431(9.81kN \cdot m)$。

(2)根据船舶排水量 $\Delta = 20\ 522t$，查该船舶静水力资料得：平均吃水 $d_M = 8.8m$，每厘米纵倾力矩 $MTC = 226(9.81kN \cdot m/cm)$，浮心距船中距离 $X_b = 0.98m$，漂心距船中距离 $X_f = -2.53m$。

(3)计算船舶重心距船中距离：

$$X_g = \frac{\sum P_i \cdot X_i}{\Delta} = \frac{9\ 431}{20\ 522} = 0.46m$$

(4)计算吃水差：

$$t = \frac{\Delta \cdot (X_g - X_b)}{100 \times MTC} = \frac{20\ 522(0.46 - 0.98)}{100 \times 226} = -0.47\ m$$

(5)计算首尾吃水：

$$d_F = d_M + \left(0.5 - \frac{X_f}{L_{BP}}\right) \cdot t = 8.8 + \left(0.5 + \frac{2.53}{140}\right) \times (-0.47) = 8.56\ m$$

$$d_A = d_F - t = 8.56 - (-0.47) = 9.03\ m$$

或 $d_A = d_M - \left(0.5 + \dfrac{X_f}{L_{BP}}\right) \cdot t = 8.8 - \left(0.5 - \dfrac{2.53}{140}\right) \times (-0.47) = 9.03\ m$

二、少量载荷变动时的吃水差及首尾吃水的计算

载荷变动的总重量小于排水量的10%，则认为是少量载荷变动，少量载荷变动所引起的船舶平均吃水变化很小，因此可以认为载荷变动前后船舶的静水力性能参数不变，可以直接计算由此引起的吃水差和首尾吃水的改变量，即可求取新的船舶吃水差和首尾吃水。由于不需要重新计算总的纵倾力矩，因此相对简便。

首先，假定将载荷装于纵向位置与漂心纵向位置相同的地方(或从该处卸出)，此时，船舶将平行下沉(或上浮)，没有产生纵倾改变。所以，船舶吃水变化，但吃水差不变。船舶首尾吃水的改变量 δd 可由下式求得(参见图4-4)：

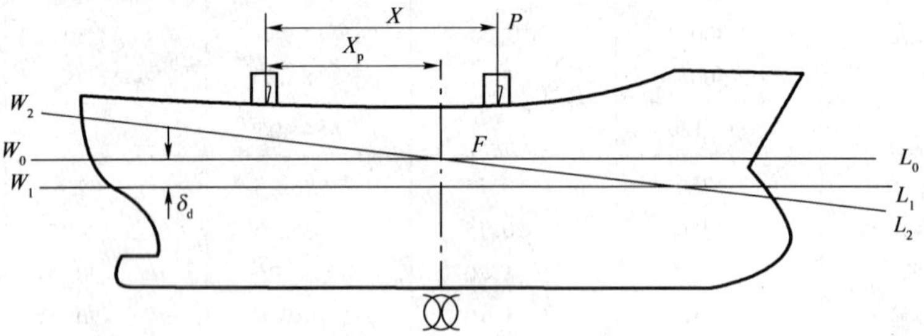

图 4-4

$$\delta d = \frac{P}{100 \times TPC}(m) \tag{4-10}$$

式中：P ——少量载荷变动量(t)，加载时取正(+)，卸载时取负(-)；

TPC ——厘米吃水吨数(t/cm)，可根据载荷改变前的船舶排水量或平均吃水从船舶静水力资料中查得。

然后，再假定将载荷纵向上由漂心位置移至实际装载位置(或从实际装载位置移至漂心处)，产生纵倾力矩 M_L。

$$M_L = P \cdot (X_p - X_f)\ (9.81\text{kN} \cdot \text{m}) \tag{4-11}$$

式中：X_p ——载荷实际装载位置距船中的距离(m)，船中前取正(+)，船中后取负(-)；

X_f ——漂心距船中距离(m)，船中前取正(+)，船中后取负(-)。

在该纵倾力矩的作用下，船舶纵倾产生变化，船舶吃水差的改变量 δt 为：

$$\delta t = \frac{M_L}{100 \times MTC} = \frac{P \cdot (X_{P_s} - X_f)}{100 \times MTC}\ (\text{m}) \tag{4-12}$$

式(4-12)中，漂心距中距离 X_f (m)和厘米纵倾力矩 MTC (9.81kN · m/cm)均可根据载荷改变前的船舶排水量或平均吃水从船舶资料中查得。

吃水差改变量在船首、尾的分配值 $\delta d'_F$、$\delta d'_A$ 可由下式确定：

$$\delta d'_F = \left(0.5 - \frac{X_f}{L_{BP}}\right) \cdot \delta t\ (\text{m})$$

$$\delta d'_A = \left(0.5 + \frac{X_f}{L_{BP}}\right) \cdot \delta t\ (\text{m}) \tag{4-13}$$

少量载荷变动后，船舶首吃水改变量 δd_F，为船舶平行下沉或上浮引起的首尾吃水改变量 δd，加上吃水差改变量在船首的分配值 $\delta d'_F$；船舶尾吃水改变量 δd_A 为船舶平行下沉或上浮引起的首尾吃水改变量 δd，减去吃水差改变量在船尾的分配值 $\delta d'_A$，即

$$\delta d_F = \delta d + \delta d'_F = \delta d + \left(0.5 - \frac{X_f}{L_{BP}}\right) \cdot \delta t\ (\text{m})$$

$$\delta d_A = \delta d - \delta d'_F = \delta d - \left(0.5 + \frac{X_f}{L_{BP}}\right) \cdot \delta t\ (\text{m}) \tag{4-14}$$

少量载荷增减后，船舶新的吃水差及首尾吃水为：

$$t_1 = t + \delta t\ (\text{m})$$

$$d_{F1} = d_F + \delta d_F\ (\text{m})$$

$$d_{A1} = d_A + \delta d_A\ (\text{m}) \tag{4-15}$$

【例题 4-2】 续例 4-1，该轮开航时排水量 $\Delta = 20\ 522$ t，首吃水 $d_F = 8.56$ m，尾吃水 $d_A = 9.03$m。在航行途中，消耗燃油 170 t(其重心在船中后 7.62 m 处)，重柴油 30 t(其重心在船中前 5.12 m 处)，淡水 100 t(其重心在船中后 66.85 m 处)，求抵港时的船舶首尾吃水。

解：

(1)根据船舶排水量 20 522 t，查得船舶平均吃水 $d_M = 8.8$ m，每厘米纵倾力矩 $MTC = 226$ (9.81kN · m/cm)，每厘米吃水吨数 $TPC = 26.09$ t/cm，漂心距船中距离 $X_f = -2.53$ m。

(2)计算油水消耗后平均吃水改变量：

$$\delta d = \frac{\sum P_i}{100 \times TPC} = \frac{(-170) + (-30) + (-100)}{100 \times 26.09} = -0.115\ \text{m}$$

(3)计算油水消耗后的吃水差改变量：

$$\delta t = \frac{\sum P_i (X_{pi} - X_f)}{100 \times MTC} = \frac{[(-170)(-7.62 + 2.53)]}{100 \times 226} + \frac{[(-30)(5.12 + 2.53)]}{100 \times 226} + \frac{[(-100)(-66.85 + 2.53)]}{100 \times 226} = 0.31\ \text{m}$$

(4)计算油水消耗后的首尾吃水改变量：

$$\delta d_F = \delta d + \left(0.5 - \frac{X_f}{L_{BP}}\right) \cdot \delta t = -0.115 + \left(0.5 + \frac{2.53}{140}\right) \times 0.31 = 0.045\ 6\ \text{m}$$

$$\delta d_A = \delta d - \left(0.5 + \frac{X_f}{L_{BP}}\right)\cdot \delta t = -0.115 - \left(0.5 - \frac{2.53}{140}\right)\times 0.31 = -0.2644\ \mathrm{m}$$

(5)油水消耗后，船舶抵港时的首尾吃水：

$$d_{F1} = d_F + \delta d_F = 8.56 + 0.0456 \approx 8.61\ \mathrm{m}$$

$$d_{A1} = d_A + \delta d_A = 9.03 - 0.2644 \approx 8.77\ \mathrm{m}$$

三、吃水差的调整

为了保证船舶具有良好的航海性能，当船舶的吃水差或首尾吃水不符合要求时，应进行调整。其调整方法有以下两种：

1. 纵向移动载荷

在装货前和装货过程中如发现吃水差或首尾吃水不符合要求，应该对积载方案进行调整。首先确定可移动调整的货载，再确定纵向移动的距离 X，然后根据要求调整的吃水差值 δt，按下式求取需移动的货载重量 P：

$$P = \frac{100\delta t \cdot MTC}{X} \quad (\mathrm{t}) \tag{4-16}$$

式中：δt ——要求调整的吃水差值(m)，等于要求调整到的吃水差值减去调整前的吃水差值；

X ——货物载荷纵向移动的距离(m)，当货物前移时取正值，后移时取负值；

MTC ——每厘米纵倾力矩(9.81kN · m/cm)，从船舶静水力参数资料中查取。

如果单向移动货物因舱容限制而不可能时，可采用轻、重货物等体积互换的方法达到调整的目的。如果在装货结束后发现吃水差不符合要求，也可以考虑油水的纵向移驳。仍采用式(4-16)确定所需要移驳油水的重量，但 X 的取值应为计划移驳舱室舱容中心之间的纵向距离。

2. 增加或减少载荷

如果货物已经装船，同时船舶未满载，可以利用注、排压载水来调整船舶吃水差。但排出压载水受其所在位置限制，可能达不到预期目的，注入压载水则须考虑船舶是否还有富余载重能力。注、排压载水属于少量载荷变动，可用下式确定所需要注入或排出压载水的重量 P：

$$P = \frac{100\delta t \cdot MTC}{X_p - X_f} \quad (\mathrm{t}) \tag{4-17}$$

该式是由式(4-12)演变而来的。

式中：δt ——要求调整的吃水差值(m)，等于要求调整到的吃水差值减去调整前的吃水差值；

X_p ——计划注、排压载水水舱的舱容中心距中距离(m)，取值查“液舱容积表”。

X_f 和 MTC 的值，根据调整前的船舶排水量 Δ 或平均吃水 d_M 从船舶静水力资料查取。

根据式(4-17)可以看出，如需要调整的吃水差改变量为正值(使船舶的尾倾值减小)，需要在船舶漂心之前增加载荷，或在船舶漂心之后减少载荷；如需要调整的吃水差改变量为负值(使船舶的尾倾值增加或从首倾调为尾倾)，需要在船舶漂心之前减少载荷，或在船舶漂心之后增加载荷。

【例题 4-3】 续例 4-2，该轮到达目的港外锚地时，$\Delta = 20\ 222$ t，$d_F = 8.61$ m，$d_A = 8.77$ m，现要求调平吃水靠泊，问应向首尖舱(其舱容中心在中前 65.67 m)注入多少吨压载水才能满足要求？

解：

（1）根据 $\Delta = 20\ 222$ t 查该轮船舶静水力参数得 $MTC = 224.2$（9.81kN · m/cm），$X_f = -2.6$m

（2）抵锚地时船舶吃水差：

$$t = d_F - d_A = 8.61 - 8.77 = -0.16 \text{ m}$$

（3）要求调整的吃水差值：

$$\delta t = 0 - (-0.16) = 0.16 \text{ m}$$

（4）求应向首尖舱注入压载水的重量 P：

$$P = \frac{100\delta t \cdot MTC}{X_p - X_f} = \frac{100 \times 0.16 \times 224.2}{65.67 + 2.6} \approx 53 \text{ t}$$

3. 吃水差调整时对船舶纵向受力的考虑

无论采用哪种方法调整吃水差，都要综合考虑船舶吃水差及船舶纵向受力两方面的要求，防止出现顾此失彼的情况。为此，在调整载荷的纵向配置时，应遵循下列原则：

（1）当船舶已有中拱变形时。可根据船舶的吃水差情况将船首部（首倾时）或尾部（尾倾太大时）的载荷向中部移动，调整吃水差的同时减轻船舶中拱变形。

（2）当船舶已有中垂变形时。可根据船舶的吃水差情况将中部载荷向船首部（尾倾太大时）或尾部（首倾时）移动，调整吃水差的同时减轻船舶中垂变形。

（3）当船舶无拱垂变形时。可直接由船首部向船尾部方向移动载荷来调整船舶首倾，由船尾部向船首部方向移动载荷来调整船舶尾倾。

（4）当船舶已有拱垂变形时。利用增加或减少载荷来调整船舶吃水差，其舱位的选择应考虑减轻而不是加重船舶的拱垂变形。

第三节　吃水与吃水差计算图表

在船舶营运过程中，吃水差和首、尾吃水的计算是一项经常性的工作。为减少计算工作量，船舶设计建造部门预先制作了几种吃水和吃水差的计算图表，随船舶资料提供。常用的吃水和吃水差计算图表有以下两种。

一、吃水差曲线图

1. 吃水差曲线图的组成

吃水差曲线图的形式如图 4-5 所示，其纵坐标为载荷对船中力矩 M_x，即船舶总载重量的所有组成部分所受的重力对船中的力矩之代数和；横坐标为船舶排水量。图中共有三组等值曲线族。第一组是吃水差曲线族，表示吃水差为某一特定值时，载荷对船中力矩随排水量变化而变化的关系，特定的吃水差值标于曲线的上方；第二组是首吃水曲线族，表示首吃水为某一特定值时，载荷对船中力矩随排水量变化而变化的关系，曲线上方标有相应的首吃水；第三组是尾吃水曲线族，表示尾吃水为某一特定值时，载荷对船中力矩随排水量变化而变化的关系，曲线上方标有相应的尾吃水。

2. 吃水差曲线图的使用方法

（1）吃水差和首、尾吃水的查取。根据船舶的装载状态计算出排水量 Δ，并据此在横坐标轴上找到相应的数值点，通过该点作垂直线。计算载荷对船中力矩，即除空船外的所有载荷重量对船中力矩的代数和，据此在纵坐标轴上找到数值点，通过该点作水平线。根据水平线与垂直线的交点所处的位置，即可从吃水差曲线、首吃水曲线和尾吃水曲线上读得吃水差 t、首吃水 d_F 和尾吃水 d_A 。若交点落于图上的两条曲线之间，可用插值法求得相应数值。

（2）纵向移动载荷调整吃水差。设某装载状态下船舶的排水量为 Δ，吃水差为 t，希望通过纵向移动载荷的方法将吃水差调整为 t_1，计划移动载荷的纵向距离为 X（载荷前移为正，后移为负）。则借助吃水差曲线图计算需要移动的载荷重量 P 的方法为：根据排水量 Δ 和调整前的船舶吃水差 t 。在图 4-5 上查得调整前的载荷对中力矩 M_{X1}；根据排水量 Δ 和调整后的船舶吃水差 t_1 在图上查得调整后的载荷对中力矩 M_{X1}。由此，需要移动的载荷重量为：

$$P = \frac{M_{X1} - M_{X0}}{X}\ (\mathrm{t}) \tag{4-18}$$

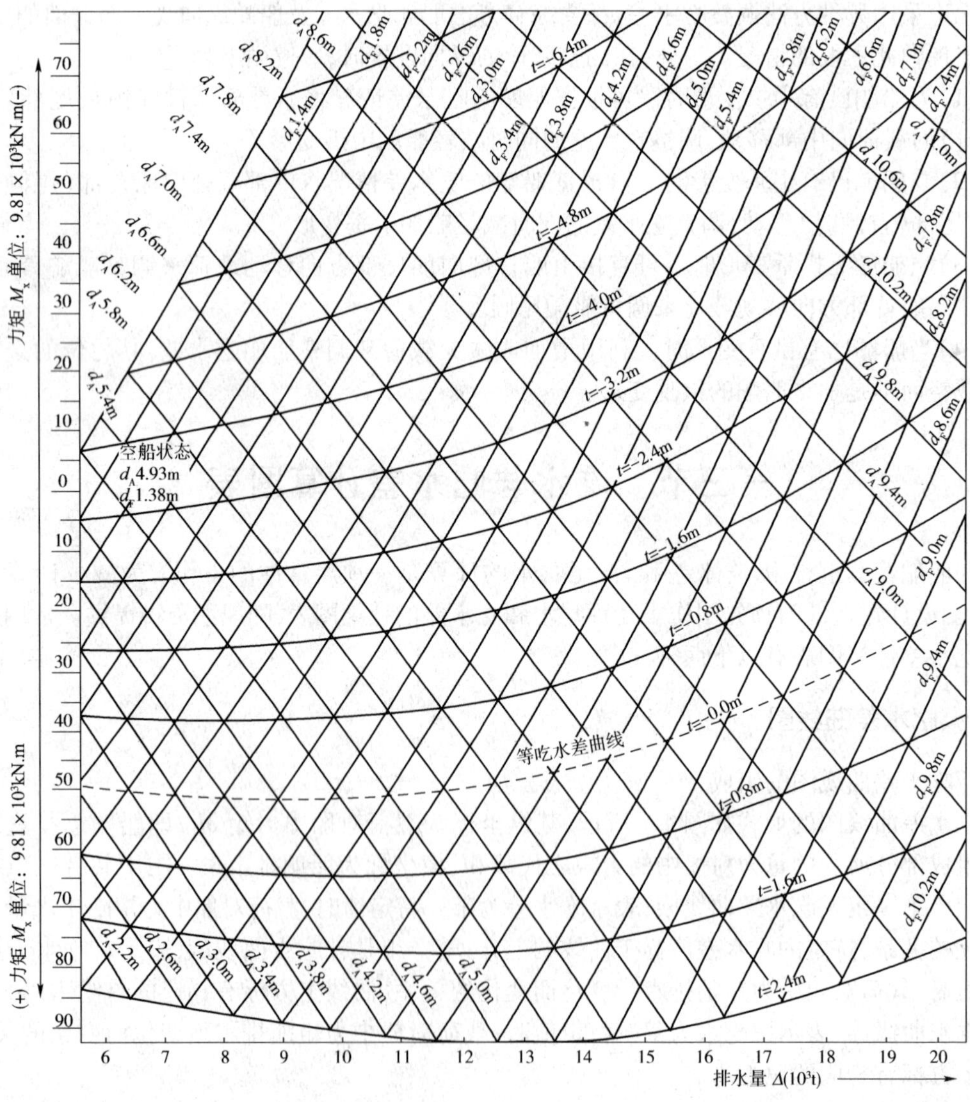

图 4-5 “Q”轮吃水差曲线图

二、吃水差比尺

吃水差比尺是表示在船上任意纵向位置装载100t(小型船舶为30t)载荷时,船舶首、尾吃水改变量的曲线图,又称加载100t首尾吃水改变量曲线图。它适合于少量载荷变动时,用来计算吃水差、首吃水和尾吃水的改变量。

1. 吃水差比尺的组成

图4-6为"Q"轮加载100t首尾吃水改变量曲线图,其下部横坐标为船舶各纵向位置距船中的距离,上部横坐标为船体肋位号,曲线上部绘有船舶舱室分布侧视图与之对应;曲线的纵坐标为平均吃水 d_M 。根据式(4-14),当加载重量 P 为100t,且首、尾吃水的改变量为某一特定值时,因公式中的厘米吃水吨数 TPC 和厘米纵倾力矩 MTC 均随平均吃水 d_M 而变,故加载位置的纵坐标 X_p 与平均吃水 d_M 之间存在着确定的函数关系。如果令首吃水改变量为一系列确定的数值,便可得到一系列 X_p 随 d_M 变化的函数关系。将这些函数用曲线(实线)形式在曲线图上表示出来,曲线上标注相应的首吃水改变量,即得到首吃水改变量曲线族。按同样方法也可得到用虚线表示的尾吃水改变量曲线族,曲线上标注有相应的尾吃水改变量。首、尾吃水改变量曲线族的组合,即构成吃水差比尺。

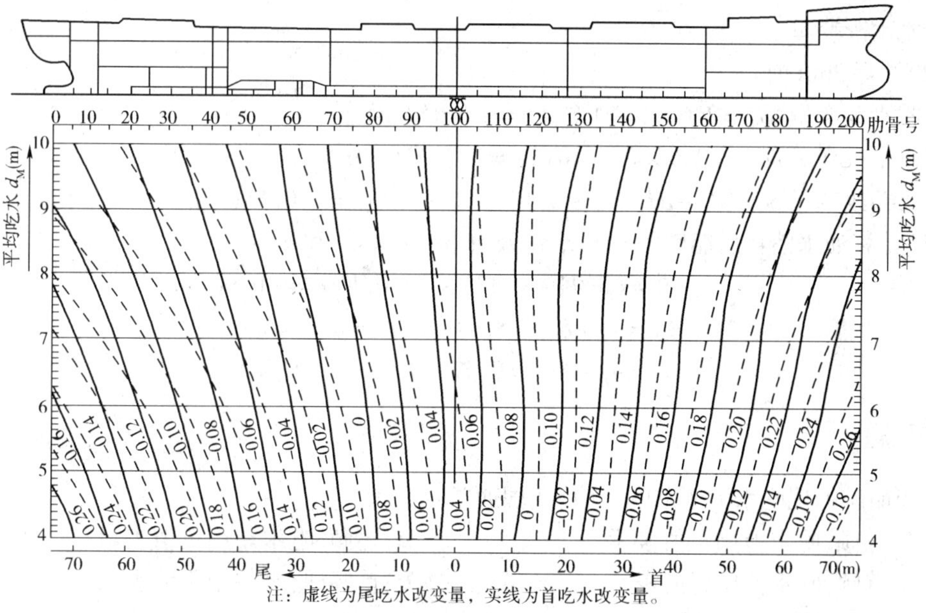

图4-6 "Q"轮吃水差比尺

2. 吃水差比尺的使用

使用吃水差比尺的前提是,载荷重量改变的累计值 $\sum P_i$ 不超过排水量的10%。若单项载荷变动的纵坐标为 X_p ,载荷变动前船舶的平均吃水为 d_M ,则可根据 X_p 和 d_M 在图4-6所示的坐标平面上确定一个数值点。根据与该数值点两条首吃水改变量曲线上表示的首吃水改变量,即可用插值法求得在该位置加载100t所引起的首吃水改变量 $\delta d_F'$。同样,根据与该数值点两条尾吃水改变量曲线上表示的尾吃水改变量,即可用差值法求得在该位置加载100t所引起的尾吃水改变量 $\delta d_A'$。因首、尾吃水改变量与加载重量成正比,所以单项载荷变动所引起的首、尾吃水改变量可按以下公式计算:

$$\delta d_F=\delta d_F'\cdot\frac{P}{100}(\mathrm{m}) \tag{4-19}$$

$$\delta d_A=\delta d_A'\cdot\frac{P}{100}(\mathrm{m}) \tag{4-20}$$

式中：P——载荷变动的重量(t)，加载时取正(+)，减载时取为负(-)。

当发生多项载荷变动时，最终的首、尾吃水改变量为单项载荷变动所产生的首、尾吃水改变量的代数和。

载荷变动所引起的吃水差改变量可按下式计算：

$$\Delta\delta=\delta d_F-\delta d_A(\mathrm{m}) \tag{4-21}$$

【例题 4-4】 "Q"轮某航次出港时排水量 $\Delta=19\ 710$t，首吃水 $d_F=8.94$m，尾吃水 $d_A=9.47$m。如果在 No.1 燃油舱消耗燃油 260t。试求燃油消耗后船舶的吃水差 t_1 及首、尾吃水 d_{F1} 和 d_{A1}。

解：

(1) 根据船舶排水量查得载荷变动前的船舶平均吃水 $d_m=9.20$m，在船舶资料中查得，燃油舱装 100t 时：

首吃水改变量 $\delta d_F'=+0.070$m

尾吃水改变量 $\delta d_A'=+0.012$m

(2) 消耗 260t 时：

首吃水改变量 $\delta d_F=2.6\times(-0.070)=-0.18(\mathrm{m})$

尾吃水改变量 $\delta d_A=2.6\times(-0.012)=-0.03(\mathrm{m})$

吃水差改变量 $\delta t=\delta d_F-\delta d_A=(-0.18)-(-0.03)=-0.15(\mathrm{m})$

(3) 计算油水消耗后船舶的吃水差 t_1 及首、尾吃水 d_{F1} 和 d_{A1}：

$$t_1=t_0+\delta t=(8.94-9.47)+(-0.15)=-0.68(\mathrm{m})$$

$$d_{F1}=d_F+\delta d_F=8.94-0.18=8.76(\mathrm{m})$$

$$d_{A1}=d_A+\delta d_A=9.47-0.03=9.44(\mathrm{m})$$

练习题

1. 当船舶的尾吃水大于首吃水时，我国通常定义为______。
   A. 尾倾，吃水差用正值表示　　B. 尾倾，吃水差用负值表示
   C. 首倾，吃水差用正值表示　　D. 首倾，吃水差用负值表示
2. 吃水差产生的原因是______。
   A. 船舶装载后重心不与浮心共垂线
   B. 船舶装载后漂心不与重心共垂线
   C. 船舶装载后重心不与正浮时漂心共垂线
   D. 船舶装载后重心不与正浮时浮心共垂线
3. 某船原首倾，现首吃水减小，尾吃水增加，则其首倾______。
   A. 减小　B. 增加　C. 不变　D. 变化趋势不能确定
4. 为了减小船舶首倾，应在______之______加装少量货物。
   A. 漂心；后　B. 浮心；前　C. 漂心；前　D. 船中；后
5. 少量装卸时，所装卸货物重心离______越远，对吃水差的影响越大。

A. 船舶稳心　　B. 船舶漂心　　C. 船舶重心　　D. 船舶浮心

6. 将少量载荷装于船舶漂心处时,则船舶______。

A. 首尾吃水不变　　B. 吃水差不变,平行下沉

C. 首吃水减少,尾吃水增加　　D. 首吃水增加,尾吃水减少

7. 当______时,船舶首尾平均吃水小于等容吃水。

A. 尾倾且漂心在船中前　　B. 尾倾且漂心在船中

C. 尾倾且漂心在船中后　　D. 以上都有可能

8. 某轮装载后其吃水差 $t = -0.9$m,由此可以得出以下______结论。

A. 船舶重心在船中之前　　B. 船舶重心在船中之后

C. 船舶重心在正浮时浮心之前　　D. 船舶重心在正浮时浮心之后

9. 在船中后卸下小量货物,则船舶______。

A. 首倾增加　　B. 尾倾增加

C. 平行沉浮　　D. 浮态的变化不能确定

10. 船舶舷外水密度增加,且浮心位于漂心以前,则船舶尾倾______。

A. 增加　　B. 减少　　C. 不变　　D. 不能确定

12. 当船舶舷外水密度减少时,船舶吃水差______。

A. 增加　　B. 减少　　C. 不变　　D. 以上均有可能

13. 舷外水密度改变不能引起______的改变。

A. 船舶首、尾吃水　　B. 船舶平均吃水

C. 船舶吃水差　　D. 船舶重心

14. 船舶初始浮态为首倾,欲使之转为尾倾,应在______加载少量货物。

A. 船中后　　B. 浮心后　　C. 重心后　　D. 漂心后

15. 舱内货物纵向移动后,______不变。

A. 吃水差　　B. 重心纵向坐标　　C. 平均吃水　　D. 浮心位置

16. 某万吨货轮某航次半载出港时吃水差 $t = -0.70$m,则根据经验将会对船舶产生的影响是______。

A. 提高航速　　B. 提高船舶舵效

C. 减少甲板上浪　　D. A、B、C 均有可能

17. 船舶在空载航行时必须进行压载的原因是______。

A. 稳性较差　　B. 受风面积大,影响航速

C. 螺旋桨的推进效率低　　D. A、B、C 均是

18. 某轮 $L_{BP} = 180$m,根据 IMO 及我国的要求,船舶空载时其最小平均吃水 d_M 建议满足以下______要求。

A. $d_M \geqslant 0.025L_{BP}$　　B. $d_M \geqslant 0.02L_{BP} + 2$

C. $d_M \geqslant 0.012L_{BP}$　　D. $d_M \geqslant 0.012L_{BP} + 2$

19. 某轮两柱间长 150m,根据 IMO 及我国的要求,其空船压载航行时的最小首吃水 d_F 为______m。

A. 2.16　　B. 3.75　　C. 3.80　　D. 5.00

20. 某轮按吃水差和排水量计算首吃水,已知平均吃水为 9.723m,漂心距船中距离为 -0.529m,两柱间长为 139.2m,吃水差为 -1.588m,则该轮的首吃水为______m。

A. 9.82　　B. 10.71　　C. 8.92　　D. 11.60

21. 船舶装载后 $\Delta = 18000t$, $X_g = 1.36m$, $X_b = 1.91m$, $MTC = 210t \cdot m/cm$, 则船舶的吃水差为______ m。

A. －0.47　　B. －1.10　　C. 0.47　　D. 1.10

22. 某船 $L_{BP} = 66m$, $\Delta = 6537t$, 浮心在船中, 纵稳心半径 $R = 76m$, 计算得船舶纵向重量力矩: 中前 $63800 \times 9.81kN \cdot m$, 船中后为 $65702 \times 9.81kN \cdot m$, 则船舶吃水差为______ m。

A. －0.25　　B. －0.31　　C. －0.36　　D. －0.42

23. 某船首尾平均吃水 $d_M = 5.47m$, 吃水差 $t = -1.55m$, 两柱间长 $L_{BP} = 85m$, 漂心在船中后 1.72m, 则该轮经漂心修正后的平均吃水为______ m。

A. 5.47　　B. 5.44　　C. 5.50　　D. 5.53

24. 某轮装货临近结束尚有 200t 货未装, 此时查得 $MTC = 225(9.81kN \cdot m/cm)$。假定将此 200t 货装于漂心后 25m 处的舱内, 则吃水差改变量为______ m。

A. 0.22　　B. －0.22　　C. －0.32　　D. 缺少条件, 不能计算

25. 某船 $TPC = 12.8t/cm$, $MTC = 71.4 \times 9.81kN \cdot m/cm$, $X_f = 0$, 在 $X_p = 21.6m$ 处卸载 206t 货后船舶首、尾吃水改变量分别为______ m。

A. 0.15, －0.47　　B. －0.15, 0.47　　C. 0.47, －0.15　　D. －0.47, 0.15

26. 将一定货物______移动, 首倾减小最显著。

A. 自船首向船尾　　B. 自船首向船中

C. 自船中向船尾　　D. 自中前某处向中后某处

27. 船舶调整吃水差的方法有______。

A. 纵向移动载荷　　B. 垂向移动载荷

C. 加、排压载水　　D. A、C 均是

28. 船舶纵向移动载荷调整吃水差, 已知 $t = -1.30m$, 则由中部舱室向首部舱室移货时, 尾吃水差将______。

A. 增大　　B. 减小　　C. 不变　　D. 变化趋势不定

29. 调整船舶吃水差时, 主要综合考虑船舶的吃水差和______的要求。

A. 吃水　　B. 稳性　　C. 局部强度　　D. 纵向强度

30. 某轮装载后呈中垂状态, 尾倾过大且初稳性高度过大, 则应采取以下______措施来调整。

A. 将首区货物移至中区　　B. 将中区双层底加满压载水

C. 将首尖舱加满压载水　　D. 将中区底舱货物移至首区二层舱

31. 吃水差曲线图的纵坐标是______, 横坐标是______。

A. 平均吃水; 排水量　　B. 载荷对船中力矩的代数和; 排水量

C. 载荷对船中力矩的代数和; 平均吃水　　D. 首吃水; 尾吃水

32. 吃水差比尺适用于计算______时吃水差及首尾吃水的改变量。

A. 少量载荷变动　　B. 大量载荷变动

C. 任意重量的载荷变动　　D. 以上均有可能

33. 在吃水差比尺中, 根据______和______可以查出加载 100t 的首、尾吃水改变量。

A. d_M 和 X_p　　B. d_M 和 X_b　　C. Δ 和 X_g　　D. Δ 和 X_f

34. 某轮 $d_F = 5.48m$, $d_A = 6.16m$, 计划在第 4 舱驳卸货物以调平吃水, 查吃水差比尺在该

舱加载 100 吨船首吃水变化 -0.04m，尾吃水变化 0.23m，则调平后船舶吃水为______ m。

A. 5.82　　B. 5.58　　C. 5.47　　D. 5.51

35. 某船 $d_F = 5.52m$，$d_A = 6.40m$，查得在第 3 舱装载 100 吨船首吃水变化 -0.06m，尾吃水变化 0.28m，则在第 3 舱驳卸 142 吨货物后船舶吃水差改变______ m。

A. -0.33　　B. -0.40　　C. -0.48　　D. -0.63

36. 利用《加载 100t 首尾吃水变化数值表》求得首尾吃水改变量时，两者的数值______，符号______。

A. 相同；相反　　B. 不同；相反　　C. 不同；相同　　D. 不一定相同；不定

第五章 船舶强度

本章概述了船舶强度概念、种类，总纵强度的校核方法，船舶局部强度校核方法，船舶强度要求及保证船舶具有足够强度的措施。

重点：总纵强度和局部强度校核。

船舶是一种水上浮动建筑物。船体结构是由板材和骨架构成的。在船舶营运过程中，船体受到船舶重力、浮力、船体摇荡运动的惯性力、风浪冲击力的作用，不可避免地发生变形。为了保证船体在各种力的作用下不产生较大的变形和损坏，船体结构必须具有足够的强度。

第一节 船舶强度的概念

船舶强度(Strength of ship)是指船体结构抵抗外力作用不遭受损坏和不发生过大变形的能力。船舶强度可分为总强度(包括纵向强度、横向强度和扭转强度)和局部强度。船舶强度是否满足要求取决于船体结构尺寸的正确选择和船上载荷分布的合理性。从船舶积载角度来看，普通船舶主要考虑纵向强度和局部强度。

对于已投入营运的船舶，只能通过合理的分配载荷来改善船舶的受力情况，因此，正确地使用船舶，合理地配置载荷，保证船舶积载满足船舶的强度要求，对保证船舶安全运输和延长船舶的使用寿命都有现实意义。

一、纵向强度

船舶纵向强度(Longitudinal strength of ship)是指船体结构抵抗纵向变形或破坏的能力，也称总纵强度。船体纵向强度如果得不到满足，即船体受力超过纵向强度允许范围，将导致船体纵向强力构件发生永久变形或损坏。

1. 作用于船体上的外力

作用于船体上的外力，包括重力、浮力、摇荡时的惯性力、螺旋桨的推力、水对船体的阻力、波浪的冲击力等。由于惯性力、推力、水阻力和波浪的冲击力对船舶总纵强度影响很小，可忽略不计，一般只考虑重力和浮力。

重力包括船体、机器设备、燃料、淡水、各种备品、压载水、所载货物等项重量。浮力是指船在平静水中或静置于波浪中，舷外水对船体压力的合力。从整体上讲，船舶重力的合力和浮力的合力大小相等，方向相反，并作用于同一铅垂线上。但重力和浮力都是分布力，而且它们沿船长方向的分布规律不一致。船体纵向各区段上所受重力和浮力的差值，就是该区段船体上所受的垂向合外力，称为负荷，如图 5-1 所示。

2. 横剖面上的剪力和弯矩

船体上负荷的存在，使得船体各横剖面上将产生剪力和弯矩。假设某一横剖面首向(或尾向)一侧各段负荷之和不为零，即首向(或尾向)一侧船体所受重力和浮力不相等，且该剖面两侧船体可上下自由浮动，为重新取得平衡，两侧船体必然会上下移动。实际上船体间为刚性

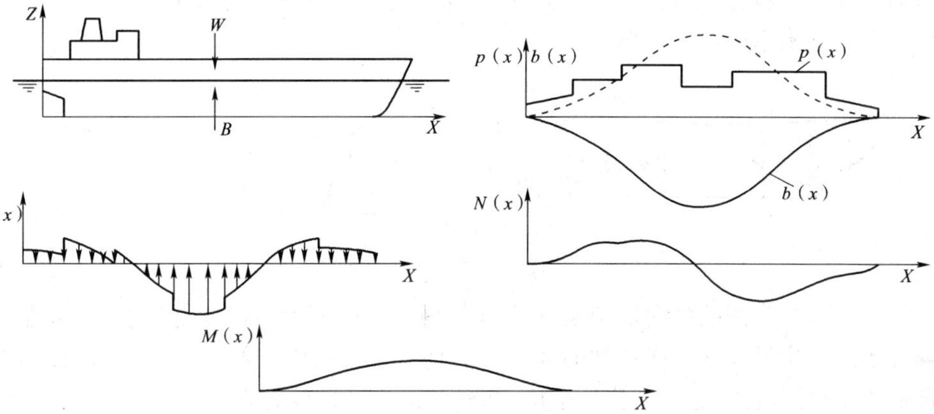

图 5-1　作用在船体上的外力

连接而约束其自由移动,相对一侧即尾向(或首向)船体产生一作用力通过剖面上的连接构件作用于横剖面上,该作用力称为剪力。在数值上,纵向各横剖面上的剪力等于该剖面首向或尾向一侧所受重力与浮力的差值。一般装载情况下,剪力最大值出现在距船首和船尾 1/4 船长附近。

同理,某一横剖面首向(或尾向)一侧各段上剪力对该剖面的力矩之和不为零,即首向(或尾向)一侧重力对剖面所取的力矩不等于该侧浮力对剖面所取的力矩,同样相对一侧即尾向(或首向)船体必须通过剖面上的连接构件传递一反向力矩,使得船体平衡,该力矩称为作用于横剖面上的弯矩。在数值上,剖面上所受弯矩等于该剖面首向(或尾向)一侧各段重力与浮力差值对其所取力矩的代数和。正常情况下,弯矩绝对值的最大值大约出现在船中处。

3. 船体剪切变形与弯曲变形

剪力与弯矩作用于船体上,将使船体出现剪切变形和弯曲变形。

若某一微段船体上,其前后两端受到大小相等、方向相反的剪力作用,则该段船体两端剖面会产生垂向相对位移,称为剪切变形,如图 5-2 所示。

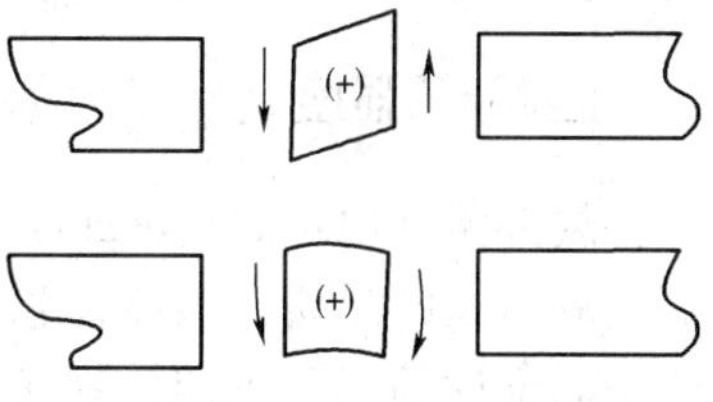

图 5-2　船体的剪切和弯曲

同理,若某一微段船体上,其前后两端受到大小相等、方向相反的弯矩作用,则该段船体将产生如图所示的弯曲变形。

若作用于船体各横剖面上的弯矩方向相同,将使整个船体发生纵向弯曲变形,称为拱垂变形。当船舶首尾部重力大于浮力而中部浮力大于重力时,所出现的弯曲变形称为中拱变形。中拱变形使甲板受拉,船底受压,船体中部上拱。造成中拱变形的弯矩称中拱弯矩,习惯上取正值。若船舶在波浪中航行且波长等于船长,当波峰位于船中时,会加剧其中拱变形,如图 5-3a)所示。相反,当船舶中部重力大于浮力而首尾部浮力大于重力时,所出现的弯曲变形称为中垂变形。中垂变形使船底受拉,甲板受压,船体中部下垂。造成中垂变形的弯矩称中垂弯矩,习惯上取负值。若船舶在波浪中航行且波长等于船长,当波谷位于船中时,会加剧其中垂变形。如图 5-3b)所示。

二、横向强度

横向强度(Transverse strength)是指船体结构抵抗横向变形或破坏的能力。

船体在外力作用下,除了发生总纵弯曲以外,还有可能发生船宽方向的变形,这是水对船壳的压力以及在甲板、内底板上大量装货的结果。船体必须有足够的能力抵抗这种变形以保证船体横向尺度不发生过大变化。

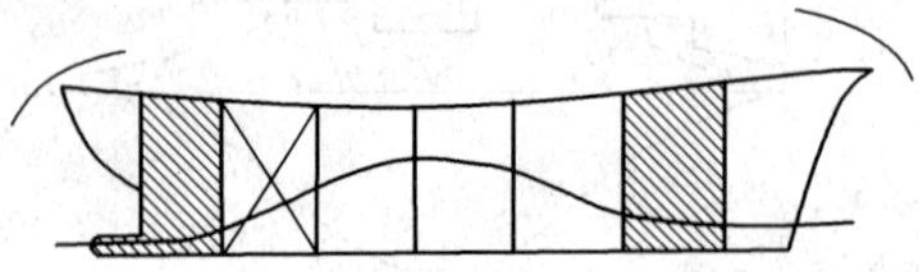

a)

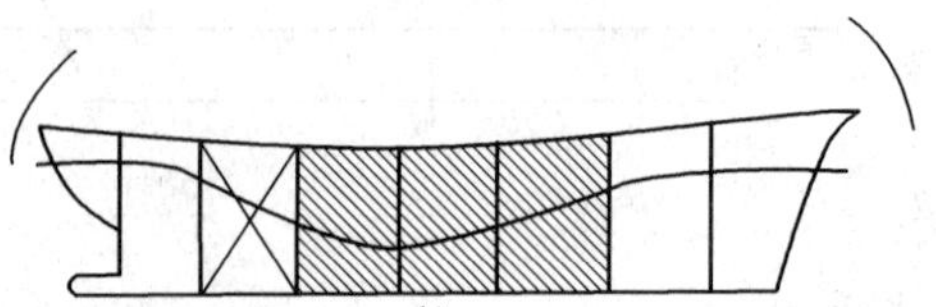

b)

图 5-3　船体中拱和中垂

一般货船都有坚固的横向框架来支持船壳板、甲板，其横向强度是足够的，船舶很少因为横向强度不足发生过大变形或断裂的情况。但是集装箱船由于舱口宽大，在设计制造中除了要保证船体总纵强度外，还要对横向强度、扭转强度作特殊的处理。

三、扭转强度

扭转强度（Torsion strength）：船体结构抵抗扭转变形或破坏的能力。

当船舶斜置在波浪上时，纵向各段船体上其横向浮力分布不对称，产生一扭矩作用于船体上。另外，船舶各舱柜载荷横向分布不对称于中纵剖面，也会使船受到一扭矩作用。扭矩作用的结果，会造成船舶扭转变形，最大扭矩发生在船中附近。

船舶产生扭转变形的主要原因有以下三个方面：

（1）由波浪引起的，当船舶斜置在波浪上，首尾受到方向相反的水压力作用可能产生扭转变形。

（2）船舶横摇所引起扭转变形。

（3）载荷横向分布不对称。特别是货物装卸不当引起的扭转变形，如在装货时，由于某舱装货左右不均，使船向一侧横倾，若简单地在其他货舱内向另一侧增加重量，企图以此来校正船舶横倾，这样便会使船舶产生扭转变形。

四、局部强度

局部强度（Local strength）：船体各部分结构抵抗局部变形或破坏的能力。

局部强度是研究船体在载荷重力作用下，局部构件抵抗弯曲和剪切的能力。局部强度虽然是局部性的，但是有时局部的破坏也会导致全船的破坏。因此，船舶驾驶员在积载时应认真校核船舶的局部强度，计算装货位置的局部强度是否符合要求，防止甲板或内底板变形或坍塌。

局部结构的弯曲变形或剪切变形超过一定限度，会造成结构损坏。若受损的局部结构属于参加抵抗总纵弯曲的构件，还会使局部损坏范围内的横剖面上抵抗总纵剪切和弯曲的有效构件数量减少，即受损构件不能有效地传递总纵弯曲应力，从而使船体总纵强度下降。对营运船舶来说，主要应考虑上甲板、中间甲板、底舱及舱口盖等载货部位的局部强度。

第二节　保证船舶纵向强度

一、船舶纵向强度校核的基本原理

校核船舶总纵强度的思路是：将所校核剖面上实际承受的静水剪力和弯矩值与该剖面所

允许承受的最大静水剪力和弯矩相比较，只要前者不大于后者，则认为该装载状态下的船舶强度满足安全要求。

1. 许用剪力和许用弯矩

船舶纵向上所能承受的最大剪力和弯矩称为许用剪力和许用弯矩。它们的大小与许多因素有关，通常是根据船舶入级和建造规范中规定的许用应力、临界屈曲压应力、剖面上的静水弯矩、波浪弯矩等所计算出的临界值，并记载于船舶资料中，使用时可从船舶资料中直接查取。船舶许用剪力和许用弯矩一般分成如下几种情况给出。

(1)给出船中许用静水弯矩。对于较小船舶(长度常在90m以下)，船舶资料中只给出船中剖面上的许用弯矩。在进行校核计算时，只要经计算表明船中剖面上实际所受静水弯矩小于这一许用弯矩，就可认为船舶的纵向强度处于安全状态。

(2)给出港内(静水中)和海上(波浪中)船中弯矩许用值。对于中等大小船舶(长度常在150m以下)，船舶资料中给出船中剖面上的静水中和波浪中的许用弯矩。在进行校核计算时，若经计算表明船中剖面上实际所受静水弯矩小于静水许用弯矩、船中剖面上实际所受波浪弯矩小于波浪许用弯矩，则可认为船舶的纵向强度处于安全状态。

(3)给出重要剖面上的剪力和弯矩许用值。对于大型船舶(长度常在150m以上)，船舶资料中会给出各横舱壁所对应的横剖面处的静水许用剪力和弯矩、波浪许用剪力和弯矩；也可能将船舶纵向分成若干个站，给出各站面处的静水许用剪力和弯矩、波浪许用剪力和弯矩。校核中，应计算各横舱壁所对应的横剖面处的剪力和弯矩，或计算各站面处的剪力和弯矩，并保证不超过相应的许用值。新建造的集装箱船和大型散货船大都采用该方法。

2. 船舶实际装载状态时的剪力和弯矩

船舶实际装载状态时的剪力和弯矩可以按以下步骤估算：

(1)计算重力和重力矩。重力可认为由四部分构成，即空船、货物、航次储备量和常数，按各项沿船长方向具体分布情况计算相应的重力和重力矩。

(2)计算浮力和浮力矩。较粗略地估算时可按排水量和吃水差从船舶资料中提供的表格上查取，也可根据具体情况按站段计算。

(3)计算波浪弯矩。波浪弯矩的计算按入级与建造规范中的规定进行，也可按其他公式进行。

3. 船舶总纵强度校核的步骤

计算有关剖面处实际所受剪力和弯矩，再查取或计算有关剖面处的许用剪力和弯矩，如果有关剖面处实际所受剪力和弯矩不大于相应的许用剪力和弯矩，则认为船舶纵向强度处于安全状态。

二、船舶纵向强度校核的几种常见方法

1. 船中弯矩估算法

对于中小型船舶，当船舶积载时，可以先根据一定的船体中剖面模数，确定船体允许承受的最大静水弯矩，作为校核船体纵向强度的衡准。然后，根据船舶具体装载状态，求出船舶在该航次实际装载时作用于船体的静水弯矩。将两者进行比较，以确定纵向强度是否满足要求。

(1)船舶允许承受的最大静水弯矩。根据我国《钢质海船入级与建造规范》对船舶甲板中剖面模数的要求，可以导出船长等于或大于90m的船舶允许承受的最大静水弯矩的计算公式：

$$M_s = W_d[\sigma_c] \times 10^{-3} - M_W \quad (kN \cdot m) \tag{5-1}$$

式中：W_d——按静水弯矩和波浪弯矩计算的甲板剖面模数，cm^3；

$[\sigma_c]$——合成许用应力，取$[\sigma_c] = 155MPa$；

M_W——波浪弯矩，规范规定可用下式计算：

$$M_W = 9.81FL_{bp}^2 \times B(C_b + 0.7) \times 10^{-2} \quad (kN \cdot m) \tag{5-2}$$

式中：F——系数，$F = 9.4 - 0.95\left(\frac{300 - L_{bp}}{100}\right)^{3/2}$；

L_{bp}——船舶垂线间长，m；

B——船宽，m；

C_b——船舶在夏季载重线下的方形系数，但不得小于0.6。在静水力曲线图上，根据夏季满载时的平均吃水，可查得船舶的方形系数。

在船厂提供的"船舶纵向强度计算书"中都提供了本船甲板的中剖面模数的数据资料。对营运的旧船，甲板因腐蚀变薄，强度有所降低，在使用上述的剖面模数时，需要扣除其腐蚀量，可以近似认为甲板剖面模数每年平均扣除腐蚀量约为0.4%～0.6%，使用年限小于5年的船舶可取下限值；使用年限在10年以上的船舶可取上限值。

(2)船舶在实际装载状态下静水弯矩。船舶在实际装载状态下静水弯矩M'_s，根据下列近似公式计算：

$$M'_s = 9.81 \times \frac{1}{2}[(\Delta_L \cdot m + \sum P_i X_i) - \Delta \cdot C \cdot L_{bp}] \quad (kN \cdot m) \tag{5-3}$$

式中：Δ_L——空船重量，t；

m——空船重量的相当力臂，m：中机型船 $m = 0.2277L_{bp}$；中后机型船 $m = 0.2353L_{bp}$；尾机型船 $m = 0.2478L_{bp}$；

P_i——载荷（包括货物、压载水、常数、燃油、淡水、粮食等）的重量，t；

X_i——载荷重心至船中距离的绝对值，m；

Δ——船舶在计算状态下的排水量，t；

C——船体浮力的相当力臂系数，可根据船舶在计算状态的方形系数 C_b 从规范中查得，如表5-1所示；

L_{bp}——船舶垂线间长，m。

船体浮力的相当力臂系数 表5-1

C_b	C	C_b	C	C_b	C
0.59	0.169 6	0.68	0.185 4	0.77	0.201 1
0.60	0.171 4	0.69	0.187 2	0.78	0.202 9
0.61	0.173 1	0.70	0.188 9	0.79	0.204 7
0.62	0.174 8	0.71	0.190 6	0.80	0.206 5
0.63	0.176 6	0.72	0.192 3	0.81	0.208 3
0.64	0.178 3	0.73	0.194 1	0.82	0.210 0
0.65	0.180 0	0.74	0.195 9	0.83	0.211 7
0.66	0.181 8	0.75	0.197 6	0.84	0.213 5
0.67	0.183 6	0.76	0.199 4	0.85	0.215 2

公式(5-3)中$9.81(\Delta_L \cdot m + \sum P_i X_i)$为船舶的重量力矩，$9.81\Delta \cdot C \cdot L_{bp}$为船体的浮力矩，该数值可在船舶资料中查取，如表5-2所示。

船体浮力矩表　　表 5-2

型吃水 d_M(m)	浮力矩 $9.81\Delta \cdot C \cdot L_{bp}$(kN·m)	型吃水 d_M(m)	浮力矩 $9.81\Delta \cdot C \cdot L_{bp}$(kN·m)
2.62	1 364 659	6.50	3 893 893
3.00	1 623 869	7.00	4 250 526
3.50	1 934 414	7.50	4 604 824
4.00	2 252 288	8.00	4 962 957
4.50	2 570 848	8.50	5 334 511
5.00	2 902 799	9.00	5 698 315
5.50	3 239 017	9.19	5 851 479
6.00	3 570 359		

(3)对纵向强度进行判断。当船舶实际装载时的静水弯矩 M'_s 为正值,说明船舶处于中拱状态;当 M'_s 为负值,说明船舶处于中垂状态。若该船允许承受的最大静水弯矩 M_s 大于该船在实际装载状态时静水弯矩的绝对值 $|M'_s|$,即 $M_s > |M'_s|$,说明船舶在该装载状态下总纵强度满足要求;反之,若 $M_s < |M'_s|$,说明船舶在该装载状态下不满足总纵强度的要求。

2. 强度曲线图校核法

强度曲线图又叫"力图",强度曲线图校核法实际上是由船中弯矩估算法演变而成的。当不需要校核切力时,用强度曲线图校核船体总纵强度的方法比较简单。

(1)强度曲线图的组成(如图 5-4 所示)。强度曲线图的横坐标 d_m 表示船舶的平均型吃水,纵坐标 $\sum P_iX_i$ 表示除空船重量以外船上各种载荷对船中力矩的绝对值之和,即:

$$\sum P_iX_i = |M_F| + |M_A| \tag{5-4}$$

其中,$|M_F|$ 表示船中前力矩的绝对值,$|M_A|$ 表示船中后力矩的绝对值。

图中有五条线段,分别表示船体不同受力情况。

①中间的点划线表示船体所受的静水弯矩为零,是船体受力的最理想状态,即船舶无拱垂变形。

②在中间左右两边的两条虚线是船体所受的静水弯矩等于空船状态时静水弯矩的中拱或中垂边界线。

③最外面的两条实线表示船舶根据规范规定所能承受最大的静水弯矩中拱或中垂的边界线。

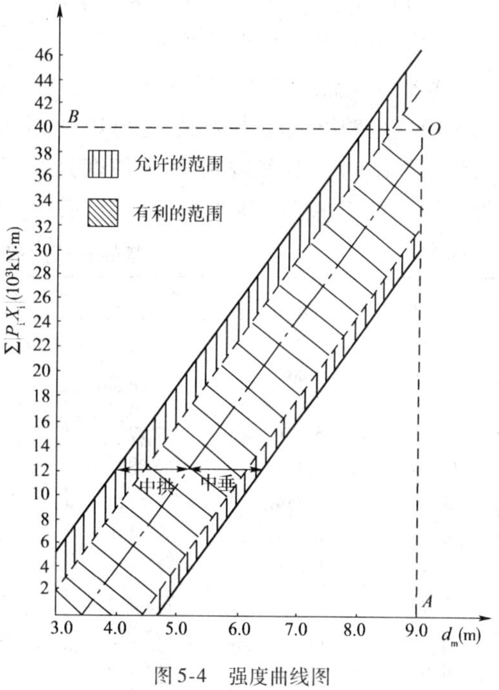

图 5-4　强度曲线图

④点划线与虚线之间部位表示船舶在该装载状态时强度满足要求,应力处于有利的中拱或中垂范围。

⑤虚线与实线之间部位表示船舶在该装载状态时强度尚能满足要求,应力处于允许的中拱或中垂范围。

⑥超出实线以外的部位表示船体所受应力超过规范的规定,应力处于危险的中拱或中垂范围,应调整船舶的装载。

图中位于点划线左边的部位是船体处于中拱状态的范围，位于点划线右边的部位是船体处于中垂状态的范围。

(2)强度曲线图的使用方法。强度曲线图使用步骤如下：

①根据船舶在某装载状态时的平均型吃水，在图中横坐标轴上通过标明相应的平均吃水的位置点，作横坐标的垂直线。

②根据船舶的货物、油水、供应品、船舶常数等(不包括空船重量)求出载荷对船中力矩的绝对值之和 $\sum|P_i \cdot X_i|$，在纵坐标轴上通过标明相应的载荷对船中力矩的绝对值的位置点，作一条平行于横坐标轴的水平线。

③平行于横坐标轴的水平线与垂直线相交于一点，此点所处的位置就表示船体所受应力的状况。

【例题 5-1】 已知某船满载排水量为 2 0881t 时的平均型吃水为 9.00m，载荷对船中力矩为绝对值之和为 4 003 863kN·m，使用强度曲线图求某船在满载状态下船体的受力情况。

解：

如图 5-4 所示：

(1)根据平均型吃水 $d_m = 9.00$m 在强度曲线图的横轴上找到相应位置点 A；

(2)根据载荷重量对船中力矩绝对值之和 $\sum|P_i \cdot X_i| = 4\ 003\ 863$kN·m 在纵轴上找到其位置点 B；

(3)过 A 点作横轴的垂线 AO，过 B 点作纵轴的垂线 BO，两线交于 O 点；

(4)从图知道，O 点位置表示纵向强度处于中拱有利状态。

3. 载荷对船中弯矩允许范围数据表校核法

校核船舶纵向受力情况，还可以使用简便的数据表，如表 5-3 所示，此表是根据上述强度曲线图编制的数据表，表中的数值即是在不同吃水时该曲线图横坐标轴的垂直线与图中五条曲线的交点所对应的纵坐标值即载荷对船中弯矩的绝对值。使用该数据表非常方便。

某轮载荷对船中弯矩允许范围数据表 表 5-3

型吃水 d_M (m)	排水量 Δ (t)	载荷对船中弯矩绝对值 $\sum\|P_i \cdot X_i\|$ (kN·m)			
		中拱状态		中垂状态	
		允许范围	有利范围	有利范围	允许范围
2.62	5 371	207 772	0	– –	– –	– –
3.00	6 333	466 982	259 210	– –	– –	– –
3.50	7 484	777 527	569 755	18 903	– –	– –
4.00	8 654	1 095 401	887 629	336 777	– –	– –
4.50	9 821	1 413 861	1 206 189	655 337	104 485	– –
5.00	11 014	1 745 912	1 538 140	987 288	436 436	228 664
5.50	12 207	2 082 130	1 847 358	1 323 506	772 654	564 882
6.00	13 421	2 413 472	2 205 700	1 654 848	1 103 996	896 224
6.50	14 607	2 737 006	2 529 234	1 978 382	1 427 530	1 219 758
7.00	15 855	3 093 639	2 885 867	2 335 015	1 784 163	1 576 391
7.50	17 089	3 447 937	3 240 165	2 689 313	2 138 461	1 930 689
8.00	18 334	3 806 070	3 598 298	3 047 446	2 496 594	2 288 822
8.50	19 167	4 177 624	3 969 852	3 419 000	2 868 148	2 660 376
9.00	20 881	4 541 428	4 333 656	3 782 804	3 231 952	3 024 180
9.19	21 367	4 694 592	4 486 820	3 935 968	3 385 116	3 177 344

【例题 5-2】 已知某船满载排水量为 20 881t 时的平均型吃水为 9.00m，载荷对船中力矩的绝对值之和为 4 003 863kN·m，使用载荷对船中弯矩允许范围数据表（表 5-3）求某船在满载状态下船体的受力情况。

解：

根据船舶平均型吃水 9.00m 或排水量 20 881t，在载荷对船中弯矩允许范围数据表中查得该船载荷对船中弯矩的中拱有利范围为 3 782 804 ~ 4 333 656kN·m，而该船的载荷对船中力矩的绝对值之和 $\sum |P_i \cdot X_i| = 4\ 003\ 863$kN·m，在上述范围内。说明船舶该装载情况下的纵向强度是处于中拱有利状态。

4. 百分制校核法

百分制校核法的含义是：将船舶在波浪中的许用弯矩扣除波浪影响，得到静水最大许用弯矩，并作为百分值；将船舶各项重量以舱为单位除以 100，分别乘以预先确定的分数系数得到百分值中的分数，计算分数代数和得到百分值；如果百分值不超过 100 则表明船舶纵向强度合适。

校核中，船上备有列有重量项目及分数系数的百分制强度计算表。从以上计算过程不难看出，该方法校核的是船中弯矩的概略值。应当指出，这种方法在排水量为半载以下时有可能产生较大的误差。

【例题 5-3】 某船装货后按百分制校核强度。船舶的重量项目如表 5-4 中①栏所示；各项重量项目即空船、油水、常数与货物的重量（t）除以 100 所得之值，如表 5-4②栏所示；③栏为各项重量项目的分数系数，由船舶资料中给出；④和⑤栏分别是重量与系数的乘积，即② × ③，正值列入④栏，负值列入⑤栏。②栏的重量总计为 130.35，表明船舶的排水量为 13 035t；⑤栏的总和为百分值 55.58，远小于 100，表明船舶的纵向强度处于安全状态并有较大的安全系数。

百分制强度校核表 表 5-4

①重量项目	②重量（t）/100	③分数系数	④计算值（+）	⑤计算值（-）
空船	38.45		40.35	
备品	1.03		1.03	
常数	2.00		2.34	
艏尖舱	2.33	+1.322	3.08	
No.1 压载舱（左右）	2.22	+0.822	1.82	
No.2 压载舱（左中右）	3.04	+0.564	1.71	
No.3 压载舱（左右）	1.56	+0.297	0.46	
No.4 压载舱（左右）	1.86	+0.030	0.06	
No.3 燃油舱（中）	2.23	+0.036	0.68	
No.4 燃油舱（中）	2.34	+0.036	0.08	
溢油舱（左）	1.05	-0.722		0.76
污油舱（中）	0.98	-0.782		0.77
锅炉水舱	0.88	-0.698		0.61
日用水舱（左右）	0.78	-1.013		0.79
蒸馏水舱	0.69	-0.576		0.40
淡水舱	3.45	-0.837		2.89

续上表

①重量项目	②重量(t)/100	③分数系数	④计算值(+)	⑤计算值(-)
No.1 货舱	16.87	+0.985	16.62	
No.2 货舱	15.23	+0.419	6.38	
No.3 货舱	16.98	-0.121		2.05
No.4 货舱	16.38	-0.657		10.76
重量总计(t) 130.35		百分值 55.58		

5. 站面强度校核表法

由于船体纵向结构非对称性和纵向载荷的非均匀性,仅以上述方法校核船中剖面弯矩显然是不够准确和全面的,尤其是对于大型船舶更是如此。为了较精确地校核船舶总纵强度,应对不同船舶剖面处的剪力和弯矩进行计算,并与相应处的许用剪力和弯矩加以比较,再判断是否符合强度要求。

(1)许用剪力和许用弯矩。大型船舶一般将海上航行状态和在港停泊状态分开校核。考虑到纵向载荷在横舱壁处的突变性,因而有必要对各横舱壁处的剪力和弯矩予以核算。船舶资料中一般提供了横舱壁处的海上航行状态、在港停泊状态的静水许用剪力值和许用弯矩值。船舶许用剪力和许用弯矩可由船舶强度计算书中查取。

(2)舱壁站面处的实际剪力和弯矩。各站面处实际剪力和弯矩按以下方法逐步求出:

①计算各站面处的重力和重力矩。欲计算某站面的重力和重力矩,应自船尾起向首计至该站面的重量和重量力矩总和,即为作用于该站面上的重力和重力矩,包括空船、货物、油水等项目。

②计算各站面处的浮力和浮力矩。浮力和浮力矩是船尾到相应计算站面的浮力或浮力矩的累加,其值与船舶吃水及吃水差有关。一般以吃水和吃水差为引数查取船舶资料中相应表格得到。

③计算各站面处的剪力。相应站面处的剪力为计算的重力和浮力之差。

④计算各站面处的弯矩。当采用船尾坐标系计算重力矩时,相应站面处的弯矩为自船尾到该站面处的重力矩减去自船尾到该站面处的浮力矩所得数值;当采用船中坐标系计算重力矩时,则还应减去重力与计算点到船中距离的乘积。

6. 根据吃水值判断船舶纵向变形

利用首、尾平均吃水与船中两面平均吃水相比较的方法来判断船舶纵向变形的大小和方向。中部平均吃水大于首尾平均吃水时说明船舶处于中垂状态;而中部平均吃水小于首尾平均吃水时则处于中拱状态。

船舶中部吃水与首尾平均吃水的差值的绝对值可反映出船舶的拱垂变形程度,其大小计算公式为:

$$\delta = \left| d_M - \frac{d_F + d_A}{2} \right| \quad (m) \tag{5-5}$$

式中:δ——拱垂值,m;

d_M——船中处的平均吃水,m;

d_F、d_A——首、尾平均吃水,m。

船舶在装载状态或压载后，如有中拱或中垂存在，其大小可参照下列的经验数值进行比较：

当$0 \leqslant \delta < \frac{L_{bp}}{1\,200}$，纵向强度处于有利状态；

当$\frac{L_{bp}}{1\,200} \leqslant \delta < \frac{L_{bp}}{800}$，纵向强度处于允许状态；

当$\frac{L_{bp}}{800} \leqslant \delta < \frac{L_{bp}}{600}$，纵向强度处于极限状态；

当$\delta \geqslant \frac{L_{bp}}{600}$，纵向强度处于危险状态。

船舶装载或压载后的实际拱、垂在有利及允许范围内可以开航；在极限范围内只允许在预计航线上天气较好时开航；在危险范围内不许开航，应对载荷进行调整。

7. 用主机汽缸曲拐开档差值检验拱垂变形

船舶产生拱垂变形后，会直接影响主机汽缸开档差的大小。因此，可利用实际装载时测量的开档值（mm）与汽缸活塞冲程（mm）进行对比校验。曲拐的开档差值不大于汽缸活塞冲程的万分之一为有利范围；如果曲拐的开档差值大于汽缸活塞冲程的万分之一，而不大于万分之二，为允许范围；如果曲拐的开档差值大于汽缸活塞冲程的万分之二，为危险范围。

三、船体布置对纵向强度的影响

船舶因机舱、油水舱、深舱位置不同，船体各段负荷的分布也各不相同，直接影响着船舶是否会出现中拱或中垂现象及其程度如何。对于各种不同机舱位置的船舶，除了满足按舱容比分配货物重量外，还必须根据船舶布置的特点，正确使用船舶。

1. 中机型船

机舱位于中部的中机船，在满载时，因机舱的重量相对较轻而出现较大的中拱变形；而在空载时，则可能出现轻微的中垂或中拱变形。所以，使用中机船时，应特别注意尽量减缓满载状态的中拱变形。

2. 中后机型船

机舱位于船中偏后，常见的为前四后一型。在满载时，可能出现较小的中拱或中垂变形，具体结果要看机舱位置、长度和重量等因素。空载时，一般处于中拱变形状态。弯矩较满载时大一点。所以，使用中后机船时，应注意减缓空载航行状态下的中拱变形。

3. 尾机型船

尾机船的机舱位于船尾部，满载时的拱垂变形因船舶规模的不同而异，大型尾机船满载时呈中垂变形，而普通规模的尾机船可能处于中垂或中拱变形状态。尾机船最严重的中拱变形发生在空船压载状态。所以使用尾机船时，应特别注意减缓其空载压载航行状态的中拱变形。

上述不同船型对船舶拱垂变形影响是基于船上载荷纵向分布比较均匀情况下的一般规律，由于实际装载条件下的重量纵向分布千差万别，以及船舶相关尺度和相关尺度比也不尽相同，因此船舶在装载或压载后其纵向强度的具体状态应以实际校核为准。

四、吃水差调整时对纵向强度影响

当调整吃水差时，特别在决定纵向移货或配置压载水的部位时，要综合考虑吃水差及纵向强度两方面的要求,为此,当调整载荷纵向分布位置时,应按表5-5所列的原则进行。

载荷调整原则 表5-5

计算结果		载荷调整原则
吃水差	纵强度	
首倾	中拱	前部→中部
	中垂	中部→后部
	0	前部→后部
尾倾太大	中拱	后部→中部
	中垂	中部→前部
	0	后部→前部
平吃水	中拱	前部→中部
	中垂	中部→后部

五、保证船舶总纵强度满足要求的措施

为了保证船体纵向强度,应特别注意货物重量沿船长方向的正确配置,因为当货物的纵向配置变化时,虽然排水量保持不变,弯矩仍可能有很大的变化。为了减少弯矩,在船舶积载和装卸货物时应注意下列各点:

1. 按舱容比例分配各舱装货重量

船体所受浮力沿纵向的分布是由水线下排水体积沿纵向分布决定的,而排水体积的纵向分布规律与船体内部容积沿纵向变化规律基本一致。因此,在积载中,应按各舱容积大小成正比地分配各货舱货物重量,保证重力沿纵向上的分布与浮力沿纵向分布一致。

具体计算公式如下:

$$P_{\mathrm{i}} = \frac{V_{\mathrm{chi}}}{\sum V_{\mathrm{ch}}} \times Q \pm \text{调整值} \tag{5-6}$$

式中:P_{i}——第 i 舱应分配的货物重量,t;

V_{chi}——第 i 舱的舱容,m^3;

$\sum V_{\mathrm{ch}}$——全船货舱总容积,m^3;

Q——航次货运量,t。

在实际装载中,船舶各舱装货数量除应满足纵向强度的要求外,还要考虑吃水差和所装货物的性质等因素,有时难以准确达到按舱容比例分配货物重量。因此,按上述求得的各舱分配货物的吨数允许作少量的调整,调整值以不超过夏季满载时该舱装货重量的10%为宜,也可取本航次全船载货重量按舱容比例在该舱分配值的10%。前者调整范围较宽,便于操作;后者调整范围较小,较为安全。在考虑调整值后,各舱允许装货重量就有一个上限值和一个下限值。若各舱实际的装货数量在各舱允许上、下限值的范围内,一般可保证纵向强度的要求,但仍可能产生中垂或中拱。

【例题5-4】 Q轮货舱总容积 $\sum V_{\mathrm{ch}} = 19\,591\mathrm{m}^3$,夏季满载时全船载货量 $Q = 12\,180\mathrm{t}$,根据按舱容比例分配货物的原则,各舱分配货物如表5-6所示。

按舱容比分配货物 表 5-6

舱名	No. 1	No. 2	No. 3	No. 4	No. 5	合计
各舱容积(m^3)	1 834	5 049	5 460	4 402	2 846	19 591
各舱百分比(%)	9.4	25.8	27.8	22.5	14.5	100
按比例各舱装货重量(t)	1 145	3 142	3 386	2 741	1 766	12 180
调整值(t)	115	314	339	274	177	—
各舱允许装货重量的上、下限值(t)	$\frac{1\ 030}{1\ 260}$	$\frac{2\ 828}{3\ 456}$	$\frac{3\ 047}{3\ 725}$	$\frac{2\ 467}{3\ 015}$	$\frac{1\ 589}{1\ 943}$	—

2. 根据机舱位置不同适当调整中区货舱货物分配量

中机型船满载时存在较大中拱变形,为此,应在中区货舱适当增大货物分配量而在首尾部货舱适当减少货物分配量,以减小中区重力和浮力的差异;对于大型尾机船因满载时呈中垂变形,则应适当减少中区货舱货物分配量并相应增大首尾货舱货物分配量。其增大或减少的货物数量一般可按舱容比分配量的 10% 或更大些计算。

3. 应考虑中途港装卸货物对强度的影响

应防止在中途港装卸货物以后,货物重量沿船舶纵向分布不合理。中途港货物批量较大时,应按舱容比配置,不得过于集中配装在一个货舱内,以免卸货或装货后产生过大剪力或弯矩而损伤船体强度,也不应过于分散,否则会过多地移动或更换装卸工具;批量较小时,可集中选 1 ~ 2 个货舱配置。

4. 合理安排各舱货物装卸顺序,均衡装卸速度

货物在装卸过程中,应尽量使纵向各段上的重力和浮力保持一致,这就要求各舱货物均衡装载或卸出。在实际工作中,应争取多头装卸作业,及时更换作业舱室,即各货舱交替进行装卸,防止在作业过程中出现某一货舱中货物与其他货舱中的货物重量相差过分悬殊。应均衡各舱的装卸速度,力争同时装卸货物的重量比较均衡地分布于各货舱。

对于某些种类的专用船舶,如干散货船、液体散货船等,为防止装卸过程中出现过大剪力和弯矩,需制定货物装卸计划,确定各舱装卸顺序及压载水注入或排放顺序,此类船舶尾机型偏多,因此,满载时应先卸中部舱位的货物,以减小船舶的中垂弯矩;空载时先装中部舱位货物,以减小船舶的中拱弯矩;打排压载水也应按类似原则确定其排注顺序。

5. 合理分布和使用油水

万吨级船舶远航线营运时航次油水储备量约占满载时总载重量的 10%,油水的合理分布和使用对减小船舶弯曲应力具有不可忽视的作用。对大型船舶而言,虽然油水储备在总载重量中所占比例较小,但是从船舶合理使用角度也应尽可能予以考虑。

对中机型船,满载时常处于较大中拱状态,所以出港时油水尽量集中在中部液舱;航行中使用时,应先用首尾部液舱油水而后用中部舱位油水。

对于尾机型船,空载时一般处于较大中拱状态,因此其油水的分布和使用原则与中机船满载时相同;大型船舶满载时常处于中垂状态,所以油水分布和使用原则与空载时相反,即中部液舱油水尽量装载少些,首尾液舱尽量满些;航行中先用中部液舱油水,后用首尾部液舱油水。

对于中后机型船,满载航行时,可能处于较小中拱或中垂状态,应依据船舶具体状态确定油水分布及使用方案;压载航行时,一般为中拱状态,因此油水分布和使用原则同尾机船的空船压载状态。

6. 调整吃水差时兼顾改善船舶拱垂状态

在配装或实际装载时，常在首尾部货舱留有一定富余舱容，用于在装货结束前调整吃水差。由于首尾货舱距该排水量条件下的弯矩中性点较远，若调整前船舶为中拱状态，则调整后会加大其原有的中拱弯矩，当剩余的货物重量较多时，尤其应注意装载后对船体弯矩的影响。

另外，在积载时利用货物纵移调整吃水差时，也应兼顾船舶总纵强度的改善。如移货之前船舶呈中拱状态，则应依据吃水调整要求将货物由首部或尾部货舱移至中区货舱；若移货前船舶呈中垂状态，则应根据吃水调整需要将中区货舱货物移至首舱或尾舱去；若货物移动前船舶强度处于有利范围，则为了调整吃水差可将货物从中前与中后的两个弯矩中性点间纵移，这样，可继续保持其原有强度状态。

7. 合理压载

为改善船舶的航行性能，空载船舶需注入相当数量的海水以确保航行安全。对于尾机船，空载时尾吃水差较大，且船舶处于中拱状态，欲减小船舶尾吃水差及中拱弯矩，除首部压载外，应尽量使用接近中区的压载水舱。对某些需使用中部某一货舱压载的船舶，应注意尽可能压满整个货舱，以减小自由液面及对舱壁的冲击，同时也应防止重量过分集中而在前后横舱壁处产生过大的剪力，此时可根据具体情况排空压载货舱区的边舱及双层底压载水。

8. 避免船舶在波浪中的纵谐摇

船舶在波浪中航行时，若船长等于波长，且船速等于波速，船舶则会出现纵谐摇，船体中部处于波谷或波峰位置上，会加大船舶的中拱弯矩或中垂弯矩，且长时间得不到改变，这对船体强度极为不利，应避免这种纵谐摇的存在和持续状态。为此，一般应采取改变航向或船速或改变航向的基础上同时改变船速的方法，使船舶摆脱其不利处境，以确保船舶纵强度不受损伤。

第三节　保证船舶局部强度

一、局部强度的校核

船体局部强度在设计和建造时按有关建造规范要求予以满足，对于营运中的船舶，主要解决的问题是使船体所受的局部外力处于局部强度的允许范围之内，即在运输过程中只要确保载货部位的实际负荷不超过许用负荷时，就认为船舶局部强度符合要求。

1. 许用负荷量的表示方法

载货部位局部强度所允许的载荷重量的最大值称为该位置的许用负荷量。根据载荷的分布情况及特征，许用负荷量有以下几种表示方法：

(1)均布载荷。均布载荷是作用在载荷部位上货物重力均匀分布在某一较大面积上，使甲板或舱底所受压力相同。由于均布载荷时载货部位上各处压力相同，因此，将载货部位单位面积上允许承受的最大重量定义为均布载荷条件下的许用负荷量 p_d，单位为 kPa。

(2)集中载荷。集中载荷是指某一特定面积上允许承受的最大重量，这个最大重量定义为集中载荷条件下的许用负荷量 P ，单位为 kN。如重大件货的底脚、支架等。特定面积是指向该区域下的承重构件(如甲板纵桁)施加集中压力的骨材(如甲板纵骨和横梁)之间的面积。

表 5-7 列出了 Q 轮船体局部许用负荷情况。

Q轮许用负荷一栏表 表5-7

名称	货舱号		
	No.1货舱	No.2~No.4货舱	No.5货舱
上甲板	均布载荷 Ⅰ. p_h=0kPa时 p_d=32.18kPa(舱口外) p_d=32.57kPa(舱口间) Ⅱ. p_h=15.01kPa时 p_d=32.18kPa 集中载荷 P=107.91kN(舱口外) P=45.62kN(舱口间)	均布载荷 Ⅰ. p_h=0kPa时 p_d=22.96kPa(舱口外) p_d=17.46kPa(舱口间) Ⅱ. p_h=14.13kPa时 p_d=20.96kPa(舱口外) p_d=17.46kPa(舱口间) 集中载荷 P=104.97kN(舱口外) P=34.83kN(舱口间)	均布载荷 Ⅰ. p_h=0kPa时 p_d=32.18kPa(舱口外) p_d=32.57kPa(舱口间) Ⅱ. p_h=14.13kPa时 p_d=19.62kPa(舱口外) p_d=17.46kPa(舱口间) 集中载荷 P=104.97kN(舱口外) P=34.83kN(舱口间)
中间甲板	均布载荷 p_h=p_d=21.58kPa 集中载荷 P=103.99kN(舱口盖) P=64.75kN(舱口外) P=83.88kN(舱口间)	均布载荷 p_h=p_d=22.96kPa 集中载荷 P=77.55kN(舱口盖) P=60.14kN(舱口外) P=81.42kN(舱口间)	均布载荷 p_h=p_d=22.96kPa 集中载荷 P=77.50kN(舱口盖) P=75.64kN(舱口外) P=81.42kN(舱口间)
舱底或平台	压载平台载荷 在173肋骨前P=74.95kPa 在173肋骨后P=117.72kPa	舱底载荷 均布载荷P=154.02kPa 集中载荷P=85.84kPa	压载平台载荷 在19肋骨前P=102.02kPa 在19肋骨后P=37.77kPa

说明:(1)货舱甲板、舱口盖及舱底的承载负荷可根据计算求得,供装载货物时参考;
(2)载荷分集中载荷和均布载荷,所指的集中载荷其支承长度应大于一个骨材间距;
(3)p_h为舱口盖载荷,p_d为甲板载荷。

(3)车辆载荷。车辆载荷是指载车部位上的车辆及其所载货物的重量集中作用在特定数目的车轮上,如铲车及其所铲起的货物、拖车及其上面的集装箱等。

车辆载荷时的车、货重量作用在车轮上,所以,将载车部位在不同车轮数目时所允许承受的车辆及所载货物的最大总重称为车辆载荷条件下的许用负荷量p_v,单位为kN。

(4)堆积载荷。堆积载荷是指集装箱船的甲板、舱盖或舱底上不同的20ft或40ft集装箱底座所能承受的最大重量,也称集装箱载荷。允许承受的最大箱重称为集装箱载荷条件下的许用负荷量P_c,单位为kN。集装箱船许用负荷量通常以舱底板和上甲板按装载20ft和40ft集装箱给出。表5-8为某集装箱船的许用负荷量值。

某集装箱船许用负荷表 表5-8

箱类/位置	20ft箱	40ft箱	箱类/位置	20ft箱	40ft箱
上甲板	80.0t	100.0t	舱内	192.0t	240.0t

2. 许用负荷量的求取

(1)查船舶资料。船舶各载货部位的许用负荷量一般可以从船舶资料中查取。小型船舶许用负荷量给出的方式比较简单,一般不区别甲板的有关部位,甚至不区别集中载荷还是均布载荷。大型船舶各层甲板许用负荷量常分舱、分部位按集中载荷和均布载荷给出。舱底板许用负荷量以舱为单位给出，而二层甲板和上甲板许用负荷量则以舱为单位按不同部位给出，查取时应按不同的载荷种类并根据实际装载位置读出相应数字。

(2)经验公式。若船上无上述资料，可以参考以下经验公式估算各层甲板的许用负荷量。

①上甲板。对设计时不考虑在露天甲板装货的船舶，不允许在上甲板装货。对于装载货物的上甲板，其均布许用负荷量 p_d 可按下式估算：

$$p_d = \frac{9.81H_C}{SF_D} \quad (kPa) \tag{5-7}$$

式中：H_C——上甲板货物的设计堆高，重结构船取 1.5m，轻结构船取 1.2m；

SF_D——船舶设计时采用的货物积载因数，等于该船的设计舱容系数 γ_C，m^3/t。

②中间甲板和舱底。中间甲板和舱底的单位面积许用负荷 p_d 可根据二层舱或底舱的高度 H_d 与船舶设计舱容系数 γ_C 确定：

$$p_d = 9.81\gamma_C \cdot H_d = \frac{9.81H_d}{SF_D} \quad (kPa) \tag{5-8}$$

式中：H_d——二层舱或底舱高度，m。

当船上没有设计舱容系数 γ_C 的资料时，可取 $\gamma_C = 0.72t/m^3$，满足建造规范规定的重货加强要求的底舱，可取 $\gamma_C = 1.2t/m^3$。

3. 实际负荷量的计算

货物装载后实际负荷量大小应根据载荷的不同类型予以计算。

(1)集中载荷。货件的底脚、轮、支柱等部位对甲板的压力可作为集中载荷对待。如果货件的重量分布均匀且支承点对称，则各支承点处的压力为货件总重与支承点数目的比值。

同一货件下各支承点处的压力有时不相同，是由货件重量非均匀分布或支撑点不对称等原因引起的，此时应分别估算。在估算集中载荷条件下实际甲板负荷时，应根据货件装载计划及支撑点尺寸首先确定货件底部支撑面积所横跨的骨材数目 n，则每个骨材上的实际负荷为：

$$P' = \frac{9.81W}{n} \quad (kN) \tag{5-9}$$

式中：W——对重量均匀分布时为货件总重，t；对重量非均匀分布时为某支承点所分担的货件重量 t。

比较实际负荷 P' 和许用负荷 p，只要 $P' \leqslant p$ 表示船舶局部强度满足集中载荷条件下的要求。

(2)均布载荷。各类固体散货、液体散货或普通杂货的货堆下的压力可作为均布载荷对待。均布载荷条件下的甲板实际负荷量 p'_d 可按下式计算(参见图 5-5)：

$$P'_d = \frac{9.81\sum P_i}{A} \quad (kPa)$$

或

$$P'_d = 9.81\sum\frac{H_i}{SF_i} \quad (kPa) \tag{5-10}$$

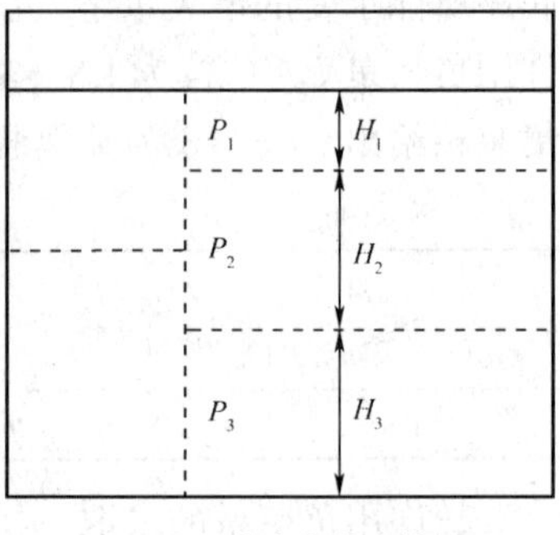

图 5-5 均布负荷求算

式中：P_i——各层货物的重量，t；

A——货堆底面积，m^2；

H_i——各货层堆高，m，可根据货舱高度、货物体积占舱容的比例求出；

SF_i——各层货物的积载因数，m^3/t。

对于装载固体散货的货舱，若装载后未予平舱，会出现如图 5-6 所示的货面起伏不平的状态，此时，应取较高货位的高度并按式(5-10)计算实际负荷量。

比较实际负荷 P'_d 和许用负荷 P_d，只要 $P'_d \leq P_d$ 表示船舶局部强度满足均布载荷条件下的要求。

值得注意的是，在某些装载情况下，若所装载部位同时具有均布载荷和集中载荷的局部强度要求，则在校核时，均布载荷和集中载荷的局部强度条件都应满足。

(3)集装箱载荷。根据积载计划，计算确定堆装在该底座上各层集装箱重量之和，即可得到在集装箱载荷条件下的实际负荷量 P'_C，即：

$$P'_C = \sum P_i \tag{5-11}$$

式中：P_i——同列箱位上各箱重量，t。

比较实际负荷 P'_C 和许用负荷 P_C，只要 $P'_C \leq P_C$ 表示船舶局部强度满足均布载荷条件下的要求。

【例题 5-5】 某船 No.3 二层舱舱高 3.5m，舱容 1500m^3，均布载荷时的许用负荷量 P_d = 24.96kPa，所装货物如图 5-7 所示，装货后货物表面呈水平状。试校核二层甲板的局部强度，若不满足，应怎样调整，调整后的局部强度如何？

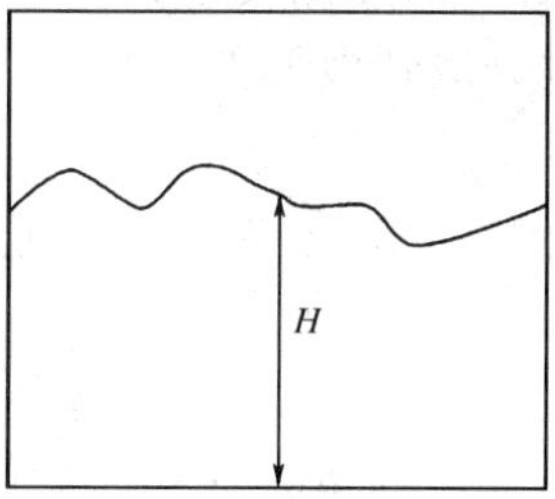

图 5-6 未平舱时的负荷求算

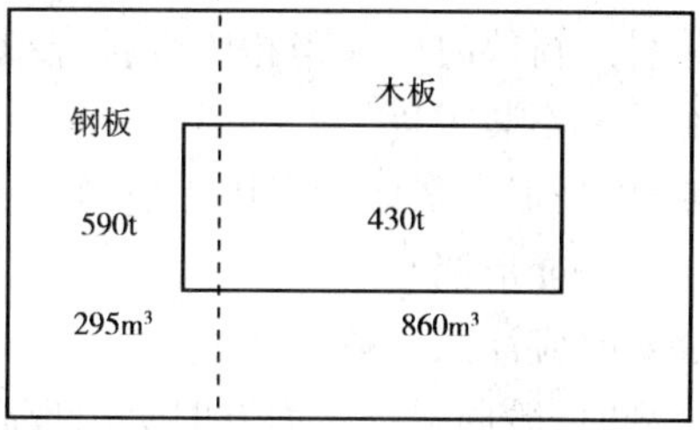

图 5-7 No.3 二层舱配载

解：

(1)求钢板和木板的货高 H：

$$H = 3.5 \times \frac{295 + 860}{1\,500} = 2.70\text{m}$$

(2)求钢板一侧甲板实际负荷量：

$$P'_d = \frac{2.70}{295/590} \times 9.81 = 52.97 \qquad (\text{kPa})$$

(3)判断是否满足局部强度条件：

$P'_d = 52.97\text{kPa} > P_d = 24.96\text{kPa}$，不满足强度条件。

(4)调整装载计划：

拟将钢板和木板上下分层堆装且钢板在下、木板在上平铺整个货舱。

(5)校核装载计划调整后的局部强度：

No.3 二层舱甲板面积

$$A' = \frac{1\,500}{3.5} = 428.57 \qquad (\text{m}^2)$$

调整后甲板实际负荷量

$$P'_d = \frac{590 + 430}{428.57} \times 9.81 = 23.35 \qquad (\text{kPa})$$

$P'_d < P_d$，调整后满足局部强度要求。

二、保证船舶局部强度满足要求的措施

在实际工作中，应从下述几方面保证船舶局部强度：

1. 适当减小旧船的许用负荷量

在校核船舶局部强度时，对于船龄较大的船舶，船体强力构件会因锈蚀而使强度降低，因此，对船舶资料中所列出的许用负荷量应适当减小，其减小量应根据船舶强力构件锈蚀的程度来确定。

2. 舱内货重分布尽量均匀

货物装载时，在满足卸货港序及货物相容性前提下，货物在舱内应尽量均匀分布。重货应尽可能不扎位装载，不过分集中装于某一舱位。

3. 重大件货合理配装和衬垫

重大件货应配装在局部强度较大处。若配装在二层舱或上甲板，应尽量安排在甲板下有支柱的位置，必要时可在其下加设撑柱。重大件货受力点应尽可能落在横梁、舱壁、纵骨等强力构件处。必要时货件下应进行衬垫，以增大底部承载面积，降低实际负荷量及甲板或舱底下骨材所分担的重量。衬垫时应横跨相应骨材，使其重量分散到多个骨材上。

4. 上甲板舱盖上不装重货

除集装箱船外，一般干货船的上甲板舱盖上不允许装重货，如需要时只能装载少量轻货，以防舱盖受力过大而变形漏水。

5. 干散货装舱时应注意平舱

干散货在装载时，舱内货物表面有时会出现高低不平的现象及货物向舱口下方区域集中堆装的趋势，这势必会造成舱底负荷不均衡。对于积载因数较小的矿石类重货，货高的较大差异将极有可能使作用于舱底的实际负荷超出允许负荷，从而导致局部结构的损坏。

为避免上述不利于船体强度的现象出现，除限制货舱内货物装载量外，装货时，尽可能使货物散落至货舱应达舱位，装货结束时还应采取平舱措施。

6. 重货装载时应限制其落底速度

无论是重件货还是 *SF* 较小的固体散货，若落底速度较大，则舱底或甲板除重力作用外，还受到一定冲击力，这对船体强度极为不利，因此，在装载时应限制其落底速度。

【例题 5-6】 Q 轮许用负荷如表 5-7 所列。某航次在 No. 3 舱上甲板舱口外装载一挖土机，重量为 35t，每条履带与甲板的接触长度为 4.0m，宽为 6.0m，试确定衬垫方法。

解：

(1)计算甲板实际负荷量 P'_d：

$$P'_d = \frac{9.81W}{A} = \frac{9.81 \times 35}{4 \times 0.6 \times 2} = 71.53 \qquad (\text{kPa})$$

(2)查取甲板许用负荷量 P_d 和 P：

由表 5-7 查得 No. 3 舱上甲板舱口外 $P_d = 22.96\text{kPa}$，$P = 104.97\text{kN}$。

(3)比较 P'_d 和 P_d，显然 $P'_d > P_d$，故需衬垫垫木。

(4)确定垫木衬垫面积 A'：

$$A' = \frac{9.81W}{P_d} = \frac{9.81 \times 35}{22.96} = 14.95 \quad (m^2)$$

(5)确定衬垫方法：

挖土机重量 $W = 9.81 \times 35 = 343.35$kN，装载部位集中装载时的许用负荷量 $P = 104.97$kN，两者的比值为 $\frac{W}{P} = \frac{343.35}{104.97} = 3.27$，所以下层垫木应沿横向跨甲板下纵骨的方向设置，其跨度为 4 倍纵骨间距。

练习题

1. 船舶纵向强度是指船舶结构抵抗______。
   A. 船体沿船宽方向发生损坏及变形的能力
   B. 各层甲板沿船长方向发生扭曲变形的能力
   C. 船体沿船长方向产生剪切及弯曲变形的能力
   D. 载荷和水压力作用保持不损坏和不发生很大变形的能力
2. 船舶发生中拱变形时______。
   A. 中部浮力小于重力，首尾部重力大于浮力
   B. 中部浮力小于重力，首尾部重力小于浮力
   C. 中部浮力大于重力，首尾部重力大于浮力
   D. 中部浮力大于重力，首尾部重力小于浮力
3. 船舶发生中垂变形时，船体受______弯矩作用，上甲板受______，船底受______。
   A. 负；压；拉　　B. 正；压；拉　　C. 负；拉；压　　D. 正；拉；压
4. 尾机型固体散货船空载时会产生较大______，满载时会产生较大______。
   A. 中拱；中垂　　B. 中垂；中拱
   C. 尾倾；拱头　　D. 拱头；尾倾
5. 对具体船舶，其船舶中剖面许用静水弯矩 M_s 为______。
   A. 一定值　　B. 与货物沿船长的分布有关
   C. 随船舶的营运年限而变化　　D. 与浮力沿船长的分布有关
6. 一般货船，其剪力的最大值通常位于______。
   A. 船中前后　　B. 距首尾 Lbp/2 处
   C. 距首尾 Lbp/4 处　　D. 距船中 Lbp/6 处
7. 一般货船，其弯矩的最大值通常位于______。
   A. 船中前后　　B. 距首尾 Lbp/2 处
   C. 距首尾 Lbp/4 处　　D. 距船中 Lbp/6 处
8. 在校核船舶总纵强度时，若实际装载状态时的静水弯矩 M'_s 为正值，表明船舶______。
   A. 处于中垂状态　　B. 处于中拱状态
   C. 满足总纵强度的要求　　D. 不满足总纵强度的要求
9. 在校核船舶总纵强度时，若实际装载状态时的静水弯矩 M'_s 为负值，且 $|M'_s| > M_s$，表明船舶______。
   A. 处于中拱状态且满足总纵强度的要求
   B. 处于中拱状态且不满足总纵强度的要求

C. 处于中垂状态且满足总纵强度的要求

D. 处于中垂状态且不满足总纵强度的要求

10. 在积载时，按舱容比例分配货物重量的主要目的是保证船舶______。

A. 满舱满载　　B. 有适度的稳性

C. 总纵强度不受损伤　　D. 保证船舶局部强度不受损伤

11. 某轮装货后呈中垂状态且尾倾过大，则宜采取下列______措施来调整。

A. 在船首区加压载水　　B. 将中区压载水调至首区

C. 将尾部压载水调至中区　　D. A 或 B

12. 某轮装载后呈中垂状态，且稳性过大，则应采取以下______措施来调整。

A. 将首区货物移至中区　　B. 将首尖舱加满压载水

C. 将中区底舱货物移至尾区二层舱　　D. 将中区双层底加满压载水

13. 保证船舶总纵强度不受损伤的经验配货方法是______。

A. 按舱容比例分配分配货物重量　　B. 各舱均匀分配货物重量

C. 按舱容大小反比例分配货物重量　　D. 重货配在中区，轻货配往首尾

14. 杂货船积载时，主要应考虑的船舶强度为______。①纵强度②扭转强度③局部强度④总强度⑤横强度

A. ①、③　　B. ①、②、③　　C. ①、②、③、④　　D. ①、②、③、④、⑤

15. 船舶投入营运后，其船中剖面许用静水弯矩 M_s 将______。

A. 逐渐减小　　B. 逐渐增大　　C. 保持不变　　D. 不能确定

16. 下列______是保证船舶纵向强度不受损伤的措施。

A. 按舱容比例分配货重

B. 装卸时各舱应均衡作业

C. 中途港货较多时，将其分别装于几个货舱内

D. 以上都是

17. 在船舶强度曲线图上，位于点划线与虚线之间的区域表示______。

A. 应力超出强度要求　　B. 应力达到强度的极限值

C. 满足强度要求，应力处于允许范围　　D. 满足强度要求，应力处于有利范围

18. 根据经验，船舶的正常拱垂值是______。

A. 大于 $L_{bp}/600$　　B. 小于 $L_{bp}/800$

C. 小于 $L_{bp}/1\ 000$　　D. 小于 $L_{bp}/1\ 200$

19. 根据经验，如果船舶满载时的中拱或中垂值为 $L_{bp}/1\ 200 \leq \delta < L_{bp}/800$，则______。

A. 可以开航　　B. 只能在好天气时开航

C. 在任何大气情况下，都不可以开航　　D. 船舶处于极限中拱或中垂状态

20. 船舶的局部强度是指船体结构抵抗______的能力。

A. 船体局部变形或损坏　　B. 干舷甲板发生扭曲变形

C. 船体沿船宽方向发生扭曲变形　　D. 船体沿船长方向发生扭曲变形

21. 已知船舶首吃水为 6.50m，尾吃水为 7.50m，中部吃水为 6.90m，该船呈______，其拱垂值为______。

A. 中垂变形，0.05m　　B. 中拱变形，0.05m

C. 中垂变形，0.10m　　D. 中拱变形，0.10m

22. 在无全船积载因数 S. F 资料的情况下，对于重结构的船舶来说，其上甲板允许均布负荷不得超过______ kPa。

A. 24.53　　B. 19.62　　C. 10.60　　D. 9.81

23. 下列______是保证船舶局部强度不受损伤的措施。

A. 货物在舱内应均匀分布　　B. 装载重大件货物时应加适当衬垫

C. 按船舶的腐蚀程度确定甲板允许负荷量　　D. A、B、C 都是

24. 与船舶配积载有关的局部强度主要是______。

A. 主甲板的强度　　B. 货舱中间甲板的强度

C. 货舱底舱底板的强度　　D. A、B、C 都是

25. 某轮某舱的底舱高度为 6.70m，其舱底板允许的单位面积负荷量为______ t/m^2。

A. 2.69　　B. 3.85　　C. 4.82　　D. 5.72

26. 某轮 NO.2 舱二层舱高 3.65m，底舱高 7.32m，现拟在二层舱装载钢板（$S.F = 0.4\ m^3/t$）2.2m 高；底舱下层装钢管（$S.F = 1.6\ m^3/t$）4.0m，上层装水泥（$S.F = 0.9m^3/t$）2.3m，试校核二层甲板和底舱底板的局部强度是否满足要求？

A. 二者强度均满足要求

B. 二者强度均不满足要求

C. 二层甲板强度满足要求；底舱底板强度不满足要求

D. 二层甲板强度不满足要求；底舱底板强度满足要求

27. 某轮装运自重 100t 的圆柱形重件一件，重件上有 8 个 $2.5m \times 1m$ 的木墩，拟将此重件装在上甲板（单位面积允许负荷量为 $2.0t/m^2$），则要使上甲板强度满足要求，至少应再加相同的木墩______个。

A. 12　　B. 16　　C. 20　　D. 22

28. 某轮某甲板间舱高度为 7.0m，根据有关规范的规定，其中间甲板允许单位面积负荷量为______ kPa。

A. 41　　B. 47　　C. 49　　D. 55

29. 中途港货物数量较多时，为保证船舶的纵向强度应______。

A. 尽可能集中装载

B. 尽可能分散装载

C. 在垂向上尽可能适当地分装于几个货舱

D. 在纵向上尽可能适当地分装于几个货舱

30. 中机船满载时呈______变形，且该变形随船舶吃水的减小而______。

A. 中垂；减小　　B. 中拱；减小　　C. 中垂；增加　　D. 中拱；增加

第六章　包装危险货物运输

本章介绍危险货物的分类、特性、包装、标志以及危险货物积载和隔离，介绍《国际危规》和《水路危规》的使用，危险货物运输单证。

重点：危险货物分类、积载、隔离。

危险货物（Dangerous goods or Dangerous cargo）系指具有爆炸、易燃、毒害、腐蚀、放射性等特性，在运输、装卸和储存过程中，容易造成人身伤亡、财产毁损和/或环境污染，需要特别防护的货物。海上危险货物运输具有运量大、品种多、涉及部门广、运价高而风险大等特点。据统计：目前国际危险货物海运量约占各种货物海运总量的50%，其中包装危险货物约占总量的10%～15%。常运的危险货物品种已超过3000种。具有明显或潜在危险性的化工新品种，每年在大量涌现，这对确保其运输安全提出了更高的要求。

危险货物运输的安全事关重大。世界许多国家都以立法形式制定了本国的危险货物运输规则。为方便并促进危险货物的国际运输，国际海事组织（IMO）制定出版了国际统一的危险货物海运规则——《国际海运危险货物规则》（International Maritime Dangerous Goods Code，缩写为 IMDG Code，以下简称《国际危规》）。我国政府已于1982年宣布承认该规则，作为《1974年国际海上人命安全公约》（即《SOLAS 1974》）第7章修正案的内容，自2004年1月1日起，规则的绝大部分在国际危险货物海运中已具有强制性。我国交通运输部以《国际危规》为蓝本制定并颁布了《水路危险货物运输规则》（以下简称《水路危规》）。该规则已从1996年12月1日起在我国境内的危险货物水路运输中实施。

包装危险货物系指：除通常所指的带包装的各类危险货外，还包括载于集装箱、可移动罐柜、公路或铁路车辆等运输单元内的无包装的固体或液体的危险货物。如无特别指明，本章介绍的危险货物均指包装危险货物。

第一节　《国际海运危险货物规则》和《水路危险货物运输规则》简介

一、《国际危规》简介

《国际危规》是依据并为实施《1974年国际海上人命安全公约》（即《SOLAS 1974》）、《危险货物运输建议书》（简称联合国“橙皮书”）和《1973/1978国际防止船舶造成污染公约》（即《MARPOL 73/78》）制定的。它适用于任何总吨位船舶的包装危险货物国际航线运输，不适用于散装固体和散装液体危险货物及船用物料和设备的运输。

2006年版《国际危规》由3册组成。目前有效的版本是 Amdt. 33－06 修正案的英文版及中文译本。2008年版 IMDG 第34套修正案，于2010年1月1日生效，但缔约国可以自2009年1月1日起在自愿基础上实施该修正案全部或部分内容。规则的主要内容是：第1册包括6部分：总则、定义和培训；分类；包装和罐柜规定；托运程序；各类包装的构造和试验；运输作业的有关规定等内容。第2册包括危险货物中英文名称索引;危险货物一览表和限量内免除等内容。第3册是补充本,主要包括《船舶载运危险货物应急措施》(EmS)、《危险货物事故医疗急救指南》(MFAG)、报告程序、货物运输组件的装载等内容。

危规将危险货物按其主要特性和运输要求分为九个大类。每一大类又细分为若干小类。危险货物一览表在危规中占了很大篇幅,该表是按危险货物的联合国编号(UN No.)顺序编排的。联合国编号是指由联合国危险货物专家委员会制定的《危险货物运输建议书》中对每一种危险货物用4位阿拉伯数字表示的编号,该编号不连续,但在各种运输方式中被公认。危险货物一览表中的条目分为四种情况:

(1)严格定义的物质或物品的单一条目;

例如:UN 1090 丙酮　UN 1194 亚硝酸乙酯溶液

(2)严格定义的物质或物品类的通用条目;

例如:UN 1133 胶合剂　UN 1266 香水产品

(3)未另列明的特定条目,包括具有特定化学或技术属性的物质或物品;

例如:UN 1477 硝酸盐,无机的,未另列明的

UN 1987 醇类,未另列明的

(4)未另列明的通用条目,包括符合一类或多类标准的物质或物品;

例如:UN 1325 易燃固体,有机的,未另列明的

UN 1993 易燃液体,未另列明的

联合国编号虽然只有3481个,但危规实际上将所有的危险货物(包括尚未开发的新产品)都已包括在内了,该危规采用概括描述和品种罗列并举的方法,来鉴别危险货物与非危险货物。船方在承运具有危险特性但危险货物一览表中未列明(Not Otherwise Specified 缩写为 N. O. S.)的货物时,必须要求托运人提供《危险货物技术说明书》,以确定该货物分属哪一类"未列明(N. O. S.)"条目,以便于采取相应的防护措施。

《国际危规》的使用方法:首先熟悉第1册中的总则、分类、包装和罐柜规定、托运程序、各类包装的构造和试验以及运输作业的有关规定。然后由在第2册的索引查取危险货物的 UN No.,并按 UN No. 进一步查阅"危险货物一览表和限量内免除"中的内容,在该行中列有许多代码或编号,由代码或编号再查看有关的章节或附录,就可以获得详细的说明。危规具体的查阅方法可以分为以下两个步骤:

1. 按危险货物的正确运输名称(PSN)查危险货物的 UN No.

在英版《IMDG Code》中,以危险货物的正确运输名称 PSN(按英文字母顺序)查第2册"危险货物英文名称索引",就可以获得其分类和 UN No.。在《国际危规》中文译本中,以危险货物的正确运输名称(按汉语拼音字母顺序)查第2册"危险货物中文名称索引" 就可以获得其分类和 UN No. 等。若以阿拉伯数字、N—、希腊字母等作词头的,则查索引时,这类词头被忽略。例如:Calcium Carbide(碳化钙),英版按字母 c、a、l、c……顺序查取(见表6-1);中版按汉语拼音 t、a、……顺序查取(见表6-2)。

表6-1中,MP 列标有"P"则表示海洋污染物,标有"PP"则表示严重海洋污染物,标有"●"则表示海洋污染物仅适用本栏目或索引中标有 P 物质含量在10%或以上的物质或标有 PP 物质含量在1%或以上的物质。

危险货物英文名称索引　　　　　　　　表 6-1

Substance, material of article	MP	Class	Un No.
……			
Calcium Bisulphite, Solution, see	·	8	2693
CALCIUM CARBIDE	–	4.3	1402
……			

表 6-2

危险货物中文名称索引　　　　　　　　T:铊、钛、碳、羰、特、梯

	物质、材料或物品	联合国编号
……		
	……	
T	钛粉,干的	2546
	……	
……	碳化钙	1402

2. 按货物的联合国编号 UN No. 查"危险货物一览表和限量内免除"

在《国际危规》第 2 册的第 3 部分中列有"危险货物一览表"。该表按危险货物联合国编号顺序列出 4 000 多个危险货物条目。例如"碳化钙"按联合国编号 1402 可以查到如表 6-3 所示内容。

第 3 部分　危险货物一览表和限量内免除　　　　表 6-3

UN No.	正确运输名称(PSN)	类别	副危险	包装类	特殊规定	限量	包装		中型散装容器	
							导则	规定	导则	规定
1402	碳化钙	4.3	—	II	—	无	P403	PP31	IBC04	B1

罐柜导则			EmS	积载与隔离	特性与注意事项
IMO	UN	规定			
—	—	—	4.3 – 03	积载类 B	固体。与水接触迅速放出高度易燃气体乙炔。乙炔可与一些重金属盐组成高度爆炸性化合物。与酸类接触发生剧烈反应。

应当注意的是,国际海事组织(IMO)海上安全委员会(MSC)每隔两年要再版或出版一个补篇。危规使用者,当收到此类补篇,应当按要求对危规进行换页、插页、粘贴和修改,使之处于最新和有效状态。

二、《水路危规》简介

《水路危规》是以我国现行的危险货物运输法规、条例、国家标准和《国际危规》为依据,参考了联合国危险货物运输专家委员会制定的《危险货物运输建议书》,并结合我国水运特点而制定的。

该危规的明细表采用简单明了的表格形式。表中列出了近 4 000 种危险货物。在危险货物的标志、标记、船舶积载和隔离、可移动罐柜、中型散装容器等方面的规定基本上与《国际危规》相一致。危规明细表中所列的品名除正式学名外,还增加了常用名、英文名和分子式。危规根据各类危险货物的危险程度划分为一级和二级。该危规适用于在中华人民共和国境内从事危险货物的船舶运输、港口装卸、储存等业务,但不适用于国际航线运输(包括港口装卸)、

军运和散装危险货物(另有规定)。

该危规内容包括:①总则,②包装和标志,③托运,④承运,⑤装卸,⑥储存与交付,⑦消防与泄漏处理,⑧附则,共八章73条和七个附件以及《船舶装运危险货物应急措施》和《危险货物事故医疗急救指南》两个附录。目前出版了两大本,第一本内容由危规条文、附件二至附件六、运输单证和附录组成,第二本内容由危规附件一,各类危险货物引言和明细表组成。

该危规的查阅方法是:按危险货物学名的第一个汉字笔画数(品名前若有外文n、o、m、p、α、β、γ等字母或阿拉伯数字1、2、3等除外)从危规附件一,各类危险货物引言和明细表一书中“危险货物品名笔画索引表”查取危险货物品名编号,随后由该品名编号从“危险货物明细表”中即能查取特定危险货物的详细资料。明细表的格式如表6-4所示。

《水路危规》危险货物明细表 表6-4

编号	品名		特性及注意事项
	中文	英文	
43025	碳化钙 (电石) 分子式 CaC_2	Calcium Carbide	黄褐色或黑色固体。与水接触迅速放出高度易燃气体乙炔,可被反应热点燃。乙炔与某些重金属盐形成极易爆炸的混合物;与酸反应剧烈。 密度(水=1):2.22

包装					积载	灭火剂	《国际危规》			备注
标志	包装类	包装	第一容器容量	每一包装毛重或容重			UN No.	EmS No.	MFAG No.	
主4.3	Ⅱ	气密封口			B	干粉、苏打粉、石灰、干砂,禁用水、泡沫	1402	4.3-03	705	禁用袋装; 任何散装、充氮集装箱和可移动罐柜运输应符合有关规定

表6-4中“积载”一栏系指危险货物的积载类。危险货物,除第1类爆炸品外,依据其在船上的积载位置分为A、B、C、D和E五个积载类。各种积载类对不同船舶的积载要求如表6-5所示。为方便外贸货物水路运输的需要,在该危规明细表中同时列出了《国际危规》(即IMDG Code)的联合国编号UN No、应急表号EmS No和医疗急救表号MFAG No,供参考。

表6-5

积载类	A	B	C	D	E
货船	舱面或舱内	舱面或舱内	只限舱面	只限舱面	舱面或舱内
客货船①	舱面或舱内	只限舱面	只限舱面	禁止装运	禁止装运

注①:指载客限额超过25人或按船舶总长度每3m超过1人(以数字较大者为准)的货船。危规对这类船舶载客时承运危险货物还需要满足规则总论第二十七条的严格规定。

除查阅危险货物明细表外,对于特定危险货物通常还需要根据其类别从《水路危规》附件一中“各类危险货物引言”获取该类危险货物的一些共性说明,如货物特性、包装、积载、隔离、装卸、堆存保管等。

第二节　危险货物的分类及特性

危险货物具有品种繁多,性质各异,新品不断涌现,危险程度大小不一,多数兼有多种危险性质的特点。为方便安全运输和管理,有必要对危险货物进行科学分类。《国际危规》根据货物的理化性质及对人身的伤害情况将危险货物分成九个大类。因为这种分类并不相互排斥,所以对具有多种危险性质的货物,只能以其占主导的危险性确定其归类,但运输中必须兼顾这类货物的其他危险性质。

一、第1类 爆炸品(Explosives)

系指在外界作用下(如受热、撞击等),能发生剧烈的化学反应,瞬时产生大量的气体和热量,使周围压力急剧上升,引发爆炸的物质和物品,也包括仅产生热、光、音响或烟雾等一种或几种作用的烟火物品。

按危险程度爆炸品可细分为6个小类:

第1.1类——具有整体爆炸(一经引发,瞬间几乎影响到全部货载的爆炸)危险的物质或物品,如起爆药、爆破雷管、黑火药、导弹等。

第1.2类——具有抛射危险,但无整体爆炸危险的物质或物品,如炮弹、枪弹、火箭发动机等;

第1.3类——具有燃烧危险,和较小爆炸或较小抛射危险两者之一或兼有两者,但无整体爆炸危险的物质或物品,如导火索、燃烧弹药等。

第1.4类——无重大危险的物质或物品。此类货物万一被点燃或引爆,其危险仅限于包装件内部,而对包装件外部无重大危险,如演习手榴弹、安全导火索、礼花弹、烟火、爆竹等。

第1.5类——具有整体爆炸危险但极不敏感的物质或物品。此类货物性质比较稳定,在着火试验中不会爆炸。但当船上大量运载时,则其由燃烧转变为爆炸的可能性大为增加,如E型或B型引爆器、铵油、铵沥蜡炸药等。

第1.6类——不具有整体爆炸危险的极不敏感的物品,指仅含有极不敏感的爆炸物质,可能性极小被意外点燃或传播的单项物品。

这类物质或物品的共同的特性是具有化学爆炸性。它们的化学性质非常活泼,对机械力、电、热、磁场很敏感。受到摩擦、撞击、震动或遇明火、高热、静电感应或与氧化剂、还原剂如硫、磷、金属粉末等接触都有发生燃烧、爆炸的危险。此外,这类物品中多数不但本身具有毒性,而且在爆炸形成的气浪中含有毒性(如一氧化碳)和窒息性(如二氧化碳、氮气)气体。对这类物品中敏感度及爆炸能力过强的物品,若未经处理,则禁止运输。

二、第2类 气体:压缩、液化和加压溶解气体(Gas:Compressed, liquefied and dissolved under pressure)

系指在50℃时蒸气压力大于300kPa或在20℃和101.3kPa的标准压力下完全呈气态,经压缩或降温加压后,贮存于耐压容器或特制的高绝热耐压容器或装有特殊溶剂的耐压容器中的物质。

这类气体按化学性质可细分为三个小类:

第2.1类——易燃气体。此类气体泄漏时,遇明火、高温或光照,会发生燃烧或爆炸,如氢气、甲烷、乙炔及含易燃气体的打火机等。

第2.2类——非易燃、无毒气体。此类气体泄漏时,遇明火不会燃烧,没有腐蚀性,吸入人体内无毒、无刺激,但多数在高浓度时有窒息作用。这类还包括比固态和液态的氧化剂具有更强氧化作用的助燃气体。这类气体运输中还必须遵守第5类——氧化剂的各项要求和规定,如氧气、压缩空气、氮气、二氧化碳等。

第2.3类——有毒气体。此类气体泄漏时,对人畜有强烈的毒害、窒息、灼伤和刺激作用。其中有些还有易燃和助燃作用,如氯气、氨、硫化氢等。

《水路危规》这类名称是压缩气体和液化气体,其中第2.2类称为不燃气体。这类物质的主要危险表现在两方面:

(1)容器发生破裂或爆炸。诱发原因可能包括受热、撞击、耐压容器本身遭腐蚀或材料疲劳使容器的耐压强度下降等。

(2)因某种原因发生气体泄漏,如容器的阀门因猛烈撞击而受损。此情况下,泄漏的气体若轻于空气(如氢气),则会积留于封闭货舱的顶部。若重于空气(如二氧化碳),则会积存在货舱的底部。如任其蓄积,可能会引起火灾、爆炸、中毒、窒息等事故。

三、第3类 易燃液体(Inflammable liquids)

系指闭杯试验闪点低于60℃(包括60℃)时放出易燃蒸气的液体、混合液体、含有溶解固体或悬浮溶液(如油漆、清漆等)。还包括在液态时需加温运输,且在温度等于或低于最高运输温度时会放出易燃蒸气的物质,但不包括不能维持燃烧、闪点在35℃以上的液体,也不包括由于其危险性已列入其他类的液体。

闪点,(Flash point 缩写:Fp)在给定的条件下,可燃气体或易燃液体的蒸气与空气的混合物接触火焰时产生瞬间闪火的最低温度。液体的闪点越低,其易燃性及危险性越大。可燃液体当其温度高于闪点时,接触火源有被点燃的危险。闪点依据其测试仪器是在密闭容器还是在开敞容器中加热液体而分为闭杯试验闪点(Closed cup,以 c. c. 表示)和开杯试验闪点(Open cup,以 o. c. 表示)。一般同一物质的闭杯试验闪点要低于开杯试验闪点约3℃~6℃。可燃液体的闪点,因为其物理重现性较差,所以其测试的结果应当指明测试仪器的名称及试验条件。

燃点(Inflammable point)是指在给定的条件下,可燃气体或易燃液体的蒸气与空气的混合物接触火焰时能产生持续燃烧时的最低温度。对可燃液体,在相同条件下,其燃点常比闪点高出5℃左右。

易燃液体按其易燃性可分为3个等级包装类:

包装类Ⅰ——初沸点≤35℃。如二硫化碳、乙醚等;

包装类Ⅱ——初沸点>35℃,且闭杯闪点 $F_p<$ 23℃c. c. 。如汽油、乙醇等;

包装类Ⅲ——初沸点>35℃且23℃c. c < $F_p\leq$60℃c. c. ,包括高温运输液体和加温运输液体。如松节油、酒精饮料等。

除易燃外,这类液体都具有爆炸性,许多物品还具有麻醉性、毒害性等。

液体的易爆程度可用爆炸极限(Explosion limit)来衡量。它是指可燃气体、粉尘或易燃液体的蒸气与空气的混合物,能被点燃而引起燃烧爆炸的浓度范围。通常以可燃气体、粉尘或易燃液体的蒸气在混合物中所占体积的百分比来表示。浓度范围的最低值称作爆炸下限,最高值称作爆炸上限。爆炸下限越小、爆炸极限浓度范围越大的液体,其易爆性也越强,如汽油的爆炸极限为1.2%~7.2%,乙醇为3.3%~18%。

易燃液体的密度和水溶性,对发生火灾时能否用水扑救至关重要。若液体溶于水,则不论其密度大小,都可用水扑救。若液体不溶于水且密度大于1,则也能用水扑救。若液体不溶于水且密度小于1,则禁止用水扑救,因浮于水面的燃烧液体会随水的流动而使火灾蔓延。

四、第4类　易燃固体、易自燃物质和遇水放出易燃气体的物质(Inflammable solids, spontaneously combustible substance and substances emitting inflammable gases when wet)

除上述第1类、第2.1类和第3类外,其余多数易燃物质都归入这一类。这类物品可细分为三个小类:

第4.1类——由易燃固体、自反应物质和固体退敏爆炸品组成。易燃固体是指易于燃烧和受摩擦可能引起燃烧的固体。此类物质是指燃点低,对热、撞击、摩擦较为敏感,易被外部火源点燃,燃烧迅速,并可能散发有毒烟雾或有毒气体的固体,如赤磷、硫黄、萘、赛璐珞(如乒乓球)、浸湿的爆炸品等,但不包括已列入爆炸品的物质。自反应物质是指即使没有氧(空气)参与也易产生强烈的放热分解的热不稳定物质。固体退敏爆炸品是指被水、醇类或其他物质稀释后,形成均一的固体混合物来抑制其爆炸性质的爆炸性物质,如苦味酸铵,湿的,含水量不少于10%等。此类中有些物质,在危险货物一览表中,有控制温度(能安全运输的最高温度)和危急温度(必须采取如抛弃等应急措施的温度)的要求。运输时必须确保这类货物在其控制温度以下。

第4.2类——易自燃物质。此类物质是指自燃点低,在运输时的正常条件下,易自行发热或与空气接触升温而易起火燃烧的液体或固体。其主要危险是:能自行发热,若积热不散,则当热量积聚到其自燃点时不需外界引火即能自行燃烧。有些物质甚至在无氧条件下也能自燃,如黄磷、鱼粉(未经抗氧剂处理)、铁屑、油浸棉麻纸制品等。

自燃点(Spontaneous combustion point)是指在常温常压下,某一物质不需外界点燃,即能自行释放出使其气体或蒸气燃烧所需的最低能量时的温度。

第4.3类——遇水放出易燃气体的物质。此类物质是指通过与水反应,易自行燃烧或放出大量的易燃气体的液体或固体物质,如碳化钙(电石)、磷化氢、钠、钾等。

属于这类物质的绝大多数是固体,只有4.2类和4.3类中有少量的液体货物。除具有易燃的共性外,这类中许多物品还具有腐蚀性、毒害性和爆炸性等。

五、第5类　氧化剂和有机过氧化物(Oxidizing substances and organic peroxides)

这类物品可细分为两个小类:

第5.1类——氧化物质(剂)。系指虽然其本身未必可燃,但通常因释放出氧气能引起或促使其他物质燃烧的物质,如硝酸钠、高锰酸钾、过氧化氢、次氯酸钙(漂白粉)等。

第5.2类——有机过氧化物。系指其分子组成中含有过氧基的有机物,本身易燃易爆,极易分解,对热、震动或摩擦极为敏感的物质。这类物质比5.1类具有更大的危险性。其中许多物质在明细表中有控制温度和危急温度的要求,如过氧化二丙酰基(控制温度15℃,危急温度20℃)等。

这类中的多数物质还具有毒性和腐蚀性。

六、第6类　有毒物质和感染性物质(Toxic and infectious substances)

这类物品可细分为两个小类:

第 6.1 类——有毒物质。系指凡吞咽、吸入或与皮肤接触易于伤害或严重伤害人体健康甚至造成死亡的物质。归入这一小类的均为常温、常压下呈液态或固态的物质。有些还具有易燃、腐蚀等特性,如氰化钠、苯胺、四乙基铅(四乙铅)、砷及其化合物等。

这类物质的毒性主要用半数致死量 LD_{50}(Half-lethal dose,分口服和皮试)或半数致死浓度 LD_{50}(Half-lethal density)来度量。前者是指能使一群试验动物口服毒物(或与裸露的皮肤接触毒物 24h)后,在 14d 内死亡几乎一半时,平均每千克动物体重所用毒物的剂量(mg/kg)。后者是指能使一群试验动物连续吸入毒物尘雾 1 h 后,在 14d 内死亡几乎一半时,所吸入的毒物尘雾在空气中的浓度(mg/L)。显然,毒物的 LD_{50}或 LC_{50}越小,其毒性越大。(表 6-6)

由有毒物质 LD50 或 LC50 确定的包装类 表 6-6

包装类别	口服毒性 LD50(毫克/千克)	皮肤接触毒性 LD50(毫克/千克)	吸入粉尘和烟雾毒性 LC50(毫克/千克)
I	≤5.0	≤50	≤0.2
II	>5.0 和<50	>50 和≤200	>0.2 和≤2.0
III *	>50 和≤300	>200 和≤1 000	>2.0 和≤4.0

本类物质不少还具有易燃、腐蚀等特性。

第 6.2 类——感染性物质。系指含有致病的微生物或其毒素,能引起人畜病态,甚至死亡的物质,但不包括以基因改变的微生物和生物体(《国际危规》中被归类于第九类)。主要包括含有感染性物质的生物制剂、医学标本,如排泄物、分泌物、血液、细胞组织和体液等,但《水路危规》这类中不包括疫苗。

运输这类物质时人畜中毒的主要途径是,毒物经呼吸道或皮肤侵入体内,而经消化道侵入的较少。因此,应当采取正确的防护措施,杜绝这些可能的中毒途径,以确保运输安全。

七、第 7 类　放射性物质(Radioactive substances)

系指能自原子核内部自行放出人感觉器官不能察觉的射线的物质。

1. 有关术语

放射性活度(Radioactivity strength):又称作放射性强度,指每秒内某放射性物质发生核衰变的数目或射出的相应粒子的数目。它是量度放射性物质放射性强弱程度的一个物理量,单位是 Bq(贝可)。

放射性比活度(Specific activity)又称作放射性比度,指单位质量(或体积)的放射性物质的放射性活度,单位是 Bq/g(贝可/克)。

剂量当量(Dose equivalent)表示生物体受射线照射,每千克体重所吸收的相当能量,单位是 Sv(希)。用以衡量生物体受射线危害的程度。国际公认的人体每年最大允许剂量当量为 0.005 Sv/y。

辐射水平(Radiation level)是指单位时间所受的剂量当量,单位是 Sv/h(希/小时)。

《水路危规》规定,放射性物质系指放射性比活度大于 70 Bq/g 的物质或物品,如镭 226、铀 238、钴 60、镭一铍中子源等。但不包括人体内的辐射性同位素心脏起搏器和辐射药物。

2. 射线的种类、性质及其危害性

射线分为 α 射线、β 射线、γ 射线和中子流。在各种放射性物质中,有些只能放出一种射线,有些能同时放出几种射线,如镭的同位素,在其核衰变中,就能同时放出前三种射线。这类物质的危险在于辐射污染。对人体的危害有外照(辐)射和内照(辐)射两种。外照射是指由于放射性物质的射线，造成对人体组织细胞杀伤或破坏的一种辐射危害。内照射是指由于放射性物质进入人体，造成体内射线源及其周围的人体器官直接损伤或破坏的一种辐射危害。不同放射射线的辐射危害存在着明显的差别。

1）α 射线（α Rays）

是带正电的粒子流，具有很强的电离作用。但穿透能力很弱，射程（粒子在物质中的穿行距离）很短，在空气中约为0.027 m。仅用一层衣服、纸张等即能被完全屏蔽。一旦进入人体，α 射线源及周围的人体器官因电离作用会受到严重损伤。因此，本类射线，内照射危害大，但不存在外照射危害。

2）β 射线（β Rays）

是带负电的粒子流，电离作用比 a 射线弱（约为其千分之一），但其穿透能力比 α 射线强，在空气中射程约为几米。因此，这类射线对人体外照射危害较 α 射线大。但其射线很容易被有机玻璃、塑料、薄铝片等屏蔽。

3）γ 射线（γ Rays）

是一种波长很短的电磁波，即光子流。不带电，以光速运动，能量大，穿透能力很强，约为 α 射线的 1 万倍，为 β 射线的 50～100 倍，不易被其他物质吸收。要完全阻挡或吸收 γ 射线是非常困难的。因此，这类射线对人体的主要危害是外照射。

4）中子流（Neutron current）

不带电，穿透能力很强。一般认为，中子流引起对人体损伤的有效性是 γ 射线的 2.5～10 倍。因此，这类射线对人体的危害比 γ 射线要大。屏蔽需要使用比重轻的物质（如水、石蜡、水泥等）。

对放射性物质外辐射的防护是屏蔽、控制接近的时间和距离。运输中要确保其包装完整无损，近距离作业人员必须穿戴防护用品，如铅手套、铅围裙、防护眼镜等。有关人员应尽量减少受强照射伤害的时间并增大与辐射源的距离（如选配货位远离生活居住处所），这是因为放射线的强度与放射源的距离平方成反比。内辐射的防护是防止放射源由消化道、呼吸道和皮肤三个途径进入体内。

3. 运输指数（Transport index 缩写为 TI）

系指距放射性货物包件和其他运输单元外表面，或表面放射性污染物和无包装的低比活度放射性货物表面 1m 处测得的辐射水平的最大值（Sv/h 即希/小时）。对大尺度货物如罐柜、货物集装箱等，其 TI 值还应乘以在危规中提供的与货物横截面尺寸有关的放大系数。危规规定：对于各类普通海船在常规运输条件下，全船所载这类货物的 TI 总和不得超过 200，单个包装件、其他运输单元或海船一个货舱内的 TI 总和通常不得超过 50。

八、第 8 类 腐蚀品（corrosive substances）

系指化学性质非常活泼，与人畜或其他物品接触，在短时间内能造成明显破坏现象的固体或液体物质和物品。大多由酸性、碱性和对皮肤、眼睛、粘膜等会造成严重灼伤的物质或物品组成，如硝酸、硫酸、冰醋酸、氢氧化钠等。

腐蚀品按危险程度由下列标准确定其包装类：

包装类Ⅰ：在 3min 或少于 3min 的暴露期开始直到 60min 的观察期内，能使完好的皮肤组织出现坏死现象的物质。该物质具有严重危险性。

包装类Ⅱ：在 3min 或 3min 以上 60min 以内的暴露期开始直到 14 天的观察期内，能使完好的皮肤组织出现坏死现象的物质。该物质具有中等危险性。

包装类Ⅲ：在60min以上，4h以内的暴露期开始直到14天的观察期内，能使完好的皮肤组织出现坏死现象的物质；或者不会引起完好动物皮肤出现可见坏死现象，但在试验温度为55℃时对钢或铝的表面年腐蚀率超过6.25mm。该物质具有一般的危险性。

不同的腐蚀品，腐蚀物的含量不同，被腐蚀材料不同，其腐蚀作用会有明显的差别，如双氧过氢水溶液，当浓度为3%时，则可用作伤口的消毒剂，而当浓度超过20 %时，则对人体有强烈的腐蚀作用；又如浓硝酸对铝，浓硫酸对铁都无腐蚀作用；若两者交换，则铝和铁都会被严重腐蚀。因此，针对不同腐蚀品的特性，采取截然不同的防护措施非常重要。

这类物质和物品中不少还具有易燃、氧化、毒害等一种或多种危险性质。

九、第9类　杂类危险货物和物品(Miscellaneous dangerous substances)

系指在运输中呈现的危险性质不包括在上述八类危险品中的物质和物品，如干冰(固体二氧化碳)、蓖麻籽、白石棉等。

《国际危规》中列入此类危险货物的还包括温度等于或超过100℃时交付运输的液态物质和温度等于或超过240℃时交付运输的固态物质，以及物质本身是/或含有一定量已列入《MARPOL 1973/1978》附则Ⅲ的海洋污染物的物质。

我国《水路危规》对危险货物的分类与《国际危规》大体相同，由九个大类和24个小项组成。但《水路危规》中的爆炸品无1.6类。考虑到腐蚀品的性质差异很大，《水路危规》第8类细分为8.1项酸性腐蚀品、8.2项碱性腐蚀品和8.3项其他腐蚀品三个小项，而《国际危规》该类未作细分。《水路危规》中第9类细分为9.1项杂类和9.2项另行规定的物质两项，但仅列有难以归入前八类中任何一类的“干冰”(属9.2类)一个物质，而《国际危规》该类也未作细分，但列有包括“干冰”在内的19种物质。对于这些物质中其余18种物质，我国有7种未被列入(如救生装置，环境有害固体或液体物质，锂电池等)，另11种物质已并入前八类中的某一类中(如烟雾剂类归入2.1项，加了稳定剂的鱼粉归入4.2项，石棉类和蓖麻籽类归入6.1项等)，其目的是从严要求确保安全。

为区分危险货物主要危险性的危险程度，我国《水路危规》在对危险货物分类的基础上再分为一级和二级。判断危险货物的危险级别是由各类危险货物明细表中第一列危险货物国标(GB 12268《危险货物品名表》)编号确定的。国标编号由五位阿拉伯数字组成，第一位是危险货物类别号，第二位是项别号，最后三位是危险货物品名顺序号。若顺序号小于或等于500号的为一级危险品，大于500号的则为二级危险品，如品名“碳化钙(电石)”的国标编号是“43025”，表明该货物属第4类第3项，因为顺序号025 <500，所以该货物为一级危险品。

《国际危规》Amdt. 32-04修正案中提出了“后果严重的危险货物”的规定(属建议性)。所谓后果严重的危险货物是指具有在恐怖事件中被滥用的潜在可能、会产生诸如大量人员伤亡或巨大破坏的严重后果的危险货物。如大部分的爆炸品、有毒物品和感染性物质等。规则要求发货人和从事后果严重的危险货物运输的其他人应采取、实施和遵守有针对性的保安计划。

第三节　危险货物的标志及包装

正确耐久的危险货物标志，无论是在正常的运输中还是在发生事故后，都便于有关人员迅速识别，采取必要的防护或应急措施。合格的危险货物包装是危险货物运输安全的根本保证。

它除了能起到普通货物包装的作用外，还要求能够经受住比普通货物更大的装卸和海运风险，能够有效地降低或消除引发危险的各种外界影响。

一、危险货物的标志

由危险货物的标记、图案标志和标牌组成。

1. 标记（Marking）

是指按危规要求标注在包装危险货物外面的简短文字或符号。包括：危险货物的正确运输名称（PSN）、联合国编号、海洋污染物标记（如果有）、可免除危险货物图案标志的1.4类、配装类S（详见本章第四节）货物的标记"1.4S"以及在危险货物一览表中确定为低度危险而只需标注其类别的标记，如"Class 4.1"等。

2. 图案标志（Label）

是指以危规中规定的色彩、图案和符号绘制成的菱形标志。用以醒目明了地标示包装危险货物的性质。对于列入1.4S类的货物，或在危险货物一览表中确定为低度危险性的货物等可免除此类标志。

凡有次危险性的货物，除需带有表明其主要特性及类别的主图案标志外，还需同时带有表明其次危险性的副图案标志。主、副图案标志的差别在于，前者应标注而后者不标注其类别号。

3. 标牌

是指放大的图案标志（不小于250mm×250mm）。适用于如集装箱、货车、可移动罐柜等较大的运输单元。

《国际危规》规定，危险货物所有标志均须满足经至少三个月的海水浸泡后，既不脱落又清晰可辨。《水路危规》规定，危险货物标志应粘贴、刷印牢固，在运输中清晰，不脱离。危险货物标志和标牌见附录三和附录四。

《水路危规》第十七条规定，按本规则属于危险货物，但国际运输时不属于危险货物，外贸出口时，在国内运输区段包装件上可不标贴危险货物标志，由托运人和作业委托人分别在水路货物运单和作业委托单特约事项栏内注明"外贸出口，免贴标志"；外贸进口时，在国内运输区段，按危险货物办理。

国际运输属于危险货物，但按本规则规定不属于危险货物，外贸出口时，国内运输区段，托运人和作业委托人应按外贸要求标贴危险货物标志，并应在水路货物运单和作业委托单特约事项栏内注明"外贸出口属于危险货物"；外贸进口时，在国内运输区段，托运人和作业委托人应按进口原包装办理国内运输，并应在水路货物运单和作业委托单特约事项栏内注明"外贸进口属于危险货物"。

如本规则对货物的分类与国际运输分类不一致，外贸出口时，在国内运输区段，其包装件可粘贴外贸要求的危险货物标志；外贸进口时，国内运输区段按本规则的规定粘贴相应的危规货物标志。

二、危险货物的包装

按其适用范围，可分为通用包装和专用包装两类。通用包装适用于第3、4、5、6.1类中的大部分货物和第1、8类中的部分货物。其余货物由于其各自特殊危险性质，只能采用专用包装。

1. 危险货物的通用包装

危规将危险货物的通用包装分为三个等级。在危规的总索引表和物质明细表中,依据其危险程度指明了所列货物应采用的包装等级要求。很明显,根据所列的包装等级反过来即能判断出该危险货物的危险程度。三类包装等级的含义是:

I 类包装——能盛装高度危险性的货物;

II 类包装——能盛装中度危险性的货物;

III 类包装——能盛装低度危险性的货物。

根据正常运输条件下可能遇到的撞击、挤压、摩擦等情况,对危险货物包装进行各种模拟试验,是检验其包装强度的有效方法。显然,对危险性越大的货物,其包装模拟试验的标准也应当越高。包装等级的划分由其包装模拟试验的标准确定。模拟试验的项目包括跌落试验、渗漏试验、液压试验、堆码试验等。每一类型的包装试验品只需按规定作其中的一项或几项试验。例如,对满载固体拟装货物的铁桶包装进行的跌落试验,规定的试验标准是:I 类包装的跌落高度是 1.8m、Ⅱ类包装是 1.2m 和Ⅲ类包装是 0.2m。试验品若被在规定的高度跌落于试验平台后,无影响运输安全的损坏,则视为合格。

经过试验合格的包装,都应在包装的明显部位标注清晰持久的包装试验合格标志。联合国规定的统一包装试验合格标志及其右侧说明格式见图 6-1。

图 6-1

a)联合国包装标记示例;b)我国包装标记示例

图 6-1 各栏的简要说明如下:

4C——用阿拉伯数字和字母表示的包装代码。第一位表示包装的类型(如 4 表示箱装),第二位(如属复合包装则包括第三位)的大写拉丁字母表示包装的材料(如 c 表示天然木材)。若是复合包装,则第二和第三两位字母,依次表示复合包装的内包装和外包装的材料。若第三位(如复合包装则是第四位)有数字,则表示包装类型的特殊结构。

Y100——Y 是包装等级的代码。I、Ⅱ和Ⅲ类包装分别用代码 X、Y 和 Z 来表示。包装等级不允许升级,但允许降级使用,如 X 级包装,可降级适用于Ⅱ或Ⅲ类包装等级的货物。100 是指本包装允许最大毛重为 100 kg。

S——只适用于内装固体货物。

96——1996 年制造。

NL——按规定试验的批准国代号。NL 是荷兰的代号。CHN 是中国的代号。

VL823——制造厂或主管机关规定的识别记号。图 6-1(b)中 GB 是我国国家标准缩写,CN 是制造国代号(中国),110001 中前两位 11 是商检局代号,后四位 0001 是生产厂代号,P101 是生产批号或生产月份。

对拟订装载无内包装液体货物的包装,在上述最大毛重位置改为标注相对密度(若其不超过 1.2,则可免除此项);在上述标注 S 位置,改为标注已通过液压试验的压力值(kPa)。此外,对经修复的包装,还需标注修复人名称、修复年份等内容。

2. 危险货物的专用包装

第 1 类的部分爆炸品,因对防火、防震、防磁等有特殊要求,需要选用物质明细表中规定的或主管部门批准的包装材料、类型和规格的专用包装。除非明细表中有特别规定,第 1 类爆炸品中其余的物质和物品的包装均应满足上述通用包装的Ⅱ类包装要求。

第 2 类危险货物均需采用耐压容器的专用包装。根据 15℃时,容器所能承受的压力不同,可进一步分为低压容器(≤2MPa)、中压容器(>2MPa 且≤7MPa)和高压容器(>7MPa)三种。本类货物的包装及其试验标准,主要由各国有关的主管机关制定和监管。

第7类危险货物的包装,不但要能防护内装货物,而且要能起到将辐射减弱到允许强度并促进散热等作用。这类货物的包装设计及试验必须符合国际原子能机构(IAEA)有关文件的专门规定。按货物的运输指数(TI),这类货物的包装分为三个等级。Ⅰ类包装(TI≈0)、Ⅱ类包装(0<TI<1)和Ⅲ类包装(TI≥1)。其中Ⅰ类包装的图案标志呈白色,Ⅱ、Ⅲ类包装的图案标志均呈黄色并须注明其TI数值。这种包装分类方法恰好与危险货物通用包装等级分类方法相反,即危险程度越大,包装等级号也越大。

此外,第3、4、5、8等类中某些特殊危险货物也必须采用专用包装,如双氧过氢、黄磷、碳化钙等。应当注意的是,曾盛装过危险货物的空容器,除经清洗或处理外,均应保持其原危险货物标志,并视作所装过的危险货物对待。

第四节　危险货物的积载与隔离

合理选择危险货物的装载舱位,正确处理不相容危险货物之间的隔离问题,对保证危险货物的安全运输,特别在其发生包装破损后采取有效的防护和应急措施非常重要。

一、危险货物的积载

1.危险货物的积载类

为了确定适当的积载方式,《国际危规》将船舶分为两种类型,既货船和客船,并依据危险货物(第1类爆炸品除外)安全装运所需要的积载位置分为不同的积载类,其范围从A到E。在积载时,需要将船舶类型和危险货物积载类这两种因素综合考虑,才能最终确定适当的积载方式,既依据不同的船舶类型、某种货物不同的积载类(从"危险货物一览表"第16栏可查到),决定该货物是应当被积载在舱面还是舱内。表6-5给出了不同船舶类型的积载位置要求。

2.危险货物积载的一般要求

(1)易燃易爆危险货物应尽可能保持阴凉,远离一切热源(包括火源、蒸汽管道、加热盘管、舱壁的热辐射、烈日直射等)、电源及生活居住处所。

(2)能产生危险气体的货物应选配于通风良好的处所或舱面。

(3)遇水放出危险气体的货物应选配于水密和通风良好的干燥货舱。与易散发水分货物分舱配装。

(4)有毒或放射性货物应远离生活居住处所。

(5)有强烈化学反应性质的货物(如爆炸品、氧化剂、腐蚀品),应清除舱内不相容的残留货物。严格满足与不相容货物之间的隔离要求。

(6)海洋污染性货物应优先选择舱内积载。若选择舱面装载时,货位应选择具有良好保护和遮蔽的处所。若对所选货位的安全有任何怀疑时,应对货物进行妥善的系固。

(7)在危险物质明细表中,对每一种货物是限于舱内积载、限于舱面积载还是无此限制都有明确要求(如规定:所有5.2类有机过氧化物仅限于舱面积载)。通常满足下列条件之一者,可在舱面积载:

①需要经常或特别接近查看。

②能形成爆炸性混合气体、能产生剧毒蒸气或对船舶有严重腐蚀作用。

③舱面危险货物的堆装应避开消火栓、测量管及其相关通道。

(8)第1类爆炸品中的不同货物,在物质明细表中,要求根据其特性分别按普通积载、弹药舱积载(又分为A型、B型和C型)、特殊积载和舱面积载四种类型装载。《国际危规》要求,第1类爆炸品应切实可行地积载在靠近船舶中心线的舱位,不应积载在离任何明火、机械排气口、通风烟道口、可燃性物料库或其他可能的着火源的水平距离6m以内处。通常应积载在能确保通道畅通并"远离"所有船舶安全操作所必需的其他设备,避开消火栓、蒸汽管道和进出口,同时离驾驶台、居住处所和救生设备的水平距离不少于8m。详见《国际危规》第二册的第1类引言。

二、危险货物的隔离要求

对互不相容的危险货物进行正确隔离,能有效地防止因泄漏等引发危险反应,发生火灾等事故后易于采取应急措施,最大限度地缩小危害范围,减少损失。

1.一般隔离要求

除第1类爆炸品之间的隔离要求外,《国际危规》将危险货物的隔离分为四个等级(见图6-2)。具体含义分述如下:

(1)隔离1:远离(Away from)。有效地隔离从而使互不相容的物质在万一发生意外时不致相互起危险性反应,但只要在水平垂直投影距离不少于3 m,仍可在同一舱室或货舱内或"舱面"上装载(见图6-2a)。

(2)隔离2:隔离(Separated from)。在"舱内"积载时,装于不同舱室或货舱内。如中间甲板是防火防液的,垂直隔离,即在不同的舱室积载,可以看成是同等效果的隔离。就舱面积载而言,这种隔离应不小于6 m的水平距离(见图6-2b)。

(3)隔离3:用一整个舱室或货舱隔离(Separated by a complete compartment or hold from),垂向的或水平的隔离。如果中间甲板不是防火防液的,只能用一介于中间的整个舱室或货舱作纵向隔离。就"舱面"积载而言,这种隔离即不少于12 m的水平距离。如果一包件在"舱面"积载,而另一包件在最上层舱室积载,也要保持上述的同样距离(见图6-2c)。

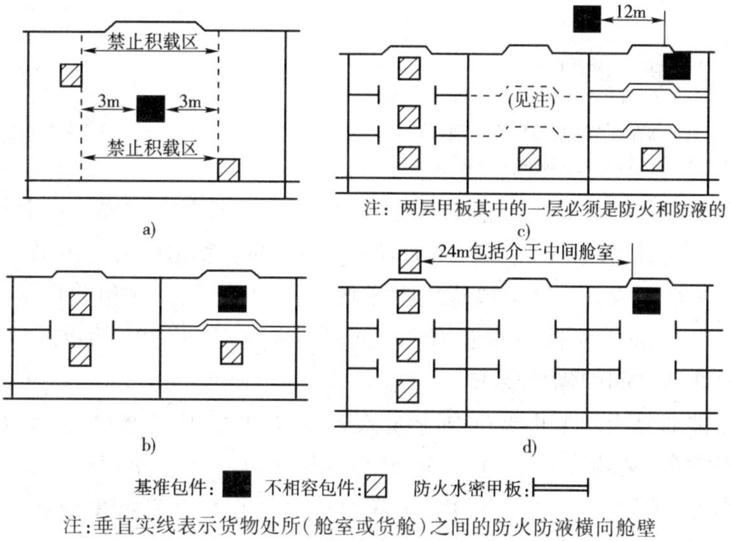

注:垂直实线表示货物处所(舱室或货舱)之间的防火防液横向舱壁

图6-2 危险货物隔离

(4)隔离 4:用一介于中间的整个舱室或货舱作纵向隔离(Separated by an intervening complete compartment or hold from)。单独的垂向隔离不符合这一要求。在舱内积载的包件与在“舱面”积载的另一包件之间的距离包括纵向的一整个舱室在内必须保持不少于 24 m 。就“舱面”积载而言,这种隔离应不少于 24m 的纵向距离(见图 6-2d)。

不同类别包装危险货物间的一般隔离要求见表 6-7。

《国际危规》隔离表 表 6-7

类别	1.1 1.2 1.5	1.3 1.6	1.4	2.1	2.2	2.3	3	4.1	4.2	4.3	5.1	5.2	6.1	6.2	7	8	9
爆炸品 1.1,1.2,1.5	*	*	*	4	2	2	4	4	4	4	4	4	2	4	2	4	×
爆炸品 1.3,1.6	*	*	*	4	2	2	4	3	3	4	4	4	2	4	2	2	×
爆炸品 1.4	*	*	*	2	1	1	2	2	2	2	2	2	×	4	2	2	×
易燃气体 2.1	4	4	2	×	×	×	2	1	2	×	2	2	×	4	2	1	×
无毒不燃气体 2.2	2	2	1	×	×	×	1	×	1	×	×	1	×	2	1	×	×
有毒气体 2.3	2	2	1	×	×	×	2	×	2	×	×	2	×	2	1	×	×
易燃气体 3	4	4	2	2	1	2	×	×	2	1	2	2	×	3	2	×	×
易燃固体 4.1	4	3	2	1	×	×	×	×	1	×	1	2	×	3	2	1	×
易自燃物质 4.2	4	3	2	2	1	2	2	1	×	1	2	2	1	3	2	1	×
遇湿危险物质 4.3	4	4	2	×	×	×	1	×	1	×	2	2	×	2	2	1	×
氧化剂 5.1	4	4	2	2	×	×	2	1	2	2	×	2	1	3	1	2	×
有机过氧化剂 5.2	4	4	2	2	1	2	2	2	2	2	2	×	1	3	2	2	×
毒害品 6.1	2	2	×	×	×	×	×	×	1	×	1	1	×	1	×	×	×
感染性物质 6.2	4	4	4	4	2	2	3	3	3	2	3	3	1	×	3	3	×
放射性物质 7	2	2	2	2	1	1	2	2	2	2	1	2	×	3	×	2	×
腐蚀品 8	4	2	2	1	×	×	×	1	1	1	2	2	×	3	2	×	×
杂类危险物质和物品 9	×	×	×	×	×	×	×	×	×	×	×	×	×	×	×	×	×

表中:1——“远离”;

2——“隔离”;

3——“用一整个舱室或货舱隔离”;

4——“用一介于中间的整个舱室或货舱作纵向隔离”;

×——隔离要求(如存在)应查阅物质明细表;

*——按第 1 类爆炸品之间的隔离要求配装。

由于每种危险货物的性质差别很大,因此查阅物质明细表中对隔离的具体要求比查阅一般要求更为重要。同时,在确定隔离要求时还应当以危险货物主、副(如果存在时)标志的隔离要求中较高者为准。表 6-7 仅是包装危险货物之间的隔离表,对包装危险货物与散装危险货物,散装危险货物之间和危险品集装箱之间的隔离要求,参见相应的章节。

2. 第 1 类爆炸品之间的隔离要求

本类货物除被细分为六个小类(《国际危规》)或五个小项(《水路危规》)外,依据其相互间混合配装是否安全,又被分为 13 个配装类,分别用字母 A ~ L(不包括 I)、N 和 S 表示,通常标于其分类及小类(项)号后(如 1.4S)。危规对这类货物相互之间的隔离有明确的规定:配装类相同的货物可以同一舱室(包括可移动弹药箱等,以下同)配装。配装类 L 的货物不允许与除该配装类以外的货物同室装载。配装类 S 的货物可以与除配装类 A 和 L 外的货物同一舱室配装。配装类 C、D、E 和 G 的货物相互间可以同一舱室配装,配装类 N 的货物可以同 C、D、和 E 的货物相互间同一舱室配装。除上所述外,不同配装类的货物均不得同室装载。当不同配装类货物在舱面装运时,除非按上述舱内隔离要求允许混合积载外,否则至少应隔开 6m 积载,见表 6-8。

爆炸品之间的隔离 表 6-8

配装类	A	B	C	D	E	F	G	H	J	K	L	N	S
A	×												
B		×											×
C			×	×	×		×					×	×
D			×	×	×		×					×	×
E			×	×	×		×					×	×
F						×							×
G			×	×	×		×						×
H								×					×
J									×				×
K										×			×
L											×		
N			×	×	×							×	×
S		×	×	×	×	×	×	×	×	×		×	×

注:×——表示可以在同一舱室、可移动弹药箱、集装箱或车辆中积载的相应配装类的货物。

3. 危险货物与食品之间的隔离要求

《国际危规》规定:

(1)第 6.1 类中包装类Ⅰ、Ⅱ或第 2.3 类的有毒物质积载应与食品“隔离”,除非这些物质与食品是分别装在不同的封闭运输组件内,如果这样,这些组件间不必隔离。

(2)第 6.2 类物质的积载应与食品“用一整个舱室或货舱隔离”。

(3)第 7 类放射性物质的积载应与食品“隔离”。

(4)第 8 类腐蚀性物质和第 6.1 类中包装类Ⅲ的有毒物质的积载应与食品“远离”。

第五节 危险货物的运输管理

危险货物的海上运输,需要经历多个环节。严格遵守有关的法规、规章、条例的各项规定,谨慎地处理好运输全过程中每一个环节,才能确保危险货物运输的安全;反之,运输中只要有一个环节稍有不慎,就可能酿成灾难性的事故,危及生命和财产安全,有时还会造成水域污染。我国对危险货物运输已具备了一整套较完善的法规和严格的管理体系。我国有关的法规、规章、条例等,对水路危险货物运输全过程中的各个环节,都提出了具体的要求及注意事项。

一、受载前准备

1. 熟悉并配备有关法律法规

配备并熟悉有关 IMO、挂靠港国家、主管部门、挂靠港地方、船公司等有关危险货物运输的文件。这类文件应当按规定及时更改,使之与最新版本一致。

与所运危险货物有关各类文件,主要包括:

(1)适用于国际海上运输的《国际危规》。

(2)适用于国内水路运输的《水路危规》。

(3)挂靠港国家或当地危险货物运输法规。

(4)国家、主管机关、船公司等颁发的条例、标准、规章和法规。

我国1982年起陆续颁布的《海上交通安全法》、《海洋环境保护法》、《防止船舶污染海域管理条例》等法规,以立法形式对危险货物运输的安全和防污染提出了原则性的规定。国家标准局自1985年起就危险货物的分类、品名、包装、命名原则等内容陆续发布了多个国家标准。

我国交通运输部于1996年11月颁布了《水路危规》。中华人民共和国海事局作为我国法定的水路交通安全的主管机关,颁布有《船舶装运危险货物监督管理规则》等。中远集团公司颁发有《远洋危险货物运输全面质量管理办法》等。

2. 获取并审查危险货物单证

船舶装运危险货物前,承运人或其代理人应向托运人收取完备的危险货物单证。

船舶运输危险货物中主要涉及的单证包括:

(1)《危险货物技术说明书》。承运危规中"未列明"的危险货物时,船方必须向托运人索取经主管部门审核、批准的此类说明书。其内容包括品名、类别、理化性质、主要成分、包装方法、急救措施、撒漏处理、消防方法及其他运输注意事项等。

(2)《包装检验证明书》和《包装适用证明书》。前者用于表明:指定类型的包装已经取样进行了所列的包装试验,并获得相应的试验结果。后者用于证明:指定的包装适合于所列特定的危险货物装载。这两种证书都须经主管机关或其委托的权威机构的确认才能有效。

(3)《放射性货物剂量检查证明书》。托运放射性货物时必须附有经主管机关或其委托的权威机构确认的此类证书。其内容包括货名、物理状态、射线类型、运输指数、货包表面污染情况、包装等级、外包装破损时的最小安全距离等。

(4)《限量危险货物证明书》。盛装《国际危规》(总论18节)中列明的小容器中的危险货物,如第3类易燃液体中包装类Ⅲ,且每一包装的最大容量不超过5L的货物,因其运输中危险性很小,可作普通货物运输。限量危险货物需经主管机关批准获得此类证书,并且其货物包件外要求贴有正确的学名或《第……类限量内危险货物》的字样,但无贴图案标志的要求。

《水路危规》第二十三条规定,符合规定条件的危险货物,无需《限量危险货物证明书》,即可按普通货物条件运输。如在《水路危规》危险货物品名索引中注有*符号的货物,其包装和标志符合规定,且每个包装不超过10kg,其中每一小包件内货物净重不超过0.5kg,每批托运货物总净重不超过100kg,只需在运单和作业委托单中注明"小包装化学品"字样,并按危规规定办理申报或提交有关单证,这类货物即可按普通货物条件投入运输。

3. 货物申报

危险货物的承运人或其代理人应在装货前3天向港口法定监督部门(我国为海事局)提出装运申请(我国为"船舶载运危险货物申报单"),以获取危险货物准装许可。

4. 检查承运船舶的技术条件

各种危险货物对船舶技术条件有不同的要求。通常规定,除承运船舶持有有效的危险货物适装证书外,在承运危险货物,特别是承运《国际危规》第1、2.1、3、4.1、4.3和5.2类危险货物前，必须事先向船检部门申请对船舶结构、装置及设备进行临时检验，取得相应的适装证书后，方可接受承运。

承运危险货物船舶的验船内容包括：装运舱室的结构、舱室的防火防水条件、通风设备及其状况、船舶消防与救生设备、船舶电气与通信设备、船舶装卸设备等。

5. 按危规要求进行积载与隔离

按本章第四节所述要求对危险货物进行正确的积载与隔离。所选货位还应考虑能后装先卸，有利于货物衬垫和系固。避免载有烈性危险货物的舱室中途加载其他货物。

6. 申请监装

装船前三天，向监装部门（我国为海事局）申请监装，并附送经承运船船长审核的积载图和有效的危险货物适装证书的复印件。若船方未申请监装，港口法定监督部门有权对危险货物的装载过程进行法定监督。

7. 装货前的其他准备

应阅读并熟悉 EmS 和 MFAG 中的相关内容，根据待装危险货物的应急部署表和医疗急救指南，备妥合适的消防器材和相应的急救药品。备妥衬垫材料和系固用具。保持烟雾报警和救生消防设备处于良好适用状态。保持装载货舱清洁、干燥、管系及污水沟（井）畅通，水密性能良好等。

二、装货过程

1. 做好安全防护工作

（1）按港口规定悬挂或显示规定的信号，甲板上设立醒目的"严禁烟火"警告牌。严禁与作业无关的船舶来靠船舷，作业期间原则上不安排油水、伙食和物料补给。作业现场备妥相应的消防设备。夜间作业配备足够的照明设备。督促港方在船与泊位、船与船之间设置安全网。装卸爆炸品、有机过氧化物、一级毒品和放射性物品时，装卸机具应按额定负荷降低 25% 使用。

（2）船舶装卸易燃、易爆危险货物期间，要督促进入现场人员不得携带火种、穿带有铁钉的鞋或化纤工作服，不得在现场使用非防爆型照明、通风和机械设备，不得在甲板上进行能产生火花的检修或船体保养工作。禁止加油、加水（岸上管道加水除外）。开关舱盖时应采取措施，防止摩擦产生火花。装卸爆炸品（第 1.4S 除外）时，不得检修和使用雷达、无线电电报发射机，船舶烟囱应设置防火网罩。

（3）遇有雷鸣、闪电、雨雪或附近有火警时，应立即停止作业。因故停工后，应当及时关闭有关货舱的人孔盖和舱盖。雨雪天气禁止装卸遇湿易燃物品。

2. 严格按配积载计划进行装货操作

（1）认真检查危险货物包装是否完好，标志是否清晰、正确。凡包装有破损、渗漏、严重变形、沾污等影响安全质量的应坚决拒装。

（2）督促装卸工人严格按有关操作规程作业，堆码整齐、稳固，桶盖、瓶口朝上。严禁撞击、拖拉、滑跌、坠落和翻滚等不安全作业。遇危险货物撒漏、落水或其他事故时，应迅速上报，按《应急部署表》要求采取妥善措施。

（3）严格按积载图上标注的货位及其备注上的隔离、衬垫、隔票、系固等要求进行装货操作。如需要改动，若已申请监装的，则须经监装部门认可；若未申请监装的，则须经本船船长或大副同意，其他人员不得任意更改。

(4)装货结束后,做好系固及全面检查工作。备齐危险货物的单证(如“危险货物舱单”、“危险货物实积图”、“危险货物安全积载证书”(如申请过监装))。

三、途中保管

(1)载有危险货物的船舶,不论航行、锚泊或等卸期间,均要对危险货物进行有效的监管。检查货物是否有移位、自热、泄漏及其他危险变化。定时测定货舱温度、湿度。合理进行通风,防止汗湿、舱温过高及舱内危险气体积聚。

(2)如需进入可能引发中毒或窒息事故的货舱,甲板上必须专人看守,除非经过培训并戴有完备的自给式呼吸器等,否则进入前应对货舱进行彻底的通风并经检测以确认安全。

载有易燃易爆危险货物的船舶,航行中应避开雷区,以免遭雷击。船舶的烟囱口应设置防火网罩。进入货舱人员不得携带火种、穿带有铁钉的鞋或化纤工作服,舱内所使用的照明、通风和机械设备必须具有防爆特性。船上所有易燃易爆气体可及区域,不得进行任何能产生火花的检修或船体保养工作。

四、卸货过程

(1)卸货前,船方应向装卸、理货等有关方详细介绍危险货物的货位、状态、特性、卸货注意事项等。对可能存在危险气体的货舱进行彻底通风。

(2)督促装卸工人严格按有关操作规程作业,严禁撞击、滑跌、坠落、翻滚、挖井或拖关等不安全作业。

(3)卸货完毕后,应及时整理货舱。谨慎处理危险货物的残留物和垫舱物料。危险货物的残留物或含有这类残留物的洗舱水必须按国家和港口的规定处理,不得随意排放或倾倒。

第六节　产生危险货物运输事故的主要原因

国际海事组织(IMO)分析危险货物事故认为,此类事故87%以上是人为因素造成的,要降低事故的发生率就必须采取以防为主的方针,重视对产生危险货物运输事故的原因分析,对危险货物运输中及时采取有针对性的防护措施,减少同类事故的多次发生具有重要意义。产生危险货物运输事故的主要原因包括:

一、缺乏危险货物运输的有关知识,特别是未掌握所运危险货物特性

掌握危险货物运输的有关知识,了解所运危险货物特性是保证危险货物安全运输的首要因素。有些船舶货运责任人员缺乏危险货物运输知识,对所运危险货物特性一无所知,且也未向有关方面了解,在危险货物运输的全过程中未采取任何防护措施。

案例1:某轮大副为降低货舱内汽油味浓度,用自己房内的非防爆电扇,接长电线移至舱内作通风,结果引起舱内爆炸,死伤多名装卸工人即属此例。

二、船舶运输条件不满足危险货物的运输要求

承运危险货物的船舶在舱室的结构、舱室的防火防水条件、通风设备以及船舶的消防与救生设备、船舶电器与通信设备、船舶装卸设备等方面都必须满足要求,否则存在着极大的安全

隐患。

案例2:某船公司选派货舱水密性较差的船舶承运碳化钙。结果在装载该货时遇下雨,因舱盖无法迅速关闭,货舱少量进水。该轮航行途中又发现装有该危险品的货舱漏水,造成多次险情。

三、由于危险货物本身的原因

案例3:某轮从南美装运经抗氧处理的袋装鱼粉回国。在航行途中,该轮几个舱内鱼粉相继出现发热引起自燃,造成重大损失。从事故的调查发现:该轮承运的鱼粉中抗氧剂分布严重不均,有的部位抗氧剂剩余浓度远低于危规的要求,这是引发事故的主要原因。

四、危险货物的标志不符合要求或包装破损

造成包装破损的主要原因有:危险货物的包装不合格,装卸设备及其索具状况不佳或装卸工人违章操作,因货物系固不当造成货物移位撞击他物等。

案例4:某轮承运一氧醋酸50 t,在装货港因操作不当,包装破损,致使货物撒漏,结果在卸货港造成作业工人皮肤灼伤,招致拒卸。

五、危险货物积载和隔离不当

按危规要求正确进行危险货物的积载和隔离是防止发生各类危险事故,或发生事故后便于有效控制事故范围,减少事故损失的另一项重要因素。

案例5:某轮将易自燃物质硫酸钠与氧化剂铬酸酐装于一室(应当满足“隔离”要求),结果两种货物包装破损,少量残留物混在一起。卸货时因对这类残留物有轻微摩擦引发自燃,酿成火灾。

六、危险货物运输途中监管不当

在危险货物运输的全过程中,对所运危险货物进行有效监管,可以及时发现一些事故苗子,便于及时处置以确保运输安全。

案例6:某轮在低温港口装运袋装葵花籽饼,当船舶航经热带高温海域时,因货舱未能始终保持良好通风,引发舱内货物发热自燃。

七、其他偶然事故

案例7:某轮在装有易燃液体的货舱上关闭舱盖时,因关舱操作中舱盖与舱口构件摩擦产生火星引起火灾。

练习题

1. 船运可移动罐柜危险货物时,应查阅______。

A.《MARPOL 73/78》　　B.《IMDG Code》

C.《IBC Code》　　D.《IGC Code》

2. 从现行《国际危规》危险货物英文名称索引表中,无法直接查到某货物的______。

A. UN No.　　B. 是否是海洋污染物

C. 分类　　D. 所在危险货物一览表的页码

3. 现行《国际危规》中，危险货物一览表所列危险货物的顺序是按______。

A. UN No.　　B. 九大类危险货物顺序

C. CN No.　　D. 中文版按货物正确运输名称的中文笔画

4. 查《水路危规》得某种危险品的国标编号为 43025，则该编号中数字的含义依次为______。

A. 第一位类别号，第二位项别号，后三位危品名顺序号

B. 第一位项别号，第二位类别号，后三位危品名顺序号

C. 前三位顺序号，第四位类别号，第五位项别号

D. 第一位类别号，其后三位顺序号，最后一位项别号

5. 我国《水路危规》不适用于______。①在我国境内港口从事危险货物装卸业务②在我国境内港口从事危险货物储存业务③军运④散装固态危险货物运输⑤散装液态危险货物运输⑥国际航线运输危险货物

A. ①②③⑤⑥　　B. ②③⑤⑥　　C. ③④⑤⑥　　D. ③⑤⑥

6.《水路危规》的适用范围是______。①所有海上危险货物的运输 ②包装危险货物的运输 ③散装危险货物的运输

A. ①　　B. ②　　C. ③　　D. ②③

7. 在新版《国际危规》中的危险货物一览表中可以查到下列内容______。Ⅰ危险货物的特性和注意事项；Ⅱ危险货物的积载与隔离要求 Ⅲ危险货物的 EMS 表号；Ⅳ危险货物 MFAG 表

A. Ⅰ～Ⅲ　　B. Ⅰ、Ⅱ、Ⅳ　　C. Ⅱ～Ⅳ　　D. Ⅰ、Ⅲ、Ⅳ

8.《国际危规》中的缩写 MFAG 是指______。

A. 危险货物医疗急救指南　　B. 船舶载运危险货物应急措施

C. 危险货物总索引　　D. 危险货物编号索引

9. 关于应急措施表的主要内容，以下说法正确的是应急措施表提供了______。

A. 船舶应配备的专用应急器材和一般医疗急救常识

B. 发生事故后应急处理的措施和特定危险品造成人员伤害的症状

C. 船舶应配备的专用应急器材和事故发生后的应急处理程序

D. 一般的急救常识和特定危险品造成人员伤害的治疗方案

10. 危险货物的标准运输名称______。

A. 不一定唯一　　B. 唯一　　C. 一般为两个　　D. 一般为三个

11. 国际危规规定，危险货物分为爆炸品，气体，易燃液体，放射性物质，有毒物质和感染性物质，腐蚀性物质及______。

A. 易燃固体和物质，氧化剂，过氧化物等九类

B. 自燃物质，易燃固体，氧化剂，遇水燃烧物质等十类

C. 易燃固体，一级氧化剂，过氧化物及其他危险品等十类

D. 易燃固体、易自燃物质及遇水放出易燃气体的物质，氧化剂及杂类危险品等九类

12.《国际危规》规定，______的易燃液体适用于包装类Ⅱ。

A. 初沸点≤35℃　　B. 闭杯闪点＜23℃且初沸点＞35℃

C. 23℃≤闭杯闪点≤60℃　　D. 初沸点≤60℃

13. 判别易燃液体的危险程度可用______。

A. 闪点划分，闪点越低越危险　　B. 自燃点划分，自燃点越低越危险

C. 燃点划分，燃点越低越危险　　D. 以上均可

14. 在3分钟或少于3分钟的暴露期后开始直到60分钟的观察期内能使完好的动物皮肤出现坏死现象的腐蚀性物质，应使用______。

A. 包装类Ⅰ　　B. 包装类Ⅱ　　C. 包装类Ⅲ　　D. A和C

15.《国际危规》中衡量放射性货物放射性强弱的指标是______。

A. 放射性活度　　B. 辐射水平　　C. 剂量当量率　　D. 运输指数

16. 通用包装的包装类Ⅰ可以盛装______。

A. 高度危险性的货物　　B. 中度危险性的货物

C. 低度危险性的货物　　D. A、B、C均可

17. 适用第Ⅲ类包装的放射性危险货物，其放射性______。

A. 较大　　B. 中等　　C. 较低　　D. 不能确定

18.《国际危规》规定，危险货物的标记应满足______。Ⅰ明显易见且易识别；Ⅱ应使其在海水中至少浸泡3个月仍然清晰可辨；Ⅲ与包件外表面的背景形成鲜明的颜色对比；Ⅳ不应与可能大大降低其效果的其他标志放在一起。

A. Ⅰ、Ⅱ、Ⅲ、Ⅳ　　B. Ⅰ、Ⅱ、Ⅲ　　C. Ⅰ、Ⅱ、Ⅳ　　D. Ⅱ、Ⅲ、Ⅳ

19. 符合《国际危规》包装试验标准的危险货物包装，根据其包装类型代码可以了解______。Ⅰ.包装材料　Ⅱ.制造商名称　Ⅲ.容许最大装载重量　Ⅳ.适合于装载的货

A. Ⅰ、Ⅱ、Ⅲ、Ⅳ和Ⅴ　　B. Ⅰ、Ⅲ和Ⅴ　　C. Ⅰ、Ⅲ、Ⅳ和Ⅴ　　D. Ⅱ、Ⅲ和Ⅴ

20. 具有两种以上危险性质的货物，其主标志和副标志的主要区别是______。

A. 无区别　　B. 副标志下角无类别号

C. 主标志下角无类别号　　D. 以上都不是

21.《国际危规》规定，危险货物标牌的尺寸应不小于______。

A. 250mm×250mm　　B. 100mm×100mm　　C. 76mm×76mm　　D. 无具体规定

22. 除爆炸品外，其他危险货物的积载方式可分为______，其中积载类C是指______。

A. 4种，可在舱面或舱内积载　　B. 4种，仅限舱内积载

C. 5种，仅限舱面积载　　D. 5种，仅限舱内积载

23. 危险货物中第一类爆炸品在舱面积载时，距驾驶台居住处所及救生设备的水平距离应不小于______m。

A. 12　　B. 8　　C. 6　　D. 3

24. 在危险货物积载中，表示在纵向上相隔一整个货舱配装的隔离法称为______。

A. 隔离4　　B. 隔离3　　C. 隔离2　　D. 隔离1

25. 若某两种危险品的装载应用“一整个舱室或货舱作纵向隔离”，则这两种货物在舱面上装载时应至少间隔______m的水平距离。

A. 24　　B. 12　　C. 6　　D. 3

26. 放射性物品与食品同船积载时的隔离要求是______。

A. 隔离4　　B. 隔离3　　C. 隔离2　　D. 隔离1

27. 腐蚀品与食品同船积载时的隔离要求是______。

A. 隔离4　　B. 隔离3　　C. 隔离2　　D. 隔离1

28. 托运《国际危规》未列明危险货物时，托运人应向船方提供______。

A. 危险货物技术说明书　　B. 积载图
C. 危险货物载货清单　　D. 以上都是

29. 危险货物托运时应提交______。Ⅰ危险货物申报单；Ⅱ包装检验证明；Ⅲ包装适用证书
A. Ⅰ　　B. Ⅱ　　C. Ⅲ　　D. Ⅰ、Ⅱ、Ⅲ

30. 托运的危险货物应具有的安全运输条件是______。①具有合格的包装②具有完整的货运资料③具有正确的标记、标志和标牌④具有完备的托运单据
A. ①、②　　B. ①、③、④　　C. ①、②、③　　D. ①、②、③、④

31. 在装卸爆炸品、易燃液体时，以下______是正确的。
A. 港内划定禁火区　　B. 不得检修或使用雷达
C. 不得同时进行加油、加水等项作业　　D. A + B + C

32. 在装卸危险货物时，吊杆应降低其额定负荷的______。
A. 25%　　B. 20%　　C. 15%　　D. 10%

33. 在我国，船舶载运进口或过境危险货物，应在预定抵港______前向海事局报告。
A. 96 小时　　B. 72 小时　　C. 48 小时　　D. 24 小时

第七章　杂货运输

本章概述了装货前对货舱的基本要求，件杂货衬垫、堆装、隔离、隔票和积载要求。货物装卸监督管理，航行中货物管理，杂货船积载图编制。重大件货物、木材甲板货、冷藏货的运输。

重点：各类货物的正确积载，编制杂货船积载图。

第一节　杂货船的结构特点

一、杂货船的含义

杂货船(general cargo ship)也称普通货船，是最早出现的货船，主要载运各种包装或成件货物的运输船舶 。

二、杂货船的结构特点

杂货船应用广泛，在世界商船队中占有很大的比例。在内陆水域和沿海中航行的杂货船吨位有数百吨、上千吨，而在远洋运输中的杂货船可达2万吨以上。要求杂货船有良好的经济性和安全性，而不一定追求高速。杂货船通常据货源具体情况及货运需要航行于各港口，有的设有固定的船期和航线。

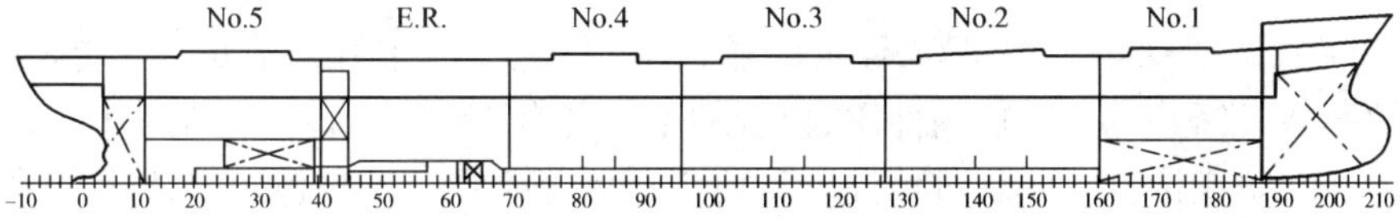

图7-1　杂货船的结构

杂货船有较强的纵向结构，船底多为双层结构，船首和船尾设有前、后尖舱，平时可用作储存淡水或装载压舱水以调节船舶纵倾，受碰撞时可防止海水进入大舱，起到安全的作用。船体以上设有2～3层甲板，并设置几个货舱，这样便于分隔货物及避免货物堆装过高而压损(参见图7-1、图7-2)。舱口以水密舱盖封盖住以免进水。机舱或布置在中部或布置在尾部，各有利弊，布置在中部可调整船体纵倾，在后部则有利于载货空间的布置。为了便于装卸，一般配有吊杆或起重机，有的杂货船还装备有重型吊杆。为提高杂货船对各种货物运输的良好适应性，能载运大件货、集装箱、件杂货，以及某些散货，现代新建杂货船常设计成多用途船。

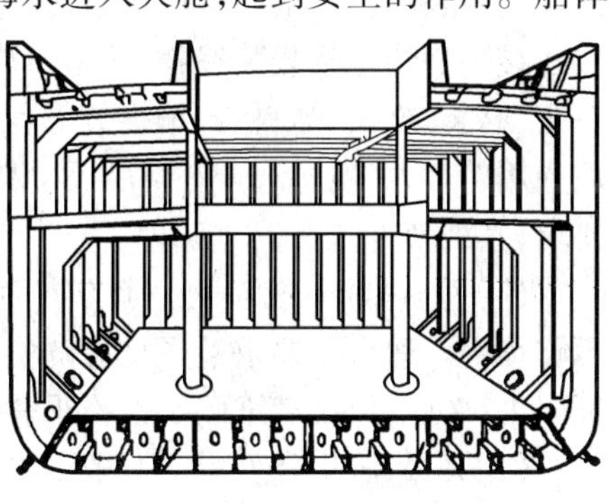

图7-2　杂货船货舱结构

第二节　杂货衬垫、隔票与堆装

一、衬垫

衬垫(Dunnage)是保护货物完好,保证船舶、货物安全的重要措施之一。衬垫的作用是防止货物水湿、撒漏、污染、震动、撞击、压损、移动及防止甲板局部构件受损。

防止货物水湿及震动的衬垫有木板、席子、油布等;防止散货撒漏和清洁货被污染的衬垫有油布、帆布;防止货物压损、移动及甲板局部强度受损的衬垫有木板、撑木或木楔。对重大件的底部,可以用钢板、厚木板、方木或木枕等衬垫材料。

二、隔票

隔票(Separation)是指用隔票材料将同一货种不同收货人的货物或货物形状类似的不同收货人的货物进行有效的隔离,以提高理货工作效率,减少和防止货差事故,加快卸货速度。隔票不当,容易产生混票,造成货物错卸漏卸。在货物装船时,对不同卸货港、不同货主、不同提单号的货物应做好隔票工作。隔票方法有自然隔票和材料隔票。

1. 自然隔票

用包装材料明显不同的货物隔票,如两票同种箱装货物间用桶装货堆装中间进行隔票。

2. 材料隔票

是指用专门的隔票物进行隔票。如用隔票绳网放置于两票货物之间,以区别不同卸货港、不同货主、不同提单号的货物。钢材、木材等可用不同颜色的油漆涂写在各票货物上进行隔票。

三、堆装

堆装(Stowage)是保护货物完好,保证船舶、货物安全、充分利用舱容的重要措施之一。货物在船上的堆装、堆码方法,因货物性质、包装的不同各有不同的要求。总的来说,都必须遵循堆装整齐、稳固,防止挤压、倒塌,避免混票和便于通风等原则。各种包装的杂货在垂向的堆装应该遵循较强包装的货物在下,较弱包装的货物在上的原则。需要上下分层堆装时,自上而下一般的次序应该是:裸装或桶装、捆装、箱装、袋装和易碎品。各种包装类型的普通货物的堆装方法简介如下:

1. 袋装货物的堆装

袋装货物包括袋装谷物、大米、食糖以及袋装矿粉、矿砂、水泥、各种化肥等。它们多采用布袋、麻袋、纸袋、塑料袋、编织袋等包装。袋装货件较为松软,在各个舱室均可堆装,为了有效地利用舱容,一般多选配在形状不规则的首尾货舱。根据袋装货物的性质和对货堆稳固性的要求,其堆装方式有以下三种:

(1)垂直堆码:袋口朝一个方向直上直下的堆码。其特点是操作方便,利于通风,但垛型不够稳固。适合于要求通风良好的货物,为保证垛堆的稳固,一般每码6~7层后掉转90度角堆码1~2层,再继续堆码。也称重叠式堆码,如图7-3所示。

(2)压缝堆码:上层货件压在下层货件接缝处的堆码。其特点是垛形紧密、较稳固、能充分利用舱容,但不利于通风,适合于不需要良好通风的袋装货物,如图7-4所示。

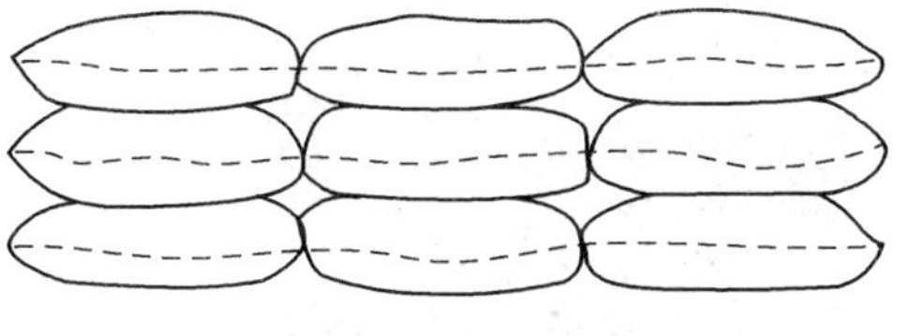

图 7-3　垂直堆码

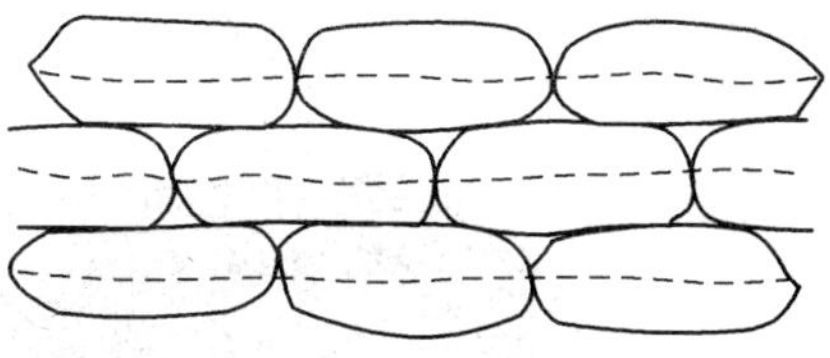

图 7-4　压缝堆码

(3)纵横压缝堆码:上层货件横向压在下层货件纵向接缝处。此种垛形最为稳固,但操作费力,通常用于堆码垛顶和垛端,以防倒塌,如图 7-5 所示。

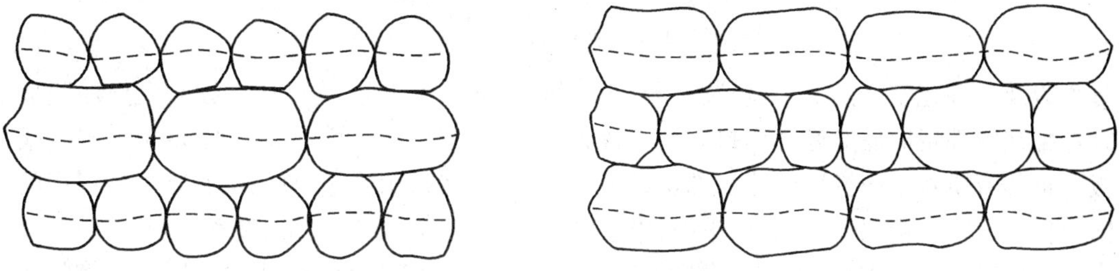

图 7-5　纵横压缝堆码

此外,还有重量为 1t 及以上的圆筒袋的集装袋,由于单件重量大,可在舱内直立或压缝码垛,货垛周围如无其他货靠紧时,要作简单绑扎固定。

2. 箱装货物的堆装

堆码方法应根据货物性质、包件的大小、重量、包装的材料及强度等具体情况而定。一般箱装货,尤其是大型箱装货物最好配于形状规整的中间货舱,底部要求平整稳固。重量大、包装坚固的木箱货件应配于下层,一般可采用垂直码垛,如其上需加载其他货物,应在上层箱货表面铺垫木板。包装弱、重量轻的箱装货,宜采用压缝码垛,以使垛形牢固。且应视其具体情况,当堆码一定高度时,铺垫一层木板,以使下层货箱受力均匀,避免压损。

3. 捆装货物的堆装

捆装货物比较复杂,包括捆包、捆卷、捆筒、捆扎等货物。

(1)捆包货物堆码。捆包货物如棉花、棉织品、生丝、丝织品、卷纸张等,此种包装类别的货物不怕挤压,可以在各舱室任意堆码,一般宜堆放在形状不规则的首尾舱室。捆包货在堆码时,还应注意衬隔,以防汗湿和污染。

(2)捆卷、捆筒货物的堆码。对于金属类的捆卷、捆筒货,除不耐压的矽钢卷外可作打底货;非金属类捆卷、捆筒不耐压,不能作打底货,捆卷、捆筒货物易滚动,为防止船舶横摇危及船舶安全,堆放时其滚动轴方向应沿船舶首尾方向堆放,并左右固定塞紧。但当捆卷、捆筒货数量较多时,也可横向铺满舱底直达两舷,铺平并在两舷衬垫木板后上压其他货物,仍属安全。捆卷、捆筒货物一般宜配装于舱形规整的中部货舱。

(3)捆扎货物的堆码。金属类的捆扎货耐压,可作打底货,但要注意装载部位的局部强度,长件金属类的宜配置于舱口大、舱形规则的中部舱室,应沿船舶首尾方向堆放,以免横摇时撞坏船体。如长度适当,正好可堆放在货舱一端或两舷已顺装了部分捆扎货的中间部位,同样也是安全的,但都要合理衬垫塞紧,防止移动。非金属类捆扎货多数不耐压,一般不能作打底货。捆扎货物的堆码如图 7-6 所示。

4. 桶装货物的堆装

桶装货物一般为流质或半流质货物,包括各种桶装植物油、矿物油、蜂蜜、肠衣、酒类、盐渍

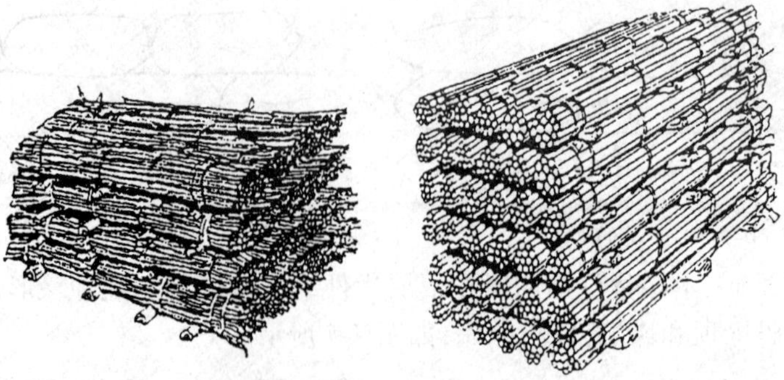

图 7-6　捆扎货物的堆码

类货物以及各种化工产品等，其包装有大、小铁桶，木桶，塑料桶，鼓形桶之分。大型桶装货物适宜选配在中部货舱底舱底部作打底货。各种小桶货不能作打底，一般应配装于二层舱或上甲板。桶装流质货不应堆装于舱盖部位，这类货以堆装在靠舱后壁为佳，以利减少破损后的污染面。桶袋货物的堆码，要求底面平稳，直立堆放，桶口向上，紧密交错、整齐排列，一般铁桶货每堆码一层铺垫一层木板，以求受力均匀，堆垛稳固。对桶装货堆码高度的限制，视其单件重量大小而异，单件重 200 ~ 300kg 的桶装货，堆码不得超过 5 层；300 ~ 400kg 者，不得超过 4 层；400 ~ 600kg 者，不得超过 3 层；600kg 以上者，不得超过 2 层。上面几层应绑扎牢固，以防倒塌。

5. 特殊包装货物的堆装

特殊包装货物包括箩、篓、筐装的水果、蔬菜及各种不耐压的杂品（如瓷砖、草篮）等；各种瓶装的酒、化学品等；各种气钢瓶等；各种坛、瓷装的酒、皮蛋、榨菜、酸类等。箩、篓、筐装货物，视所装的内容，有的按冷藏货或易碎货的要求进行堆码。各种瓶装，钢瓶装，坛、瓷装等包装货物，应视所装货物性质，有的按危险货物的堆码要求，有些可按桶装货物的堆码要求，有些可按易碎货物堆码要求来正确处理它们的堆码问题。坛、瓷装货物的堆高限度为 3 ~ 4 层，每层间须铺木板衬垫，既可防止压破，又可使货堆更为稳固。

第三节　货物运输单元与系固

为了货物和船舶运输的安全，IMO 将《货物积载与系固安全操作规则》（Code of safe practice for cargo stowage and securing，缩写为 CSS 规则，简称《系固规则》）列入经修改的《SOLAS 1974》，作为强制性的要求，规则适用于国际航行船舶装载的除固体和液体散装货及木材甲板货外的货物，特别是实践已证明在积载和系固上会造成困难的那些货物。

一、货物运输单元的定义和分类

《CSS 规则》中的货物运输单元是指车辆（公路车辆、拖车）、火车车厢、集装箱、平台、托盘、可移动罐柜、中型散装容器、包装组件、成组货件、货运箱、货物实体以及重大件货物等，没有永久固定在船上的装卸设备及其任何部分也属此列。

《CSS 规则》中将货物运输单元分为标准货物、半标准货物和非标准货物。

1. 标准化货物（Standardized cargo）

是指用船上设有的为其特定种类设计并被批准的专用系固系统进行系固的货物，如格栅式集装箱船装载的集装箱、钢材专用船装载的卷钢等。

2. 半标准化货物(Semi-standardized cargo)

是指用船上设有的适用于限定货物种类的系固系统进行系固的货物,如滚装船上装载的车辆、拖车等。

3. 非标准货物(Non-standardized cargo)

是指必须根据各自的情况进行积载和系固的非散装货物。

IMO 制定《CSS 规则》的目的是:提请船舶所有人和经营人注意确保船舶应适合其预定的用途;对确保船舶装备合适的货物系固装置提出建议;提供关于适当的货物积载和系固的一般建议以减少船舶和人员的风险;对在积载和系固上会有困难和造成危险的那些货物提出具体建议;对在恶劣海况下可采取的行动及对货物移动可采取的补救行动提出建议。

二、系固设备的种类及强度

1. 系固设备的种类

系固设备可分为固定系固设备和可移动系固设备两种。

(1)固定系固设备。是指系固点及其支撑结构。这些设备既可以是内部的,如焊接在船体结构内,也可以是暴露在外的,如直接焊接在船体结构外部。固定系固设备包括舱壁、强肋骨、支柱等上的眼板、带环螺栓等,甲板上的固定器、象脚装置、集装箱的角件孔、地令等,天花板上的类似装置。

(2)可移动系固设备。是指用于货物运输单元系固和支撑的移动设备。包括链条、钢丝绳、钢带、松紧器、卸扣、紧锁夹,小汽车及其他车辆的固定装置,集装箱用扭锁、桥锁等。

2. 系固设备的强度

衡量系固设备强度的指标有破断强度、最大系固负荷和计算强度:

(1)破断强度(BS)。是指设备在拉伸试验中使其达到破断状态时的拉力(kN),制造厂家至少应提供该设备的标准破断强度资料。重大件货物系固时,其横向一侧系索总的破断拉力应取货件自重的120%为宜。

(2)最大系固负荷(MSL)。是用以确定系固设备系固货物时所允许的最大负荷能力,它等于设备的破断强度与相应系数 δ 的乘积,即:

$$MSL = BS \cdot \delta \tag{7-1}$$

各设备材料的相应系数与设备的新旧程度有关,如第一次使用的钢丝绳 δ 取 80%,重复使用的钢丝绳 δ 取 30%。当多个设备串联使用时,MSL 取其中最小者。

(3)计算强度(CS)。考虑到货物系固时可能存在受力不均匀、系固水平和其他因素的影响,应取适当安全因数来折减最大系固负荷,折减后的 MSL 称为系固设备的计算强度。在应用力及力矩平衡法来评估系固效果时,根据不同的核算方法安全因数取 1.5 或者 1.35,即 $CS = \dfrac{MSL}{1.5}$ 或 $CS = \dfrac{MSL}{1.35}$。精确计算时取 1.35,估算时取 1.5。

三、货物系固方案的评判

对于船上的货物单元所受的外力主要由船舶运动引起的惯性力、甲板积载时所受风压力和波溅力组成。按照船用坐标可将它们分解成纵向力、横向力和垂向力。通常情况下货物系固的目的在于阻止货件的水平横移和纵移,防止货件横向倾覆。货件纵向倾覆和上跳的可能性极小。

当货件在《CSS 规则》设定的海况下产生的移动力(或倾覆力矩)小于系固后阻止其移动的约束力(或约束力矩)时,货件将不会产生水平移动和倾覆。

《CSS 规则》提供的防止货件横向移动的经验方法是:货件一侧(左或右)横向系索总的最大系固负荷 *MSL* 应等于或大于货件的重量。

四、《货物系固手册》的使用

为了具体执行《CSS 规则》,规则规定除装载液体散货和固体散货以外的国际航行船舶在装载货物运输单元时,必须配备由主管机关批准的《货物系固手册》。

《货物系固手册》应根据船舶的具体情况编制,要求包括的主要内容有:

(1)总论:包括编制手册的依据、监督审批的主管机关、适用范围、定义及其他等。

(2)系固设备及其配置和维护。

(3)货物运输单元的积载与系固。

(4)IMO 推荐的 12 种典型非标准货物的安全积载和系固操作方法。这 12 种非标准货物包括:在非专用集装箱船上的集装箱、移动式罐柜、移动式容器、滚动(轮载)货物、笨重件货物、卷钢、重的金属制品、锚链、散装金属废料、挠性中型散装容器、甲板下积载原木和成组货物的安全积载和系固。

(5)系固设备记录。

所有配备《货物系固手册》的船舶在装载单件较重或较大的货件和手册中所列的货品时,都应按手册的要求执行。

五、货物单元系固一般要求

1. 各系索松紧适宜且受力均匀

对货物单元上的系索,既要使其紧固而不致松动,又要防止过紧而折断,同时还要易于解开。货物单元一侧的系索应保持在同一松紧度上,这样才能保证各系索受力均匀,避免因松紧不一导致某些系索破断。

2. 系索长度不宜过大

系索长度过大,不易收紧,且可能因弹性变形而松动,更不能一索系多道。

3. 系固角应适当

过小的系固角不利于防止货物倾倒,而过大的系固角则不利于防止货物水平移动。因此,为提高系固效果,应选取适当的系固角,一般应取 30°~60°。对于移动式罐柜,系固时对系固角的要求是防滑目的应不大于 25°,防倾倒目的不小于 40°~60°。

4. 如需要,使用防滑材料增大摩擦

使用防滑材料增大货物单元与甲板间的摩擦力,从而减小了货物单元的水平移动力,系索道数可相应减小。

5. 注意系固设备的正确操作和使用

不同种类的货物单元在不同的堆装条件下,应使用与之相适当的系固设备,如使用不同的系索、松紧装置等。各种系固设备应正确操作,防止造成损坏或未达到预定的系固效果。

6. 系索与其他方式的联合固定

除采取系索固定外,根据需要可采用木料支撑、木楔塞紧等方式固定。

7. 保证货件不受损伤

为避免系索直接接触货物表面而压损或磨损货件，应在规定的部位进行系固，必要时在系固部位先加铺垫。对怕水湿的货物，除合理选择舱位外，在系固前应先铺盖油布，易腐蚀部位应涂上防护油脂。

8. 系固工艺要正确

对货件的系固应左右、前后对称，当货件上无系固点需在同一侧固定时，每道系索应先绕货件一周后再两侧固定。不能一索系多道。每个生根的地令上不能超过三根系索，且方向不能相同。

常用的系固方法如图 7-7～图 7-13 所示。

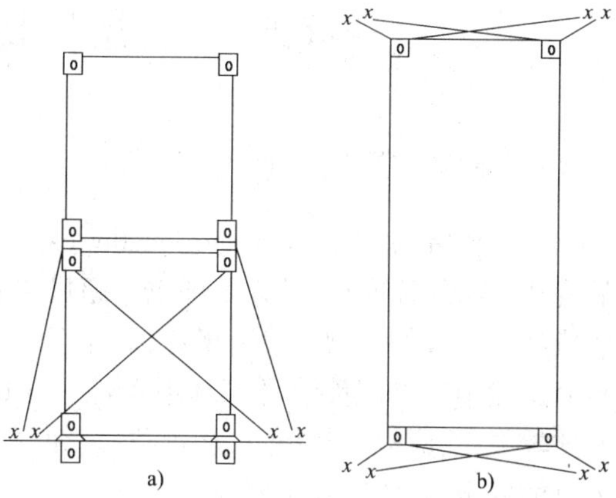

图 7-7　甲板上集装箱的系固

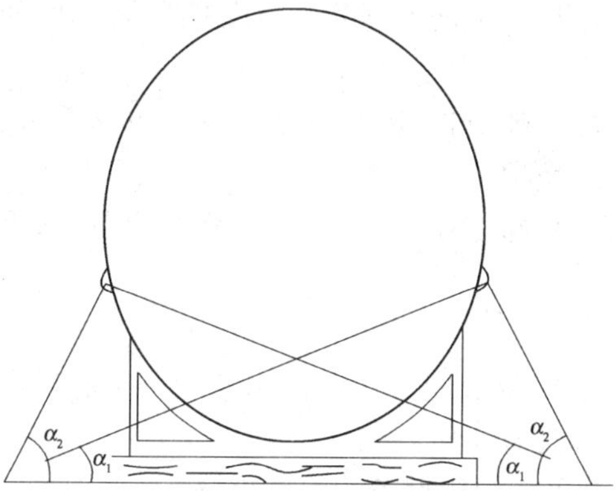

图 7-8　移动式罐柜的系固

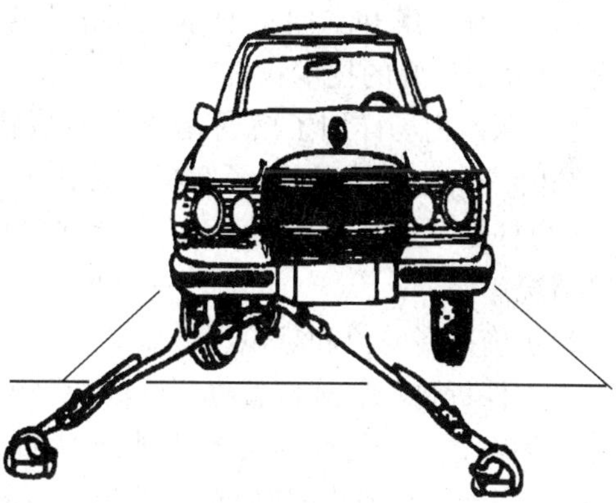

图 7-9　小汽车的系固

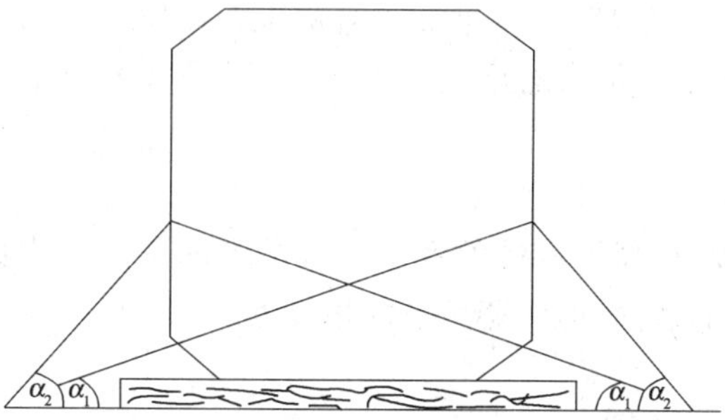

图 7-10　重件货的系固

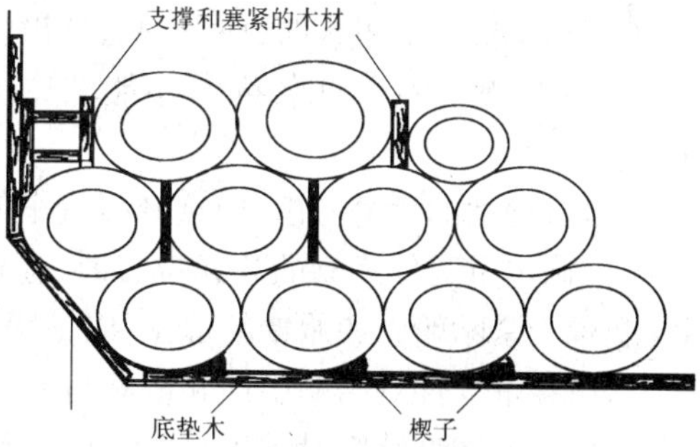

图 7-11　成卷钢板的堆装与系固

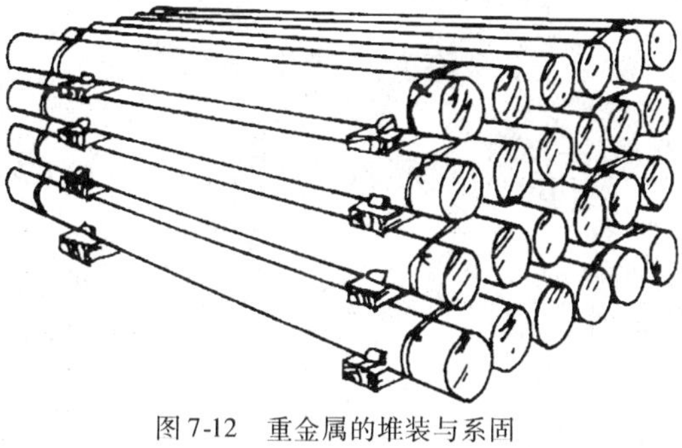

图 7-12　重金属的堆装与系固

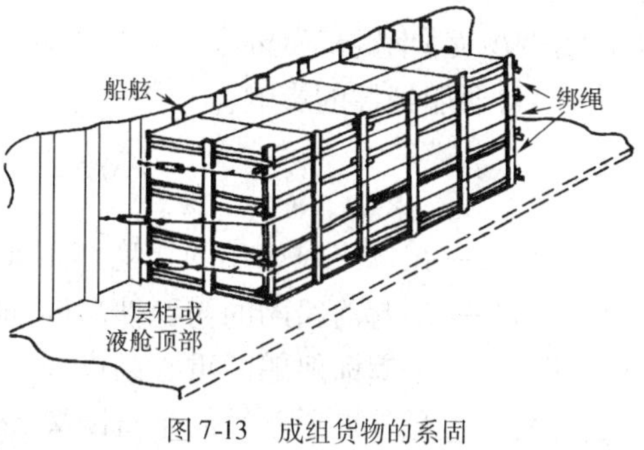

图 7-13　成组货物的系固

第四节　几种特殊货物的运输要求

一、重大件货物运输

重大件货物(Awkward and lengthy cargo)是指货物的单件重量或单件尺度超过规定限额的货物。国际标准规定,凡单件重量超过40t或单件长度超过12m或单件宽度或高度超过3m的货物为重大件货物。我国规定,远洋运输中凡单件重量超过5t或单件长度超过9m的货物;沿海运输中凡单件重量超过3t或单件长度超过12m的货物,均属于重大件货物。重大件货装卸比较复杂,应根据其特点,从积载、装卸等方面周密考虑,正确处理,才能兼顾船、货、机械和人身的安全,具体内容主要有:

1. 装运前的准备工作

(1)仔细了解和掌握本船承运重大件货物的能力和检查重型起货设备的所有部件和属具,使其处于良好的技术状态。

(2)深入货场详细了解所运重大件货物的有关资料,如货物的特征、形状、单件重量、尺度、装卸标志、包装情况等;了解货主提出的装卸注意事项。

(3)仔细了解和掌握装货港、中途港和目的港的装卸作业条件,如码头装卸设备、起重能力等情况。

2. 正确选择舱位和货位

重大件货物的装载位置,应从保证货物和船舶的安全及便于作业使用船舶重型起货设备等方面考虑。根据货件的具体情况,重大件货物可以配置于舱内或上甲板。

(1)当配置于舱内时,应选择舱口尺度较大且有重型起货设备的中部货舱。

(2)当配置于二层舱时,要注意货件高度不能大于二层甲板至舱口纵材下缘的高度。

(3)当配置于上甲板时,应选择起货设备够得着的部位,其堆装位置应不妨碍甲板部的正常工作,不影响驾驶台的瞭望,且不能堆装在舱盖上。怕水的重大件货物应配置在不易上浪的部位。

(4)从稳性的角度考虑,应选择接近全船重心处,并注意左右均衡。

(5)确定重大件货物的装载位置时,还应考虑有利于货件的系固。很高大的重大件货物不宜配置于紧贴船壳和舱壁的部位,以便于货件的系固,但应避免系固角过大。

3. 吊装重大件对船舶稳性和横倾角的影响

用船上的重型装卸设备吊装重大件,当货物被吊起时,货物处于悬挂状态,相当于将货物装在悬挂点处。在吊装过程中,吊杆头的高度最大时,船舶初稳性高度减小。产生的最大横倾角是发生在货物刚刚离地时。

(1)对船舶稳性的影响:

$$GM_1 = GM + \frac{P(KG_0 - K_b)}{\Delta + P} \tag{7-2}$$

式中:GM_1——吊起来时船舶的初稳性高度,m;

GM——吊起前船舶的初稳性高度,m;

KG_0——吊起前船舶的重心高度,m;

K_b——悬挂点距基线的垂直距离,m;

P—— 重大件货重,t;

Δ——吊起前的船舶排水量,t。

(2)产生横倾角 θ 的计算:

$$\tan\theta = \frac{PY + P_b Y_b}{\Delta \cdot GM_1} \tag{7-3}$$

式中:P_b——重吊吊臂等重量(t);

Y、Y_b——P 和 P_b 重心距船舶中线面的距离,常取 $Y_b = \dfrac{Y}{2}$。

4. 吊卸重大件对船舶稳性和横倾角的影响

用船上的重型装卸设备吊卸重大件,当货物被吊起时,货物处于悬挂状态,相当于将货物上移至悬挂点处,此时船舶初稳性高度减小。产生的最大横倾角则是发生在货物横移到舷外最远处将要落地时。

(1)对船舶稳性的影响:

$$GM_1 = GM - \frac{PZ}{\Delta} \tag{7-4}$$

式中:Z——重大件初始重心至悬挂点间的垂直距离,m。

(2)产生横倾角 θ 的计算:

$$\tan\theta = \frac{PY + P_b Y_b}{(\Delta + P) GM_1} \tag{7-5}$$

式中:GM_1——重大件吊起来时船舶的初稳性,m;

Y、Y_b——P 和 P_b 重心横向移动的距离,如已知船宽 B,吊杆的舷外跨度为 l,则

$$Y_b = \left(\frac{B}{2} + l\right)/2 \quad (\text{m}) \tag{7-6}$$

为了确保船舶安全,装卸重大件货物时船舶的横倾角不能过大,重大件重量小于 60t 时,横倾角不超过 6°~8°,重大件不大于 100t 时,横倾角不超过 10°,重大件大于 100t 时,一般不超过 12°。

重大件货物的装卸过程可参见图 7-14。

5. 充分做好装卸前的准备工作

(1)保证船舶正浮:装卸前应调整左右油、水舱的油水,使船舶处于正浮状态。

(2)检查装卸设备:对重吊及其属具(钢丝、滑轮等),必须经过严格检查;对起货机和电源系统也进行严格检查。

(3)准备装卸工具:准备起吊重大件所需的重吊及其属具、衬垫、绑扎等材料;根据重大件的重量、重心位置、起吊部位和外形特征选用相适应的吊具。

(4)货物检查:吊运前应查明重大件的重量、重心、起吊标记,对有特殊要求的重大件,应在具备吊运技术资料和拟订专项装卸工艺方案

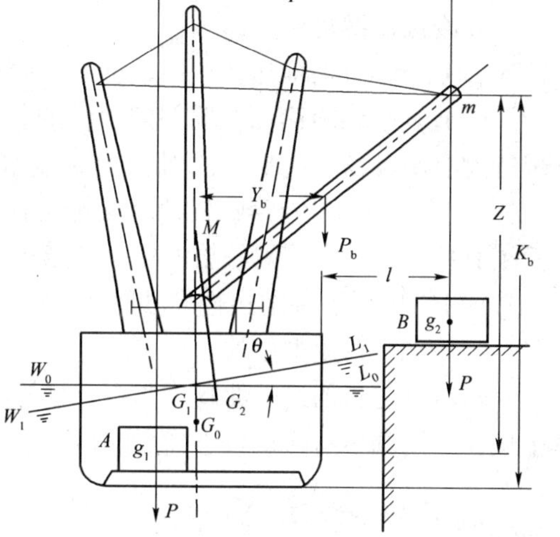

图 7-14　重大件货物的装卸

后方可作业。

(5)计算甲板负荷量,确定合理的衬垫方案,以保证甲板局部强度不受损伤。

二、冷藏货物运输

冷藏货物(Reefer cargo)是指要求在低温的条件下运输、保管的货物。这类货物在常温下经过较长时间的保管和运输,由于微生物作用、呼吸作用和化学作用等会使其成分发生分解、变化而腐败,以致失去使用价值,这类货物属于易腐货物。冷藏运输的目的就是使易腐货物在运输期间不致变质、过熟或腐烂。

1. 易腐货物保藏条件

(1)温度。采用冷藏方法保管易腐货物的主要条件是温度,对于不同的货物应分别采取冷却(0℃ ~5℃)、冷冻(0℃以下)和速冻(-20℃以下)等不同的冷藏方法。如冻肉长途运输时适宜温度通常是-18℃ ~ -20℃,短途运输则为-12℃。

(2)湿度。在冷藏技术上常采用的是相对湿度,即指每立方米湿空气中水蒸气的重量与同温同压下湿空气在饱和状态下水蒸气的重量之比。

(3)通风。为了保持舱内适宜的相对湿度和 CO_2 含量,需要用通风装置对冷藏舱进行循环通风和换气通风。如采用垂直方式通风,货物与舱顶之间至少应保留 5cm 的空档;如采用水平方式通风,货物与舱顶之间至少应保留 2.5cm 的空档。

(4)环境卫生。外界环境卫生条件不好,微生物就多,微生物中细菌会分泌出一种水解酶,它能水解食品中的有机成分,使之失去食用价值。如货舱中有异味,可用粗茶、臭氧或酒醋酸水去味。

2. 冷藏货物装舱准备

装载冷藏货物的船舶应具有"冷藏设备入级证书",并做好装舱准备工作。

(1)装货前,应对冷藏舱设备进行检查、修理,货舱要清洁、除味、消毒。当确认冷藏舱状态满足所运货物各项要求时,可以请商检师进行检验,以获取"冷藏舱检验合格证书",证明冷藏舱已适货。

(2)预冷。预冷一般在装货前 48h 开始,同时把隔票、衬垫用的物料放入舱内同时预冷,预冷温度应比装载货物所需的冷藏温度低 2℃ ~3℃,在装货前 24h,舱温达到指定的温度。

3. 冷藏货物装载

(1)装舱时间:应选择气温较低的清晨和晚间,避免在烈日或雨天作业。

(2)验收货物:商品检验部门提供的货物品质证书是货物质量的主要凭证。船方如果发现货物有渗血、疲软、变色、发霉或包装滴水应拒装或加以批注,以分清责任。

(3)货物的舱内装载:各种冷藏货在舱内的堆装方法因货种、包装及舱内通风方式的不同而稍有差异。基本原则是舱内冷空气能冷却全部货物,尽量使各处温度和相对湿度均匀。

(4)装货完毕后盖好舱盖,封舱后应立刻往舱内打冷气,直至达到货物所需的冷藏温度。

4. 冷藏货物途中保管

对冷藏货物的途中保管工作主要是舱温控制、二氧化碳含量和空气湿度的控制。航线途中按要求认真填写冷藏日志、冷冻机日志。

三、木材甲板货运输

木材甲板货(Timber deck cargo)是指在船舶干舷甲板或上层建筑甲板的露天部分装载的

木材货物。包括原木或锯材、斜木、圆木、杆材、纸浆原料和所有其他散装或捆装的木材,但不包括木质纸浆或类似货物。国际木材甲板货海上运输时应遵守 IMO《船舶载运木材甲板货安全操作规则》(Code of Safe Practice for Ships Carrying Timber Deck Cargoes)简称《木材船规则》。

1. 木材运输具有下列特性

(1)木材积载因数较大($1.3 \sim 2.3m^3/t$),亏舱率也大;因此一般专用运木船都要在上甲板装载大量的货物。

(2)木材极易吸收和散发水分。

(3)木材因呼吸作用会使封闭的舱内缺氧,有些木材树皮腐败还会产生有害气体。

(4)专用运木船勘划有木材载重线。船舶甲板装运木材时,可以采用木材载重线,因船舶甲板装载木材后,可增加船舶储备浮力,所以木材载重线的干舷高度比一般货船的相应载重线的干舷高度略小。

2. 木材甲板货运输对船舶稳性的要求

当木材甲板货的装载符合《木材船规则》要求时,IMO 对船舶的稳性衡准应同时满足以下要求:

(1)船舶经自由液面、甲板货吸水和/或露天表面结冰影响修正后的初稳性高度 *GM* 应为正值,离港时应不小于 0.10m。

(2)复原力臂 *GZ* 的最大值应不小于 0.25m。

(3)复原力臂曲线在横倾角 0° 到 40° 和进水角中较小者之间所围面积应不小于 0.080m · rad。

(4)满足天气衡准要求(仅适合于船长等于或大于 24m 的船舶)。

船舶到港及航行中均应假定木材甲板货的重量由于吸水增加 10%。结冰计算时,木材甲板货外表面的结冰重量应按实际情况增加,如无实际结冰重量资料,可按稳性报告书中的资料取值。

装载木材甲板货的船舶稳性不能小于要求的最低值,要求尽可能有一定的富余 *GM* 值,但也要避免过大的稳性,以免船舶在海上剧烈摇摆时货物产生过大的加速度,从而增大系固设备的受力。一般认为装载木材甲板货的船舶,其 *GM* 值应不超过船宽的 3%,当然此值不一定适合所有船舶,还要根据本船的具体资料得出结论。

3. 木材甲板货运输要求

木材积载时,应先装原木,次装特大方、中方、厚板、薄板;重质木材应装载底部或底舱,然后装轻质木材和细小优质木材。

(1)木材甲板货的堆装高度至少达到上层建筑的标准高度。最外边的木材不能超过立柱的高度,以防松解系索时货物掉出舷外。使用冬季载重线时,木材甲板货的堆装高度不能超过最大船宽的 1/3。

(2)装载前应在相应的位置上设置立柱并备妥系索。各立柱间的间隔应适合所运木材的长度和特点,但不应超过 3m。

(3)为保护从事装货、系固或卸货的船员和工人,应提供合适的保护服装和装备。

在航行期间,如果在船舶甲板上或甲板下没有方便的船员通道供从居住舱室安全通入到船舶操作所有处所,则应在甲板货的每侧设置垂直间距不超过 330mm、货物之上高度至少为 1m 的栏索或栏杆。此外,还应在尽可能靠近船舶中心线处设置用张紧装置拉紧的救生索,救生索最好是钢丝绳。

4. 木材运输保管

(1)船长应仔细编制航行计划，正确进行船舶操纵。

(2)航行期间应每日检查系索，必要时将其收紧。

(3)航行期间正确进行压载和转驳油水，避免产生船舶横倾。

(4)进舱检查前，要确保对货舱已进行足够的通风，并用仪器测量氧气和有害气体的含量，在确信安全情况下，按进入围蔽处所安全作业规程进行。

第五节　货物运输途中保管

承运人在运输货物中负有管理船舶和管理货物两大义务，航行途中对货物的保管是承运人管理货物的主要内容之一。

一、航行中对货物保管的内容

主要包括以下 3 个方面，即：经常检查货物在舱内的状况、测量舱内温湿度及污水、察看烟雾报警器及怕热、怕潮等货物的情况；做好特殊货物的管理工作，如危险货物的防燃、防爆及防其他重大事故、贵重货物的防窃、尽量保持冷藏货物的温度恒定等；注意气象变化，做好恶劣天气的防范工作，如货物的加固、通风设备的紧固、舱盖的密固以及做好货舱的通风。下面重点论述货舱通风。

二、货舱通风

1. 货舱通风的目的

(1)降低舱内空气的露点温度，防止舱壁和货物表面产生汗水。

(2)降低舱内的温度，防止货物变质受损及自燃。

(3)提供新鲜空气：防止货物腐败变质。

(4)排除有害气体，防止发生燃烧、爆炸和人员伤害事故。

2. 货舱通风的方式

货舱通风方式有自然通风、机械通风和干燥通风，其相应的设备是自然通风装置、机械通风装置和干燥通风装置。

(1)自然通风。利用货舱通风筒和自然风力进行的通风。自然通风又分自然排气通风和对流循环通风两种。

①自然排气通风。将货舱的通风筒口全部朝向下风向，依靠空气的自然流动，使舱内暖湿空气徐徐上升排出舱外。这种通风方式安全可靠，但速度缓慢。见图 7-15a)。

②对流循环通风。将上风一舷的通风筒口朝向下风向，将下风一舷的通风筒口朝向上风向，依靠风压形成对流循环通道使舱内的空气排出舱外。这种通风方式速度较快，适于大量旺盛通风时采用。见图 7-15b)。

自然通风由于受风力、风向、自然条件及通风筒截面等限制，往往不能满足通风的要求。

(2)机械通风。利用安装在货舱的进气和排气通风管道口的鼓风机进行的强力通风。远洋船上一般均设有这种通风装置。采用机械通风，可以通过调节阀控制通风量，舱内设有通风管道延伸至货舱两侧，管道上间隔一定距离开设通风口，可使货舱各处都能得到充分的通风。

(3)干燥通风。利用货舱干燥通风装置进行的通风。干燥通风装置由空气干燥机、货舱通风系统及露点指示记录器三部分组成。当外界条件适宜于通风时，可将调节器置于“通风”的位置上；当外界条件不适于通风时，可将调节器置于“再循环”位置上，并开启干燥空气接口，使干燥空气进入舱内，其输入量可以自由调节。但此时由于向舱内输入了干燥空气，货舱气压必然升高，故应将排气管口的调节器适当打开一些，以使货舱增压的气流适当排出。可以根据露点记录器的记录，正确选定上述的通风措施。

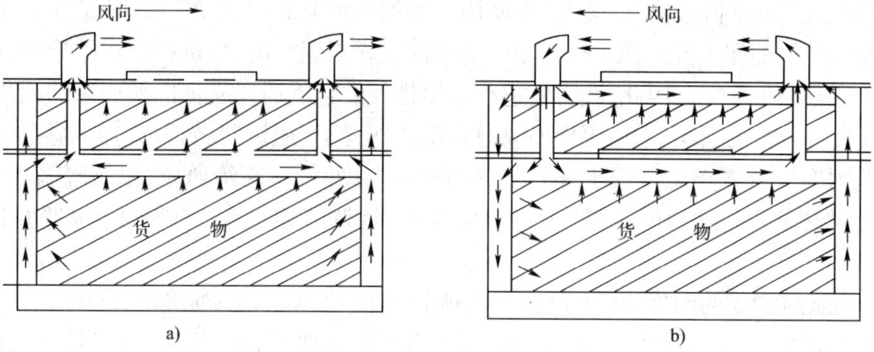

图 7-15　货舱自然通风

3. 货舱通风的基本原则

(1)降低舱内空气的露点，防止产生汗水的通风原则。在一定温度下，空气中的水汽达到最大值时，称这种空气处于饱和状态。未达到饱和状态的空气，随着温度的下降也会达到饱和状态。饱和状态的空气温度称为露点。

露点温度可以根据测定的干、湿球温度之差值及湿球温度在露点温度查算表(表 7-1)中查得。

露点温度查算表　　表 7-1

湿球温度(℃)	干湿球温度差值(℃)																				
	0.0	0.5	1.0	1.5	2.0	2.5	3.0	3.5	4.0	4.5	5.0	5.5	6.0	6.5	7.0	7.5	8.0	8.5	9.0	9.5	10.0	10.5
…	…	…	…	…	…	…	…	…	…	…	…	…	…	…	…	…	…	…	…	…	…	…
13	13	13	12	12	12	11	11	10	10	10	9	9	8	8	7	7	6	6	5	5	4	4
14	14	14	13	13	13	12	12	12	11	11	10	10	10	9	9	8	8	7	7	6	6	5
15	15	15	14	14	14	13	13	13	12	12	12	11	11	10	10	10	9	9	8	8	7	7
16	16	16	15	15	15	15	14	14	14	13	13	13	12	12	11	11	11	10	10	9	9	8
…	…	…	…	…	…	…	…	…	…	…	…	…	…	…	…	…	…	…	…	…	…	…
32	32	32	32	32	32	31	31	31	31	31	31	31	30	30	30	30	30	30	30	29	29	29
33	33	33	33	33	33	32	32	32	32	32	32	32	32	31	31	31	31	31	31	31	30	30
34	34	34	34	34	34	33	33	33	33	33	33	33	33	32	32	32	32	32	32	32	32	31
35	35	35	35	35	35	34	34	34	34	34	34	34	34	34	33	33	33	33	33	33	33	33

当舱壁、甲板的温度下降至舱内空气的露点温度以下，或舱内空气的露点温度上升到超过了舱壁、甲板或货物表面的温度时，就会在舱壁、货舱顶部或货物表面等处产生汗水。例如，当船舶在温暖地区装货后驶往低温地区时；或虽然外界温度变化不大，但舱内货物的水分蒸发很旺盛，使舱内空气的露点温度随之升高时，都会出现上述情况。特别是当船舶由温暖地区装载易散发水分的货物驶向低温地区时，上述部位出汗更为严重。而当船舶由低温地区装货后驶

往温暖地区时,如果封舱不好,外界暖湿空气流入舱内,则很容易在货物表面产生汗水。

为防止舱内产生汗水,除装货前保证货舱干燥外,在航行中必须对货舱进行正确的通风,使舱内空气的露点温度保持低于货舱壁和货物表面的温度。其基本原则是:

①当舱内空气的露点温度高于外界空气的露点温度时,应进行旺盛的通风,用舱外的低露点的空气置换舱内的空气,以降低舱内空气的露点温度。因此,此时可以进行对流循环的自然通风或将机械通风的调节阀开至最大,或使用干燥通风时将调节器在“通风”的位置上。

②当舱内空气的露点温度高于外界空气的温度及露点温度时,应进行缓慢的通风,以免大量冷空气进入货舱产生雾气。因此,此时应进行自然排气的自然通风或将机械通风的调节阀关小,靠自然排气进行缓慢的通风,采用干燥通风时将调节器置于“通风”位置并追加干燥空气。

③当舱内空气的露点温度低于外界空气的露点温度时,应断绝通风,以防暖温空气进入舱内。如果此时必须进行通风时,只能进行干燥通风,将调节器置于“再循环”位置并追加干燥空气。

(2)降低舱内空气的温度,防止货物变质或自燃的通风原则。船舶航行中由于各种原因会引起舱内温度的升高,而货舱内温度的升高又会加剧某些货物的氧化、呼吸作用及微生物的繁殖,引起货物的变质,或由于舱内热量积聚不散而引起有些货物的自燃。因此,也必须进行正确的通风以降低货舱内空气的温度。

一般,为防止货物变质的通风原则与防止舱内产生汗水的通风原则基本上是一致的。但对于防止货物自燃的通风则应特别谨慎,因为对装载易自燃货物的货舱进行通风,虽然可以驱散热量,但也会提供大量氧气而加剧氧化,或促使已达自燃点的货物燃烧。所以,为防止货物自燃的通风原则应该是:既能排除舱内的热量以防止其积聚,又避免给货物提供过多的氧气促使其氧化自燃。当确认舱内无自燃迹象且外界条件适于通风时应连续通风,但如发现舱内有自燃迹象或天气恶劣时应断绝通风,而且要关闭通风筒。当然,货种不同,连续通风的时间也不同。如装运棉花,当确认舱内无自燃迹象时,可以连续通风;当货舱有异状或天气恶劣时;则应立即断绝通风。又如装运鱼粉则应根据《国际危规》的要求,按货物情况分别采取良好通风、不需通风和不需特别通风等不同的通风方法;运输鱼粉最忌的是长时间的微弱通风,因为它能有效地提供氧气使鱼粉氧化而又不能有效地排除热量。当鱼粉的温度超过55℃并继续上升时,应断绝货舱通风并进行封舱。

(3)提供新鲜空气,防止货物腐败的通风原则。装运有生命的货物如水果、蔬菜等时,由于它们不断进行呼吸,使舱内空气中的氧气减少,二氧化碳增加,造成其呼吸不足且舱内空气的温、湿度升高,为微生物的繁殖提供了有利条件,促使货物腐败变质。因此,运输这类货物时应根据货物的不同要求,进行适当的通风换气。对于水果类和蔬菜类货物,一般每昼夜进行2~4次换气通风。

(4)排除有害气体的通风原则。有些货物在储运过程中会散发出易燃、易爆、有毒等有害气体,因此运输这些货物时,应进行连续的旺盛通风,不断排除有害气体,不使其沉积于舱内。特别在卸货前应进行旺盛通风。

第六节　杂货船积载基本要求

编制杂货船积载图是一项十分重要而繁杂的工作,在编制时,应以船舶安全、优质、快速、经济的基本要求进行货物的积载。杂货船积载一般应满足这些基本要求:充分利用船舶的载货能力;保证船舶具有适度的稳性;保证船舶具有适当的吃水和吃水差;确保船体强度不受损伤;保证货物运输质量;满足中途港卸货顺序的要求;便于装卸货物,缩短船舶在港停泊时间;正确合理的舱面积载。

为了满足上述各项要求,保证船舶安全及货物完整,在货物配舱过程中应遵循以下几个基本原则:

一、货物配舱顺序

杂货船的装货清单所列货物种类多,包装规格繁杂,批量大小不一,而且往往有好几个卸货港,因此,在向各舱具体配置货物时,必须按一定的顺序,对此,一般原则是:

1. 先末港后初港

对货物卸货港顺序来说,为保证按到达港序卸货,避免翻舱捣载造成货损,要先配最末一个港口的货物,最后配最先到达港的货物。

2. 先底舱后二层舱

对杂货船来说,底舱高度一般可达8~10m,则载货数量大,配货层次多,对货物的配置比二层舱困难。因此,应先配底舱,后配二层舱,这同按货物到达港序配货一样,两者的原则是一致的。

3. 先特殊后一般

对特殊货,如危险货、易碎货、气味货、污染货、散装货等,要首先按其特殊要求选定适宜的舱位,并尽可能合理地集中,然后再视具体情况合理安排一般的无特殊要求的货物,否则可能会出现许多矛盾,致使特殊货物找不到合适的舱位。

4. 先大票后零担

杂货船的装货清单中,总有一些数量较大的货物,为便于理货和装卸,避免货物差错,应先将其按票相对集中配在一个或两个舱内。否则,若先把一些批量较小的零担货物分散配于各舱,那么,最后整票的大批量货物会因找不到合适集中的舱位而被分散拆成多票。

5. 保证中途港货物顺利卸下

目的港的货物应配置在底舱的最下层或者扎位堆装,也可以装在二层舱的四周,中途港的货物应安排在底舱和二层舱的舱口位。当底舱配置有先到港的货物时,必须保证在中途港卸货时能顺利开启二层舱舱盖,即在二层舱的舱口及其四周1m的范围内不应配置后卸货。见图7-16。

在二层舱舱口四周1m以外可供配置后卸货的最大货舱容积称为货舱的防堵舱容,整个或半个二层舱舱口位四周1m以外实际配装的后卸港货物体积称为防堵货物体积。为了保证二层舱内舱盖能在卸底舱先卸货时顺利开启,二层舱内的防堵货物体积不能超过其防堵舱容。每个二层舱的防堵舱容在船舶资料中有提供。

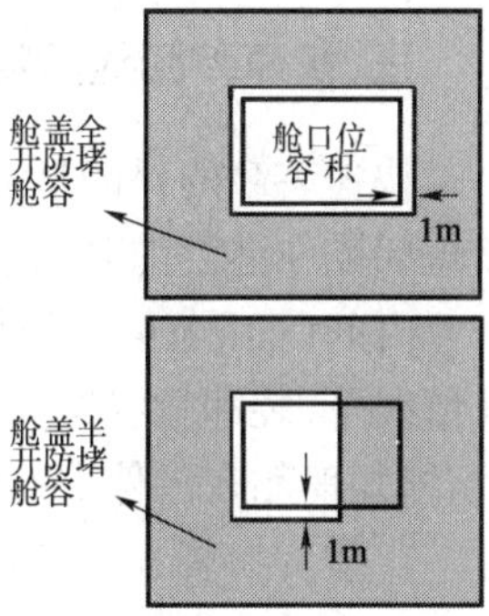

图7-16 防堵舱容

在底舱,先卸的中途港货物一般应安排在上面,目的港的货物安排下面。如果先卸的是重货,则可以采用“前半舱后半舱”装法,即先卸重货装在前半舱,后卸轻货装在后半舱。

二、保证货运质量的积载要求

1. 正确选择货物的舱位和货位

(1)根据货物的装载要求正确选定各类货物的舱位,如贵重货应置于贵重舱,危险货应远离机舱、驾驶台及船员住室，重大件应置于重吊所及的大舱等。

(2)怕热货不能置于热源附近或温度较高的舱室。

(3) 怕潮货不能置于易产生汗水的部位。

(4)重货不压在轻货的上面。

(5)怕冻的货物在冰冻季节不置于上甲板。

(6)后卸货物不堵先卸货物。

2. 货物在舱内要正确堆码

(1)货物的垛形应符合要求，即货垛应稳固、有利于通风、操作方便、有利于充分利用舱容。

(2)底舱货物应尽量平铺，必须扎位时，不得直立扎位、左右扎位和深扎位。

(3) 各类包装的堆码高度不能超过限高。

(4) 应做好货物的系固绑扎。一般货件之间应靠紧，空隙处应用木材、绳索等予以固定，使其在航行中不发生移位。对于重大件货物的系固要求则更高。

3. 正确处理货物的忌装

忌装货混装在一起，轻则会影响货物的质量，重则会使货物丧失其使用价值甚至造成严重事故。杂货在船上装载的忌装要求有三种：

(1)不同舱，即忌装货物不能装载在同一货舱，而必须分装在不同的货舱内，即使分装于同一货舱的二层舱和底舱也不满足要求。

(2)不同室，即忌装货物不装载在一舱室，它们可以分别装在同一货舱的二层舱和底舱就不属于互抵。

(3)不相邻，即在互抵货物之间用其他不互抵的货物隔开就不属于互抵。

常见的忌装货物详见附录二中的表 F2-2。

4. 做好货舱准备工作

各类货舱应根据货物情况做到清洁、干燥、无味、无虫、无漏，舱内设备完好或经检验合格取得验舱合格证书。

三、快速装卸对货物的积载要求

快速装卸的目的是为了加速船舶周转，提高船舶营运经济效果。快速装卸的主要途径是：缩短船舶在港停泊时间。在港停泊时间包括装卸所需的时间、不能与装卸货同时进行的辅助作业时间(如移泊等)及其他非生产性停泊的时间(如由于气象原因、候潮和等待泊位等)。正常情况下，装卸货物所需的时间是主要的，因此，快速装卸、缩短船舶装卸作业的时间对提高效率、缩短船舶在港停泊时间有决定性的意义。一般货物要达到快速装卸应注意以下要点：

1. 按货物装、卸港口顺序合理积载

当船舶一个航次要停靠一个或几个中途港进行部分货物的装卸时，必须适当地安排各中途港货物的合理货位和装船顺序，以保证各中途港货物能顺利卸载及船舶的安全和适航性(见图 7-17)。

2. 按货物装卸方便原则合理积载

(1)当先卸货物为重货，后卸货为轻货时，按一般方法配载就会使重货压轻货而造成货损，因此采用扎位方法比较妥当。

(2)当船舶在中途港只卸不装或者没有加装去本航次终点港的货载时，应当把本航次运往终点港的货物适当地分散装在各货舱内,并应将其部分货物配装在二层舱,这样既加快装卸速度,又满足全航程内对船舶纵向强度、稳性和吃水差的要求。

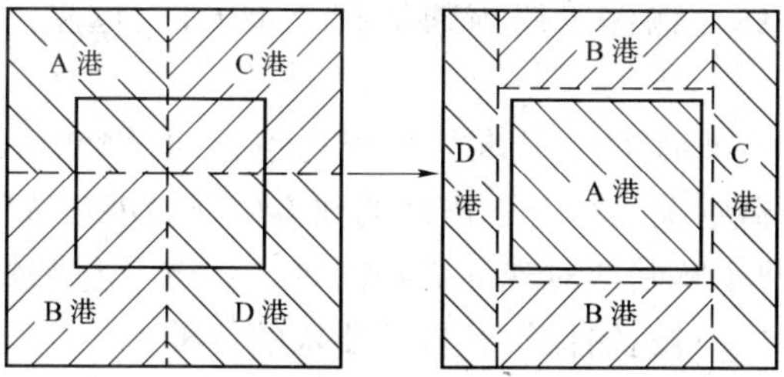

图 7-17　舱内货物堆码

3. 缩短船舶在港停泊时间

(1)缩短重点舱的装卸时间,所谓重点舱(Long hatch),就是船舶各货舱中所需装卸时间最长的货舱。应尽量可能将装卸效率最高的货物多配置于重点舱。

(2)船舶在港的基本作业与辅助作业同时并举。

(3)合理选择货位,尽量考虑扩大装卸操作场地,正确堆装。

(4)要求装卸公司改善装卸工艺和劳动组织,提高装卸效率,缩短装卸工作时间。

第七节　杂货船积载图编制

积载图(Stowage Plan or Cargo Plan)是用图式来标明航次货物具体装载在各货舱和甲板位置的示意图。积载图是指导装卸公司装货的文件,一般由船舶大副根据航次货物种类、性质、数量、重量和尺码,以及船舶结构、容积,货物到港顺序绘制而成,有时也可由代理公司绘制,并经船舶大副、船长认可。在装货过程中,由于各种原因可能与计划有出入,所以装完货后按实际装载所绘制的图称为实际积载图,它不仅是船方运送、保管货物的必备资料,也是卸货港安排卸货和现场理货的依据。

一、编制准备工作

杂货船积载是一项关系到船舶安全及货运质量等的繁重、复杂、细致的工作,必须以严谨的科学态度,认真踏实的工作作风,迅速、圆满地完成航次的船舶积载任务。

1. 熟悉船舶、货物情况

有关船舶情况包括:

(1)船舶各货舱装货条件及装卸设备、货舱结构等情况。包括各货舱和舱口的位置、尺度;各二层舱舱口及防堵舱容;内底板、各层甲板及舱盖安全负荷量;各货舱吊杆数及其负荷量和舷外跨度;油、水和压载舱的位置;船舶航行和停泊每大燃料、淡水的消耗定额;货舱内各种设备如支柱、轴隧、污水井的位置,电缆、通风设备的布置情况等。

(2)船舶稳性报告书,包括船舶性能数据、强度曲线图及船中载荷弯矩允许值、加载 100t 首尾吃水变化曲线图或数值表、适度的初稳性高度值和吃水差、各舱货物重量分配比例。

(3)船舶性能数据,一般是指船舶静水力曲线图中的有关曲线,它是船舶积载所必需的资料。可以从船舶性能数据较全的载重表尺或静水力参数表中查取。

有关货物情况包括:

(1)装货清单及对特殊货物运输保管的要求：船舶每个航次的货载是以装货清单形式通知船方的。通常在装货清单上写明：所运货物的装货单号、目的港、货名、包装形式、毛重、估算的体积和件数，对于有特殊运输保管要求的货物及重大件、危险货物等均在备注栏内加以说明。

(2)航次货载情况：由于船舶每个航次的货载均不相同，因此，在编制积载图之前首先应从装货清单中了解航次货载情况。如有不清楚的地方应通过港口或代理了解清楚。在有条件时，还应该到堆货现场实地了解并核对观察货物的堆放位置及包装情况。了解的重点应放在不熟悉的、首次装运的货种和对运输保管有特殊要求的货种。

2.熟悉港口、航线情况和资料

对于港口和航线，应该了解和熟悉以下情况：

(1)本航次船舶航经的海区及装卸港口泊位的水深，有无浅水区及其限制吃水，以便确定船舶允许的最大吃水，如果这方面情况不了解清楚，就有可能造成临时转口卸货和港外过驳等影响船舶安全和营运经济效果的不良后果。

(2)各装卸港口装卸条件及有关规定。港口卸货工具、起重设备能力，同时作业工班数，每天作业班次，港口规定等，以便船舶装卸时做出妥善安排。

(3)船舶本航次航经海区的风浪、气温变化情况，以便采取相应的货物运输保管的措施。

上述有关船、货、港、航方面的情况中，属于船舶方面的情况每个航次都可以通用，每艘船舶的有关资料在一定时间内是不变的。因此，尽可能将他们整理成清晰的文字资料，以便每次编制积载图时使用。关于货、港、航的情况，则随航次任务的不同而有所变化。因此，应从工作需要出发，注意积累货、港、航方面的资料。

二、积载图表示方法

1.积载图内容

在积载图上应具体标明船名、航次、始发港、各中途港、目的港、离始发港时的首尾实际吃水、平均吃水、编制日期和货物在各舱装载的位置以及装货中注意事项等，并有该船大副的签字。在正图的左上方有各目的港及其各货舱装货吨数的统计表，右上方有各货舱及其底舱、二层舱(有的还是多层舱)货物吨数和件数的统计表。

2.积载图标注

积载图内标明货物在各舱装载的位置，注明货物的名称、重量或体积、包装形式、件数、装货单号，如果卸货港口超过1个，还要标明卸货港名(可用不同颜色来清晰地区别不同的卸货港货载)。

3.备注

对保证装载质量有特殊要求时，在积载图下方的备注栏内应注明装载时注意的问题，如吊杆的安全负荷、衬垫、隔票、理货、通风、系固以及其他需特别提醒注意的事项等，以便引起装卸公司在组织装货时及船上值班人员看舱时的重视。

4.积载图图示方法

(1)积载图反映的船舶方向为船舶的首尾方向，船首为右，船尾为左。

(2)积载图反映的船舶底舱为侧视图。所谓侧视图，就是站在船舶右舷的前面，观看底舱货物装载部位，以此绘制而成的示意图。在侧视图上，用竖线表示货物的前、后舱位，即右边为前舱位，左边为后舱位。用横线表示货物的上、下舱位，即上部为上舱位，下部为下舱位。用斜线表示货物的左、右舱位，即左上位为左舷舱位，右下位为右舷舱位。见图7-18。

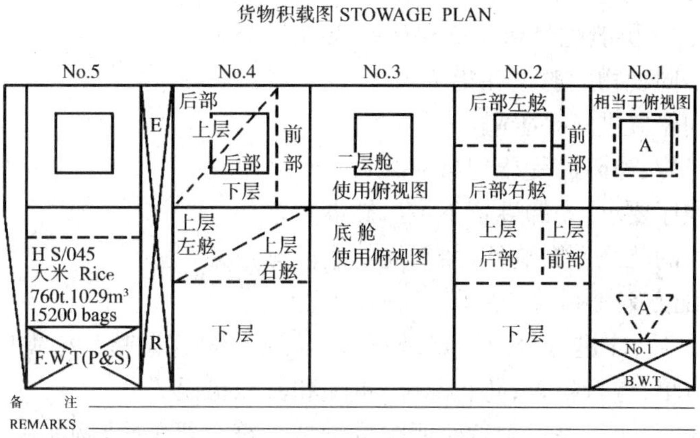

图7-18　积载图图示

（3）积载图反映的船舶二层舱舱位为俯视图。所谓俯视图，就是站在船体甲板上俯首观看二层舱货物装载部位，以此绘制而成的示意图。在俯视图上，用竖线表示货物的前、后舱位，即右边为前舱位，左边为后舱位。用横线表示货物的左、右舱位，即左上位为左舷舱位，右下位为右舷舱位。用斜线表示货物的上、下舱位，即上部为上舱位，下部为下舱位。

（4）积载图反映的货位大小是按货物的容积大小比例绘制而成。

（5）积载图的船型图用实线表示，各票货物之间用以虚线分隔。

积载图要做到清晰、简单、明确、易懂，无论由谁绘制，均由大副签字认可，船长批准。如果由于按积载图装货而产生货损，其责任由船方负责；装卸工人未经大副同意，擅自更改装载计划，不按积载图要求装货，则由装卸公司负责。由此可见，积载图具有法律原始证明文件的意义，在绘制积载图时，必须进行周密的调查研究。

三、积载图编制步骤

由于船舶类型的不同，各航次的货载也不同。因此，船舶积载图的编制程序有繁有简，不尽相同。在做好上述编制准备工作的基础上，可按下列具体步骤编制配积载图：

1. 核对“装货清单”所列航次货运任务与船舶的装载能力是否相适应

（1）计算船舶航次净载重量NDW，查取航次装货重量，并判别能否承运。

（2）查取货物总体积及船舶货舱总容积，并判别能否承运。

（3）审核船舶其他装载能力是否满足要求。

2. 确定航次货物重量在各货舱、各层舱的分配控制数

根据满足纵强度、稳性和吃水差的要求或在实践中总结出各货舱及各层舱装货重量的百分比，算出航次货载在各货舱和各层舱的装货重量范围。按照这个分配控制数往各舱及舱室配货，就可以减少盲目性。

3. 向舱内配置货物，拟订初配方案

在一张船舶积载图上为货物选择适当的舱位，此时应着重考虑保证货运质量及船舶对装卸货的各项要求。首先可将装货清单所列货物，按其装、卸港序以及货物性质类别进行归纳，然后根据货舱条件及各舱应配货物重量，从解决主要矛盾入手，灵活掌握各项配舱原则，并经适当调整，拟订初配方案，绘制装载草图。

货物配舱基本要求应满足：

(1)为满足稳性、纵强度和吃水差的要求，万吨级杂货船在满载条件下各舱实配货物重量应在上、下限范围内，二层舱配货重量应保持在30% ~35%。

(2)合理确定不同货物的舱位和货位。

(3)忌装货物同船应进行妥善隔离。

(4)无重货压轻货，易碎品受压现象。

(5)满足装卸顺序要求，先卸港货不被后卸港货堵住。

(6)各卸港货物的装载左右均衡，船舶无初始横倾角。

4. 全面检查初配方案是否符合要求

装载草图拟就之后，应进行全面检查，如有不当，应当进行调整。检查项目主要包括：

(1)对照装货清单，进行核查，防止漏配、重配和其他错误。

(2)列表检查初配方案，每一个货舱所配重量是否符合要求，货物所占舱容是否小于货舱舱容。

(3)检查货物的配置和搭配是否合适。

(4)各货舱装卸货有无困难，中途港的货物是否有被堵的情况。

(5)校验各层甲板局部强度，根据船舶资料查出装货处甲板允许负荷量，计算装货处甲板实际负荷并比较。

5. 校验船舶稳性、吃水差和纵强度

在初配工作完成后，应进行船舶在各种装载情况下(包括离始发港，到、离各中途港，到达目的港)的稳性、纵向强度、吃水差和吃水的校验，如有不符，应予以调整，直至符合要求为止。

6. 绘制正式的积载图

经过检查、校核、调整，认为已符合要求的装载方案，就可以据此绘制成正式积载图。

第八节　货运质量管理

杂货运输过程中，承运人对货物运输承担责任的期间是从货物装船开始到货物卸离船舶时为止的时间。所以，对承运人来说，提高货运质量，防止货损、货差事故发生的关键环节在于加强货物在船舶承运期间的全面质量管理，即对所承运的货物从受载的准备、收货和积载、途中的保管、卸货交付整个运输生产过程中的全面质量管理。

一、海上货运质量事故

杂货的货运质量事故是指在海上运输过程中所产生的货物包装损坏、变形、或松脱，货物外形残损、霉烂变质、重量减少或数量短缺和延迟交货等方面的事故。

(1)货物残损事故(Damaged Cargo)：是指货物在装卸、运输过程中发生和发现的货物原有理化性质改变的现象，如变形、变质、霉烂、破碎、泄漏等。

(2)货物溢短事故(Shortlanded and Overlanded)：是指货物在装卸、运输过程中发生和发现的货物错装、错卸、漏装、漏卸、理货计数不准等原因所造成的交付货物的数量、标志等与提单记载不符的现象。

(3)由于货物爆炸、火灾、泄漏等原因而造成的人身伤亡、财产损毁事故。

(4)货物逾期到达。

二、海上货运质量管理环节

(1)装卸准备环节的质量管理:船舶受载前,须在配船、配载、使船舶适宜装运货物等方面做好质量管理。

(2)装卸进行环节的质量管理:船舶受载过程中,须在工班安排、装卸、积载、衬垫、隔票、理货等方面做好质量管理。

(3)航行运输保管环节的质量管理:船舶运输过程中,须在航行安全、航区气象、货舱通风、货物绑扎等方面做好质量管理。

(4)交接签证环节的质量管理:船舶货物交付时,须在工班安排、装卸、理货、装卸单证签发等方面做好质量管理。

三、杂货运输中产生货损货差的主要原因

(1)积载不当。主要有舱位、货位选择不当;货物搭配、隔离不当;货物堆码、绑扎不当;衬垫、隔票不当等原因。这些原因引起的货损或货差一般由船方负责。

(2)货舱及设备不符合装载要求。主要有货舱不适货、货舱设备不符合要求。这些引起的货损一般由船方负责。

(3)装卸过程中有关人员工作疏忽或失职。主要有装卸操作不当或违章操作、装卸设备或吊货工具使用不当;船员看舱松懈,疏于监装、监卸,装卸过程遇有雨雪天气未及时处理等。

(4)运输途中货物管理不当。主要有货舱通风不当,防水或排水、绑扎或加固等措施不及时,冷藏货、危险货等特殊货物的检查和管理疏忽大意。运输途中由于货物保管不当而造成的货损一般均由船方负责。

(5)货物自身原因。主要有货物包装不当、标志不清、本身自然属性所致。或由于货物本身的特性或潜在缺陷所造成的货损。当承运人能举证确属此类原因时,承运人对此不负赔偿责任。

(6)不可抗力等原因造成的。海上航行遇到大风浪,外板、甲板、舱口等水密设备遭受破坏,以致舱内进水,货物浸泡、倒塌;或因天气恶劣,不能进行正常通风,造成舱内货物严重汗湿、霉烂等货损事故,或遇到大风浪及其他恶劣天气使船舶逾期到达目的地。承运人只要能提出充分证据,并采取了力所能及的措施,可以免除赔偿责任。

四、海上货运质量管理环节

(1)装卸准备环节的质量管理:船舶受载前,须在配船、配载、使船舶适宜装运货物等方面做好质量管理。

(2)装卸进行环节的质量管理:船舶受载过程中,须在工班安排、装卸、积载、衬垫、隔票、理货等方面做好质量管理。

(3)航行运输保管环节的质量管理:船舶运输过程中,须在航行安全、航区气象、货舱通风、货物绑扎等方面做好质量管理。

(4)接签证环节的质量管理:船舶货物交付时,须在工班安排、装卸、理货、装卸单证签发等方面做好质量管理。

练习题

1. 下列______不属于气味货物。

A. 生皮　　B. 猪鬃　　C. 蜂蜜　　D. 禽毛

2. 按国际标准，下列货物属于重大件货物的是______。

A. 货物单重超过 5t　　B. 货物长 8m

C. 货物单重超过 3t 及长度为 10m　　D. 货物单重超过 40t 或单长超过 10m

3. 将重大件装于船舶上甲板，该船的稳性将______。

A. 减小　　B. 不变　　C. 增大　　D. 变化趋势不定

4. 用船吊吊卸重大件时，船舶横倾角最大的时刻为______。

A. 吊杆头的高度最大时　　B. 货物距基线的高度最大时

C. 货物刚吊起之时　　D. 货物将要落地之时

5. 某轮用船上重吊吊卸一重量为 49t 的大件货，该大件货配装于№2 底舱，其重心位置为 $Z_P = 2.85\text{m}$。船舶吊卸大件时 $\Delta = 13\ 540\text{t}$，$GM = 1.02\text{m}$，吊杆顶端距基线 31.5m，则吊起大件时船舶的最小初稳性高度约为______。

A. 1.02m　　B. −0.10m　　C. 0.91m　　D. 1.12m

6. 某船 $\Delta = 6\ 850\text{t}$，$KM = 8.40\text{m}$，$KG = 7.00\text{m}$，船舶正浮、现用船吊将 NO.4 舱内 60t 的重货 ($Y_P = 3.0\text{m}$，$Z_P = 3.5\text{m}$) 吊卸至码头，吊杆顶点距基线高为 21m，货物横移距离为 14.5m，吊卸过程中船舶产生的最大横倾角为______度。

A. 5.8　　B. 4.5　　C. 3.5　　D. 3.0

7. 为便于重大件货物装载，应尽量使船舶吃水差______。

A. 尾倾较大　　B. 首倾较大

C. 较小或平吃水　　D. 以上都是

8. 根据《CSS 规则》，下列______不属于货物单元。

A. 车辆　　B. 散装生铁　　C. 集装箱　　D. 中型散装容器

9. 重大件货物系固时所用钢丝绳的最大系固负荷 *MSL* 的大小主要取决于______。

A. 钢丝绳的破断强度　　B. 钢丝绳的新旧程度

C. 钢丝绳的软硬程度　　D. A 和 B

10. 某新钢丝绳的最大系固负荷 *MSL* 为 180kN，则根据《CSS 规则》的规定进行系固方案精算校核时其计算强度为______ kN。

A. 90　　B. 110　　C. 133.3　　D. 180

11. 重大件货物系固时，为提高系固效果，垂向系固角应______。

A. 尽量小　　B. 尽量大　　C. 不超过 60°　　D. 大于 60°

12. IMO《木材甲板货规则》规定，计算木材船的稳性时，假定木材甲板货物由于吸水而增重______。

A. 75%　　B. 50%　　C. 15%　　D. 10%

13. 我国《法定规则》规定，校核木材船的稳性时应考虑______的影响。

A. 自由液面　　B. 甲板木材浮力

C. 甲板木材结冰　　D. A、B 和 C

14. 为保证安全，在使用冬季载重线时，木材甲板货在甲板上的堆装高度应不超过船宽的______。

A. 1/3　　B. 1/4　　C. 1/5　　D. 1/6

15. 进入木材甲板货船大舱时,错误的是______。

A. 应先通风　　B. 应测定氧气含量

C. 如怀疑通风不足,应佩戴呼吸器　　D. 木材无毒性,航行中进入货舱是安全的

16. 易腐货物变质的原因有______。

A. 微生物作用　　B. 呼吸作用

C. 化学作用　　D. A、B 和 C 均是

17. 易腐货物的运输中,速冻食品的温度通常要求为______。

A. 0℃以下　　B. 0℃ ~5℃　　C. 5℃ ~10℃　　D. -20℃以下

18. 冷藏货物运输时,如冷藏舱内有异味可用______去味。

A. 粗茶　　B. 臭氧

C. 洒醋酸水　　D. A、B 和 C 均可

19. 鲜蛋可与______混装。

A. 生姜　　B. 洋葱　　C. 辣椒粉　　D. 以上都不可

20. 根据《SOLAS 1974》的要求,下列______可不配备《货物系固手册》。

A. 高速船　　B. 集装箱船　　C. 散化船　　D. 海上供给船

21. 根据《CSS 规则》,校核系固方案的经验方法是:货件横向系索总的最大系固负荷是否超过货件自重的______。

A. 90%　　B. 100%　　C. 120%　　D. 150%

22. 食物可与______混装。

A. 氯化铵　　B. 硫酸铵　　C. 硝酸铵　　D. 五金

23. 为保证二层舱舱盖能顺利打开,要求防堵货物体积______防堵舱容。

A. 大于　　B. 小于　　C. 等于　　D. 视具体情况而定

24. 货物数量及货物性质不同的货物,应首先配装______。

A. 特殊的,且数量较少的货物　　B. 特殊的,且数量较大的货物

C. 普通的,且数量较少的货物　　D. 普通的,且数量较大的货物

25. 某前三后一型船舶装载最后目的港的大桶盐渍肠衣,以下______舱位是合理的。

A. NO. 2 的底舱　　B. NO. 3、NO. 4 的底舱

C. NO. 1、NO. 2 的二层舱　　D. NO. 2、NO. 3 的二层舱

26. 在可能的情况下,单一气味小批量货应尽量______。

A. 分散配于各舱内　　B. 集中配于任一货舱内

C. 集中配于容积较小的首尾舱内　　D. 集中配于中部大舱的底舱内

27. 为防止舱内产生汗水,当外界空气露点高于舱内空气露点时,船舶可采用的通风方式是______。

A. 禁止通风　　B. 机械通风

C. 排气通风　　D. 对流循环通风

28. 扩大作业场地是为了______。

A. 提高舱内工人的作业效率　　B. 有利于增加舱内的作业工人数

C. 便于舱内不同货物的隔票　　D. A 和 B

29. 袋装货物的垂直堆码的优点是______。

A. 货舱通风性好　　B. 货舱亏舱小

C. 货物堆码牢固　　D. 以上都是

30. 货物衬垫的作用是______。

A. 便于理货

B. 防止货物移动或压损

C. 防止货物水湿、撒漏、震动和受到污染

D. B 和 C

31. 装载不同货主的木材时,下列较好的隔票材料是______。

A. 钢丝绳　　B. 油漆　　C. 彩带　　D. 以上均可

32. 为防止舱内产生汗水,以下______可以进行自然通风。

A. 当天气晴好时

B. 当舱内温度高于外界温度时

C. 当舱内空气的露点高于外界空气的露点时

D. 当舱内空气的露点低于外界空气的露点时

33. 某船测得外界气温 5℃,露点 10℃,舱内气温 18℃,露点 14℃,则可能______。

A. 在货物表面出汗　　B. 在甲板下缘出汗

C. A 和 B 都可能　　D. 不会出汗

34. 实际营运中,货舱内外的空气露点是根据______来查算的。

A. 湿球温度和干湿球温度差　　B. 干球温度和干湿球温度差

C. 干球温度　　D. 湿球温度

35. 下列______为航行中对货物保管的工作。

A. 检查货物情况　　B. 测量并排出污水

C. 适当进行货舱通风　　D. 以上都是

36. ______不是货物平舱的目的。

A. 防止船舶横倾　　B. 防止船舶纵倾

C. 便于在一种货物顶层装载其他货　　D. 以上都是

37. 焦宝石可与______混装。

A. 铁屑　　B. 木屑　　C. 氧化钙　　D. 五金

38. 甲板货的堆积高度一般不得超过船宽的______。

A. 1/3 ~ 1/4　　B. 1/5 ~ 1/6　　C. 1/7 ~ 1/8　　D. 1/9 ~ 1/10

39. 下列______是编制船舶配积载图之前应做的准备工作。

A. 熟悉港口和航线情况　　B. 熟悉航次货载情况

C. 熟悉船舶情况及有关资料　　D. A + B + C

40. 为了安全装卸货物,船方应做的准备工作有______。

A. 装卸设备要安全　　B. 工作处所要适工

C. 确保装卸时有充足安全的照明　　D. 以上都是

41. 装货前船方对舱内设备的检查通常包括:______。①测深管;②人孔盖;③污水井;④舱内梯子;⑤舱内各种管系;⑥通风设备

A. ①②③④⑤　　B. ②③④⑤⑥

C. ①②⑤⑥　　　　　　　　D. ①②③⑥

42. 下列不属于船方运输途中货物保管不当的是______。

A. 货物通风不及时，导致货物霉烂

B. 过大的风浪破坏了舱口，导致货物淹水

C. 未及时排水，排污，收紧系索

D. 对危险货物等的检查和管理的疏忽

43. 舱内大豆霉烂变质，应由______负责。

A. 船方　　　　　　　　B. 货主

C. 租船人　　　　　　　　D. 视大豆的霉烂变质原因而定

44. 下列______属于海上货运事故。

A. 货物件数短少　　　　　　　　B. 货物残损

C. 甲板货被抛出舷外　　　　　　　　D. 以上都是

第八章　固体散装货物运输

本章介绍了固体散货运输危险性,固体散货船装运要求,水尺计重的适用范围和基本原理,水尺计重的步骤和方法。《BC 规则》包含的主要内容及查用方法。

重点:固体散货船装运要求。

固体散货是指由颗粒、晶体、粉末、片状或较大块状物质组成的混合物,其组成成分均匀,并且不用任何包装容器就可装船运输的货物,如谷物、矿石、煤炭、水泥、饲料等:固体散货在世界海上运输中占了有很大比重,具有批量大,货流稳定,港口相对集中,多数为单一货种,采用专用船舶进行整船单向运输的特点。

第一节　《固体散装货物安全操作规则》概述

固体散货每年有成千万吨散货在海上运输,虽然大多数船舶没有发生事故,但仍有一定数量的船舶不幸造成严重海损灾难,足以引起我们重视。为了促进除散装谷物外的散装货物的海上运输安全,国际海事组织(IMO)于 1965 年出了第一版《固体散装货物安全操作规则》(Code of Safe Practice for Solid Bulk Cargoes)(简称《BC 规则》),以后又相继出了几个修订版。IMO 于 1994 年将该规则部分内容加入到《SOLAS 1974》的第六章中。在 2008 年 11 月 26 日至 12 月 5 日于伦敦召开的 MSC(海上安全委员会) 85 次会议上,《国际海运固体散货安全操作规则》(IMSBC Code)以及使该规则成为强制性要求的 1974 年 SOLAS 公约第六章修正案,得到了通过 ,IMSBC 规则通过提供某些货种运输的危险性信息以及提供合适的操作程序,提高固体散货积载和运输的安全性。该修正案将于 2011 年 1 月 1 日默认生效,并使 IMSBC 规则取代之前于 1965 年通过的建议性的《BC 规则》。

《BC 规则》通过介绍固体散装货物运输的一般建议,280 多种典型固体散装的物理和/或化学特性及其安全运输的特殊要求,固体散货试样采集和各种指标的测试方法等内容,向海运主管机关、船东、托运人和船长提供除散装谷物外的固体散装安全积载和运输标准的指导。

一、《BC 规则》的主要内容

《BC 规则》由 12 节正文及 9 个附录和散装固体货物物质名称表组成。

正文的主要内容包括:散装固体货物及与运输装卸散装固体货物相关的术语的定义,散装固体的积载、装卸、平舱要求,影响人身与船舶安全的因素及防范措施,散装固体货物的适运性鉴定,静止角及易流态化货物的性质、特点、运输的危险性及预防措施,具有化学危险的散装固体货物的分类、积载与隔离要求以及散装固体货垃圾的运输。

附录的内容包括:易流态化货物名称表,具有化学危险的散装固体货物名称表,既不易流态化又无化学危险的散装货物名称表,某些散货特性参数的测试方法及相关的测试仪器和标准,加油化学危险货物的应急措施表,进入货舱等封闭舱室的建议,以及散煤货舱中气体的监测方法。

二、固体散货种类

在《BC 规则》中，将固体散货分为：

1. 易流态化货物(Cargoes Which may liquefy)，即 A 类散货

指由较细颗粒且含有一定水分的混合物构成，包括精矿、煤粉或类似物理性质的货物。这类货物在海运时的潜在危险是：当它们的含水量超过一定时，在航行中因船舶的颠簸、振动，其水分逐渐渗出，表面形成可流动状态。表层流态化的货物在船舶摇摆时会流向一舷，而船回摇时却不能完全流回，如此反复，将会使船舶逐渐倾斜乃至倾覆。

流动水分点是指易流态化货物达到发生流态化特性时的含水量。易流态化货物安全运输公认的最大含水量称为适运水分限量，通常被确定为流动水分点的 90%。

2. 具有化学危险的货物(Materials Possessing Chemical Hazards)，即 B 类散货指由于本身的化学性质而在运输中产生危险的货物。这类货物又分为两小类：

(1)已列入《国际危规》的固体货物，如干椰子肉、蓖麻子、硝酸铝、鱼粉、种子饼等它们在包装条件下的安全运输可查阅《国际危规》，而在散装运输时的安全要求则应查阅《BC 规则》。

(2)仅在散装运输时会产生危险的货物(MHB-Materials Hazardous only in Bulk)，如焙烧黄铁矿、煤炭、氟石、生石灰等。这类货物的危险性往往被人们忽略，因而使一些本来可避免的危险酿成灾难，如散货本身的氧化，造成货舱缺氧或散发有毒气体，致使卸货时人员伤亡，易于自热的散货，由于通风不良而酿成火灾等。

3. 既不易流态化又无化学危险的散装物质(Bulk Materials Which are neither Liable to Liquefy nor to Possess Chemical Hazards)，即 C 类散货

此类货物即为普通固体散货，如滑石、水泥、种子饼、带壳花生等。须注意这类货物中有些与 A 类货物同名，但其块状较大或含水量较小。有些与 B 类货物同名，但已经过抗氧处理或某些物质含量较小。运输 C 类货物时，应注意测定其静止角。静止角小的散货潜在移动性一般要超过同名的 A 类散货。

4. 既具有易流态化又具有化学危险的散货(Bulk Materials which are Both liable to liquefy and to Possess Chemical Hazards)即 A/B 类散货

这类散货在《BC 规则》中既可在附录 A 中，又可在附录 B 中查到。在《BC 规则》中列有 7 种 A/B 类散货，如煤、硫化金属精矿、铜精矿等。运输这类货物时，必须兼顾其易流态化特性和化学危险性对运输安全的影响。

三、固体散货运输危险性

散装固体货物在运输中，有以下三方面的危险：

(1)由于货物重量分配的不合理而造成船舶结构上的损坏。

(2)船舶在航行中，由于稳性的减少或丧失而造成危险，其原因有：

①由于平舱不当或货物重量分配不合理而使货物在恶劣天气中发生位移。

②由于船舶在航行中的振动与摇摆，使货物流态化而滑向或流向一侧。

(3)由于固体散货的化学反应，如释放有毒或可燃、可爆气体，而造成中毒、腐蚀、窒息、起火或爆炸危险。

四、固体散货安全运输的一般要求

鉴于固体散货在船舶运输中易产生的危险,《BC 规则》在船舶运输相应的各个环节都提出了安全运输要求,具体可归纳为:

1. 了解拟装货物的理化特性

在装货前,船方应要求货方提供所托运货物的详细资料,如货物的含水量、流动水分点(FMP)、自然倾斜角(又称静止角)、积载因数、毒性、腐蚀性、易燃性等,船方根据其货名可以在《BC 规则》中查到其安全运输的要求和有关货运事故处理、应急措施、医疗急救方法等资料。

2. 合理确定货物在各舱室的重量分配

为保证船体强度条件,满足适度稳性和适当吃水差要求,必须合理分配货物在各舱的重量。当装载积载因数在 $SF < 0.56m^3/t$ 及以下的高密度散货时,应予以特别重视。一般可根据船舶资料中的建议数据进行货物重量的分配,当承运高密度散货而船上又缺乏有关资料时,《BC 规则》建议按下述原则进行货物重量的分配:

(1)货物重量分配不应与正常合理的杂货分配方案相差很大。

(2)每一货舱货物的最大装载量 P 应满足:

$$P \leqslant 0.9l \cdot b \cdot d_s \cdot C_1 \cdot C_2 \tag{8-1}$$

式中:l—— 货舱舱长,(m);

b—— 货舱平均舱宽,(m);

d_s—— 船舶夏季满载吃水,(m);

C_1—— 系数,一般取 1.0,经充分平舱后取 1.2;

C_2—— 系数,一般取 1.0,对机舱后部底舱取 1.1。

(3)未经充分平舱的货舱货物堆装高度 H 应满足:

$$H \leqslant 1.1d_s \cdot SF \cdot C_2 \tag{8-2}$$

3. 合理选择散装的舱位和货位

(1)应根据不同货类,合理确定其舱位。

(2)做好货物的隔离。

4. 做好货物的装货准备及装卸工作

(1)装货前,应检查和准备货舱,使其适货。

(2)《BC 规则》规定,装货前,货方应向船长提交拟装货物特性的证书和证明文件,并在证书中申明:所提供的 A 类散货的含水量或 B 类散货的化学性质资料与装货当时的实际货物相一致。

(3)不相容的货物不应同时装载,特别要防止造成对食品的污染。

(4)装货时应做好货物的取样和样品封存,掌握装货时货物的状况,以便在发生有关货运事故时,用此样品作为有效的法律凭证。

(5)装货后应根据货物自然倾斜角的大小进行平舱。

(6)货物,特别是高密度散货装载后,应测定货舱的污水深度,以确定船体或舱内管路是否仍处于良好状态。

(7)货物装卸期间,尽可能关闭或遮盖通风系统,空调应调为内部循环,以减少粉尘进入生活区和其他舱室,并应尽可能减少粉尘与甲板机械活动部件及外部助航仪器接触。

(8)装运中应遵守有关安全注意事项，船上应备有《危险货物医疗急救指南》(MFAG)及有关的监测仪器。应注意货舱及其相邻舱室有缺氧或含有有毒气体的可能性。

第二节　几种散装固体货物的装运特点

一、散装矿石的装运特点

散装矿石是《BC 规则》所涉及的主要货种，它在大宗散装固体货物运输中占有相当重要的地位，特别是铁矿石是世界散装固体货物中运量最大的货种，因此大多采用专用船舶运输。散装矿石船，特别是大型专用矿石船，由于其装载量大、吃水深、货物装卸效率高、船舶在港停泊时间短等原因，在运输中具有许多装载特点。

1. 与海运有关的矿石特性

(1)积载因数小。

(2)易散发水分。

(3)易扬尘。

(4)易流态化。

(5)易冻结。当水分超过5%，在低温时易于冻结，会造成装卸困难。

(6)易散发有毒、易燃、易爆气体。

(7)自热与自燃性。

2. 专用矿石船的结构特点

(1)货舱容积小。因为矿石密度大，所需舱容小，所以，矿石船的货舱容积一般仅占船舶总容积的40%左右。因此它有大量的压载容积，如图8-1所示。

(2)双层底较高。这是为了提高船舶装载后的重心，以减小过大的稳性。

(3)货舱的横舱壁数少。

(4)舱室横剖面呈六面形。

(5)船上不设装卸设备。因此，专用矿石船的货物均用岸上的装卸设备进行装卸。

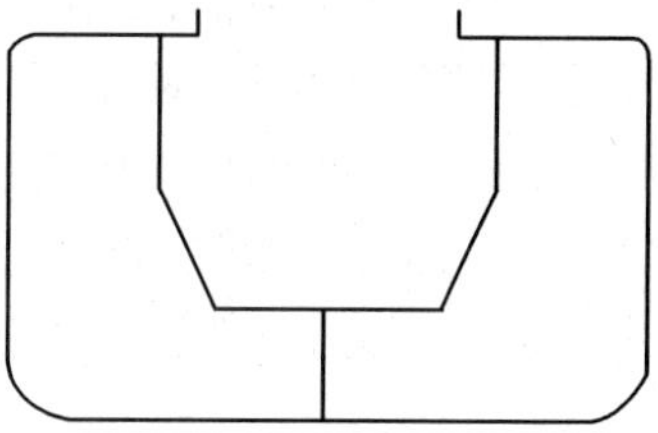

图8-1　专用矿石船货舱

(6)尾机型。主要便于装船机在货舱区的移动作业。

3. 根据矿石的特性和矿石船的特点，在装卸和运输中应注意的问题

(1)装货前应了解装卸港口的有关资料，包括：进出港口的泊位及航道的限制水深、基准水深、潮汐资料、船底富裕水深要求、装船机的类型、效率及限制高度等。

(2)装卸前，应确定船舶的最大吃水和最小吃水，尤其是大型矿石船，一般可根据泊位水深、码头装船机高度，确定船舶装载前后的最大和最小吃水。

为了使船舶实际吃水控制在最大吃水与最小吃水之间，通常须依靠边装卸边排注压载水的方法来实现。

①最大允许平均吃水可用下列公式计算(参见图8-2)：

$$d_{max} = D_d + H_W - D_a \qquad (8\text{-}3)$$

式中：D_d——泊位的基准水深，m；

H_W—— 船靠泊期间泊位的最低潮潮高，m；

D_a——泊位要求的富裕水深，m。

当船舶吃水差 $t \neq 0$ 时，则泊位允许的最大平均吃水还要减少 $|t|/2$。

②最小允许平均吃水可用下列公式计算（参见图 8-2）：

$$d_{min} = H - h_1 + h_2 + H'_W \quad (8\text{-}4)$$

式中：H——船底板至上甲板可能碰撞位置顶端的垂直距离，m；

h_1——泊位基准水位至岸上装船机悬臂架可能碰撞点下端的垂直距离，m；

h_2——防止船与装船机碰撞的安全余量，m；

H'_W——船靠泊期间泊位的最高潮潮高，m。

(3) 合理确定货物装卸顺序和压载水排放方案。硬编制具体的“货物装卸和压载水排放计划表”。

(4) 装货时应按上述计划表进行，并密切注意船舶的吃水变化。

(5) 装货过程中，应督促装船机司机或工头及时调整装船机喷口的位置，使船舶横倾不超过 3°，装载时不可装成一个金字塔形，应堆积成三个相联的金字塔形或长山脉形。当船舶纵倾较大时，应注意首、尾缆绳的松紧状态，及时调整。

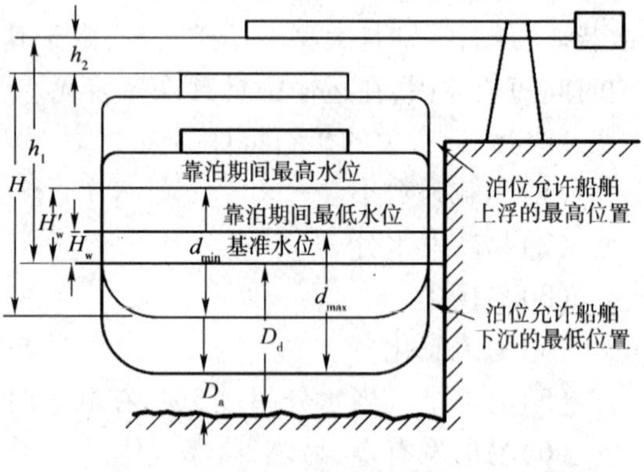

图 8-2　专用矿石船在靠码头时的吃水

(6) 大型矿石船满载时，一般产生中垂变形，应特别注意防止船舶产生过大的中垂变形，在船舶装载结束前. 可用观察吃水的方法检验船舶的拱垂变形是否在允许的范围内。

(7) 装货结束前，应利用所留机动货物调整船舶吃水差使其符合要求，并消除横倾。在装货最后阶段，大副应对排出残余压载水和多余淡水后的货物加载量以及装货完毕后皮带运输机上的货量，做到心中有数。

(8) 卸货开始时，如果船舶的富裕水深较小，船底与海底较近，则不宜马上用水泵压载，可利用海水压力，自然注入压载水，以避免吸入大量泥沙。

二、散装精选矿粉运输

1. 精选矿粉的特性

(1) 易流态化：湿精矿粉的易流态化特性是船舶运输中潜在的最大危险，必须引起高度重视。

(2) 散落性：静止角较小的散货在船舶摇摆时易发生移动而使船舶倾斜，特别是静止角在 35°以下的矿粉其危险性更大。

(3) 易自燃及散发有毒气体：若热量积聚集不散，易引起自燃；有些精矿粉在自热过程中散发有毒气体并使舱内缺氧。

(4) 爆炸危险性：积聚在舱内的易燃、易爆气体，在空气中含量达到一定比例时可能产生爆炸。

(5) 有腐蚀性：硫化金属矿粉遇到海水会使硫化物水解，呈强酸性，对船舶和设备有腐蚀危险。

(6)积载因数小。精矿粉类易流态化货物的积载因数一般在0.33～0.57m^3/t。

2.精选矿粉的装运注意事项

散装精矿粉的装运注意事项有：

(1)托运人应向船方提供由产品质量监督检验部门签发的有关货物含水量、静止角、理化性质、积载因数等证明文件。

(2)装船前，船方应进行货物取样，并用简易方法检测货物的含水量，如发现或怀疑有问题，应及时通知货方重新申请检验。一般货船运输精矿粉时，其含水量不得超过货物的适运水分限量，我国规定不超过8%。含水量超过适运水分限量的货物只能由具有特殊结构的船舶进行运输，这种船舶应具有符合要求的永久性分隔设备，可以把货物的移动限制在允许的范围之内。这种船舶应携带其主管机关认可的证明。

(3)装船前，船方应做好货舱的清洁工作，清除货舱内任何化学物品和可燃物，并保持货舱的水密。做好货舱内污水井、管系的清洁保护工作，以防其堵塞或受损。装货后应立即进行污水测量和抽水实验，以保证污水管系的畅通。木质舱底板不宜装载精矿粉。

(4)干精矿粉特别是静止角小于35°的货物，在航行中很容易移动，装载时应特别注意采取相应的防范措施。为防止货物移动，可将部分矿粉装袋，用以设置纵向隔堵。

(5)货物在装卸过程中，应防止粉尘污染，尽量降低其对人体和船舶设备的损害。

(6)精矿粉的氧化发热在选矿后的15天内温度最高，所以，装船前货物在场地累计堆放时间应不少于15天。装载时，舱内货堆面积要大，以利散热，货堆高度宜在1.2～1.5m之间。当精选铜矿粉外观颜色为浓绿色时，表明其尚未氧化发热，装船后必定发热，因此须特别警惕。如其颜色发黑则说明其正在氧化发热中或已到氧化后期。

(7)为保证人员安全，在装卸作业时，人员应佩戴气体防护口罩等防护用品。

(8)雨雪天不得进行装卸作业，装货过程中应防止杂质混入货物，特别是可燃物质。

(9)装运干精矿粉时，为限制其氧化，装妥后应平舱并压紧货物或在货物表面加以铺盖。航行中至少每天测量货温2次，如发现货温升高可开舱翻动发热的部分货物或通风散热。

(10)如果船舶在航行中发生横倾，船长应立即电告公司，并根据现场情况采取相应措施或到附近港口进行处理。

(11)精矿粉燃烧起火，CO_2灭火效果不明显。当舱内货物局部起火时，可用少量水雾灭火降温。单处着火时，可用掩埋法灭火。

3.精选矿粉含水量的简易检验方法

精选矿粉等易流态化货物的流动性，可采用以下几种简易检测方法近似测定：

(1)用坚固圆筒或类似容器(容积为0.5L～1.0 L)，盛装半罐货样，提起后从离地面约0.2m高处摔向一坚硬的地面，以1～2s间隔重复25次，观察其表面，如出现游离水分或流动液面，则应怀疑货物的适运性，应对其含水量的进行正规检测。

(2)用手抓一把矿粉，从1.5m高处自由落到地面上或甲板上，如着地时货样崩散，说明其含水量不超过8%，可以承运，如仍为一团，则其含水量超过10%。

(3)手抓矿粉成团后，如用手能捏散，则其含水最低于8%，否则超过8%。

(4)货样装入平底玻璃杯或其他类似容器内，来回摇动5 min，如明显有液体浮在货物表面，说明货物含水量太高，应要求进行正规的含水量测定。

(5)货样散在一平盘上压成锥体，用平盘抨击桌面，如锥体呈碎块或块状裂开而不坍塌，表示货物适运，如坍塌成煎饼状，则其含水量过高。

(6)人踩在矿粉上,如出现松软现象,呈流沙状流动,表明货物的含水量过高。

三、种籽饼、鱼粉的装运特点

1.种子饼的装运特点

种子饼是各种含油植物的种子通过机械压榨或经过溶剂萃取法提取油料后剩余的残渣,它主要用作饲料和肥料。最常见的种子饼有:椰子饼、锦籽饼、花生饼、亚麻仁饼、玉米饼、尼日尔草籽饼、棕搁仁饼、油菜籽饼、稻糠饼、大豆饼及葵花籽饼等,常以饼、块、球等形式交付运输。

(1)种子饼的主要特性。因为种子饼内含有油和水,所以会自行缓慢地分解发热,并在遇潮湿或含有一定比例未经氧化的油类时会自燃。在长期的储运过程中也会发生自热和自燃,消耗舱内氧气并产生 CO_2,能引起货舱内缺氧,所以包装运输的种子饼在《国际危规》中被列为4.2类危险货。散装的种子饼在《BC 规则》中属于 B 类货物。和其他物质一样,不饱和的有机物质较其饱和状态更容易产生化学反应,放出热量。表示有机物不饱和程度的一个指标是碘值。碘值越大物质的不饱和程度就越高。种子饼也是如此,因种类不同其碘值也不同。其中葵花籽饼碘值最大,它最不稳定,更易发热自燃。

种子饼自燃的原因主要由它们的理化性质决定的,但外界因素如温度、湿度、货物内氧化杂质等也是导致其发热自燃的重要条件。

(2)种子饼的装运注意事项:

①托运的种子饼的含油量和含水量必须符合船运要求。为此,托运人必须提供由承运人认可的人员签发的证书,表明其含油量符合要求并提供有关的货物品质检验证书,对不符合装运要求的货物应拒装。

②装运种子饼的船舶应按《国际危规》和《BC 规则》的要求,配备相应的设备和检测仪器,具有良好的通风条件,具有有效的灭火系统,货舱清洁干燥,货舱内管系、电缆状态良好,通风筒应设置防火罩,备妥安全灯,排除各种不安全因素,并具有有效的验舱证书。

③装货的舱室应保持污水沟、井的畅通,其盖板应用麻袋覆盖,以防货物流入堵住。

④种子饼应远离热源,不应装于机舱附近。整船装运种子饼时,在靠近机舱的舱室应从远离机舱壁的货舱另一端开始装货,并装成斜坡形,靠机舱壁的自然流堆的货高不能超过5 m。底舱装运种子饼时,应避开需加热的油舱,若无法避开应采取有效的隔热措施,同时应控制燃油加热的时间和温度(一般宜在50℃以下)。

⑤种子饼本身含有油分,且具有气味和吸味性故不能与怕气味以及有气味的货装在一起,同时应与危险货物做好隔离工作。

⑥装卸和运输种子饼的过程中要严禁吸烟和使用明火。作业期间,应显示规定的信号。

⑦货物要保持干燥,雨天和湿度较大的阴天应停止装卸。装货过程中如果货温超过当地最高气温5℃时应停止装货,并采取降温措施。

⑧当舱内温度升高时,不能采取甲板洒水的降温措施,以免舱内产生过多汗水,引起货物表层温度升高,增加种子饼发热的可能。

⑨航行中应定时测量货温并做好记录,同时应按照通风的要求和原则进行正确的通风。当舱温和货温较高时,应根据外界气温条件,适时进行通风或开舱晾晒。如果种子饼局部发热,可将焦化冒烟和温度过高的货物清除抛海,当货温达到55℃时应封闭货舱并停止通风,对机械压榨的种子饼可合理施放 CO_2,而对溶剂萃取的种子饼则在未见明火前决不能使用 CO_2,以防产生的静电将溶剂蒸气点燃。当货舱内自燃起火时,可注入海水灭火,但一定要注意船舶

的浮态和稳性。

2. 鱼粉的装运

鱼粉是把鱼或鱼加工后的剩渣烘干后再磨成粉末的棕褐色物质，主要用作家畜饲料或肥料。海上运输的鱼粉其含水量一般为5% ~12%，脂肪含量小于15% 。

（1）鱼粉的特性。鱼粉中含有一定的油脂和水分，受日光、空气和温度的影响会发生氧化作用而放出热量，特别是在高温条件下氧化作用剧烈，有时甚至会发生自燃。因此，船运鱼粉要按《国际危规》的第4.2类危险货物易自燃物质来处理。此外鱼粉还具有强烈的气味会影响其他货物。

（2）鱼粉的装运要求：

①为稳定鱼粉的性质，防止自燃，在生产鱼粉时，需添加适量的抗氧剂。经过抗氧剂有效处理的鱼粉，在装运前，其储存期一般不应超过12个月。在装船时抗氧剂在鱼粉中的剩余浓度，不得少于100 mg/kg(ppm)。

②托运人应具有装货国公认的主管机关当局签发的证书，说明货物的含水量、脂肪含量和时经6个月以上的鱼粉的抗氧剂处理的详细情况，并说明装运时其抗氧剂浓度仍超过100 mg/kg(ppm)，证书中还应说明每票货的重量，出厂时的鱼粉温度和生产日期。如果货物装运国主管机关当局签发证书，说明该票鱼粉在散装运输时不会发生自热现象，则本项要求可以免除。

③装货时货温不得超过35℃或超过环境温度5℃（以高者为准）。

④航行中每8小时测量货温一次，并做记录，直到货物卸完为止。

⑤如果温度超过55℃并继续上升时，应禁止通风。如果继续自行发热，可注入二氧化碳或惰性气体。

⑥应按《国际危规》第4.2类物质的隔离要求配装。

四、煤炭的装运特点

煤炭是重要的能源之一，在海运运量中占有相当比重。煤炭按所含固定碳和挥发物的多少分为泥煤、褐煤、烟煤和无烟煤。在《BC规则》中被列为仅在散装运输时具有危险，同时又有易流态化性质的货物。

1. 煤炭的主要特性

煤炭的主要成分是固定碳、挥发物（氢、氧、一氧化碳、硫、磷、甲烷等）、水分、灰分等，与运输有关的主要性质有：

（1）氧化性。煤在运输中会和空气中的氧发生缓慢的氧化作用，使煤堆发热，如果通风不良，会促使煤温不断升高。同时，氧化使舱内一氧化碳含量增加，氧气含量减少。影响煤氧化的主要因素有：黄铁矿含量、煤炭的粒度、所含水分、碳化程度等。

（2）自热和自燃性。某些煤因氧化作用而易于自热，使舱内煤温升高，当升到煤的自燃点时，就会发生自燃现象，挥发物含量越高的煤越易自燃。在煤的自热过程中，会产生一氧化碳气体，它具有易燃和有毒的危害性，其可燃极限为12% ~15%，吸入对人体有害。

（3）易产生易燃易爆气体。煤炭会产生甲烷气体，它比空气轻，易积存于货舱或其他封闭空间的上部。当空气中甲烷含量达到5% ~16%时，遇明火即会引起爆炸。另外，煤炭粉尘在空气中的含量达到10 ~30g/m^3 时，遇明火也会引起爆炸。

（4）与水反应性。某些煤易与水发生化学反应，生成酸和氢，酸对船体造成腐蚀，氢为易燃和有毒气体，其可燃极限为4% ~75%。

（5）易流态化的特性。

2. 煤炭的装运要求

（1）装运前，应弄清拟运煤炭所属种类、特性、岸上堆存时间、煤堆温湿度、开采季节等，货煤中不应含杂草、粪便、废油渣等有机物。若煤温达35℃及以上或含水量过大者应拒绝装船。

（2）货煤装船前应做好以下准备工作：货舱，包括可移动的货舱护板，保持清洁、干燥，清除舱内一切垃圾杂物；污水沟、井必须畅通，并封盖其盖板，以防被煤粉堵塞；检查舱内电缆及电器设备，保证具完好无损状态并能在有可爆气体或粉尘的空间安全使用，备妥安全灯，货舱内的电器均应为防爆型；检查船上灭火系统（包括烟火探测器），保证其处于良好状态；预先放置好不进入货舱即可测定有关参数的相应仪器包括测量舱内的甲烷、氧气及二氧化碳的浓度，舱内污水井中污水试样的pH值以及舱内温度测温仪等相应仪器；应从托运人或指定代理人处获得待运货煤的有关资料，包括货煤的含水量、含硫量和粒度等特性，以及安全装载和运输的建议等。

（3）货煤在装载时，不应将货煤装在高热区附近，不在货区或毗邻货舱内吸烟和使用明火。避免将第5.1类物质与煤积载在一起、货煤应与包装的第1.4、2、3、4和5类物质“隔离”，与第4和5.1类散货“隔离”。装载完毕应对货煤进行平舱，将货物表面整平至舱壁，以防形成积存气体的坑洼及空气渗入煤堆中。

（4）航行中，严禁烟火，除非经测定表明安全，否则不得在货物处所及毗邻区附近进行明火作业。人员进入装有煤炭的舱室时，不能穿能产生静电的服装；装有煤炭的货舱上的甲板区域内，所有非防爆型电器设备均应切断电源。

（5）条件许可时，可采用下列通风方法来引排除舱内的有害气体或降温：即煤炭装船后应先进行4~5天的表面通风，然后每隔一天通风6小时，也可以根据不同季节地区特点采取甲板喷水降温的方法。

（6）对装运易自热自燃的煤炭的船舶，每天至少检测货温3次。远洋船舶的每个货舱应设3个在货煤表面下3 m处的均匀测温点，而且温度数据应在舱外读取，并做好记录。

（7）当装运煤炭的货舱舱内温度接近45℃时，应立即停止通风，并封闭所有货舱舱口和通风筒，防止空气进入货舱。如果货温继续升高并有烟雾出现，不能用水直接冷却货煤或灭火，可通过冷却货舱外壁界来间接降温，或者封舱施放CO_2进行灭火，有条件的话，可以就近港口避难。

（8）在开舱卸货前，应对货舱进行充分的通风，以排除有害气体，确保人员安全。人员不得随意进入可能积存有害气体或缺氧的舱室。必须进入时，应先对舱室进行检测并确认其安全，如有怀疑，应佩戴自给式呼吸器进入。

第三节 散装货物的水尺检量

水尺检量也称水尺计重（Draught Survey）是利用装卸货物前后船舶水尺变化来计算装货重量的一种方法。水尺检量在计重精度上是较为粗略，但方法简便，适用于大宗廉价散装货物的计重，如煤炭、废钢、矿石、盐、化肥等。水尺检量工作在国内一般由商品检验局承担，国外由公正鉴定机构承担，检量结束后出具货物计量证明，该证明在国际贸易中可作为货物重量交接凭证，出口时作为结汇凭据，进口时可作为到岸计价或短重索赔的依据。

一、水尺检量的基本原理

水尺检量的原理是利用船舶吃水与排水量的关系，通过测量船舶载货时的吃水和无货时的吃水求得船舶载货时的排水量和无货时的排水量，这两者之差，扣除装卸前后船上非货物重量的变化，就可以得到装载货物的重量。水尺检量，需要在装货前后按相同的步骤和方法进行两次原始数据的测定及修正计算，才能得到装货重量。在卸货港，再用同样的办法算出卸货量。船方据以确定航次货物交接的数量。

二、水尺计量的步骤

1. 测定有关原始数据

(1) 测定船舶的六面吃水。装(卸)货前、后，船方会同鉴定人员，共同查看船舶六面吃水，包括 d_{FP}、d_{FS}、d_{MP}、d_{MS}、d_{AP}、d_{AS}。测定时，船上不得进行排放压载水、吊杆移动、开关舱盖等；有波浪时，应读取水面最高和最低时的多组吃水，并取其平均值。

(2) 测定舷外海水密度 ρ：在观测吃水的同时，实测港水密度。一般应与测定吃水同时进行，取样海水应尽量避开船舶排水管口和码头下水道口，通常在外档船中部吃水深度一半处选取水样进行测定。

(3) 测定液舱内油水等储备品的重量 $\sum G$：包括各油舱、淡水舱、压载水舱内的油水存量，船上污水沟和隔离舱内积水的重量及其他储备品和垫舱物等重量。

在测定油水舱内的油水存量时，如果船舶有纵倾或横倾且测量口不在液舱的中心时，应进行纵、横倾的修正，修正方法和油舱空档的纵、横倾修正相同。

2. 计算并修正船舶吃水

(1) 计算测定的船首平均吃水 d_F、船中平均吃水 d_{mM}、船尾平均吃水 d_A 及吃水差 t：

船首平均吃水：

$$d_F = \frac{d_{F.P} + d_{F.S}}{2} \tag{8-5}$$

船中平均吃水：

$$d_{mM} = \frac{d_{MP} + d_{MS}}{2} \tag{8-6}$$

船尾平均吃水：

$$d_A = \frac{d_{A.P} + d_{A.S}}{2} \tag{8-7}$$

吃水差：

$$t = d_F - d_A \tag{8-8}$$

(2) 进行首、尾垂线修正：由于船舶的首、尾吃水应以首尾垂线交点处的读数为准，而船舶的实际水尺标志往往不在首、尾垂线上。因此，当船舶有吃水差时，就需要对上述首尾吃水进行首、尾垂线修正。由图 8-3 可知：

首垂线吃水修正值：

$$C_F = \frac{t \cdot l_F}{L_{bp} - l_F + l_A} \tag{8-9}$$

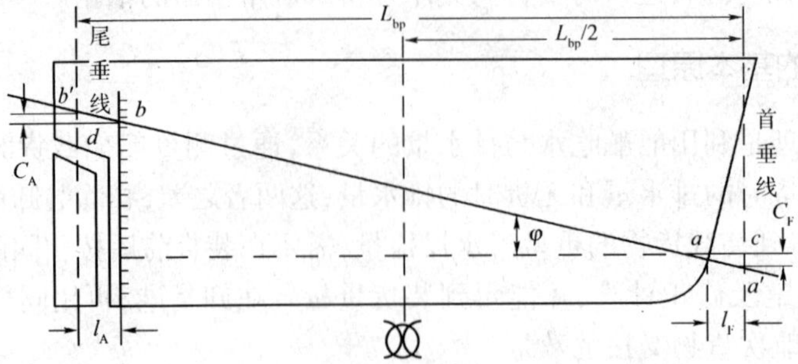

图 8-3　首、尾垂线修正

尾垂线吃水修正值：

$$C_A = \frac{t \cdot l_A}{L_{bp} - l_F + l_A} \tag{8-10}$$

式中：l_F——首吃水观察点至首垂线距离(m)；

l_A——尾吃水观察点至尾垂线距离(m)；

l_F、l_A 符号约定：以吃水观察点为基准，当首、尾垂线在其前方时取"+"，反之取"-"。

经首尾垂线修正后的首尾平均吃水 d_{F1} 和 d_{A1} 分别为：

$$d_{F1} = d_F + C_F \tag{8-11}$$

$$d_{A1} = d_A + C_A \tag{8-12}$$

则船舶的首尾平均吃水和吃水差分别为：

首尾平均吃水：
$$d_{M1} = \frac{d_{F1} + d_{A1}}{2} \tag{8-13}$$

吃水差：
$$t_1 = d_{F1} - d_{A1} \tag{8-14}$$

(3)船舶拱垂修正：船舶在装载状态下，有可能出现中拱或中垂变形，因此，对船舶吃水应进行此项修正(见图 8-4)。

①计算首尾平均吃水与船中平均吃水的平均值：

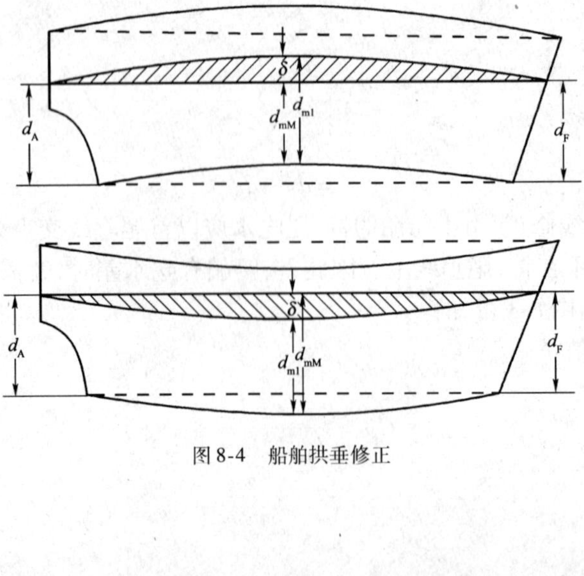

图 8-4　船舶拱垂修正

$$d_{m2} = \frac{d_{m1} + d_{mM}}{2} \tag{8-15}$$

②计算经拱垂修正后的平均吃水：

$$d_{m3} = \frac{d_{m2} + d_{mM}}{2} = \frac{d_{F1} + d_{A1} + 6d_{mM}}{8} \tag{8-16}$$

3. 求取船舶排水量

(1)根据上述经拱垂修正后的船舶平均吃水 d_{m3}，从载重表尺或静水力性能数据表中查取船舶排水量。查值时，先查出与 d_{m3} 邻近的吃水整数值对应的排水量基数，再将差额吃水乘以相应的每厘米吃水吨数（TPC），得出差额吨数，以排水量基数加、减差额吨数，即得 d_{m3} 对应的排水量 Δ_0。

(2)对排水量进行纵倾修正。纵倾修正的基本原理见图 8-5。因为上述 d_{m3} 是船中处的平均吃水，即为船舶正浮时的平均吃水，因此由此查得的排水量也为船舶正浮时的值，当船舶存在纵倾且漂心不在船中时，必须对上述排水量进行修正。其应修正的排水量值由下式求得：

$$\delta\Delta = \frac{t \cdot X_f \cdot TPC \cdot 100}{L_{bp} - l_F + l_A} + \frac{50 \cdot t^2}{L_{bp} - l_F + l_A} \cdot \frac{dM}{dZ} \tag{8-17}$$

式中：$\frac{dM}{dZ}$——平均吃水 d_{m3} 处的厘米纵倾力矩（MTC）的变化率，即在吃水为 d_{m3} 时，当吃水增、减各 0.5 m 时的每厘米纵倾力矩的变化值。

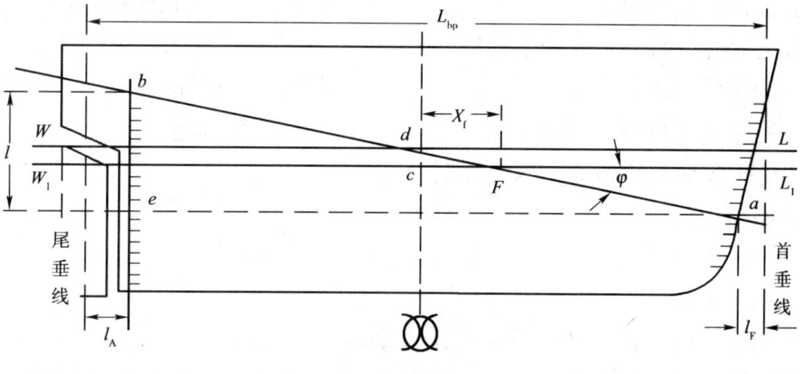

图 8-5　纵倾修正

当船舶吃水差的绝对值小于 0.3 m 时，可不进行纵倾修正，当吃水差的绝对值大于 0.3 m 而小于 1.0m 时，仅需进行上式中第一项修正，当吃水差的绝对值大于 1.0m 时应按上式进行全部修正。

经纵倾修正后船舶的排水量为：

$$\Delta_1 = \Delta_0 + \delta\Delta \tag{8-18}$$

4. 港水密度修正

上述 d_{m3} 是船舶在实测水域中的吃水，而船舶资料中的吃水是指船舶在标准海水中的值，需对上述排水量进行港水密度的修正。修正公式为：

$$\Delta = \frac{\Delta_1 \cdot \rho}{1.025} \tag{8-19}$$

式中:Δ——测定时的船舶排水量(t)。

5. 计算货物装载量$\sum Q$

$$\sum Q = (\Delta' - \sum G_2) - (\Delta - \sum G_1) \tag{8-20}$$

式中:Δ'——船舶装货后或卸货前的排水量(t);

Δ——船舶装货前或卸货后的排水量(t);

$\sum G_1$——装货前或卸货后船上的油水存量(t);

$\sum G_2$——装货后或卸货前船上的油水存量(t)。

练习题

1. 根据《BC 规则》,固体散货分为以下______类:

①易流态化货物;②具有燃烧爆炸性的货物;③具有化学危险性的货物;④既不具有化学危险性又不易流态化的货物;⑤既有化学危险性又易流态化的货物。

A. ①③⑤　　B. ①③④　　C. ①③④⑤　　D. ①②③④⑤

2.《BC 规则》是指______。

A. 木材船安全操作规则　　B. 散装谷物安全运输规则

C. 固体散货安全操作规则　　D. 散装危险货物运输规则

3. 下列______不属于固体散货船运输时存在的危险性。

A. 船体结构损坏　　B. 散货的化学反应引起的伤亡事故

C. 船舶稳性的减小或丧失　　D. 吃水差不当引起操纵困难

4. 易流态化货物对船舶可能产生的危害是______。

A. 损坏船体结构　　B. 降低船舶稳性

C. 由于发生化学反应而造成事故　　D. 以上均有可能

5. 湿精矿粉的含水量达到流动水分点时______。

A. 将开始自由流动

B. 不再吸收水分

C. 将有利于装卸

D. 装于船上后由于振动可能形成自由流动的浆状表面

6. 某固体散货船夏季满载吃水 8.4m,其中 No.4 舱长 28m,舱宽 20.4m,则若该舱未经充分平舱,最多能装货______t。

A. 4 260　　B. 4 318　　C. 5 940　　D. 5 214

7.《BC 规则》中的 MHB 是指______。

A. 易燃易爆的固体散货

B. 危险性不能确定的固体散货

C. 仅在散装运输时才会产生危险的固体散货

D. 仅在包装运输时才会产生危险的固体散货

8. 我国交通部规定散运精选矿粉时,其含水量超过______时船方有权拒运。

A. 11%　　B. 10%　　C. 9%　　D. 8%

9. 煤炭在运输及装卸过程中,可能会发生爆炸,其原因有______。

A. 煤发生化学反应产生易燃易爆的甲烷气体

B. 煤发生化学反应产生易燃易爆一氧化碳气体

C. 装卸时煤粉飞扬过多

D. A、B、C 都是

10. ______不属于易流态化货物。

A. 细颗粒矿粉　　B. 散装鱼　　C. 散装草泥　　D. 散装鱼粉

11. 对矿石专用船的结构特点,下述说法正确的是:Ⅰ货舱容积小;Ⅱ货舱横舱壁少;Ⅲ两舷舱壁上边设计成斜面形

A. Ⅰ　　B. Ⅱ　　C. Ⅲ　　D. Ⅰ、Ⅱ、Ⅲ

12. 煤炭在运输及装卸过程中,可能会发生爆炸,其原因有:Ⅰ煤发生化学反应产生易燃易爆的甲烷气体;Ⅱ煤发生化学反应产生易燃易爆一氧化碳气体;Ⅲ装卸时煤粉飞

A. Ⅰ、Ⅱ　　B. Ⅰ、Ⅲ　　C. Ⅱ、Ⅲ　　D. Ⅰ、Ⅱ、Ⅲ

13. 舱内装载散装种子饼(Seed Cake)起火时应______。

A. 打开舱盖,进行最大量通风,若稳性许可还应向舱内灌水

B. 对所有货舱进行冷却

C. 关闭货舱,使用船舶固定消防设施

D. 用大量的水,最好使水呈雾状以免扰动货物表面

14. 船运______货物可以采用水尺检量计重:

①散煤;②散矿砂;③袋装化肥;④圆木;⑤散盐。

A. ①②⑤　　B. ①⑤　　C. ①②④⑤　　D. ①②③④⑤

15. 水尺检量过程中,需测定的原始数据有______。

A. 船舶的六面吃水　　B. 舷外港水密度

C. 液体舱内油水等储备品重量　　D. A、B、C 都是

16. 水尺检量时,为减少误差,对船舶吃水应进行的修正是______。

A. 港水密度修正　　B. 拱垂修正　　C. 首尾垂线修正　　D. B、C 都是

17. 水尺计量的基本原理是载货量______。

A. 根据船舶吃水求出排水量减去油水重量求得

B. 根据装卸前后吃水的变化求出排水量的变化值求得

C. 根据船舶吃水求出排水量减去空船重量和油水重量求得

D. 根据装卸前后吃水变化求出排水量的变化,扣除其他载荷的变化即可求得

18. 对易流态化固体散货进行沉降试验的目的是测定其______。

A. 流动水分点　　B. 燃烧速度　　C. 放射比度　　D. 含水量

19. 易流态化货物的流动水分点是用______表示。

A. 含水体积的百分比　　B. 含水重量的百分比

C. 湿度　　D. 粒度

20. 普通货船装运矿石时,主要应注意船舶的______。

A. 纵向强度　　B. 稳性和纵向受力

C. 稳性和吃水差　　D. 局部强度和吃水差

21. 普通货船装运矿石时,航次货载在纵向上的分配应做到______。

A. 隔舱分配　　B. 各舱平均分配

C. 按舱容比例分配　　D. 尽量集中在中部

22. 水尺检量是用于______的一种计量方法。

A. 低廉固体散货船运　　B. 价值较高的散货船运

C. 大宗包装货船运　　D. 固体货物船运

23. 水尺计量的基本原理是______。

A. 根据船舶吃水求出排水量减去油水即可求得载货量

B. 根据装卸前后吃水的变化求出排水量的变化即得装货量

C. 根据船舶吃水求出排水量减去空船重量和油水即得装货量

D. 根据装卸前后吃水的变化求出排水量的变化,扣除其他载荷的变化即可求得装货量

24. 精矿粉散运时,其最大的危险是______。

A. 由于其颗粒小,运输途中易扬尘

B. 由于其含水量大,装卸作业较困难

C. 当其含水量超过适运水分限量时容易流态化威胁船舶安全

D. A、B、C 都是

25. 固体散货的易流态化是指______。

A. 未经充分平舱时易在舱内流动

B. 散落性较强,易在舱内自由流动

C. 熔点过低,遇高温易溶化而形成自由液面

D. 含水量较大时,易在上层形成可流动物质

26. 专用矿石船的货舱与专用散粮船的货舱比较,其主要区别有______。

A. 设有舷侧顶水舱　　B. 单甲板

C. 双层底较高　　D. 舱壁呈料面形

27. 安排大型矿石专用船装卸顺序时,主要考虑的因素是______。

A. 船体受力及变形　　B. 逐舱顺序装卸,减少装卸机械移动次数

C. 船舶稳性和吃水差　　D. 平衡舱时,缩短装卸时间

28. 为保证大型专用矿石船在装卸过程中满足最大、最小吃水的限制和船体强度不受损伤的要求,应同时______。

A. 应自中部开始排、注压载水　　B. 应自尾向首逐步排出所有的压载水

C. 排、注所装卸货舱附近的压载水　　D. 排、注自首部至尾部舱室的压载水

29. 干散货船在运输固体散货时,主要应考虑:

A. 隔离　　B. 舱位选择　　C. 强度和稳性　　D. 以上都是

30. 为保证矿石船的纵强度及在作业中避免出现过大的纵倾,其适宜的装舱顺序为:

A. 先首部,后自尾向首　　B. 先中部,后首尾交替

C. 先尾部,后自首向尾　　D. 以上均可

31. 固体散货的流动水分点是指:

A. 其最大含水量

B. 其在运输中不可能流态化的含水量

C. 其在运输中一定会流态化的含水量

D. 其在运输中有可能流态化的含水量

32. 对矿石专用船的结构特点，下述说法错误的是：

A. 货舱容积小　　B. 货舱横舱壁少
C. 舱壁设计成针面形　　D. 以上都不是

33. 散装货物平舱不是为了______。

A. 便于货物检量　　B. 防止货物移动
C. 防止船舶倾抖　　D. 上面便于堆积其他货物

34. 下列______不是固体散货船进行水尺检量时应进行的修正。

A. 首尾垂线修正　　B. 船舶尺度修正
C. 漂心修正　　D. 排水量纵倾修正

35. 为了防止煤炭冻结，造成装卸困难，冬天待卸的煤含水量不得超过______。

A. 5%　　B. 8%　　C. 10%　　D. 12%

36. 远洋运煤船航行中每天至少监测煤温______次，每个货舱应有______个在货物表面下______米处的均布测温点。

A. 1;3;3　　B. 2;1;3　　C. 3;3;1　　D. 3;3;3

37. 某运煤船在海上航行时货舱发生火灾，有关处理措施以下错误的是______。

A. 封闭所有通风口　　B. 必要时驶向最近的合适港口避难
C. 用水冷却货舱四壁和甲板　　D. 开舱灌水

38. 不同类别的 B 类固体散货______。

A. 可配装在同一货舱　　B. 应配装在不同货舱
C. 可相邻装载　　D. 视货物相容性而定

39. 对矿石专用船的结构特点，下述说法错误的是：

A. 货舱容积小　　B. 货舱横舱壁少
C. 两舷舱壁上边设计成斜面形　　D. 以上都不对

40. 下列______不属于煤的特性。

A. 产生易燃易爆气体　　B. 易自热自燃
C. 易流态化　　D. 呼吸性

41. 易流态化货物的流动水分点是用______表示。

A. 含水体积的百分比　　B. 含水重量的百分比
C. 湿度　　D. 粒度

42. 某轮水尺检量时测得装货前的排水量和油水分别为 5 000t 和 200t；装货后测得排水量和油水分别为 25 000t 和 1 000t，则其装货量为______ t。

A. 19 020　　B. 19 200　　C. 10 902　　D. 10 920

43. 易流态化货物的易流态性可用______指标来衡量，其值越小，则流态性越______。

A. 流动水分点，小　　B. 适运水分点，大
C. 流动水分点，大　　D. 适运水分点，小

44. 干散货船在运输固体散货时，主要应考虑：

A. 隔离　　B. 舱位选择　　C. 强度和稳性　　D. 吃水差

45. 对于专用固体散货船配装两种性质互抵的 B 类固体散货，隔离 3 意味着至少：

A. 装于不同的货舱　　B. 装于同一货舱但水平间隔 3m 以上
C. 垂直间隔一整舱室　　D. 用介于中间的一整个货舱作纵向隔离

46. 矿石具有以下______特性。Ⅰ密度大；Ⅱ积载因数小；Ⅲ含有水分

A. Ⅰ、Ⅱ　　B. Ⅱ、Ⅲ　　C. Ⅰ、Ⅲ　　D. Ⅰ、Ⅱ、Ⅲ

47. 为保证矿石船的纵强度及在作业中避免出现过大的纵倾，其适宜的装舱顺序为：Ⅰ先首部，后自尾向首；Ⅱ先中部，后首尾交替；Ⅲ先尾部，后自首向尾

A. Ⅰ　　B. Ⅱ　　C. Ⅲ　　D. Ⅰ、Ⅱ、Ⅲ均可

48. 水尺检量中，______对装货量的计算不产生影响。

A. 装货前油水数量　　B. 装货前吃水大小

C. 装货后压载水数量　　D. 船舶常数

第九章 散装谷物运输

本章介绍谷物运输危险性，散装谷物装运要求，稳性要求及计算，改善散装谷物船稳性。
重点：稳性计算、散装谷物运输要求

第一节 船运散装谷物概述

谷物（Grain）是指包括小麦（Wheat）、玉米（Maize）、燕麦（Oats）、稞麦（Rye）、大麦（Barley）、大米（Rice）、豆类（Pulses）、种子（Seeds）及由其加工的与谷物在自然状态下具有相同特征的制成品。谷物的海上运输，除了部分采用袋装和少量采用散装集装箱运输形式外，大量采用的是专用船舶的散装运输形式。散装谷物运输具有节约包装费用，增加装货重量，便于实现机械装卸，缩短装卸作业时间等优点。散装谷物的海运量多年来一直被列为世界主要大宗干散货之一。

一、散装谷物的特性及其对船舶稳性的影响

散装谷物除具有与袋装谷物相同的吸附性、呼吸性、吸湿与散湿性、自热性和易受虫害性外，还特别具有影响船舶稳性的两个特性。

1. 散落性

指装于船舱内包括散装谷物在内的各种颗粒状、块状和粉末状的散货，受船舶摇摆、震动等外力的作用，能自动松散流动的性质。谷物的散落性与其颗粒形状、表面光滑程度、水分与杂质含量等因素有关。散落性大小可以用自然倾斜角（Angle of Repose，静止角或休止角）表示，如图 9-1 所示，它是指非粘性颗粒状、块状和粉末状物质由空中缓缓下落自然形成的货堆斜面与水平面间的夹角 α。散装货物的自然倾斜角越小，其散落性越大。

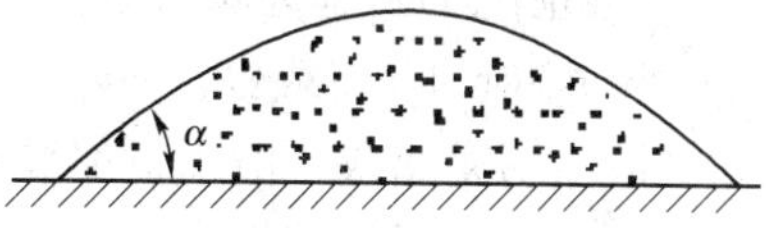

图 9-1 自然倾斜角

2. 下沉性

指装于船舱内的散装谷物，受船舶的摇摆、震动作用，谷物颗粒间的空隙逐渐缩小引起谷物表面下沉的特性散装谷物的下沉性与谷物颗粒大小、形状、积载因数、含水量、散落性等因素有关。

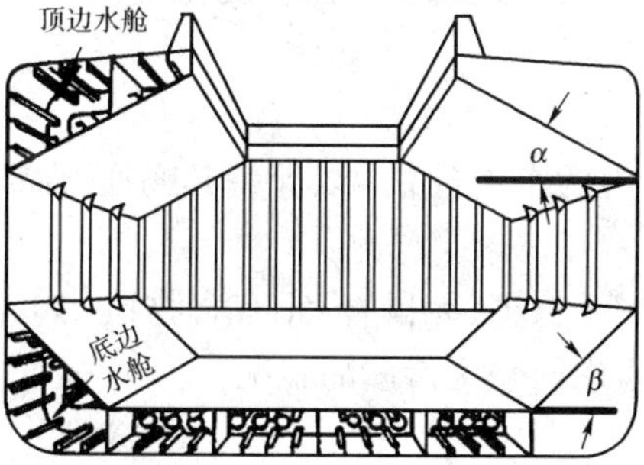

图 9-2 专用散装谷物船货舱的横剖面图

二、散装谷物专用船的货舱结构特点

为改善散装谷物船舶稳性，散装谷物专用船和一些多用途船舶的货舱结构特点如下（见图 9-2）。

1. 单甲板、双层底

散装谷物具有较强的承受挤压能力，从装卸和减小舱内谷物移动倾侧力矩考虑，货舱都采用单层甲板结构。双层底的设置起到增加压载量，提高船舶抗沉性等作用。

2. 舱口围较高

对于初始呈满载或接近满载的散装谷物装载舱，当舱内谷面下沉后，较高的舱口围设置能保持谷面仍处于较小的舱口围之内，以起到减小谷物移动倾侧力矩的作用。

3. 设置顶边水舱和底边水舱

顶边和底边水舱的倾斜面与水平面的夹角一般设计成曲大于常运谷物的静止角（至少为30°）顶边水舱的作用为减少谷物移动的倾侧力矩和平舱工作量，在空载时通常作为压载水舱使用底边水舱除兼作压载水舱外，还可减少清舱工作量及提高卸货速度。

三、散装谷物在舱内的几种装载方案

在散装谷物货舱内采用何种装载方案，将直接影响舱内谷物移动对船舶稳性的影响程度。我国《船舶与海上设施法定检验技术规则》和一些国际散装谷物运输规则对此都有具体的要求。

1. 经平舱的满载舱（Filled Compartment after Trimming）

指经充分平舱后，甲板和舱口盖下方的所有空间装满至最大限度的货舱，此情况下，谷物移动对稳性影响最小。

2. 未经平舱的满载舱（Filled Compartment without Trimming）

指使舱口范围内装满至可能的最大限度，但在舱口以外，专用舱在舱的两端可免于平舱，非专用舱除考虑甲板上经添注孔谷物可自由流入舱内形成自然流入状货堆的影响外，甲板下其他空档处可免于平舱的货舱。此情况下，谷物移动对稳性的不利影响要明显大于上述经平舱的满载舱采用此种装载方案，可以为船方节约平舱费用。

3. 部分装载舱（Partly Filled Compartment）

指经合理平舱，将谷物自由表面整平，但未达到上述两种满载舱状态的货舱，又称松动舱（Slack Hold）。此情况下，谷物移动对稳性的不利影响随货舱结构形状及谷物装舱深度而变化，多数情况下要远远超过上述两种满载舱。

4. 共同（通）装载舱（Compartment Loaded in Combination）

指多用途船或一般干货船装载散装谷物时，在底层货舱舱盖不关闭的情况下，将底层货舱及其上面的甲板间舱作为一个舱进行装载的货舱。当货舱内谷物装载超过底层货舱舱盖高度时，采用此方案与将底层货舱舱盖关闭（即在底层货舱及其上面的甲板间舱内存在两个自由谷面）方案比较，前者谷物移动对稳性的不利影响较后者要减小许多。

四、散装谷物船运输注意事项

散装谷物在海上运输的全过程中，除需要按杂货的一般要求运输外，还应特别注意下列几个方面：

1. 装货前准备

(1)全面检查货舱设备并使之处于适用状态，疏通舱内污水沟（井），以保持其畅通，保证货舱污水泵和通风设备运行情况良好。

(2)彻底清洁货舱，保证货舱处于清洁、干燥、无异味、无虫害、无鼠害、无有害物质（如美国港口当局规定，如舱内有未能识别的物质，则以有毒物质论处）、无渗漏的状况。

(3)若舱内存在虫害、鼠害，则需对空舱进行熏蒸。

(4)当全船货舱均满足上述条件时，可向装货港有关部门申请验舱，只有在验舱合格并取得“验舱合格证书”后，才允许开始装货。

2. 合理编制船舶积载计划

(1)编制散装谷物船积载计划与编制杂货船积载计划的步骤和方法相同。散装谷物船与杂货船比较在积载图上不同的是，装货位置除需标明货物的名称(或其等级)、重量、积载因素外，满载舱需要标注其平舱形式，部分装载舱需要标注其谷物装舱深度，多层甲板船需要标注是否采用共同(通)装载方式，设置防移装置的货舱则需要详细标注所设置的防移装置形式，设置部位和装置的具体尺度等内容，图9-3是散装谷物船装货过程示意图。

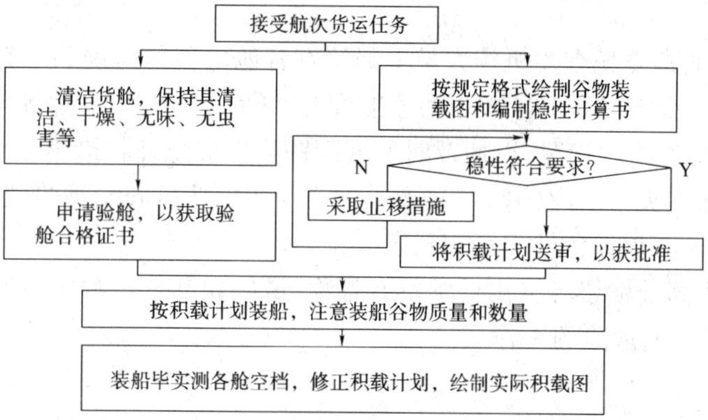

图9-3 散装谷物船装货过程示意图

(2)按装货港提供的表格形式填写散装谷物稳性计算表。尽管不同的港口提供的表格形式差别较大，但其计算原理和填写内容都大致相同。填写这类表格就是选择船舶在航行途中对稳性最不利的装载状况，采用船舶适用的散装谷物船运规则，进行船舶完整稳性衡准指标的核算。当船舶稳性不满足要求时，可以采用选择合适舱位打入或排出压载水，舱内设置防移装置或采取止移措施(必须在稳性计算表中详细标注)等补救方法。但是，对于在舱内设置各种防移装置或采取止移措施，由于费时费力，因此，通常仅在稳性衡准指标不能满足要求且已无其他补救措施的条件下才被采用。

(3)为了遵守SOLAS公约的有关规定，各国港口指定有关当局负责在装货前(有些港口在船离港前)对船方填写的散装谷物稳性计算表进行核准，只有当确认计算表中船舶稳性衡准符合SOLAS公约规定后，即船方要取得“装载许可证”，才准许船舶开始装货(有些港口作为准许离港的必要条件之一)。

3. 装货过程

(1)严格按积载计划装货，合理安排各舱装载顺序，使吃水差始终保持尾倾，以便顺利排压载水。

(2)各舱装货次数以三次为宜，以免船体受力不匀。

(3)监装中，应特别注意装船谷物的质量(主要指含水量)，保持舱内易产生汗水部位与污水沟(井)的通道畅通。

(4)各舱临装货结束时，应按要求进行平舱和采取止移措施(如必要时)，并做好货物顶部的铺垫以防止或减少舱顶汗水对谷物的影响。全船临装货结束时，应注意调整船舶吃水差，消除船舶横倾角。装货完毕后，可以利用水尺计重方法核准实装的全船谷物重量，以供参考。

(5)实测各部分装载舱内谷面以上空档并对积载计划(包括稳性计算表)进行修改，绘制实际积载图。开航前，按贸易合同的规定进行货舱熏蒸。

4. 途中保管

(1)航行途中应当定时测定舱内污水沟(井)内水位,及时排除舱内污水。

(2)应注意经常检查舱内防移装置(如设置时)的状况是否良好。

(3)货舱通风可以根据杂货船运输中防止舱内产生汗水的原则进行,但应当认识到,对于导热性很差的散装谷物的通风仅仅是表面上的,企图将货堆内部谷物呼吸产生的水分和热量全部排出舱外是不可能的。

(4)对货舱底的燃油柜加热不可过高,以免谷物受热损坏。

5. 卸货过程

(1)卸前,货主通常委托有关机构人员上船检查各舱内谷物状况,只有在确认未发现待卸谷物存在水湿、霉变、虫害、污染等情况时,才准许开始卸货。因此,在船舶航行途中及抵港前,应注意检查舱内上层谷物的状况,以便及时发现问题采取应急补救措施。

(2)卸货前告知工头污水沟(井)位置要其注意使用抓斗(Crab)或推土机(Bulldozer)时勿影响污水沟(井)盖及其他设备处于适用状态。

(3)卸货时舱内高处横梁等突出处常留有谷物,最好在卸货过程中及时清除,否则货物卸完后,将成为一项困难而危险的工作。

第二节　散装谷物船的稳性核算

为了有效地防止散装谷物运输船舶发生倾覆沉船事故,从 1860 年起就陆续有一些国家或地区制定了要求强制执行的散装谷物船舶运输规则,从 1948 年起这类规则就逐步发展成为国际性的规则。

一、现行散装谷物船舶运输规则

(1)《1974 年国际海上人命安全公约》(简称《SOLAS 1974》)1991 年修正案,于 1994 年 1 月 1 日生效,其中第六章《国际散装谷物安全装运规则》(简称《GB 规则》或《谷物装运规则》),装运散装谷物的船舶应符合《GB 规则》的要求。

(2)我国《法定规则》在国际航行船舶分册第四篇附则Ⅰ中,对我国国际航行的散装谷物船舶稳性提出了要求;在非国际航行船舶分册第四篇第 6 章第 3 部分中提出了我国非国际航行船舶的稳性要求。

二、现行散装谷物船运规则对散装谷物船舶的稳性要求

1. 国际航行散装谷物船的稳性衡准要求

《SOLAS 1974》对所有装运散装谷物船舶的稳性衡准要求:

(1)经自由液面修正后的初稳性高度 $GM \geqslant 0.30\text{m}$。

(2)谷物假定移动引起的船舶静倾角 $\theta_h \leqslant 12°$,对 1994 年 1 月 1 日后建造的船舶,则要求满足 $\theta_h \leqslant \min\{12°, 上甲板边缘入水角\ \theta_{im}\}$。

(3)船舶剩余动稳性值(剩余静稳性面积)$S \geqslant 0.075\ \text{m} \cdot \text{rad}$。

我国《法定规则》对国际航行散装谷物船的稳性衡准要求与《SOLAS 1974》的稳性衡准要求和稳性计算方法是完全一样的。

2. 非国际航行散装谷物船的稳性衡准

我国《法定规则》对非国际航行散装谷物船的三项特殊稳性衡准指标要求与《SOLAS 1974》相同，但对舱内谷物移动倾侧模型的设定及稳性指标的计算公式与《SOLAS 1974》有差别。

三、散装谷物船舶稳性核算

鉴于我国《法定规则》对国际航行的散装谷物船舶和《谷物装运规则》的散装谷物船舶稳性特殊衡准指标的具体核算方法和步骤完全相同，因此，本节仅介绍《谷物装运规则》对国际航行散装谷物船舶稳性特殊衡准指标的核算方法。

1. 经自由液面修正后的初稳性高度 GM 核算

$$GM = KM - KG - \delta_{GM_f} \qquad (m) \tag{9-1}$$

(1)满载舱内谷物重心高度 Z_i 的确定方法：

①取在货舱的舱容中心处；

②取在考虑下沉后谷物的几何中心处。

(2)对于部分装载舱，谷物的重心位置取在舱内谷物初始装载体积的几何中心。其重心距基线高度可以根据货舱内谷物的初始装舱深度或所占舱容，从相应的舱容曲线图或数据表中查取。

由于舱内谷物重心采用不同的确定方法，不但直接影响 GM 的计算结果，而且还将影响其他两项指标的计算结果，因此，确定方法一经选定，三项指标的前后计算应当保持一致。

按《谷物装运规则》的要求，散装谷物船舶必须满足：$GM \geq 0.30$m

2. 谷物处假定移动引起的船舶静倾角 θ_h 计算

1)公式法计算 θ_h

$$\tan\theta_h = \frac{M'_u}{\Delta \cdot GM} \tag{9-2}$$

式中：GM——经自由液面修正后的初稳性高度，m；

M'_u——谷物移动横向和竖向总倾侧力矩之和，9.81kN · m，可按下式求得：

$$M'_u = \sum \frac{C_{vi} \cdot M_{vi}}{SF_i} \tag{9-3}$$

式中：C_{vi}——第 i 舱内谷物重心垂向上移修正系数，规则规定：

(1)满载舱，当谷物重心取在舱容中心处时，取 $C_{vi} = 1.00$。

(2)满载舱，当谷物重心取在考虑其下沉后的几何中心处时，取 $C_{vi} = 1.06$。

(3)部分装载舱取 $C_{vi} = 1.12$。

M_{vi}——第 i 舱谷物横向移动倾侧体积矩，m^4，查船舶资料确定。

SF_{vi}——第 i 舱谷物的积载因数，m^3/t。

2)使用作图方法确定 θ_h

使用作图法求取 θ_h 的步骤是：

(1)绘制核算装载状态下船舶静稳性力臂曲线 $GZ = f(\theta)$。

(2)绘制谷物倾侧力臂曲线 $\lambda = f(\theta)$。

规则规定：λ 曲线是一条倾斜下降的直线。可计算$(0°, \lambda_0)$和$(40°, \lambda_{40})$两点坐标后绘制

(图 9-4)。

λ_0 和 λ_{40}的计算公式是:

$$\lambda_0 = \frac{M'_u}{\Delta} \quad (m) \tag{9-4}$$

$$\lambda_{40} = 0.8 \cdot \lambda_0 \quad (m) \tag{9-5}$$

(3)从 $GZ = f(\theta)$ 和 $\lambda = f(\theta)$ 两条曲线相交点处量取的横坐标值即为 θ_h。

按《谷物装运规则》的要求,散装谷物船舶必须满足:$\theta_h \leqslant 12°$ 。对于 1994 年 1 月 1 日后建造的船舶,若假设船舶在核算装载状况下甲板边缘浸水角为 θ_{im}

则必须满足:$\theta_h = \min\{12°, \theta_{im}\}$。

3. 船舶剩余动稳性值 S 的计算

船舶剩余动稳性值 S 是指静稳性力臂曲线、谷物倾侧力臂曲线和右边边界线所围的面积,如图 9-5 所示。

1)确定右边边界线

规则规定:右边边界线是一条垂直线,其横坐标值 θ_m的计算公式是:

$$\theta_m = \min\{\theta_{GZ'max}, \theta_f, 40°\}$$

式中:$\theta_{GZ'max}$——船舶剩余复原力臂 GZ'值最大处所对应的横倾角;

θ_f——船舶进水角。

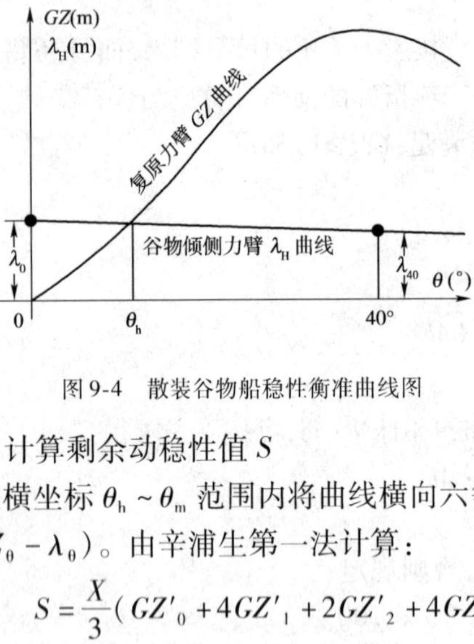

图 9-4 散装谷物船稳性衡准曲线图

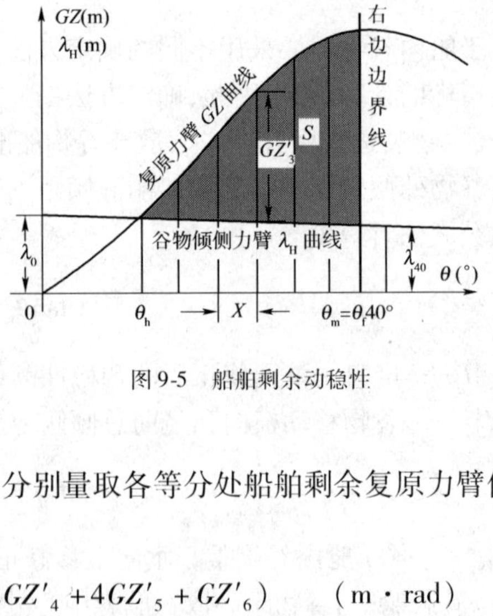

图 9-5 船舶剩余动稳性

2)计算剩余动稳性值 S

在横坐标 $\theta_h \sim \theta_m$ 范围内将曲线横向六等分,分别量取各等分处船舶剩余复原力臂值 GZ'_i (即 $GZ_\theta - \lambda_\theta$)。由辛浦生第一法计算:

$$S = \frac{X}{3}(GZ'_0 + 4GZ'_1 + 2GZ'_2 + 4GZ'_3 + 2GZ'_4 + 4GZ'_5 + GZ'_6) \quad (m \cdot rad) \tag{9-6}$$

式中:X——横向六等分的等分间距,即:

$$X = (\theta_m - \theta_h)/6$$

GZ'_0、GZ'_1、GZ'_2、GZ'_3、GZ'_4、GZ'_5、GZ'_6——依次表示在横坐标 $\theta_m \sim \theta_h$ 范围内将曲线横向 6 等分的每一垂线处量取得船舶剩余复原力臂值(m)。

按《谷物装运规则》的要求,散装谷物船舶必须满足:

$$S \geqq 0.075 m \cdot rad。$$

4. 散装谷物船稳性指标的简化核算

1)应用"散装谷物最大许用倾侧力矩 M_a 表"进行稳性核算方法

散装谷物船舶许用倾侧力矩 M_a，是指船舶恰能同时满足散装谷物船运规则的各项稳性衡准指标时，各舱内允许出现的谷物假定移动倾侧力矩之和的最大值。在散装谷物船舶资料中有提供。

核算步骤：

(1)计算核算装载状况下船舶排水量 Δ 和经自由液面修正后的重心高度 KG。

(2)计算谷物移动总倾侧力矩 M'_u。

(3)以 Δ 和 KG 为查表引数，从“许用倾侧力矩表”中查取 M_a，表 9-1 是某轮许用倾侧力矩表。

某轮许用倾侧力矩表(9.81kN·m)　　表 9-1

KG / Δ	7.5	7.6	7.7	7.8	7.9	8.0	8.1	8.2	8.3	8.4	8.5
28 000	12 535	11 916	11 297	10 678	10 059	9 440	8 821	8 202	7 583	6 964	6 345
290 00	12 981	12 340	11 699	11 058	10 417	9 776	9 135	8 494	7 583	7 212	6 571
30 000	13 428	12 765	12 102	11 439	10 776	10 113	9 450	8 787	8 124	7 461	6 798
31 000	14 204	13 519	12 834	12 149	11 464	10 779	10 094	9 409	8 724	8 039	7 354
32 000	14 661	13 954	13 247	12 540	11 833	11 126	10 419	9 712	9 005	8 298	7 591
33 000	15 470	14 741	14 012	13 283	12 554	11 825	11 096	10 367	9 634	8 909	8 180
34 000	16 299	15 548	14 797	14 046	13 295	12 544	11 793	11 042	10 291	9 540	8 789

(4) M_a 和 M'_u 比较：当满足 $M_a \geqslant M'_u$ 时，就等同于表明船舶在该装载状态下，《SOLAS 1974》三项稳性指标同时满足要求。

2)以 GZ'_{40} 的核算替代剩余动稳性值 S 的核算

当船舶资料中不具备“许用倾侧力矩表”时，可用求取横倾 40°时的剩余复原力臂值 GZ'_{40} 替代剩余动稳性值 S 的计算。

(1)确定下列简化核算条件是否同时满足：

①谷物假定移动引起的船舶静倾角 $\theta_h \leqslant 12°$；

②经自由液面修正后静稳性力臂曲线在 12°~40°范围内形状无凹陷；

③右边边界线对应横倾角 $\theta_m = 40°$，如图 9-6 所示。

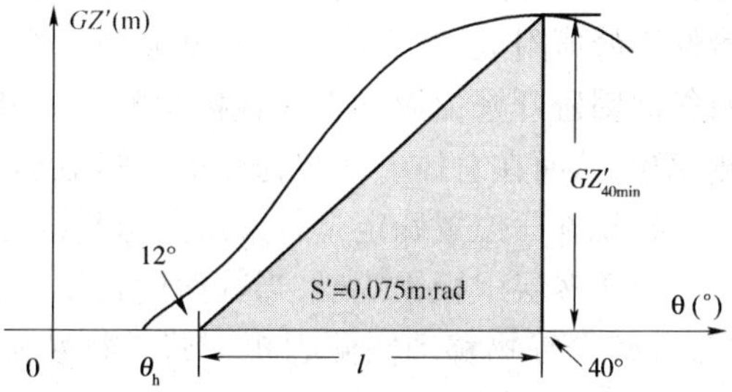

图 9-6　剩余复原力臂

(2)计算横倾 40°时剩余复原力臂值 GZ'_{40}：

$$GZ'_{40} = GZ_{40} - \lambda_{40}$$
$$= (KN_{40} - KG\sin 40°) - 0.8\lambda_0$$
$$= KN_{40} - KG \cdot \sin 40° - 0.8 \cdot \frac{M'_u}{\Delta}$$

式中：GZ_{40}——船舶横倾 40°时复原力臂，m；

KN_{40}——船舶横倾 40°时的形状稳性力臂，m；

KG——经自由液面修正后船舶重心高度，m；

M_u'——谷物移动总倾侧力矩(t·m)。

(3)稳性核算：当满足 $GZ'_{40} \geqslant 0.307$ m 时，就等同于满足 $S \geqslant 0.075$ m·rad 的要求。

第三节 改善散装谷物船舶稳性的方法及措施

当散装谷物船的稳性衡准指标不能同时满足要求时，可以采取下列措施，以改善船舶稳性：

一、减少谷物移动倾侧力矩

减小谷物倾侧力矩，可使谷物移动引起的船舶横倾角减小，船舶剩余动稳性增大，它是改善散装谷物船舶稳性的主要措施。散装谷物移动倾侧力矩是由满载舱和部分装载舱的移动倾侧力矩所组成。对于满载舱，不论经平舱与否，其谷物假定移动倾侧力矩是固定的。对于部分装载舱，其谷物移动倾侧力矩常常占了很大比例。因此，减少谷物移动倾侧力矩，首先应考虑部分装载舱的谷物移动倾侧力矩。

常用的方法有：

1. 减少部分装载舱数目

船舶满载时舱容剩余或为保证船舶强度和吃水差，都会出现部分装载舱情况；船舶因水深限制在港外卸掉部分货载后进港或多港口卸载，则存在多个部分装载舱。无论装载后还是部分卸载后，为减小谷物倾侧力矩，应尽可能减少部分装载舱数目。

2. 尽可能将宽度和长度较小的货舱作为部分装载舱

由于谷物倾侧力矩与谷面宽度的立方成正比，因此，如将部分装载舱安排于舱宽较小的货舱（如首部货舱），就会大大减小部分装载舱的谷物倾侧力矩。另外，在舱宽相同或相近时，部分装载舱则宜选择舱长较短的货舱，但同时应兼顾船舶对强度和吃水差的要求。

3. 谷物装舱深度应避免使该舱谷物倾侧力矩处于峰值附近

各舱谷物倾侧力矩峰值所对应的装舱深度介于底边舱和顶边舱之间的舱宽最大处，其实际装载谷物深度应尽可能远离此位置。如发现配载方案中出现某部分装载舱的谷物倾侧力矩恰处于峰值附近，则可以考虑将某满载舱的一些谷物移入该部分装载舱。这样，该部分装载舱的谷面因避开峰值而减少的谷物倾侧力矩可能会越过原满载舱因谷物移出后而增加的谷物倾侧力矩，从而在总体上使谷物倾侧力矩减小。

4. 视谷面位置确定是否采用共通装载方式

对于多层甲板干货船，当其舱内谷物装载高度超过该层舱舱口时，可以采用共同的装载方式，以减少谷物移动倾侧力矩。若谷物装载高度未超过该层舱舱口，但当舱内谷面假定倾侧25°时谷物有可能流入上层舱时，则必须将该层舱舱盖关闭。而且，此情况下当该层舱舱盖之上不装散装谷物或其他货物时，还必须采用可靠的方法将其紧固，以防止下层舱内谷物移动使该舱盖移位。

5. 采取平舱措施

计算表明，货舱满载时经平舱和未经平舱的谷物倾侧力矩两者相差数倍，显然，按要求对各满载舱进行平舱，可以大大减小谷物倾侧力矩值。对于部分装载舱，装载或卸载后也应使谷面基本平整，以减少谷物移动的有害影响。

二、改善装载方案，提高船舶初稳性高度

船舶重心高度减小，可有效地改善船舶稳性。它表现在使静稳性力臂增大，从而增大剩余

动稳性值，同时减小了由于谷物移动引起的船舶横倾角。在谷物装载量确定条件下，通过改变装载方案来降低船舶重心是有限的和小幅度的。除此之外，使用各种方法，提高船舶初稳性高度：降低所装谷物的重心高度；在顶边水舱排出压载水；在双层底和底边水舱打入压载水；尽量减少自由液面对稳性的影响；合理配置和使用燃油等来实现。

三、设置防移装置和采取止移措施

这是作为船舶稳性不足时采用的一种不得已的补救手段。规则提供了几种具有较强实用价值的防移装置和止移措施。主要包括：

1. 适用于满载舱和部分装载舱—设置纵隔壁

若在矩形自由谷面货舱中设置一道纵隔壁，即可使谷物假定移动的倾侧力矩减少到原来的1/4。规则对所没置的纵隔壁的要求是：隔壁必须为谷密。若在甲板间舱内，则隔壁垂向必须贯穿整个间舱。若在非甲板间舱内，则满载舱纵隔壁的设置要求在顶部甲板（舱盖）向下延伸大于0.6m；部分装载舱的设置，除非受到舱顶和舱底的限制，纵隔壁的高度要求其位于谷面以上高度和谷面以下深度为该舱最大宽度的1/8。

2. 仅适用于满载舱

（1）设置托盘。托盘可以替代纵向隔壁。托盘底部放置隔垫帆布或其等效物。其上装满袋装谷物或其他适宜货物。对托盘深度 d 的要求是：当型宽 $B \leqslant 9.1$m 时，要求 $d \geqslant 1.2$m；当 $B \geqslant$ 18.31n，要求 $d \geqslant$ 1.8m；当 $9.1\text{m} < B < 18.3$m 时，用内插法确定要求的 d 值。托盘顶部应由舱口边桁材或围板及舱口端梁组成。

（2）设置散装谷物捆包。作为设置托盘的一种替代方法，设置散装谷物捆包的形式和要求与设置托盘的相同，只是将托盘内的袋装谷物或其他适宜货物，改用散装谷物来填充，并要求在其顶部使用合适的方法加以固定。

3. 仅适用于部分装载舱

（1）谷面上堆装货物。俗称压包。要求将自由谷面整平，谷面上使用隔垫帆布或其他等效物，或设置一垫木平台，其上要求堆满高度不小于谷面最大宽度1/16和1.2m中较大者的袋装谷物或其他等效货物。

（2）谷物表面固定装置。用钢带、钢索、链条或钢丝网等固定谷面，在完成装载前先将系索用卸扣经一定间距（以不大于2.4m为宜）连接在谷物最终谷面以下0.45m的舱内两侧的船体结构上。当谷物装毕后将谷面平整至顶部略成拱形，用粗帆布、舱盖布或等效物覆盖，垫隔布应至少搭接1.8m在其上放置木制层。木制层是在谷面上铺设的二层满铺的木板地板，要求每块厚25mm，宽150～300mm。上层地板纵向铺设，钉于底层横向铺设的地板上。亦采用另一种方式，即上层用厚50mm的木板纵向满铺，钉于厚50mm、宽不小于150mm的横向底垫木上，底垫木应延伸至舱的全宽，其间距不超过2.4m。随后将预埋在左右谷面两侧以下的对应绑索用松紧螺旋扣紧固。其中在上层纵向垫木和每道绑索之间用贯穿该舱全宽的横垫木支撑，以分散绑索产生的向下压力在船舶航行途中应经常检查绑索，且必要时应予以收紧。

练习题

1. 散装谷物除具有与包装谷物共同的性质外，还具有______特性。

A. 散落性和下沉性　　　　B. 下沉性和散发水分性

C. 自热性和吸附性　　D. 散落性和呼吸性

2. 散装谷物的散落性可以用______表示，该值越小，表示其散落性______。

A. 移动角；越大　　B. 自然倾斜角；越大

C. 休止角；越小　　D. 摩擦角；越大

3. 散装谷物的______特性对船舶稳性产生不利的影响。

A. 下沉性和吸附性　　B. 散落性和吸湿性

C. 散落性和吸附性　　D. 下沉性和散落性

4. 与普通货船比较，专用散粮船的货舱有以下结构特点______。

①单甲板；②双层底高；③舱口围较高；④舱壁呈斜面形；⑤舱口尺度大。

A. ①②④　　B. ①③④　　C. ②③④　　D. ①②③④⑤

5. 专用散粮船货舱区设置顶边水舱的目的是______。

①限制货舱内谷物移动；②便于平舱；③便于清舱；④可用作压载水舱；⑤减少谷物移动倾侧力矩。

A. ①②③　　B. ①②④⑤　　C. ①②③④　　D. ①②③④⑤

6. 散装谷物船的"共同装载"是指：

A. 拆除横舱壁，舱内谷物前后相通

B. 不设止移板，舱内谷物左右相通

C. 打开底层货舱舱盖，使底舱和甲板间舱的谷物上下相通，成为一个货舱

D. 以上都不对

7. 关于散装谷物的装载方式，以下______对船舶稳性的不利影响最小。

A. 经平舱的满载舱　　B. 未经平舱的满载舱

C. 部分装载舱　　D. 松动舱

8. 关于散装谷物的装载方式，以下______对船舶稳性的不利影响最大。

A. 经平舱的满载舱　　B. 未经平舱的满载舱

C. 部分装载舱　　D. 以上均不对

9. 装载散装谷物以前，应首先向______申请验舱并取得验舱证书。

A. 海关　　B. 港务调度　　C. 边防　　D. 商检

10. 根据《1974 SOLAS》的规定，散粮船经自由液面修正后的初稳性高度值应不小于______m。

A. 0.15　　B. 0.20　　C. 0.30　　D. 根据散粮的种类而定

11. 根据 IMO《谷物装运规则》的规定，散装谷物船的剩余静稳性面积应：

A. 不小于 0.037m · rad　　B. 不大于 0.037m · rad

C. 不小于 0.075m · rad　　D. 不大于 0.075m · rad

12. 我国现行的《船舶与海上设施法定检验规则》对国际航行散粮船特殊稳性衡准的要求与 IMO《谷物装运规则》相比：

A. 稳性衡准指标的要求值不一样

B. 稳性衡准指标的要求值相同

C. 对吨位不同的散装谷物船，我国有附加要求

D. 对吨位不同的散装谷物船，IMO《谷物装运规则》有附加要求

13. 将部分装载舱安排在较狭窄的谷物舱内，可以______。

A. 增大剩余动稳性值　　B. 改善散粮船稳性
C. 减小船舶横倾角　　D. A、B、C 都对

14. 散粮船确定部分装载舱的原则是______。
A. 对纵强度影响较小
B. 便于调整船舶吃水差
C. 避开该舱谷物移动所产生的倾侧力矩的峰值
D. 以上都是

15. 为减少满载舱内的谷物移动倾侧力矩,以下______措施正确的。
A. 设置托盘　　B. 设置纵向隔壁
C. 设置散装谷物捆包　　D. A、B、C 都是

16. 下列______不属于散装谷物满载舱的止移措施。
A. 散装谷物捆包　　B. 托盘
C. 舱口盖固定装置　　D. 设置纵隔壁

17. 我国《法定规则》关于国际航行散粮船特殊稳性衡准要求中规定 1994 年 1 月 1 日后建造的船舶,由于谷物移动引起的船舶横倾角应不大于______。
A. 12°　　B. 船舶进水角
C. 船舶甲板浸水角　　D. A 和 C 中取小者

第十章　散装液体货物运输

本章介绍了液体散货种类及理化特性，油船、散化船和液化气船的结构特点，液体散货船一般安全防范措施。

重点：液体散货运输特点。

液体散货包括石油及其产品、液化气体（包括液化石油气、天然气和化学气几种）和液体化学品。其中石油类货物、液化石油气和液化天然气都是重要的能源，尤其是石油类货物，在世界海运量中占有相当大的比重，也是我国重要的进出口货源。

第一节　石油类货物的种类和特性

一、石油类货物的种类

1. 原油（Crude Oil）

它是从油井中开采出来的一种有特殊气味的褐色或黑色粘稠的液体矿物，是未经加工的石油，主要是由碳和氢两种元素组成的多种碳氢化合物所构成，其平均含碳最为 84% ~87%，氢含量为 11% ~14%，此外还有硫、氧、氮和微量的氯、碘、钾、钠、铁等十几种元素的物质。不同产地的原油其各成分的含量各不相同。原油以货油黏度（Viscosity）分轻原油（Light Crude）、中原油（Medium Crude）和重原油（Heavy Crude）。

2. 成品油

是指原油经直接蒸馏、裂化、精制等加工后制成的石油产品以及油母页岩、煤等为原料，经干馏、高压强氢和合成反应而获得的各种人造石油产品，可分白油（White Oil），黑油（Black Oil），润滑油（Lubricating Oil）。具体产品有：

（1）汽油（Petrol or Gas Oil）：分航空、车用和溶剂汽油等多种。车用汽油按辛烷值分为 90 号、93 号和 97 号汽油 3 个牌号。

（2）煤油（Kerosene）：分为灯用煤油、动力煤油和矿灯煤油。灯用煤油比汽油重，比柴油轻，用于点灯照明，作汽灯和煤油炉的燃料。

（3）柴油（Diesel Oil）：分为轻柴油和重柴油。轻柴油供各重高速柴油机，按凝点高低分为 10、0、-10、-20、-35 和 -50 共 6 个牌号；重柴油供中速和低速柴油机作燃料用，按凝点高低分为 10、20、和 30 共 3 个牌号。

（4）燃料油（Fuel oil）：又叫重油或锅炉油，是原油蒸馏出汽油、煤油、柴油后在 350°C 以上，并经精制除杂直接蒸馏得到的油品，供船舶、工业和工厂锅炉作燃料用。按黏度大小分为 20、60、100、200 和 250 共 5 个牌号。

（5）润滑油（Lubricating oil）：是提取了汽油、煤油、柴油后剩下的重质油，采取减压蒸馏法制成的液体油品，精制后的润滑油可以用各种不同比例调配各种黏度的润滑油，有时再加入一些添加剂以提高润滑油的某些品质。主要用于机械设备的摩擦部位，起润滑作用。

(6)化工油类:纯苯、甲苯、石蜡、地蜡等产品。

(7)建筑油类:液体沥青、硬沥青等产品。

二、石油类货物的主要特性

1. 易燃性

石油类货物很容易燃烧。其易燃性可用闪点(Flash Point)、燃点(Fire Point)和自燃点(Spontaneous Combustion Point)来衡量。按石油产品的闪点高低将其划分为三级:闪点在28℃以下的油品属于一级易燃液体,闪点在28℃~60℃(不包括60℃)范围内的油品属于二级易燃液体,闪点在60℃以上的油品属于三级易燃液体。一级和二级油品都极易燃烧,因此,运输原油及其产品的油船必须配备完备的安全消防设备。

2. 爆炸性

石油及其产品挥发出来的蒸气与空气混合达到一定浓度(容积百分比)范围时,遇明火就会发生爆炸。遇火能发生爆炸的浓度范围称为爆炸极限;遇火发生爆炸的最低浓度叫爆炸下限;遇火发生爆炸的最高浓度叫爆炸上限。原油及成品油的爆炸下限通常为1%~1.6%。为防止石油类货物发生爆炸,要求在油船上的危险油气可及区域内杜绝一切火源并须配备油气驱除系统和惰性气体系统。油气驱除系统是利用抽风机将油舱内高浓度油气驱除出货油舱,而惰性气体系统是将惰性气体注入货油舱,这两套系统配合使用,能使舱内的混合气体的含氧量低于5%。

3. 挥发性

在储运过程中,石油类货物的挥发不但会使货物的数量减少,而且由于其挥发成分多为轻质馏分而使油品质量降低,同时为其燃烧、爆炸提供了油气。石油类货物挥发的速度取决于油温,温度越高,挥发越快。此外,挥发性还与压力的大小、油品表面积的大小、油品上方气流的速度及油品自身的密度有关。为此油船上配备了甲板洒水系统,当气温高于27°C时,必须启功该系统,以减少油气蒸发。

4. 毒害性

石油类货物中含有大量的碳氢化合物、少量的硫化氢及某些油品中加入的四乙基铅或乙基液等,对人体有害。其毒害可用有害气体最大容许浓度MAC(Maximum Acceptable Concentration)或浓度临界值TLV(Threshold limit Values)加以控制。MAC或TLV以有害气体在空气中的容积百分比的百万分率PPM为计量单位。由于其毒害性,因此要防止石油类产品对海洋环境的污染。石油的MAC或者TLV越小,说明其毒性越大。

5. 粘结性

一些不透明的油品在低温时会凝结成糊状或块状,给装卸造成困难。油品的粘结性可用凝点(Solidifying Point)和黏度(Viscosity)表示。凝点是指油品受冷后停止流动的初始温度;黏度则表示油品的流动时内部摩擦力的大小或流动性大小的指标。黏度越大则流动性越小。

船舶装运高黏度油品时,需要对油品进行适当加温以降低其黏度。原油在50°C左右,燃油在75°C左右,比较适合装卸又不使大量油气挥发。

6. 静电性

石油类货物在运动时会产生静电,静电荷积聚达到一定能量,会放电产生电火花,给油气的燃烧、爆炸提供火源。

7. 胀缩性

石油类货物其体积会随温度的变化而产生膨胀或收缩。因此，货舱装油时，必须留出适当的膨胀余量。石油类货物的膨胀性用膨胀系数表示。

8. 腐蚀性

有些油品中（如汽油）含有水溶性酸碱、有机酸、硫及硫化物，可能引起对船体材料的腐蚀。因此，船舶装运这些油品后，应清洗油舱并进行通风以减少其受腐蚀。

第二节　油船的结构和设备系统

一、油船的结构特点

1. 尾机型

油船的机舱均设在尾部，这主要是从安全考虑，以防止烟囱的火星进入货物区域引起危险。

2. 设有隔离舱室

为防止油气进入其他舱室，油船货舱区的前后两端与机舱、船员住室及其他非货油舱之间均设有舱长不小于76cm的隔离舱。有的油船将油泵舱兼作隔离舱。

3. 货油舱尺度较小

为减小舱内货油自由液面对船舶稳性的影响以及货油对舱壁的冲力，油舱的尺度较之其他船舶的货舱要小得多。为了减少由此引起得油船空船重量的增加，货油舱采用槽形或波形舱壁。

4. 单甲板、双壳体

常规船型油轮为单层甲板，在货舱区域内的舱底和船舷均为双层结构。

5. 船体结构多采用纵骨架式

油船船体长深比较小，所受的弯曲力矩也较大，故结构多采用纵骨架式，货油舱范围内的甲板，舱底均为纵骨架式，当船长大于150m时，舷侧、纵舱壁一般也为纵骨架式。

6. 设有专用压载舱

油船一般为单层连续甲板，老式油船货舱采用单层结构，利用货油舱兼作压载舱，现代油船则采用双层船壳，设有专用压载舱，以满足防污染要求。

7. 货油舱上部设置膨胀舱口

该舱口为油密的圆形或椭圆形开口，其尺度较普通船舶的舱口尺度小，舱口盖上设有测量孔和观察孔。每个货油舱舱口设有固定的钢质扶梯，在扶梯上设有休息平台，以供人员安全地上下货油舱。

8. 核定的最小干舷较其他船舶的小

这是因为与其他船舶相比，油船舱口较小，纵向强度较大和抗沉性较好，所以储备浮力可以小些。为了便于人员安全行走，甲板上设有人行步桥。

9. 甲板上设有多种管系

包括货油装卸系统、货油清舱系统、货油加热系统、油舱通气系统、油气驱除系统、洗舱系统、甲板洒水系统、灭火安全系统等。

二、油船的设备系统

油船装运的货物主要液体，为便于货油装卸及保证船舶的安全，设置如下系统：

1. 货油装卸系统

主要由货油泵、货油管系及各种货油阀等组成，用于装、卸货油及部分货油舱打排压载水。

(1)货油泵。指装卸油液货物的泵浦。油船上常见的有离心泵、往复泵、回转泵等，现代大型油船上的主货油泵多为离心泵。

(2)货油管系。对于不同类型的油船有不同的管系布置。中机型油船采用环形系统；尾机型油船采用线形系统。

(3)货油阀。与货油装卸有关的各种阀统称为货油阀。主要有油舱吸入阀、油舱隔离阀、泵舱隔离阀、泵吸入阀、泵排出阀、腰截阀、出口阀、旁通阀、下舱阀等。

2. 油船清舱系统

即扫舱系统，用于清除货油舱内不能用干管抽净的残油，泵浦多为往复泵或喷射泵。现代油船上多设置自动扫舱装置，使扫舱作业的劳动强度大大减轻，卸货速率有所提高，且省去了专用的扫舱管路。自动扫舱装置有循环式自动扫舱系统、喷射式自动扫舱系统、真空式自动扫舱系统及轴隧式自动扫舱系统。

3. 货油加热系统

用以对高黏度货油进行加热，便于卸油。但对货油的加温必须适当，使之既便于装卸又不使大量油气挥发。根据经验，原油加温应控制在50°C左右，燃料油则在75°C左右。

4. 甲板洒水系统

用以洒水降温，减少油品挥发。

5. 油舱通气系统

用以避免气体对船体舱壁产生较大的额外压力。

6. 油气驱除系统

用以卸油后或洗舱后驱除舱内油气，防止燃烧或爆炸事故的发生。

7. 灭火及安全系统

包括自动报警系统及各种灭火设备等。

8. 洗舱系统

用以在卸油过程中或卸完货油以后对货油舱进行清洗，根据不同情况，可采用水、化学剂、原油等方法洗舱，相应的洗舱系统被称为海水洗舱系统、化学品洗舱系统以及原油洗舱系统。

9. 惰性气体系统(IGS)

在油船除气或原油洗舱等作业时，提供惰性气体，防止油气燃烧爆炸。

10. 液舱参数监控系统。

第三节　油量计算与油品取样

在石油的贸易中，船货双方为了分清货物交接的责任，规定有数量和质量的交接条款。船方要申请检量单位(我国为商品检验局)对装船的货油进行检量。船舶驾驶员要协助做好检量工作，亦应掌握油量的计算方法，以便核对数量，划清责任。

油船在装油结束后，根据岸上油罐或船舱内的空档值，求出实际装油体积及货油在空气中的重量。船舶抵达目的港卸油作业前亦应检量船上货油的重量。两次计量的结果均应记入运输文件，作为货物交接的依据。除数量交接外，还要选取并封存油样，作为质量交接的凭证。

一、油量计算的基本术语

在进行油量计算时各国所采用的油量计算换算表中，常用到一些说明石油液体性质的基本术语，主要有：

1. 石油密度

在温度 t°C，石油单位体积的质量。我国用符号 ρ_t 表示。单位为 g/cm^3，g/ml 或 kg/l。

2. 石油标准温度

石油计量时规定的货油温度。我国与东欧一些国家为 20℃，日本等国为 15℃；英国、美国等为 60 °F。

3. 石油标准密度

标准温度时的石油密度。我国用 ρ_{20} 表示。

4. 石油标准体积

标准温度时的石油体积。我国用 V_{20} 表示。

5. 石油相对密度或石油比重

指石油在温度 t_1 时的密度与等体积纯水在温度 t_2 时的密度比值。石油温度 t_1 通常取标准温度。俄罗斯、东欧等国规定：$t_1 = 20$℃，$t_2 = 4$℃，以 R. D20/4℃ 表示；日本等国规定：$t_1 = 15$℃，$t_2 = 4$℃，以 S. G15/4℃ 表示；英、美、中东等国规定：$t_1 = 60$ °F，$t_2 = 60$ °F，以 S. G60/60 °F 表示。

6. 石油视密度（亦称观察密度）

用石油密度计在非标准温度下所观察的密度计读数。我国用符号 ρ'_t 表示，单位同上。视密度不是标准温度下的石油密度，不能直接用于油量计算，但它是石油计量的原始数据。可用视密度和观测油温作为引数，查取视密度换算表，求得标准密度。

7. 石油体积系数（亦称石油体积换算系数）K

指石油标准体积与油温在 t℃时的体积之比。石油体积系数 K_{20} 亦可用货舱内的平均油温和石油标准密度查表得到。

8. 空气浮力修正

石油在计量时，由于受空气浮力的影响，在空气中重量小于在真空中的质量，二者之差称为空气浮力修正值。它可以用石油在真空中的质量换算到空气中的重量的修正系数 F 及空气浮力对石油密度修正值 B 来进行修正计算。可证明：当 $\rho_t = 0.600 \sim 1.000 g/cm^3$ 范围内，空气浮力对密度的修正值可取常数 $0.0011 g/cm^3$，即空气中石油的密度为 $\rho_{20} = 0.0011 g/cm^3$。修正系数 F 可根据石油的标准密度 ρ_{20} 在石油计量表中查得。

9. 石油密度（比重）温度系 γ（亦称密度或比重修正系数）

指在标准温度下，当石油温度变化 1℃时，其密度（比重）的变化量。若设石油在 t_1 和 t_2 时，其密度分别为 ρ_1 和 ρ_2，则：

$$\gamma = \frac{\rho_1 - \rho_2}{t_2 - t_1} \quad (g/cm^3/℃) \tag{10-1}$$

10. 石油体积温度系数（膨胀系数）f

在标准温度下，石油温度变化1℃时，其体积变化率，我国通常用符号f_{20}表示。f_{20}可用标准密度ρ_{20}作为引数查表得到。

二、石油计量

1.我国的油量计算方法及计算过程

我国采用以空气中的重量计算油量。油船装油量计算的基本方法是：根据油舱内货油的空档高度求出其标准体积，然后乘以货油的标准密度，再乘以空气浮力修正系数，或乘以扣除空气浮力影响后的标准密度。具体步骤如下：

1)确定油舱内的货油体积

(1)空档测量：油船装好油后，应逐一测量每个油舱的空档高度。货油舱空档值一般需使用专用工具进行测量。

(2)空档修正：当油舱的测孔不在油舱的长度或宽度的中点上，且船舶又存在纵倾或横倾时，测得的空档值存在误差，应进行修正。空档修正分为横倾修正和纵倾修正，见图10-1。

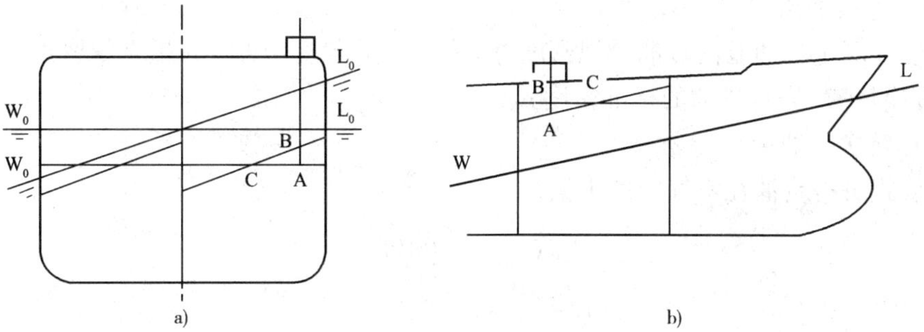

图10-1 空档修正

a)空档横倾修正；b)空档纵倾修正

①空档的横倾修正AB：

$$AB = AC \cdot \tan\theta \qquad (\mathrm{m}) \tag{10-2}$$

式中：AC——测孔中心到舱中心的横向距离，m；

θ——船舶横倾角，°。

②空档的纵倾修正AB_1：

$$AB_1 = AC_1 \frac{|t|}{L_{bp}} \tag{10-3}$$

式中：AC_1——测孔中心到舱中心的纵向距离，m；

t——吃水差，m；

L_{bp}——船舶型长，m。

进行横倾修正时，若船舶右倾，测孔在货舱中心线右边，空档修正量为正；测孔在货舱中心线左边，修正量为负。船舶左倾时符号相反。进行纵倾修正时，若船舶尾倾，测孔在舱中心后，空档修正量为正；测孔在舱中心前，空档修正量为负。首倾时符号相反。

(3)查算各舱装油体积：根据修正后的空档高度查各舱的油舱容量表(每个液舱一张，使用时既可根据空档高度来查取实际装油体积V_t，也可根据所装配的货油体积反查该舱应留出的空档高度)查得各舱的实际装油体积V_{20}。

(4)测定各舱垫水深度：利用专用仪器或量水膏实测各油舱的垫水深度，并扣除垫水的体积。

2)确定货油温度和货油密度

在测定空档高度的同时，应测量舱内油温及货油密度。

规定当油舱数少于15个时，应全部测量每舱油温；油舱数超过15个时，每增加5个油舱，加测一个油舱油温，另外选择测温油舱时，要注意左、中、右油舱的代表性。每舱可以测中层油温，也可以测上、中、下三层（上层距油面1m处，下层距舱底1m）测量结果计算加权平均值，即：

$$t=\frac{(t_u+3t_m+t_d)}{5} \tag{10-4}$$

式中：t_u——上层油温，℃；

t_m——中层油温，℃；

t_d——下层油温，℃。

用密度计测定各油舱内货油的视密度，然后求出平均视密度 ρ'_t，根据视密度 ρ'_t 和油温 t 查“视密度换算表”查得货油的标准密度 ρ_{20}。

3)计算航次装油量

根据公式可得货油在空气中的重量

$$\sum Q=V_{20}(\rho_{20}-0.0011) \quad (\mathrm{t}) \tag{10-5}$$

$$\sum Q=V_{20}\cdot\rho_{20}\cdot F \quad (\mathrm{t}) \tag{10-6}$$

若有争议时，以式(10-6)计算为准。

2. 日本的油量计算方法

日本所采用的油量计算方法是根据日本JIS标准（即日本油量计算换算表）。

(1)将货油测定比重换算成标准比重SG 15/4℃。

(2)将油舱内的货油体积换算成15℃时的体积 V_{15}。

(3)根据公式可得货油在空气中的重量。

3. 英、美等国的油量计算方法

英美等国是利用ASTM－IP的油量计算表进行油量计算。

(1)将实测油温时的比重换算成标准比重SG60/60 °F或标准温度60 °F时的API石油度。

(2)根据标准比重将体积换算成60 °F时的标准体积（立方英尺、美国桶或美国加仑）。

(3)根据公式可得货油在空气中的重量。

三、油样选取及封存

1. 油样选取

油样作为质量交接的依据，具有法律效力，所以油样选取应有代表性并应由质量检验机关负责完成，且船方和货方必须共同参与。油样选取在装油港通常有两种方法：

(1)在装油过程中，从油码头装油管道末端的小开关处取样。装油开始取一次，以后每隔1～2h取一次。

(2)从油舱中选取油样。一般油船至少要从25%的油舱内选取,其中首部和尾部各占5%,中部占15%。每个油舱取样时,一般应连续地从上、中、下3层分别采集,混合后装入容器,也有只从油舱中层取样。

在卸货港,只采用第二种方法选取油样。

2. 油样封存

已选取的油样经充分搅拌均匀后装入两只容器内,其中一份用船上的火漆密封后交给收货人,作为发货的质量凭证;另一份用发货人的火漆密封后由船方保存,作为船方收货的凭证。

第四节　油船的积载特点

油船的积载要求与杂货船的基本相同,但由于石油类货物及油轮结构及其设备的特殊性,油轮积载时考虑问题的侧重点有所不同。现将其特点概述如下:

一、确定航次货运量

油船一般都是满载,且舱容有富余。因此航次货运量一般应等于航次净载重量,即:

$$\sum Q = NDW = DW - \sum G - C - S \tag{10-7}$$

结合油船营运的特点,(10-7)式中各因素应考虑如下问题:

(1)在计算油船的航次储备量$\sum G$时,除了考虑船舶航行和停泊的燃润料、淡水需要量外,还应考虑油船的洗舱等特殊技术作业所需的燃料和淡水的储备量。

(2)确定油船的航次货运量时应扣除上航次货油舱内的油脚和残水的重量S。

有时,油船因装运密度较小的油品,可能出现舱容不足,此时应按船舶实际舱容扣除膨胀余量后确定航次货运量。有时因货源不足,则应根据货源数量确定航次货运量。

二、确定货油在船上的配置

确定货油在船上的重量分配时考虑的因素仍然是稳性、船体纵向受力、吃水和吃水差。

1. 稳性

油船在各舱满载时,其稳性一般是足够的。为满足稳性要求,货油的配舱原则是:除用于调整吃水差用的首尾少数舱外,其余舱要装则应装满,否则留作空舱。这样既能减少自由液面对稳性的影响又可以减轻货油对舱壁的冲击。并保持船舶无初始横倾角。

2. 吃水和吃水差

油船为便于排净压载水,要求有一定的尾倾。当舱容富裕时,可在首、尾各留出一个油舱不装满,用于调整吃水差。当装载多种油品时,也可通过安排不同油品的舱位来满足吃水差的要求。

油船返航时一般为空船压载状态。其目的是为减小过大的中拱弯矩和船体振动,并提高船舶的速航性。因此,油轮空航压载时,其压载舱位应选在船舶中部附近漂心前的舱位,而不应仅仅安排在首部舱位,否则将使船舶产生严重的中拱变形。

3. 船体纵向受力

油船为尾机型船,满载时多呈中垂变形,装载时应尽量减缓其中垂变形应在近船中处留出空舱。空船压载时，为减少中拱弯矩，可在漂心前第一个压载舱及其前后相邻舱依次安排打入压载水。为减小船体横剖面上切力，油轮在横向所留空舱舱位应适当隔开。

三、确定合理的膨胀余量及空档高度

货油的装舱位置确定后，应根据航线上气温的可能变化确定各油舱合理的膨胀余量。当由气温较低的地区装油驶往气温较高的地区时，应留较大的空档；当由气温较高的区域驶往气温较低的区域时，考虑到气候反常的可能性，也应留出空档，但可以小些；对于需加温的油品则所留空档应大些。

膨胀余量可以用下公式10-8求得：

$$\delta V_i = V_t \frac{f \cdot \delta_t}{1 + f \cdot \delta_t} \quad (m^3) \tag{10-8}$$

式中：δV_i——第 i 舱应留膨胀余量，m^3；

V_t——第 i 舱舱容，m^3；

f——石油体积温度系数，1/℃；

δ_t——全航程货油可能达到的最高温度与其在装油港时温度差值，℃。

在实际工作中，每个油舱的膨胀余量均用空档高度表示。油船上备有各油舱的容量表，根据算得的各舱最大装油体积，在各舱容量表中便可查得装油时应留的空档高度。

四、确定合理的装卸顺序

油船在进行装卸作业时，由于受油船上货油干管数目的限制和货油品种不同的影响，因此，各油舱不可能同时进行装卸。需要确定一个合理的各油舱装卸顺序，考虑的因素有：应满足油船的纵向强度条件；保证船舶具有适当的吃水差；防止不同油品的掺混和尽可能同时使用所有的货油干管，以加速装卸。

若优先考虑船体受力和吃水差的要求、油船的装货顺序应该是：先装中部油舱，以减轻中拱变形，再装首部油舱，以减小尾吃水差。然后，各油舱均衡地进行装货。如果船上有多条货油干管，则可把全船油舱分成前、后或前、中、后若干部分，各部分的油舱分别按先后顺序进行装油作业。在装单油品时，可在中部油舱开装不久进油情况正常后，进行全部油舱的装油作业，当各油舱尚有1m左右的空档时，停止作业，然后逐舱按要求装足，其顺序为先边舱，后中舱（隔舱进行），最后为首尾部位的中舱，以利于调整吃水差。

油船的卸油顺序与装油顺序相同即先卸中部油舱以减缓船舶中垂，再卸首部油舱，使船舶产生一定的尾倾，以利于货油泵负荷均衡及清舱作业，然后各舱均衡地卸货。

五、保证货油的运输质量

为防止不同油品的掺混，保证货油质量及有利于减轻洗舱工作量，多数油轮都是运输固定的单一油品，不同航次换装不同油品前，应进行洗舱。当油轮同时运输多种油品时，一般船上设有多条货油干管，装卸时，不同油品使用不同的干管，如只有单一干管，则应先装白油，后装黑油；卸货时按相反的顺序排列。安排油品的舱位时，如在油舱间设有泵舱，则泵舱前后可以配置两种油品，如油舱间无泵舱，则应在不同油品的油舱间留出空舱，以保证货油质量，防止混油。装卸中换装不同油品时，阀门的开闭一定要正确无误。

第五节　油船装运要求及注意事项

石油类货物具有多种危险特性,为保证油船的安全运输和货油的运输质量,油轮在装油、运输和卸油的个过程中应注意做好以下几个方面。

一、防火、防爆

(1)管制烟火。禁止人员携带火种及易燃物品上船,禁止在船上使用明火,只准在规定的安全处所吸烟,在未取得明火作业许可证时不得进行明火作业等。

(2)防止电火包括船上必须使用防爆型灯具及电器设备。电器设备和电路的技术状态必须良好。船舶靠港和进行装卸、压载、洗舱、除气作业时必须关闭雷达和无线电发报机天线、不得进行电瓶充电。靠泊时如需进行雷达天线的维修保养必须得到有关部门的同意等。

(3)防止静电放电。包括装载能积蓄静电的货油时,油舱应惰化或在货油中加入抗静电添加剂,装卸前应先接好地线,装卸时应控制流速,装载挥发性油品时不能用空气吹扫管线,作业人员应穿防静电服装等,以减少静电积聚;清除舱内漂浮的金属物体,测量和取样使用的器具必须保证不产生静电放电,以避免尖端放电。

(4)防止自燃和铝金属火。包括易燃物品应存放于安全处所并由专人保管,经常检查主、辅机的燃油管路,防止其漏油。严禁任何油品与高温管路接触,禁止在电器设备、蒸汽管和机炉舱内烘烤衣物及放置易燃物品在油舱、货泵舱及其他可能聚集油气的处所,禁止使用铝质的工具等。

(5)预防摩擦和撞击火花包括船舶靠离码头及用锚时应防止擦碰产生火花,使用工具应轻拿轻放,吊装物料时应停止货油装卸,关阀封舱并放好衬垫,轻吊轻放。禁止敲铲铁锈作业,登船人员不能穿带钉子的鞋靴等。

(6)防止意外火情。当风速超过 15m/s、浪高 1m 且预计将继续增大时或遇雷雨、闪电、烟囱冒烟或附近发件火灾时,应立即停止装卸,必要时船舶移离码头;当风速超过 15m/s、浪高 1m,遇雷暴天气以及油区海上能见度在 1000m 以下时,船舶停止靠泊作业;当风速超过 18m/s 或浪高在 1.5m 上时应停止装卸并紧急驶离。

二、防止人员中毒

(1)装卸货油时,船上生活区的所有门窗和开口、船尾生活区连同货物区域的所有门窗和开口均应关闭,以防油气进入住室。

(2)未经许可任何人不得进入货泵舱或其他封闭空间,人员进入油舱前应对油舱进行彻底通风并经测定确认舱内气体对人员安全时才能下舱,下舱人员应穿戴防护服具,必要时需戴呼吸器及其他安全用具。

(3)进行监测和取样人员应站在与风向成直角的位置并穿戴防护服,必要时配戴呼吸器。

三、防止和减少油污事故

(1)保证船上防污染设备的技术状态良好。应由专人负责,做好经常的维护保养。所配备的防污染设备应坚持使用。

(2)严格执行有关防污染规定和法规。

(3)增加船舶及港口接收与处理含油污水的设备和装置。

(4)防止油船操作性排油污染。

(5)防止油船事故性溢油。

四、保证货油质量的要求

保证货油质量主要应注意防止油品掺混及产生货损、货差。为此应注意以下要求：

(1)应定期对油舱及膨胀舱口进行油密性试验,以保证其油密性。对各种管路、阀门进行压力试验,以确保其不渗漏。

(2)对上述设备应有专人负责,做好经常的维修保养,使其技术状态始终良好。

(3)装油前,大副应根据航次货运任务和靠泊计划制定油船装载计划,装油步骤及安全措施等,经船长审批后执行。

(4)装油前,船方应认真核实所装油品的理化性质,当其与所提供的资料有较大出入时应予提出,加以批注或拒装。

(5)当油船需改变承装油种时,应按原装油种和换装油种的不同理化性质,根据要求的洗舱等级对油舱及管系进行清洗,以保证货油质量。

(6)当同船装运两种或两种以上油品时,应严防不同油品的掺混。油泵舱位于中部的油船可以安全地装运两种不同油品,油泵舱将油舱分隔为3部分时,可以安全地装运3种不同的油品。

(7)装卸前船岸应填写船/岸安全项目检查表。同时双方商定装卸速度、数量、压力、联系方法等,防止产生操作性事故。

(8)装货结束进行货油计量时,如船货双方的计量有较大的出入,应立即进行复核,必要时可要求重新计量。要认真办好货物交接手续,船方所签提单上的货油数量与计量部门所签发的货油数量要保持完全一致。

(9)船舶离港前要检查所有阀门是否关紧,以防冒油和货油掺混。

(10)航行中要经常检查油舱的空档,发现异常应查明原因,采取措施。夏季及高温地区甲板温度过高时,应按规定做好洒水降温工作。

(11)卸货前应由船货双方共同测量油舱空档、油温、密度并计算装油量,同时进行油品取样化验,此项工作结束前船方不能开始卸货。卸货时应做到相对干净,保证货油如数交付。卸货结束船方应取得卸空证明,办清货物交接签字手续。

第六节　散装液体化学品运输

一、散装液体化学品及其危险特性

液体化学品是指温度为37.8℃时,其蒸气压力不超过0.28 MPa的液体危险化学品。主要有石油化工产品、煤焦(油)产品、碳水化合物的衍生物等。在《国际散装运输危险化学品船舶构造及设备规则》(简称《IBC规则》)和我国《散装运输危险化学品船舶构造与设备规范》(以下简称《散化船规范》)的第十七章和第十八章中列出了具体货名。依据散装液体化学品对人类、海洋资源和环境的危害程度,可将这类物质分成X、Y、Z、OS四类。这些货物的危险性有：

1. 易燃性

多数化学品都有易燃性，与其他易燃液体一样，其易燃性可用闪点、燃点、自燃点及可燃范围衡量、散装液体化学品的易燃性将给运输带来火灾的危险。

2. 毒害性和腐蚀性

多数液体化学品都具有这类特性，可以用半数致死量 LD_{50} 及半数致死浓度 LC_{50} 来衡量其直接接触的毒害性，或用紧急暴露限值、化学品的水溶性、挥发性等来衡量其间接接触的毒害性。化学品的毒害性和腐蚀性将会造成人员由于直接接触而产生的健康危害性，或由于化学品溶于水中或混入空气中而产生的水污染和空气污染造成人员间接接触的危害。

3. 反应性

这是指化学品本身的分解或聚合反应性、化学品与水的反应性以及与其他化学品的反应性。这些反应性将会给运输带来相应的危险。

二、散装液体化学品分类

国际海事组织（IMO）海上环境保护委员会于 2004 年通过了《经 1978 年议定书修订的〈1973 年国际防止船舶造成污染公约〉》（下称《73/78 防污公约》）修正案，已于 2007 年 1 月 1 日正式生效，该修正案对化学品的污染分类体系进行了较大修正，由原先的 A、B、C、D 修正为 X、Y、Z、OS。

1. X 类

此类有毒液体物质，如果从洗舱和排放压载水作业中排入海中，将会对海洋资源或人类健康造成严重危害，因此，有必要严禁将此类物质排入海洋环境。

2. Y 类

此类有毒液体物质，如果从洗舱和排放压载水作业中排入海中，将会对海洋资源或人类健康造成严重危害，或对舒适性或其他合法利用海洋造成损害，因此，有必要对排入海洋环境的此类物质的质量加以限制。

3. Z 类

此类有毒液体物质，如果从洗舱和排放压载水作业中排入海中，似乎对海洋资源或人类健康造成较小的危害，因此，有必要对排入海洋环境的此类物质的质量加以限制。

4. OS 类，其他的物质

应评估作为《国际散装化学品规则》第 18 章污染类栏中所示的物质 OS 并含发现这些物质并不属于 X 类，Y 类或 Z 类（其他物质），如果从洗舱和排放压载水作业中排入海中，似乎不会对海洋资源或人类健康造成危害，或不会对舒适性或其他合法利用海洋造成损害，因此，排放含有其他物质的舱底污水、压载水其他残余物或混合物不受本附则要求的约束。

三、散装液体化学品船的种类及结构特点

（1）尾机型船。

（2）特殊的货舱结构。

①按货物危险程度可分为：

I 型船：适合于运输对环境或安全有非常严重的散化品。

II 型船：适合于运输危险性仅次于 I 型船运输对象的散化品。

Ⅲ型船:适合于运输危险性最小的化学品,基本与油轮相同。

②按货舱结构可分为:

独立液舱:不构成船体结构的一部分。

整体液舱:构成船体结构的一部分。

③按液舱舱顶设计压力大小可分为:

重力液舱:设计蒸气压力不大于0.07MPa液舱。

压力液舱:设计蒸气压力大于0.07MPa液舱。

(3)露天甲板上布置纵横骨架、管系、泵、阀等。

(4)船上设有污液舱,供贮存污水和洗舱水。

(5)液货舱与非液货舱之间设有隔离舱。

(6)每一液舱有独立的泵、管系、透气和通风系统。

(7)船上配备液位测量仪、蒸气探测仪、自动切断系统及安全报警装置等。

四、散装化学品船装运操作要求及装卸安全注意事项

(1)承运前,货主应提供所托运货物的完整资料。

(2)装货前,应对液货舱进行环境控制。其方法有:

①惰化法:用不助燃也不与货物反应的气体或蒸气置换货物系统中的原有气体。

②隔绝法:将液体、气体或蒸气充入货物系统,使货物与空气隔绝。

③干燥法:将无水气体或在大气压力下其露点为-40℃或更低的蒸气充入货物系统。

④通风法:进行强制通风或自然通风。

(3)各舱装载量应不超过出其最大允许载货量。按要求,I型船舶的任一液舱所装的货物数量不得超过1 250m^3,Ⅱ型船舶的任一液舱所装的货物数量不得超过3 000m^3,同时应考虑因货温变化引起货物体积的胀缩,留出合理的空档舱容。

(4)运输怕热的货物时应与热货、热源隔离,所装舱柜的加热管系应能盲断,并应安装货温的监测和报警装置。

(5)装卸前应取得港口当局签发的危险货物装运证书并严格遵守其要求。

(6)装卸前,船岸双方应逐项填写"船/岸安全检查项目表"并共同商定装卸的流速、流量及停止作业的信号等。

(7)装货开始前,由货方在船方人员在场的情况下检查液货舱,检查合格后才能开始装货。

(8)装卸开始前,应正确设定各种阀的开关位置、装卸中应经常检查,以确保阀的开关正确无误,并注意泵和管路上有无泄漏现象,以确保安全。

(9)装卸开始时应以低速进行(1m/s以下),待经检查确认作业正常后才按正常流速进行装卸。为防止静电,装卸的正常流速一般应限制在3m/s以下。

(10)必须遵守有关装运危险品及防污染等法规。装卸期间应禁止一切明火和进行装卸货以外的其他作业。当风速超过15m/s,浪高超过1.5m时,不得进行靠泊和装卸作业。

(11)作业时应注意人员安全。进入货物作业区的人员必须穿戴规定的防护服,人员不得随意进入可能有货油蒸气的处所。

(12)装卸结束应清除软管内残留液体,然后断开软管。

第七节　液化气体运输

液化气体是指在常温常压下为气体，通过冷却或在其临界温度下加压或冷却而成为液态的物质。

一、液化气的种类和主要特性

1. 定义

在《国际散装运输液化气体船舶构造和设备规则》（简称 IGC 规则）和我国《散装运输液化气体船舶构造与设备规范》（简称《液化气船规范》）中对于船运液化气的定义为："在第37.8℃时其蒸气的绝对压力超出0.28MPa的液体。"在两个规则中的第十九章中均列出了规定的货名。

2. 液化气体具有特性和危险性

（1）易燃易爆性。多数液化气沸点低，自燃温度低，爆炸的下限小，最小点燃能量小，易于蒸发，一旦泄漏，危险性比石油类物质更大。

（2）毒害性。液化气体的蒸气与人的皮肤、眼睛接触或被吸入人体会引起中毒。

（3）腐蚀性。有的液化气本身具有腐蚀性，有的液化气能与容器、船体材料及其他物质发生反应产生不同程度的腐蚀性。腐蚀性不仅对人体有害，而且还会对船体机构产生损伤。

（4）化学反应性。包括货物自身的分解、聚合反应，货物与水的反应，货物与空气的反应，货物与货物之间的反应，货物与冷却介质之间的反应，以及货物与船体材料之间的反应。

（5）低温和压力危险性。低温运输液化气时，低温会对船体、设备造成脆性破坏，对人员则会有冻伤的危害。

3. 液化气的分类

（1）根据液化气的主要成分分类：

①液化石油气（LPG）：其主要成分为丙烷。

②液化天然气（LNG）：其主要成分为甲烷。

③液化化学气（LCG）：其主要成分除了碳氢化合物外，还有氧化丙烯和聚氯乙烯单体等。

（2）根据液化气的沸点和临界温度分类：

①高沸点液化气体：指沸点不低于－10℃的物质。如丁二烯、丁烷、二氧化硫等。

②中沸点液化气体：指沸点在－55～－10℃之间且临界温度在45℃以上的物质。如氨、丙烷等。

③低沸点液化气体：指沸点低于－55℃或临界温度低于45℃的物质。如甲烷、乙烯、氮等。该类物质必须采用低温或低温加压方式贮运。

二、液化气船的分类

1. 按液化气船液化方式分类

（1）压力式液化气船（又称全加压式液化气船）。主要用于运输液化石油气和氨。其液舱为圆柱形或球形或具有纵隔壁的双圆柱形及三圆柱形。

该型船舶的优点是：液舱管系不需要绝热，船上不需要设置再液化装置，操作简便。

该型船舶的缺点是:船舶的空间利用率低,载货量较少,液舱的厚度随设计压力的增大而增大。所以这种船舶的规模一般较小。

(2)低温式液化气船(又称全冷冻式液化气船)。指在常压下将气体冷却至其沸点以下而使气体液化的船舶。该型船舶用于运输液化石油气时,其冷却温度为 -55℃;用于运输乙烯时,其冷却温度为 -104℃;用于运输液化天然气 LNG(只能采用常压低温方式运输)时的冷却温度为 -162℃。

该型船舶的优点是:液舱形状多为棱柱形或梯形,使船舶的空间利用率提高。由于低温使液货的密度增大,使船舶的载货量增加,从而提高其经济性。

该型船舶的缺点是:液货舱必须采用耐低温材料并要求采取相应的绝热措施;液舱周围需用惰性气体保护且需设置再液化装置。

(3)低温低压式液化气船(又称半冷冻式液化气船)。该型船舶是压力式和低温式两种液化方式的这种方案。它采用在一定的压力下使气体冷却液化的方法。一般设计压力位 0.3 ~ 0.7MPa,而冷却温度则随运输对象不同而异,较多的是在 -10℃。由于设计压力减小,液舱舱壁厚度可以相应减小,对材料的耐高压和耐低温的要求也降低,从而使建造成本降低。其液舱形状有圆柱形、圆锥形、球形或双凸轮形。

2. 液化气船按货物的危险程度分类

(1)IG 型船舶。适合载运要求采取最严格防泄漏保护措施的货品的液化气船。破损残存能力:二舱制。

(2)IIG 型和 IIPG 型船舶。适合于载运要求采取相当严格防泄漏保护措施的货品的液化气船。

II PG 型船指船长为 150m 及以下,最大设计蒸气压力至少为 0.7MPa(表压)及货物围护系统设计温度为 -55℃或以上的 C 型独立液舱的船舶。

破损残存能力:IIG 型机舱前二舱制,机舱及其后一舱制,II PG 型一舱制。

(3)IIIG 型船舶。适合于载运要求采取中等防泄漏保护措施的货品的液化气船。破损残存能力:一舱制。

表 10-1 是以上船型液舱距船体外部的距离取值。

表 10-1

船　型	IG 型	IIG/IIPG 型和 IIIG 型
距船侧外板的横向距离	≥B/5,最大取 11.5m	≥0.76m
距船底板的垂向距离	≥B/15,最大取 2m	
其他任何部位距外板的距离	≥0.76m	

三、液化气船液舱围护系统的分类

1. 独立液舱

不构成船体的一部分。由其设计蒸气压力又可细分:

(1)A 型独立液舱。横截面呈棱柱型,最大设计蒸气压力不得超过 0.07MPa,需设次屏壁。

(2)B 型独立液舱。横截面可呈棱柱型也可为压力容器,最大设计蒸气压力不得超 0.07MPa,需设部分次屏壁。

(3)C 型独立液舱。横截面呈压力容器,最大设计蒸气压力不得超过 0.2MPa。

2. 薄膜液舱

非自身支持的液舱。

3. 半薄膜液舱

在空载时自身支持，装载时由其相邻船体结构经绝热层支持。

4. 整体液舱

设计蒸气压力常不超过0.025MPa，船体构件尺度加大时，其最高值应小于0.07MPa。

5. 内部绝热液舱

非自身支持的液舱，绝热层的内表面直接与货物接触。

四、液化气船的装载要求及装卸安全注意事项

(1)船舶承运液化气货物时，货主必须提供所托运货物的完整资料，包括货物名称、货物理化特性说明书，构成货物危险特性的主要因素、泄漏时应采取的措施，防止人员意外接触的措施，消防程序及应使用的灭火材料以及其他特殊要求和内容等。

(2)做好货舱的准备工作。船舶受载前，必须对货舱进行以下特殊作业：

①惰化(Inerting)。即用惰性气体置换货物系统中的空气或货物蒸气，降低货物系统的含氧量，以防止货物气化过程中引起燃烧。

②除气(Gas freeing)，又称驱气。即装货前需用待装货物的蒸气置换货物系统中的隋气。

③预冷(Cooldown)。冷冻式液化气船上，在对货物系统进行除气后，货物装载前应先以缓慢的速度将低温的液货输入货物系统，使其在正式装货前达到并保持足够的低温。

(3)装卸货过程中的注意事项：

①装货前应由货方人员在船方人员在场的情况下，检查液货舱并获通过后才能装货。卸货前需经货方确认封舱符合要求才能启封并按规定的方法取样和确定货量，确认货物质量合格后才能开始卸货。

②装卸前，船岸双方应逐项填写"船/岸安全检查表"。

③装卸开始时应以低速进行(1m/s以下)，确认输送系统工作正常后，才能逐步加快直至达到允许的最大速度。为防止静电，正常流速限制在3m/s以下。

④装卸过程中必须严密监视货舱液面和压力的变化，发现异常应及时查明原因并采取相应措施。

⑤装卸过程中，各种阀不能快速操作和闭锁，换舱时应先开空舱阀后关满舱阀，以防货管中产生过大的压力差和严重的水击现象。

⑥装货时应注意，相邻货舱的温差不能太大，否则应停止装货。

⑦如同一航次装载同一种货物，各舱可以同时装货，但近结束时，应使各舱的结束时间差开，并降低装货速度，以便逐舱结束装货。

⑧满舱时各舱装货量一般不能超过舱容的98%；装货结束时各舱应留出足够的空档，而且应考虑管道内的残液将送入液舱。

⑨卸货时应防止液舱产生负压或超压。

⑩装卸作业应在白天进行，装卸期间应禁止一切明火和进行其他作业并注意附近水域的安全，与其他船舶保持30m以上距离。当风速超过15m/s，浪高超过0.7 m时，有雷电或附近有火灾时，应停止装卸。

⑪在装卸过程中必须注意人员的安全，操作人员必须佩戴防护服，遵守各项操作规程。

练习题

1. 车用汽油的牌号是按油品的______高低来分的。

A. 黏度　　B. 凝点　　C. 闪点　　D. 辛烷值

2. 目前世界上油量计算中常用的标准温度有______。

A. 我国 20℃,日本和英美 15℃　　B. 日本 15℃,我国 20℃,英美 60℉

C. 我国和日本 15℃,英美 60℉　　D. 日本 20℃,我国 20℃,英美 15℃

3. 油量计量中,石油密度是指______。

A. 单位重量石油的体积　　B. 单位体积石油的重量

C. 某一温度下单位体积石油的质量　　D. 某一温度下单位重量石油的体积

4. 油量计算中的石油体积系数 K 是指______。

A. 标准油温时的体积与油温为 t 时的石油体积之比

B. 油温 t 时的石油体积与标准体积之比

C. 把石油在真空中的质量换算到空气中的体积换算系数

D. 将石油的标准体积换算为实际温度下体积的换算系数

5. 某油舱舱容为 5 000m^3,预计航线最大温差为 20℃,膨胀系数 f = 0.00081,则在装油时应留出的膨胀余量为______ m^3。

A. 47　　B. 79　　C. 180　　D. 240

6. 某油船某航次装运优质汽油、煤油、柴油、常规汽油四个品种不同的货油,其合理的装油顺序一般为______。

A. 柴油—常规汽油—煤油—优质汽油

B. 优质汽油—煤油—常规汽油—柴油

C. 优质汽油—常规汽油—煤油—柴油

D. 柴油—煤油—常规汽油—优质汽油

7. 在选取油样时,对一般的油船至少要从装油舱数的 25% 的油舱中选取,则首、中部各舱分别占______。

A. 5%;5%　　B. 5%;10%　　C. 5%;15%　　D. 10%;15%

8. 油船满载时一般呈______,故空舱应留在______。

A. 中拱;中区　　B. 中拱;首尾　　C. 中垂;首尾　　D. 中垂;中区

9. 舱内液体很满,测深孔在舱长中点后部,则船舶______时可能测不出液面空档高度。

A. 正浮　　B. 尾倾　　C. 横倾　　D. 处于任何浮态

10. 油船在配积载时用来调整吃水差的方法有______。Ⅰ打排压载水;Ⅱ首尾部各留出一个油舱不装满;Ⅲ安排不同密度的油种在前后舱位。

A. Ⅰ、Ⅱ　　B. Ⅱ、Ⅲ　　C. Ⅰ、Ⅲ　　D. Ⅰ、Ⅱ、Ⅲ

11. 根据所运货物的危险程度,《IBC 规则》将散装化学品船分成______种类型,其中______适合于装载危险性最小的散装化学品。

A. 4, Ⅰ　　B. 4, Ⅳ　　C. 3, Ⅰ　　D. 3, Ⅲ

12. MARPOL73/78 公约附则Ⅱ根据其毒性和对环境污染的影响对散装化学品分为 4 大类,其中毒性和对环境污染影响最大的是______类。

A. OS　　B. Z　　C. Y　　D. X

13.《IBC 规则》是指______。

A. 固体散货安全操作规则

B. 国际海上危险货物运输规则

C. 国际散运危险化学品船舶构造和设备规则

D. 国际散装运输液化气体船舶构造和设备规则

14. 按液化气的沸点不同可划分为______。

A. 高沸点液化气,低沸点液化气

B. 高沸点液化气,中沸点液化气,低沸点液化气

C. 中沸点液化气,低沸点液化气

D. 普通液化气,特殊液化气

15. 液体散化船的液舱舱顶设计压力______的液舱称为压力液舱。

A. 小于 0.28MPa　　B. 小于 0.07MPa

C. 大于 0.07MPa　　D. 大于 0.28MPa

16. 以下______属于中沸点液化气体。

A. 丁烷　　B. 丙烷　　C. 甲烷　　D. 乙烯

17. 液化气船舶的液舱围护系统主要包括______。

Ⅰ整体液舱;Ⅱ独立液舱;Ⅲ压力液舱;Ⅳ薄膜液舱;Ⅴ重力液舱;Ⅵ半薄膜液舱;Ⅶ内部绝热液舱

A. Ⅰ、Ⅱ、Ⅲ、Ⅳ、Ⅴ、Ⅵ、Ⅶ　　B. Ⅰ、Ⅱ、Ⅲ、Ⅳ、Ⅴ、Ⅵ

C. Ⅰ、Ⅱ、Ⅳ、Ⅵ、Ⅶ　　D. Ⅳ、Ⅵ、Ⅶ

18. 运输液化石油气的冷冻式液化气船的冷却温度为______。

A. −55℃　　B. −104℃　　C. −165℃　　D. −180℃

19. 冷冻式液化天然气运输船的冷却温度要求达到______。

A. −165℃　　B. −126℃　　C. −65℃　　D. −45℃

第十一章　集装箱运输

本章介绍了集装箱国际标准、集装箱标志、集装箱船的种类，全集装箱船的结构特点，按现行国际标准集装箱的箱位编号，IMO 及我国《法定规则》对集装箱船舶的稳性特殊要求，集装箱船积载图编制，特殊集装箱和普通集装箱箱位选配原则。

重点：集装箱船积载图编制。

第一节　集装箱和集装箱船概述

一、集装箱

1. 集装箱的定义

国际标准化组织（ISO）对集装箱下的定义为“集装箱是一种运输设备，应满足以下要求：

（1）具有耐久性，其坚固强度足以反复使用。

（2）便于商品运送而专门设计的，在一种或多种运输方式运输时无需中途换装。

（3）设有便于装卸和搬运的装置，特别是便于从一种运输方式转移到另一种运输方式。

（4）设计时应注意到便于货物装满或卸空。

（5）内容积为 $1m^3$ 或 $1m^3$ 以上。”

集装箱是具有一定强度、刚度和规格专供周转使用的大型装货容器（图 11-1）。使用集装箱转运货物，可直接在发货人的仓库装货，运到收货人的仓库卸货，运输途中更换车、船时，无须将货物从箱内取出换装，提高了货物的周转效率。

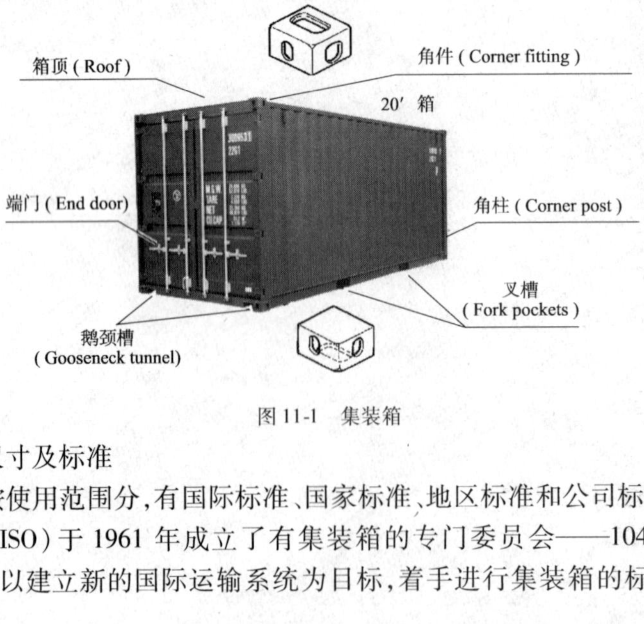

图 11-1　集装箱

2. 集装箱的尺寸及标准

集装箱标准按使用范围分，有国际标准、国家标准、地区标准和公司标准四种集装箱标准。国际标准化组织（ISO）于 1961 年成立了有集装箱的专门委员会——104 技术委员会（ISO/TC104），该委员会以建立新的国际运输系统为目标，着手进行集装箱的标准化工作。最初制定的国际标准以3个系列作为基本尺寸，其中Ⅰ系列用于国际运输，Ⅱ系列用于欧洲，Ⅲ系列用于前苏联和东欧各国，并以此为基础制定了集装箱的国际标准，包括集装箱的定义、术语、规格尺寸、总重量、试验方法及强度要求、角件结构、标志方法、操作方法等一系列标准和规定。现行的集装箱国际标准为第Ⅰ系列共13种，如下表11-1所示。

第Ⅰ系列集装箱外部尺寸和总重量 表11-1

集装箱箱型	长度		宽度		高度		总重	
	mm	ft in	mm	ft in	mm	ft in	kg	lb
1AAA	12192	40 0	2438	8 0	2896	9 6	30480	67200
1AA	12192	40 0	2438	8 0	2591	8 6	30480	67200
1A	12192	40 0	2438	8 0	2438	8 0	30480	67200
1BBB	9125	29 11.25	2438	8 0	2896	9 6	25400	56000
1BB	9125	29 11.25	2438	8 0	2591	8 6	25400	56000
1B	9125	29 11.25	2438	8 0	2438	8 0	25400	56000
1CC	6058	19 10.5	2438	8 0	2591	8 6	24000	52920
1C	6058	19 10.5	2438	8 0	2438	8 0	24000	52920
1D	2991	9 9.75	2438	8 0	2438	8 0	10160	22400

表11-1可见，标准集装箱的宽度都是8ft，长度有40ft、30ft、20ft和10ft4种，高度有9.5ft、8.5ft、8ft和小于8ft4种，其中后两种高度的集装箱现在已经很少了。目前海运中，最多采用的是1AAA和1CC系列的集装箱。

3. 集装箱的标记

为便于集装箱在国际运输中的识别、管理、交接，国际标准化组织制定了《集装箱的代号、识别和标记》国际标准。该标准规定了集装箱标记的内容、标记的字体尺寸、标记的位置等。

(1)集装箱箱号(Container No.)。按顺序由箱主代码(前3位大写拉丁字母)、设备识别代码(第4位大写拉丁字母)、顺序号(6个阿拉伯数字)和核对数字(1个阿拉伯数字)共十一位代码组成。

箱主代码是集装箱所有人向国际集装箱管理局登记注册的3个大写拉丁字母，如中远集团“COS”，中海集团“CCL”，马士基航运有限公司“MSK”，日本邮船有限公司“NYK”等。

设备识别代码中，“U”表示常规的集装箱；“J”表示带有可装卸设备的集装箱；“Z”表示集装箱的拖车和底盘车。

顺序号由6位阿拉伯数字组成，不足6位的数字前面以“0”补足，用以区别同一箱主不同的所有集装箱，如“001234”，“864521”。

核对数字是在集装箱的数据记录或计算机处理时，用于验证箱主代号和顺序号记录是否正确的一位阿拉伯数字。在集装箱货运单证操作中，若遇到某箱箱主代码、顺序号和核对数字印刷不清或同一箱在两处单据上的数值有差异时，即可按上述方法核对校正。其规定的计算方法：

①将字母A～Z一一对应于等效数值10～38(扣除其中的11、22、33)，如下表11-2所示：

表 11-2

字母	等效数值	字母	等效数值	字母	等效数值	字母	等效数值
A	10	H	18	O	26	V	34
B	12	I	19	P	27	W	35
C	13	J	20	Q	28	X	36
D	14	K	21	R	29	Y	37
E	15	L	23	S	30	Z	38
F	16	M	24	T	31		
G	17	N	25	U	32		

②若设箱主代号的对应等效数值与顺序号数字依次为 $X_0, X_1 \cdots X_9$，则用下列计算整数 N：

$$N = \sum 2^{i} \times X_{i} (i = 0, 1, 2 \cdots, 9)$$

③核对数字就是将上式整数 N 除以模数 11 所得的余数，无余数的核对数为 0。

例题：某集装箱的箱主代号和顺序号为“COSU001234”，其整数 N 为：

$$N = 2^0 \times 13 + 2^1 \times 26 + 2^2 \times 30 + 2^3 \times 32 + 2^4 \times 0 + 2^5 \times 0 + 2^6 \times 1 + 2^7 \times 2 + 2^8 \times 3 + 2^9 \times 4 = 3577。$$

3577/11 余数为 2，即 2 为“COSU001234”所对应的核对数字。

在集装箱货运单证操作中，若对箱号有疑义时，即可按上述方法核对校正。

(2)额定重量和自重标记。额定重量实为最大总重量，简称总重，是集装箱设计的最大允许总重量。自重是集装箱空箱时的重量。这两项标记要求同时以千克(kg)和磅(lb)标示，如：

MAX GROSS	24 000	kg
	52 920	lb
TARE	2 300	kg
	5 070	lb

(3)空陆水联运集装箱标记。空陆水联运集装箱设计了适合于空运的系固和装卸装置，因其设计强度较低，海运时这类集装箱禁止装在舱面上，而在舱内堆装时，箱上最多允许堆装 1 层箱；在陆地堆码时，这类箱上面最多允许堆 2 层箱，如图 11-2 所示。

(4)登箱顶触电警告标记。一般设在罐式集装箱箱顶上和其邻近登箱顶的扶梯处，以警告登箱顶者有触电的危险，如图 11-3 所示。

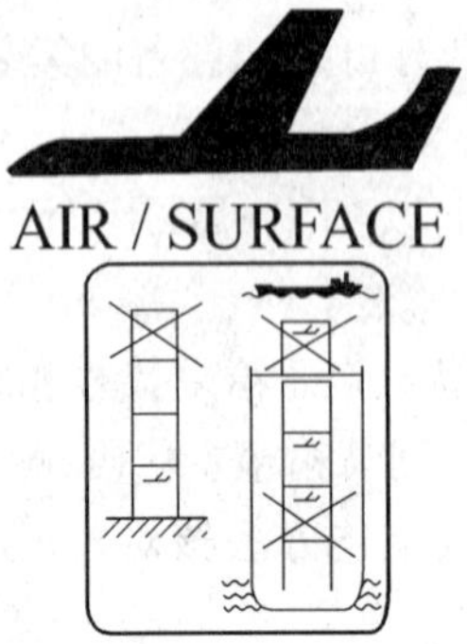

图 11-2　空陆水联运集装箱标记

图 11-3　登箱顶触电警告标记

(5)尺寸代码和类型代码。尺寸类型代码由 4 位字母和数字组成，前两位表示尺寸，后两位表示类型，ISO 文件中提供了集装箱尺寸与类型代码一览表，见附录二表 F2-3、表 F2-4 和表 F2-5。

(6)超高标志。凡超过 2.6m(8.5ft)的集装箱均应有超高标记，如图 11-4 所示，通常在超高箱的两侧和两端都设有这种标记。

(7)国际铁路联盟标记。凡符合《国际铁路联盟条例》规定的技术条件的集装箱都可以获得此标记，如图 11-5 所示。标记方框上部的“IC”表示国际铁路联盟(Union Internationale des Chemins de Fer, UIC)。标记下部的数字表示各铁路公司代号(33 是中华人民共和国铁路的代号)。

注:框内底色为黄色

图 11-4　超高标记

图 11-5　国际铁路联盟标记

此外，《集装箱安全公约》(简称 CSC)要求主管部门对符合人身安全检验的集装箱加贴“CSC 安全合格”金属标牌。《集装箱海关公约》(简称 CCC)要求经批准符合运输海关加封货物技术条件的集装箱增加标有“经批准作为海关加封货物运输”字样的金属标牌(也可以与“CSC 安全合格”金属标牌合二为一)，以便于集装箱进出各国国境时，不必开箱检查箱内货物，加速集装箱的通关速度。集装箱主要标记的位置如图 11-6 所示。

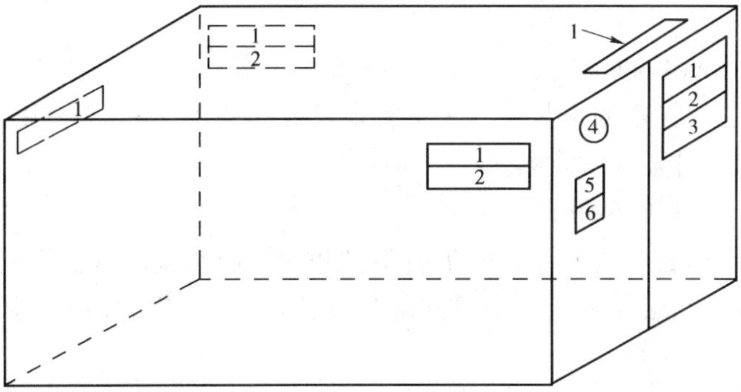

图 11-6　集装箱主要标记的位置

1-集装箱箱号;2-尺寸和类型代码;3-额定重量和自重标记;4-被授权的组织标记;5-CSC 安全合格牌照;6-CCC 海关批准牌照

二、集装箱按用途分类

1. 干货集装箱(Dry Cargo Container)

也称杂货集装箱，这是一种通用集装箱，用以装载除液体货、需要调节温度货物及特种货物以外的一般件杂货。这种集装箱使用范围极广，常用的有 20ft 和 40ft 两种，其结构特点是常为封闭式，一般在一端或侧面设有箱门。

2. 开顶集装箱(Open Top Container)

也称敞顶集装箱,这是一种没有刚性箱顶的集装箱,但有可折式顶梁支撑的帆布、塑料布或涂塑布制成的顶篷,其他构件与干货集装箱类似。开顶集装箱适于装载较高的大型货物和需吊装的重货。

3. 台架式及平台式集装箱(Platform Based Container)

台架式集装箱是没有箱顶和侧壁,甚至有的连端壁也去掉而只有底板和四个角柱的集装箱。台架式集装箱有很多类型。它们的主要特点是:为了保持其纵向强度,箱底较厚。箱底的强度比普通集装箱大,而其内部高度则比一般集装箱低。在下侧梁和角柱上设有系环,可把装载的货物系紧。台架式集装箱没有水密性,怕水湿的货物不能装运,适合装载形状不一的货物。平台式集装箱是仅有底板而无上部结构的一种集装箱。该集装箱装卸作业方便,适于装载长、重大件。

4. 通风集装箱(Ventilated Container)

通风集装箱一般在侧壁或端壁上设有通风孔,适于装载不需要冷冻而需通风、防止汗湿的货物,如水果、蔬菜、兽皮等。如将通风孔关闭,可作为杂货集装箱使用。

5. 冷藏集装箱(Reefer Container)

这是专为运输要求保持一定温度的冷冻货或低温货而设计的集装箱,箱内温度能保持在+25℃~-25℃间的某一指定温度。它分为带有冷冻机的内藏式机械冷藏集装箱和没有冷冻机的外置式机械冷藏集装箱。适用装载肉类、水果等货物。冷藏集装箱造价较高,营运费用较高,使用中应注意冷冻装置的技术状态及箱内货物所需的温度。冷藏集装箱约占箱总量的4%左右。

6. 散货集装箱(Bulk Container)

散货集装箱除了有箱门外,在箱顶部还设有2~3个装货口,适用于装载粉状或粒状货物。使用时要注意保持箱内清洁干净,两侧保持光滑,便于货物从箱门卸货。适合装运大豆、水泥等固体散货。

7. 动物集装箱(Pen Container)

这是一种专供装运牲畜的集装箱。为了实现良好的通风,箱壁用金属丝网制造,侧壁下方设有清扫口和排水口,并设有喂食装置。

8. 罐式集装箱(Tank Container)

这是一种专供装运液体货而设置的集装箱,如酒类、油类及液状化工品等货物。它由罐体和箱体框架两部分组成,装货时货物由罐顶部装货孔进入,卸货时,则由排货孔流出或从顶部装货孔吸出。

9. 汽车集装箱(Car Container)

这是专为装运小型轿车而设计制造的集装箱。其结构特点是无侧壁,仅设有框架和箱底,可装载一层或两层小轿车。

三、集装箱船

集装箱运输具有效率高、安全性好、受天气干扰小等优点,进入20世纪70年代后逐渐成为航运业发展的主流,集装箱船舶共分为3种:

1. 吊装式集装箱船(Lift on & lift off container ship)

通称"集装箱船"。这类船舶多数不设装卸设备,利用岸上高效的装卸桥将集装箱吊进、吊出完成装卸作业。在这类船舶中,舱内和舱面全部舱位专为装运集装箱而设计,也称全集装箱船。全集装箱船数量最多,本章重点介绍这类船舶的运输特点。其船舶结构特点是:

(1)尾机型或中后机型船。这样布置主要是为了使货舱尽可能地方整,以便更多地装载集装箱。

(2)单甲板、宽舱口、舱口与货舱同宽。货舱口的宽度等于货舱的宽度,可达船宽的70% ~90%,以便于集装箱的装卸和充分利用货舱的容积,但同时导致了船舶的纵向强度较差。

(3)舱内设有箱格导轨,舱面配有专用系固设备。货舱内有固定的箱格导轨,以便于集装箱的装卸和防止集装箱在船舶摇摆时的移动。箱格导轨由角钢立柱、水平桁材和导箱轨组成。

(4)双层壳船体结构,设有大容量压载水舱。这种结构大大地增强了船舶的纵向强度,从而弥补了大舱口引起的纵向强度差。这种双层侧壁和双层船底结构同时为船舶提供了大量的液体舱室。这种舱室除用作燃油、淡水舱外,大量用作压载水舱(约占30% *DWs*,其中可变压载约占15% *DWs*),以适应船舶空载或舱面装载大量集装箱时调整船舶重心高度的需要。

2. 滚装式集装箱船(Roll on & roll off container ship)

船舶设有多层甲板,各层甲板间设有供车辆上下通行的斜坡道或升降平台,在船侧、船首或船尾设有吊门和码头的倾斜跳板。装卸货物时采用水平装卸,汽车或者是集装箱拖车直接开进或开出船舱。这种船的优点是不依赖码头上的装卸设备,装卸速度快,可加速船舶周转。目前这种船以运输汽车类货物为主,一般称为滚装船。如兼运旅客的滚装船,则称客滚船。

3. 载驳船(Barcarrier ship)

又称子母船。是指在大船上搭载驳船,驳船内装载货物的船舶。利用母船升降机和滚动设备将驳船载入母船,或利用母船上的起重设备把驳船(子船)由水面上吊起,然后放入母船体内,或采用母船沉入一定水深,用浮坞船方式将驳船浮进浮出。

载驳船适货能力强,不受港口条件限制,装卸速度快,不需要中转、倒装,不需要复杂的码头设备,卸下的驳船可以沿内河深入内地,把内河运输与远洋运输有机地结合起来。

第二节　集装箱船图的识别

集装箱船因其特殊的结构和积载,积载图编制方法与其他货船有较大区别。集装箱船积载图包括:总图、每行一张的行箱位图、装载汇总表和稳性、吃水差、强度计算表。集装箱总图标示了每只集装箱确切位置;每行一张的行箱位图标示了该行集装箱具体情况,如箱位号、卸货港、装货港、集装箱箱号等;装载汇总表标示了按不同目的港罗列的集装箱类型、尺寸、装载状态;稳性、吃水差、强度计算表标示了全船集装箱装载状态下的稳性、吃水差、强度计算结果。

一、集装箱箱位容量

1. 标准箱容量

是指集装箱船舶所能承载的最大换算箱(按20ft集装箱标准)的数量(TEU),如果不是20ft的集装箱,应换算成20ft标准箱。如40ft集装箱换算成2个20ft的集装箱;30ft集装箱换算成1.5个20ft的集装箱。标准箱容量是表示集装箱船船舶规模大小的标志。如中远集团“远河”轮该项容量为3 764TEU。

2. 20ft 集装箱容量

这是指集装箱船舶上最多可以装载 20ft 集装箱的数量(TEU)。通常不等于标准箱容量,这是因为许多集装箱船上都设计有一些只能适合装载 40ft 集装箱的箱位。如"远河",只能装 20ft 集装箱的箱位有 802 个,只能装 40ft 集装箱的箱位有 371 个,有 2 220 个箱位适合装 20ft 集装箱或者装 1 110 个 40ft 的集装箱。那么该轮 20ft 箱容量是 3 022TEU。

3. 40ft 集装箱容量:这是指集装箱船舶最多可以装载 40ft 集装箱的数量(FEU),它并不等于标准箱容量的一半。如"远河"轮 40ft 箱容量为 1 481FEU。

4. 特殊集装箱容量

特殊集装箱指的是危险集装箱、冷藏集装箱、非标准箱、平台箱等特殊集装箱。因为特殊箱的运输条件比普通集装箱更为苛刻,所以集装箱船舶只能根据自身的设备条件及积载要求选载少量的特殊集装箱。如"远河"轮冷藏箱容量为 240TEU,其中有 20 个箱位只能装 20ft 冷藏箱,有 20 个箱位只能装 40ft 冷藏箱,以及 180 个箱位 20ft 冷藏箱或者 90 个箱位 40ft 冷藏箱。

5. 巴拿马运河箱容量

巴拿马当局规定通过巴拿马运河的集装箱船舶舱面前部许多箱位上不能承载集装箱,因此集装箱船舶除了有一个一般标准箱容量外,还有一个巴拿马运河标准箱数量。如"远河"轮舱面上有 79TEU 特定箱位在通过巴拿马运河时不得使用。

二、集装箱船箱位编号

每个集装箱在集装箱船上都有一个用 6 个阿拉伯数字表示的箱位号。它以"行"、"列"、"层"三维空间来表示集装箱在船上的位置。第 1、2 位数字表示集装箱在船上所处的行号(或称为"排号");第 3、4 两位数字表示集装箱的列号;第 5、6 位数字表示集装箱的层号。

1. 行号(Bay No.)

"行"指集装箱在船舶纵向(首尾方向)的排列次序号,规定由船首向船尾顺次排列。装 20ft 箱位上依次以 01、03、05、07……奇数表示。当纵向两个连续 20ft 箱位上被用于装载 40ft 集装箱时,则该 40ft 集装箱的行位以介于所占的两个 20ft 箱位奇数行号之间的偶数表示。例如,在 07 行上装载一个 20ft 集装箱时,则该箱的行号即为 07;若在 07 和 09 两个行上装载一个 40ft 集装箱时,则该箱的行号就是 08,如图 11-7。

2. 列号(Row No. or Slot No.)

"列"是指集装箱在船舶横向(左右方向)的排列次序号,从中间算起,向右舷为单数编号,即 01、03、05……;向左舷为偶数编号,即 02、04、06……;中间列为"00"号,如列数为双数,则"00"号空,如图 11-7。

3. 层号(Tier No.)

"层"是指集装箱在船舶垂向(上下方向)的排列次序号,舱内以全船最低层算起由下而上 02、04、06、08……舱面也从全船舱面最低层算起,由下而上 82、84、86、88……如图 11-7。

三、集装箱积载图

集装箱积载图通常由总图和每行一张的行箱位图组成。集装箱船总图是将集装箱船上每一装 20ft 箱的行箱位横剖面图自船首到船尾按顺序排列而成的总图。从该图上可以总览全船的箱位分布情况。集装箱船行箱位图是船舶某一装 20ft 箱的行箱位横剖面图。它是对集装箱总图上某一行箱位横剖面图的放大。在该图上可以标注和查取某一特定行所装每一集装箱的详细数据。

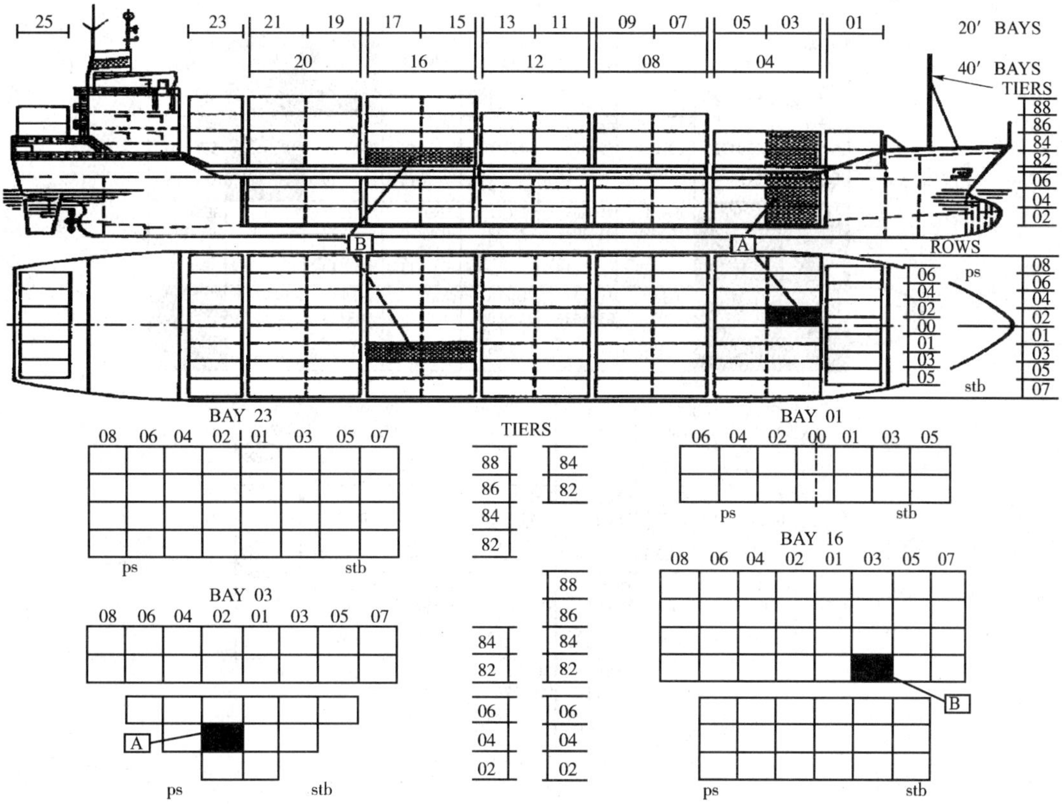

图 11-7　集装箱船的行号编号

1. 集装箱船行箱位总图的标注方式

行箱位总图通常有两种标注方式：

（1）在总图上每一小方格内，标注以吨为单位的集装箱重量数据，并涂以代表集装箱不同卸港的特定颜色。方格内标以“×”，表示该箱位已被 40ft 箱所占用。对特殊集装箱箱位，则在其箱位方格上划圈并在适当位置上加以标注。如“R”表示冷藏集装箱；“D6.1”表示危险品集装箱，箱内装有 6.1 类危险货物等等。

（2）由于上述标注方式中代表不同卸箱港的颜色无法用单色打印机或复印机制作，也无法使用传真机传输，因此，有时采用两张行箱位总图——字母图和重量图来分别标注集装箱的卸箱港和箱重。在字母图上每一装箱箱格的方格内，标注代表某一卸箱港港名的单字母（如以“S”代表 Shanghai）。在重量图上每一装箱箱格的方格内，则仍标注以吨为单位的集装箱重量。特殊集装箱可以在字母图也可以在数字图上标注。当特殊集装箱标注内容较多时，可以单独用一张行箱位总图特别予以标注，该图被称为特殊集装箱行箱位总图。

2. 集装箱船行箱位图（图 11-8）的标注内容

行箱位的标注内容如图 11-9 所示，该图中所标字母和数字说明如下：

（1）卸箱港港名缩写。如图“BAL”表示巴尔的摩港三字母缩写。

（2）装箱港港名缩写。如图“SHA”表示上海港三字母缩写。

（3）集装箱箱号。如图“WCIU 062343 5”。

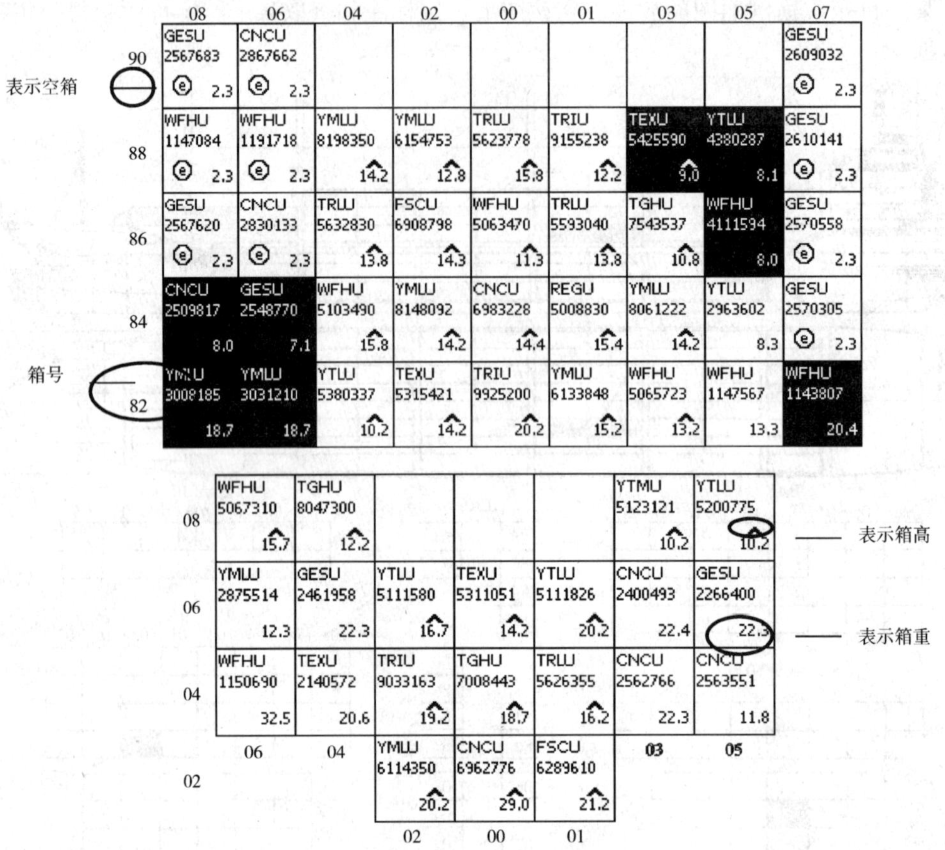

图 11-8　行箱位图

(4)集装箱实际重量(t)。如图“13.4”。

(5)集装箱在船上的箱位编号。集装箱箱位号由于很容易根据其在行箱位图中所处的相对位置确定,所以这项标注常常被省略。但为便于集装箱在港内的装箱作业,有时集装箱公司往往将待装集装箱在码头堆场上的箱位编号标注于该位置。

(6)箱经营人代码。如图“COS”表示经营人为中远集团。

(7)集装箱备注。如:E 表示空箱;M 表示邮件箱;R +2 +4 表示冷藏集装箱,要求的冷藏温度应保持在 2℃ ~4℃ 之间;如图“R -15.0”,表示冷藏温度要控制在 -15℃ 以下。“IMO5.1”,表示危险品集装箱,箱内装有《国际危规》5.1 类危险货物。

对于 40ft 的集装箱,仅需在前一箱位上标注,而后一箱位标以“×”。

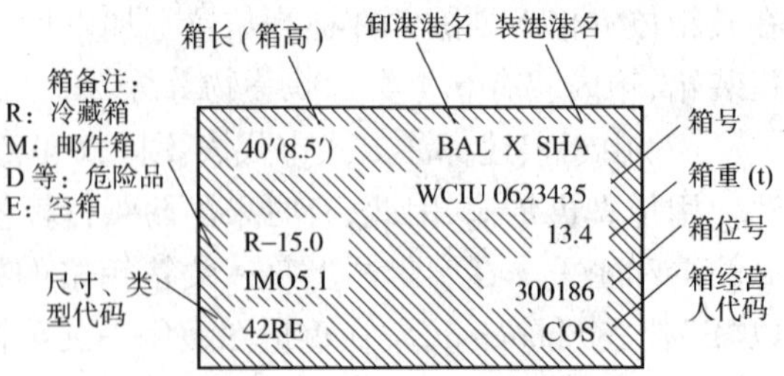

图 11-9　行箱位图标注

第三节　集装箱船配积载及运输过程中的注意事项

集装箱船与普通货船一样,为了船舶的航行安全,减少中途港的倒箱,缩短船舶在港停泊时间,保证班期和提高经济效益,因而要进行科学的积载。

集装箱船舶在运输过程中，为保证船舶安全，集装箱及货物的运输质量和良好的船舶营运经济效果，同时也为保证集装箱码头合理、有序、高效地组织生产，必须对集装箱在船上的配置与堆放进行合理安排，即为集装箱码头配载。

随着集装箱货物国际多式联运的发展，种类繁多、性质、包装且不同的货物进入了集装箱运输领域。与此同时，从事集装箱运输的管理人员，以及操作人员不断增多，为确保货运质量的安全，装箱货物在运输途中的装载、系固等工作非常重要，尤其是海上运输阶段。为了避免货损、设备损坏及人身伤亡事故的发生，集装箱在积载过程中应注意许多事项，包括：

一、充分利用船舶的装载能力

1. 充分利用集装箱船舶箱位容量的主要途径有：

(1)在货源量充足的情况下，应当调整不同类型、不同尺寸集装箱的数量，使其与船舶上各种不同的箱位相适应，以提高集装箱船舶箱位利用率。

(2)为了减少或避免集装箱在不同卸货港卸货时的倒箱数量，应保持不同卸货港集装箱垂向选配箱位和卸箱通道各自独立。

(3)在集装箱货源充足的情况下，应当减少因承运特殊箱而导致的箱位损失。

(4)当需由船舶供电制冷的冷藏集装箱的数量超过船舶额定冷藏集装箱容量时，其超出船舶供电容量的冷藏箱应改换能成自行发电制冷的冷藏箱；或者船上配备一定数量的定时器，其作用是实现在一定时间间隔内自动交替向其连接的两个冷藏箱之一提供电源；或者根据装卸港条件，超容量冷藏箱数量，船舶装载状况等资料进行经济论证，以能否承租载于舱面的流动电站集装箱，用以向超容量冷藏集装箱提供电源，以提高船舶承载冷藏集装箱能力。

2. 充分利用集装箱船舶的净载重量

航次承运的集装箱总重量较大或船舶吃水受航线水深限制时，校核航次订舱单所列的集装箱总重量与集装箱船的净载重量是否相适应。集装箱船的净载重量 NDW 计算公式是：

$$NDW = DW - \sum G - C - B \tag{11-1}$$

式中，B 是为了满足船舶稳性要求而必须打入的压载水重量。

二、满足集装箱船的稳性要求

集装箱船由于要求货舱方整，使船舶容积的利用率降低。为提高装箱能力，集装箱船通常将约占总箱量 1/3 ~ 1/2 的箱子安排于舱面。这将引起船舶重心上升，水线以上受风面积增大，对船舶稳性不利。因此，营运中的集装箱船除必须具有足够的稳性外，又不宜使其初稳性高度过大，以免船舶剧烈摇摆使集装箱所受惯性力过大而对系固设备产生不利影响。

1. 我国《法定规则》的特殊稳性衡准要求

我国《法定规则》对装载集装箱的专用和非专用船舶，除要求其满足对普通船舶稳性的各项基本衡准指标要求外，还提出了两项稳性的特殊衡准指标要求：

(1)经自由液面修正后初稳性高度 GM 应不小于 0.30m。

(2)船舶在横风作用下从复原力臂曲线上求得的静倾角应不大于 1/2 上层连续甲板边缘入水角，且不超过 12°。

《法定规则》对这类船舶在稳性计算时提出了三项规定：

(1)计算船舶稳性时，每一集装箱重心垂向位置应取在集装箱高度的一半处。

(2) 计算稳性特殊衡准指标时所使用的横风风压倾侧力臂，取在计算稳性衡准数 K 时所确定值的1/2，且假定其不随船舶横倾而变化。

(3)计算复原力臂曲线时，不计入舱面集装箱浮力的影响。

除《法定规则》外，我国中远集团对所属集装箱船经自由液面修正后的初稳性高度最低要求值规定为0.60m，高于《法定规则》要求。根据经验，集装箱船满载时初稳性高度的适宜范围一般取(4% ~5%)的船宽。

2.《IMO 稳性规则》的特殊稳性衡准要求

《IMO 稳性规则》即"IMO 关于适合各种类型船舶的完整稳性规则(A.749(18))"对于船长大于100m 的集装箱船和其他具有可观外漂或大的水线面面积的货船，建议采用下列6项完整稳性的衡准要求以代替《IMO 稳性规则》对各种类型船舶完整稳性基本衡准要求中除天气衡准以外的前6项要求(已无单独的对初稳性高度至少0.15m 的要求)：

(1)静稳性力臂曲线在横倾角0° ~30°之间所围面积不应小于0.009/C(C 为船体形状因数)(m · rad)。

(2)静稳性力臂曲线在横倾角0° ~40°或进水角中 θ_f 中较小者之间所围面积不应小于0.016/C(m · rad)。

(3)静稳性力臂曲线在横倾角30° ~40°或进水角中 θ_f 中较小者之间所围面积不应小于0.006/C(m · rad)。

(4)静稳性力臂在横倾角30°处的值应大于或等于0.033/C(m)。

(5)最大静稳性力臂应大于或等于0.042/C(m)。

(6)静稳性力臂曲线在横倾角0°至进水角 θ_f 之间所围面积不应小于0.029/C(m · rad)。

船舶形状因数 C 计算：

$$C = \frac{d \cdot D'}{B_h^2}\sqrt{\frac{d}{KG}} \cdot \left(\frac{C_b}{C_W}\right)^2 \cdot \sqrt{\frac{100}{L}} \tag{11-2}$$

式中：d——平均吃水，m；

$$D' = D + h\frac{2b - B_D}{B} \cdot \frac{2\sum L_H}{L}$$

其中：h——船舶舱口围高度 m；

b——船舶中部货舱舱口宽度 m；

B_D——船中剖面上甲板左边缘与右边缘之间的水平距离 m；

L——船舶两柱间长 m；

$\sum L_H$——船舶 $L/2$ 船中处向前 $L/4$ 和向后 $L/4$ 之间船长段货舱舱口长度之和 m；

B_h——船中剖面 $d/2$ 吃水处的船宽 m；

D——船舶型深 m；

B——船舶型宽 m；

KG——船舶重心距基线距离 m，不应小于 d。

保证集装箱船适度稳性的方法是，控制舱内和舱面所装集装箱的重量处于合适的比例范围内。对于不同船舶和同一船舶在不同排水量条件下，这一合适比例是不同的，可以通过计算或长期配积载实践的资料积累获得。例如，全集装箱船在满载状态下，舱内装箱的总重量通常取全船装箱总重量的60%或以上。

三、满足集装箱船的纵向强度和局部强度的要求

为了保证集装箱船舶最大限度的装载集装箱，因此集装箱船的舱口均是大开口，这对集装

箱船舶的纵向强度是非常不利的;再加上集装箱船舶大多数是尾机型船舶,机舱、油舱、淡水舱也集中在尾部。由于这些结构特点,使集装箱船舶长期处于中拱状态,且纵向强度差,因此在积载时应对于集装箱船舶的纵向强度充分考虑。

为了解决这个问题,一般应该是将较重的集装箱,适当在船舶中部多装载一些,以抵消集装箱船舶的中拱变形。如果有可能,应该将目的港的较重的集装箱配置于船舶中部。

无论在甲板上或者舱内的集装箱,其堆积负荷均不能超过所允许的最大值,否则将对船体结构造成破坏,所以在配载时要防止超过船舶堆积负荷最大值。

四、保持具有适当的吃水差

应当满足船舶适当的吃水差要求。当船舶资料中提供有最佳纵倾数据时,则应尽量调整船舶的纵倾至推荐的最佳状态。所以应特别注意集装箱的纵向分配,尤其是应该将较重的集装箱装载在船首的箱位上。

五、合理确定各类集装箱箱位

编制集装箱船配积载计划时,首先需要熟悉航次箱源的挂港数量,平均箱重,特殊集装箱对运输的要求等;随后总体上划定各挂港集装箱在船上的装箱区域;最后按特殊箱先配,普通箱后配,后到港箱先配,先到港箱后配的原则,逐一为每一待装集装箱选定合理的具体箱位。

1. 特殊集装箱的箱位选配原则

(1)危险品集装箱的箱位选配。根据箱内所装危险货物学名或该货联合国编号查《国际危规》确定该危险货物类别,再根据类别在《国际危规》中查"包装危险品隔离表"确定其隔离等级,然后按照《国际危规》规定的"危险品集装箱隔离表"确定不同危险品集装箱之间的具体隔离要求。隔离表中的"一个箱位"表示前后不小于6m,左右不小于2.4m的空间。

危险品集装箱在船上装载时首先要远离驾驶台、机舱及其他有热源、电源、火源的地方,装有可挥发易燃蒸气危险货物的集装箱与冷藏箱应不同舱,若选配于舱面,纵向和横向保持至少不小于4.8m的距离;装有海洋污染物的集装箱,应尽可能选配于舱内;若危险集装箱只限于舱面装载时,应选配于舱面防护或遮蔽条件良好的处所。

(2)冷藏集装箱。装运冷藏集装箱需要船上提供外接电源插座和监控插座,应查阅船舶资料来确定装运冷藏箱的最大数量,如果要装的冷藏箱数量超过船舶冷藏箱最大装运量,则无法全部装运,如有可能临时加装少量插座来增加装箱量。

冷藏箱通常安排在舱面船中及后部,避开船舶左右舷最外一列箱位的下面两层,按船舶资料提供的可供装冷藏集装箱的箱位装载。装箱时应将有制冷机的一端朝向生活区,避免大风浪时制冷机组受损,冷藏箱装船后,应马上通电,并注意观察制冷机工作是否正常。

(3)超高集装箱。凡箱高超过2.6m(8.5ft)的集装箱称为超高箱,此类箱在集装箱的两侧有超高标记。超高箱可装在舱内或舱面上,若在舱内选配超高箱时,应当校核该叠总体高度是否小于货舱的有效高度,若超过则应相应减少其装箱层数。另一类是因所装货物的高度超出了集装箱顶部角配件的高度,这类箱无论选配在舱内或舱面上,都应配于最上一层。由于超高箱装卸时需另外安装专用的超高箱吊索,因此同一装港或卸港的超高箱尽可能配于相近位置,以便快速装卸。

(4)超长集装箱。通常超长箱有两种,一种是长度超过20ft的超长箱,另一种是长度超高40ft的超长箱。舱内设有固定箱格导轨的集装箱船,超过40ft的超长箱只能装在舱面上,并进行单独绑扎加固。超过 20ft 的超长箱可以装在舱内 40ft 箱位的地方,也可以装在舱面上。

(5)超宽集装箱。超宽箱可以选配在舱面。这种集装箱能否装在舱内,取决于货舱的箱格结构和入口导槽的形状和尺寸,一般情况,对于中部超宽而端部 50cm 范围内不超宽的集装箱可以选配于舱内。但对于货舱箱格之间设有纵向构件的船,则舱内不能装超宽箱。对于装在舱内或甲板上的超宽箱,当其超宽尺寸小于同行相邻箱位之间的空隙时,则不占相邻箱位;反之,其相邻的箱位就得空载。

(6)通风集装箱。应通风的集装箱通常装在舱面,且应当选择避开冲上甲板的海浪并经通风口灌入箱内的位置。航行途中注意观察和控制通风。对于怕高温的通风箱,不能装在最上一层,以避免阳光照射。

(7)动物集装箱。装有动物的集装箱应选配于甲板上,其上通常不得堆装其他集装箱,周围应采用一些其他集装箱遮蔽起来,以减少风浪的袭击。还要求供水方便,周围留有通道,以便在航行中进行清扫和喂料。最好将饲料箱和动物箱相对地安排在两侧。这类箱要求最后装最先卸。

(8)平台箱。此类型的集装箱只能装载于舱内或甲板上的最上面一层,它的上面不能堆积任何集装箱。这种集装箱一般用于装载大件设备,所以应在掌握集装箱内所装货物后,应充分考虑货物的长、宽、高进行积载。即除考虑它是平台箱外,还应考虑是否超长、超宽、超高等情况。

(9)选港箱。选港箱指的是卸港可以自由选择的集装箱,该箱应装载在可能选择的卸港都能方便卸下的位置。此类集装箱一般装载于集装箱船舶的后甲板的箱位上,或被选择卸港中的最后一港集装箱的箱位上。选港集装箱箱位的上面,除被选择卸港中可配在第一港及其前面卸港的集装箱外,其他卸港的集装箱不能配在选港箱的上面。

2. 普通集装箱的箱位选配原则

(1)垂向箱位选配。重箱、强结构箱应配于下层,轻箱、弱结构箱应配于上层。舱面应尽量选配新箱、强结构箱,舱内多配旧箱、弱结构箱。

40ft 箱上面不得配装非 40ft 箱(主要是 20ft 箱),否则会造成被压得 40ft 箱顶板和上侧梁等结构受损。纵向两个高度不同的 20ft 箱之上除非增设高度补偿器,否则仅在两个箱的角件处于同一水平面时才能配装 40ft 集装箱。大型集装箱船的舱面上,两个 20ft 箱子上不允许装 40ft 的集装箱。

确定集装箱垂向箱位时应当注意控制舱内和舱面所配集装箱重量的合适比例,以保证船舶的稳性处于适度的范围内。

由于国际上有些运河(如苏伊士运河)当局制定的船舶过运河收费规则规定,集装箱船通过运河将随船舶舱面集装箱堆装最高层数的不同加收一定百分比的额外运河通航费。因此,集装箱船在通过这类运河前,应适当考虑过运河的特殊收费规定,在可能的条件下采取措施以减少运河通航费的支出。

(2)纵向箱位选配。应满足船舶的纵向强度调节和适当的吃水差要求。当船舶资料中提供有最佳纵倾数据时,则应尽量调整船舶的纵倾至推荐的最佳状态。为保证驾驶员具有良好的瞭望视线,舱面驾驶台前部集装箱的堆装层数,要求满足 IMO 的 A(17)708 文件规定:即船舶驾驶台瞭望盲区不得超过 2 倍船长或 500m 中的较小者。

(3)横向箱位选配。应尽量保证各卸箱港集装箱在每一行(排)位上集装箱重量对船舶纵中剖面的力矩代数和接近于零,以满足船体扭转强度不受损伤以及船舶在每一离港状态下无初始横倾角的要求。

六、满足集装箱装卸顺序和快速装卸的要求

集装箱船舶中途挂港很多，中途挂港的装卸也比较频繁，特别是跨洋和环球航行的集装箱船舶。因此，在对集装箱船舶积载时，应对整个航线进行综合考虑，前港要为后港考虑，起港要为全航线打好基础，尽量避免后港集装箱压前港集装箱的现象，否则就要倒箱，从而降低装卸速度，增加在港费用，造成不应该出现的损失。

集装箱装卸桥不可能并列在一起，同时为集装箱船舶上两个相邻的舱位上的集装箱装卸。为了加速集装箱装卸速度，缩短船舶在港停留时间，保证船舶按时离港，经常要采用多台装卸桥同时并排作业，根据装卸桥的结构，两台装卸桥不允许紧靠在一起作业，必须至少纵向间隔一个 40ft 行箱位。

七、集装箱船配积载文件的编制

1. 编制集装箱船积载计划的过程

（1）预配过程。集装箱船的航次预配工作是由船公司的集装箱配载中心、船舶代理或船上的大副，根据航次订舱单（Booking list）上所列的每一集装箱，按照集装箱箱位选配原则，满足集装箱装载各项要求，在集装箱船的行箱位总图上作一大致安排，编制出本航次集装箱预配图。航次集装箱预配图由船公司直接寄送给港口的集装箱装卸公司，或通过船舶代理用电报、电传、E-MAIL 或传真形式传给港口集装箱装卸公司。

（2）初配过程。港口装卸公司收到预配图后，由码头船长或码头集装箱配载员，根据预配图和码头实际进箱情况，编制集装箱实配图。他们通常借助计算机装载系统计算，在集装箱船的行箱位总图和行箱位图上按照规定格式填入详细的集装箱数据。在集装箱的实配图上，除标注有集装箱的卸港、箱重、箱号、备注以外，通常还标注有集装箱在码头堆场上的箱位编号。

（3）审核过程。待集装箱船舶靠泊后，码头配载员持实配图上船，交由船长和大副审查，经船方同意后由船方签字认可。码头按大副签字认可的实配图装船。集装箱装船完毕后，由理货公司的理货员按船舶实际装箱情况，编制最终积载图。

2. 编制集装箱船积载文件

船舶装箱完毕后，由船舶理货员依据现场记录负责绘制集装箱船最终积载图，集装箱船大副负责进行实际装载条件下船舶稳性、强度、吃水和吃水差的核算。该项工作目前可以通过计算机计算和打印出来。实配积载文件内容通常包括：

（1）全船行箱位总图。

（2）集装箱各行箱位图。

（3）集装箱装船统计表。

（4）船舶稳性、强度和吃水差核算结果。

八、满足集装箱与系固设备的强度要求

集装箱在海上运输时，如集装箱装载在全集装箱船的舱内，由于舱内设有箱格导轨，能阻止集装箱移动，可不用固定件固定。如装在舱面上时，则必须对集装箱进行系固；其固定方法及采用系固设备的种类和形式根据其不同的堆装位置有所不同，具体介绍如下。

1. 集装箱系固索具

集装箱系固方法主要绑扎杆系统或钢缆系统或链系统、扭锁系统。具体索具有：扭锁、扭锁连接板、桥锁、定位锥、锥板、绑扎杆、绑扎链、花篮螺套、扳手和手轮等。

1）扭锁

扭锁（角紧锁装置）是使上下两层集装箱或集装箱与船体连接固定的装置，适用于装于甲板和舱内的集装箱，其端部呈蘑菇形，用时设法先使扭锁插入集装箱 4 个底角件的底孔中，然后推动把手扭转蘑菇头，把集装箱锁住。扭锁有手动和半自动两种。如下图 11-10 所示。

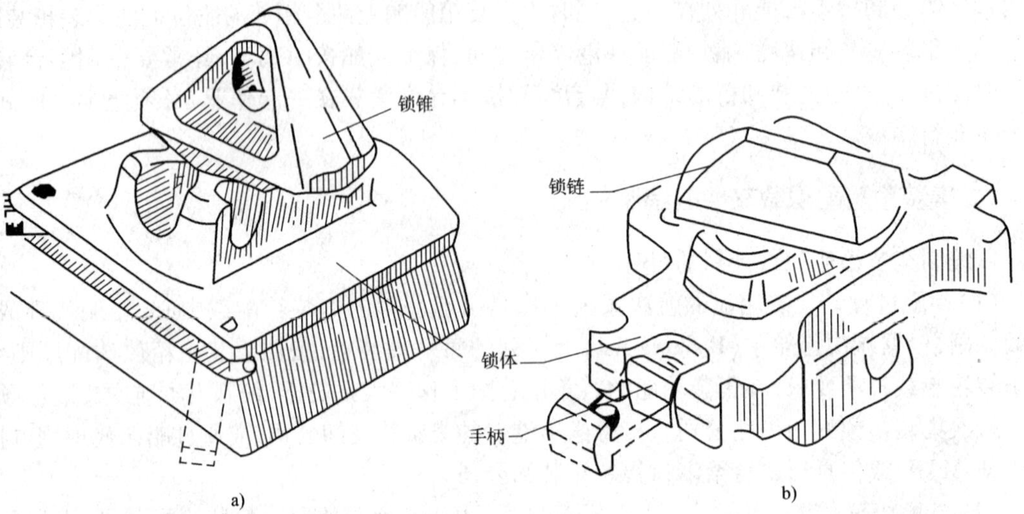

图 11-10　扭锁

a）底座扭锁；b）半自动扭锁

底座扭锁使用步骤：

（1）将扭锁放置于基座或下部集装箱的角件内，并确认其处于开启状态。

（2）当上部集装箱完全至于扭锁上后，用手或操纵杆扳动手柄使其处于锁紧状态。

（3）卸货时，请将扭锁柄扳回原位，扭锁即处于松开状态。

（4）吊离上层集装箱后，将扭锁取下，即可吊离下层集装箱。

目前船上较多使用的是半自动扭锁，装箱时只需将这种扭锁连接于集装箱底部角件中，当集装箱装到船上箱位时，一般均在甲板第二层及以上，受集装箱的压力作用，扭锁能自动扭转锁住。此扭锁的开启过程也比较简单，只需使用专用工具将扭锁上一拉杆拔出即可。在集装箱装载中，扭锁头未插入相应集装箱底角件的底空内，称为偏置（MISGATHER）。

2）桥锁

桥锁是用于对最上一层处于相同高度的相邻两列集装箱作横向水平连接的装置，通过连接相邻的两个集装箱，使许多集装箱形成了一个整体，并均分所受的外力，如图 11-11。

使用步骤：

（1）待上部相邻的两个集装箱放置到位后。

（2）调解桥接件钩头到适当距离。

（3）插入集装箱角孔内。

（4）扳紧调节落幕使其具有一定的预紧力。

（5）卸货时，用手扳动将其松动，调整钩头距离到适当的位置将其取出。

3)定位锥

定位锥用于上下两层集装箱之间,以防止集装箱水平滑动的装置。双头定位锥还能用作相邻两列之间的水平连接,如图11-12。

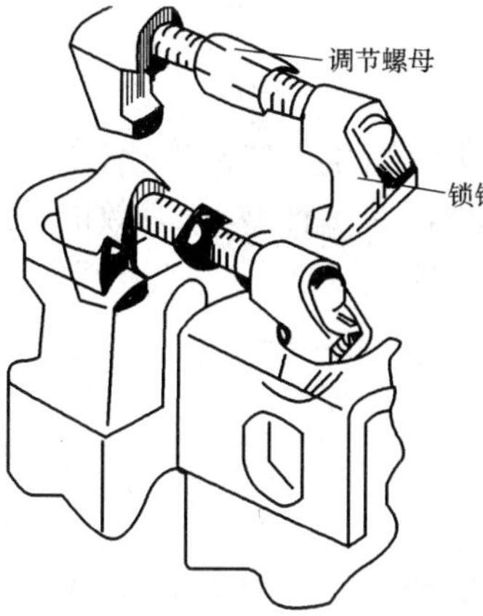

图11-11　桥锁

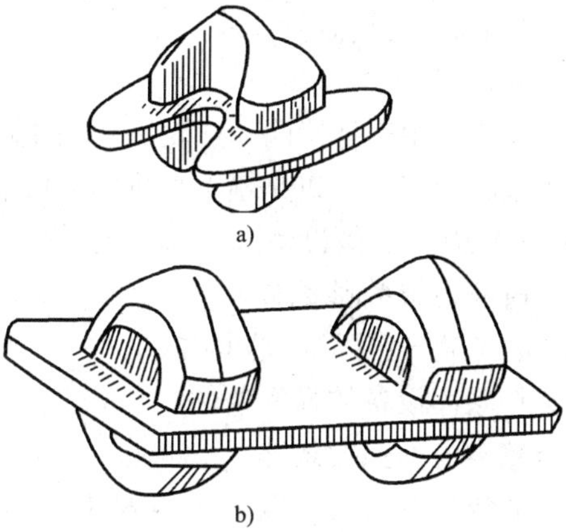

图11-12　定位锥

a)单头定位锥;b)双头定位锥

使用步骤:

(1)将定位锥放置于基座或集装线下部的角件孔内。

(2)当上部集装箱完全置于定位锥上后,集装箱就被其和导轨一起固定住了。

(3)卸货时,当上层集装箱吊离后,直接将定位锥取下,即可吊离下层集装箱。

4)绑扎装置

绑扎装置由绑扎杆、花篮螺套、地令、扳手和手轮等组成,用于绑扎装在舱面上的集装箱,使集装箱与船舶甲板的地令连接。绑扎杆用于交叉拉紧作业,起着抗桥压和防止倾覆的作用,通常用于箱与箱间的堆码时与花篮螺套配合使用,能栓固箱体和防止滑动。由于拉杆的延伸率低,需注意适当调节其拉力,要防止因拉力超限而造成箱体和固箱装置的损坏,如图11-13。

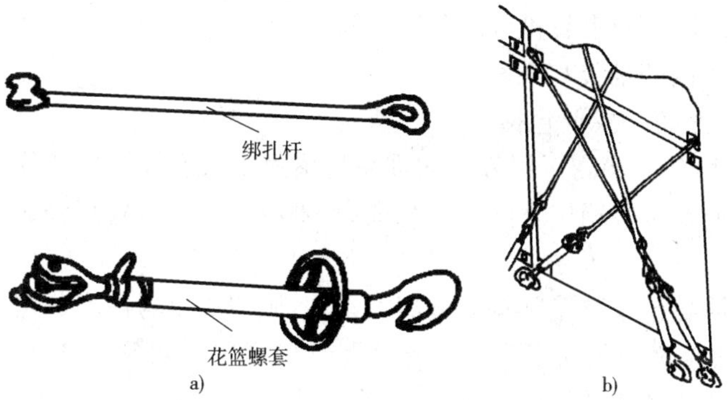

图11-13　绑扎装置

a)绑扎杆、花篮螺套;b)绑扎箱体

使用步骤:

(1)用固定销将花篮螺套与舱盖上的绑扎地令连接起来。

(2)将绑扎杆的钩头插入集装箱的角件孔内。

(3)将花篮螺套调整到适当长度使绑扎杆被花篮螺套扣紧。

(4)用扳手或手轮收紧花篮螺套直到适当的预紧力。

(5)卸货时,用手轮或扳手松开花篮螺套,取下绑扎杆,将绑扎杆放在存放位置,不必将花篮螺套从地令上卸下,只需将其放置于安全位置。

5)高度补偿器

高度补偿器是用于补偿同一层仅因箱高不同引起的集装箱角件的高度差,以便于使用系固设备或在纵向相邻两行20ft箱上部堆装40ft箱等。补偿器有多种型号,有效的补偿高度通常在0.152~0.305m。该设备因操作不便,较少使用。

2. 集装箱堆装与系固要求

集装箱的堆装与系固要求同时满足:

1)集装箱系固设备的强度条件

2)集装箱本身的强度条件

集装箱堆装与系固的一般要求以及集装箱的作用负荷在我国《钢质海船入级与建造规范》第一分册第十篇6.3节和6.4.7中有明确规定。集装箱堆装与系固的一般要求是:

3)集装箱露天甲板上的堆装与系固

(1)对1层集装箱的系固:

①在集装箱的地角处应用扭锁对集装箱进行系固;

②除上述A外,也可在每只集装箱的两端用绑扎装置以对角或垂直的方式对集装箱系固,并在每个集装箱地角处用定位锥定位。

(2)对2层集装箱的系固:

①在每一层集装箱的地角处应用扭锁对集装箱系固;

②除上述A外,也可在第2层每只集装箱的两端与甲板或舱口盖之间对集装箱进行系固,且在每一层集装箱的地角处应设置定位锥。若经计算表明在集装箱的地角处出现分离力,则应在该处设扭锁装置。

(3)对两层以上的集装箱应用扭锁进行系固:

①对第1层和第2层集装箱应按上述(2)对2层集装箱的系固要求进行系固;

②对第2层及其以上的集装箱应用扭锁系固。

4)对集装箱在舱内的堆装与系固

(1)无箱格导轨装置。主要包括:

①可参照上述1)集装箱露天甲板上的堆装与系固要求进行集装箱系固;

②若经计算表明在集装箱层之间出现分离力,则应在该层设置扭锁,对其他位置可考虑使用双头定位锥。

③若经计算表明各层集装箱间均无分离力出现,则扭锁可考虑全部由双头定位锥代替。

(2)有箱格导轨装置。我国规范中对此并无明确规定。通常装于箱格导轨中的集装箱,若设计的导轨长度与所装集装箱的长度吻合,则无须设置任何系固索具。当舱内装载40ft箱的箱格导轨内装载20ft集装箱时,则应在40ft的集装箱的导轨中间底部使用锥板,两层之间使用定位锥来系固20ft集装箱。

5)偏码

集装箱堆码时产生的漂移状态称为偏码(OFFSET STACKING),根据国际标准化组织(ISO)的要求,集装箱堆码中横向上允许的偏码为25.4mm,纵向上允许的偏码为38mm。

九、集装箱船舶运输全过程中的其他主要事项

集装箱船舶运输全过程中，除了要注意与杂货船相同的一些事项外，还应包括：

1. 装卸货箱前的注意事项

装货箱前应按照已制定的集装箱系固方案，整理和安排好数量充足且技术状态良好的系固索具。检查货舱污水井及其排水系统、货舱通风系统、货舱箱格导轨、货舱舱盖、甲板上系固设备、全船压载水系统等是否处于适用状态。如果有问题，应尽力在装箱前予以修复。卸箱前应向卸方详细介绍船上待卸集装箱的系固情况，以方便装卸工人按卸箱顺序迅速解除集装箱系固索具。

2. 监装中的一些注意事项

严格监督集装箱的装船过程是维护船方利益，确保集装箱船货运质量的重要一环。现场值班监装人员应注意选择适宜的观察位置，并随时携带对话机和计划积载图。如果有什么问题应随时与大副保持联系并及时处理，尤其应做好夜间或风雨中的监装工作。

(1)严格执行"积载计划图"确定的集装箱装载箱位。严格按照积载计划图进行作业，未经大副和装卸公司同意不得擅自修改计划，否则，可能会造成船舶某行位所配集装箱重量对船舶纵中剖面力矩左右不等，或者后卸港的集装箱压到先卸港的集装箱。所以监装人员应该对装卸时集装箱的箱号严格把关，以免发生错装漏装现象。应该使非冷藏集装箱的箱门向船尾的方向，以避免海水对集装箱水密性较差的一端进行直接冲击。

(2)检查集装箱箱门铅封的封志是否完好。依据国际惯例，除空箱或非封闭结构的集装箱外，卸箱时如果发现箱门的铅封标志缺少，因疏忽未被锁住，受撞击遭受破坏或被人为剪断等情况，除非船方可以举证说明，否则将对箱内货物的短缺负有难以推卸的责任。因此值班船员应对装船的每一集装箱箱门的铅封封志进行严格检查。

(3)检查集装箱箱体外表状况是否良好。认真检查箱体的外表，若发现箱体破损、严重锈蚀，局部或整体严重变形，在区分原残(装船之前已经存在的残损)还是工残(装船工程中造成残损)的基础上，应在现场记录单上用准确的文字记载或图形标注(必要时配以现场照片)，并及时送交工头或理货人员签字，以免除船方承担该箱破损或变形的任何责任。

(4)检查箱体外是否有液体渗漏或气体外泄。装箱前，箱内货物可能因堆码或系固不当，受到猛烈冲击和震动、受到温度、湿度的剧烈变化等原因造成货物包装破损，引起液体货物渗漏或气体货物外泄现象。此时应从该箱舱单上了解所装货物的名称、性质等。如确认货物是危险品，应坚决拒装，并严格按照《国际危规》和当地有关法规正确处理箱内货物。

(5)对冷藏箱、危险箱等特殊箱装船应严格把关。冷藏集装箱装载时，为了防止航行中海水侵入冷藏箱的机械和电器部分，要求将冷藏箱制冷组一端朝船尾方向，而且前端应留有人员能接近的通道，并应尽量避免冷藏箱堆装超过两层，以方便有关人员检查和修理。冷藏箱装船后，应由轮机员负责尽快按舱单上的标注检查其设定的冷藏温度并对制冷机械试机运行。若存在故障，应尽快采取修理，临时换箱或退关的方法解决。如果制冷机械没有问题，大副应在冷藏箱设备交接单上签字并加以批注。

危险货物集装箱装载时，除了检查箱体外表状况是否良好外，还应特别检查其箱外两端和两侧是否均粘贴了符合《国际危规》要求的危险货主、副标牌或海洋污染物标记。若缺少应及时补上。无关的各种标记、标志或标牌均应去除。此外，承运危险货物集装箱必须附有表明符合《国际集装箱安全公约》要求的"CSC 安全合格"金属标牌。船上应备有托运人提供的"集装

箱装运危险货物装箱证明书”(Container Packing Certification),以表明箱内所装货物符合《国际危规》各项要求。对装运过危险货物的集装箱在未彻底清洗或消除危害之前,应仍按原装危险货物的要求运输。

(6)做好集装箱的系固工作。船舶值班人员应该严格按照计划积载图上集装箱系固方案监督执行。对于舱面不设或部分设箱格导轨的集装箱船舶,做好舱面集装箱的系固工作对确保集装箱的运输安全尤其重要。如因系固过失造成集装箱灭失,则属于船方管货过失而应该承担责任。

3. 监装装卸中的共同注意事项

(1)装卸过程中,应当均衡各作业线的作业进度,保证满足船体的强度和最低限度的稳性要求,同时注意调整平衡水舱的压载水,防止船舶装卸中出现较大的横倾和纵倾(通常应小于2°~3°),以避免集装箱被箱格导轨卡住而无法装卸。

(2)应当监督装卸工人进行集装箱的装卸操作。集装箱起吊受力后应稍停顿,以检查箱的受力是否均衡。当箱稳定后继续起吊时,操作应尽量平缓;集装箱在快速下降中应避免突然停止。集装箱在着地前,下降速度应减慢;着地时,不能使集装箱受到猛烈冲击。在大风大浪等恶劣天气下作业时,应使用防震索防止集装箱的晃动。

(3)严禁在地面或者其他集装箱上拖曳集装箱。不能使用滚轮或者撬棒移动集装箱。集装箱不能在摇摆状态下着地或者拖曳起吊。不能使用摇动作用力将集装箱放置在吊索正下方以外的位置。

(4)堆装集装箱的舱内或者舱面,不能有积水,不能放置任何可能损害集装箱的障碍物或突出物。

(5)集装箱装卸中如因装卸工人操作不当造成如货舱、箱格导轨、舱盖等船体或设备的任何破坏,船方应及时出具现场事故报告并要求港方签字确认。

4. 运输途中对集装箱保管的注意事项

集装箱船航线设计,应尽量避免大风浪出现频率较高的海域。航行途中,应当对船上所载的集装箱进行有效监管。遇到大风浪警报时,应当注意检查和增设集装箱的系固设备。当舱面集装箱系固设备发生松动或者断裂时,应当及时采取当时条件下力所能及的补救措施,以避免集装箱被甩入海中。对装载有温度控制的集装箱,航行过程需定时检查其温度。对集装箱箱内货物所产生的任何异常现象,应当尽快查明原因,采取尽量不殃及其他集装箱的处置措施,并记录事故发生的时间、环境、气象、温度及观测到的其他现象和变化过程中船方所采取的处理措施。当认为必须进入集装箱内部才能查明事故原因或采取确保船、货安全的措施时,经船公司同意后可以打开集装箱箱门。但应考虑其所装货物的性质及渗漏可能产生的毒性或易燃蒸气,或箱内可能产生富氧气或缺乏氧气的可能性。如果这种可能存在时,进入集装箱内部时就应格外小心。

练习题

1. 为了保证集装箱船安全航行及具有合理的稳性范围,根据经验,集装箱船的压载能力约为______。

A. 30% ~40% DW　　B. 15% ~20% Δ_S　　C. 15% ~20% DW　　D. 30% ~40% Δ_S

(DW 表示船舶总载重量,Δ_S 表示夏季满载排水量)

2. 集装箱在船上的装载位置可以用______表示,其中中间两位表示______的位置。

A. 六位数字；沿船宽方向　　B. 六位数字；沿船长方向

C. 六位字母；沿船宽方向　　D. 五位字母；沿船长方向

3. 我国《船舶与海上设施法定检验规则》对集装箱船的稳性要求除符合普通货船的稳性要求外，还应满足下列______特殊要求。

A. $GM \geqslant 0.30\text{m}, A_d > 0.075\text{m}$ · 弧度

B. $GM \geqslant 0.15\text{m}, \theta_h \leqslant 12°$

C. $GM \geqslant 0.15\text{m}, \theta_h \leqslant 12°$ 且 $\theta_h \leqslant \theta_m/2$

D. $GM \geqslant 0.30\text{m}, \theta_h \leqslant 12°$ 且 $\theta_h \leqslant \theta_m/2$

（θ_h——船舶静横倾角；A_d——剩余动稳性值；θ_m——上层连续甲板边缘入水角）

4.《国际危规》危险货物集装箱隔离表中的一个箱位表示______。

A. 前后不小于 3m，左右不小于 6m 的空间

B. 前后不小于 6m，左右不小于 2.4m 的空间

C. 前后不小于 2.4m，左右不小于 6m 的空间

D. 前后不小于 6m，左右不小于 3m 的空间

5. 在集装箱船配积载图中，箱位代码 110502 表示某货箱的积载位置是______。

A. 舱内第 11 列第 5 行第 1 层　　B. 舱内第 11 行第 5 层第 2 列

C. 舱内第 11 列第 5 层第 2 行　　D. 舱内第 11 行第 5 列第 1 层

6. 为保证集装箱的装卸速度，一般集装箱船在装卸过程中的横倾角及纵倾角不得超过______。

A. 10°　　B. 8°　　C. 5°　　D. 3°

7.《国际危规》规定：装有可挥发易燃蒸气危险货物的封闭式集装箱选配于舱面时，其在纵向和横向上与火源的水平距离应不小于______ m。

A. 3　　B. 4.8　　C. 6　　D. 8

8. 集装箱船在计算稳性时，将各箱重心取在箱高的 1/2 处，则实际初稳性高度通常比计算所得数值______。

A. 小　　B. 大

C. 相同　　D. 视集装箱内货物的装载情况而定

9. 为保证集装箱船具有合适的稳性，货舱内装箱的总重量一般都应大于全船装箱总重量的______。

A. 40%　　B. 50%　　C. 60%　　D. 70%

10. 集装箱船运输中，超 40ft 的集装箱应配置在______。

A. 货舱内　　B. 上甲板　　C. 上甲板最上层　　D. A 或 B

11. 为保证集装箱船的稳性，应______。

A. 加适当的压载水

B. 轻箱在上，重箱在下

C. 如无他法，则需减少甲板上的集装箱数量

D. 以上均可

12. 集装箱船舱口宽大，不利于______。

A. 船舶装载集装箱　　B. 船舶稳性

C. 船舶卸载集装箱　　D. 船舶的强度

13. 集装箱船舶的配积载文件应包括______。

A. 集装箱行箱位图　　B. 稳性、吃水差计算表

C. 集装箱装载汇总表　　D. A + B + C

14. 关于 40ft 集装箱与 20ft 集装箱的装载问题，下列______说法是正确的。

A. 20ft 箱上面不可装 40ft 集装箱

B. 40ft 箱上面可装 20ft 集装箱

C. 20ft 箱上面是否可装 40ft 集装箱需视箱格结构和底座位置等而定

D. 20ft 箱和 40ft 集装箱不能混装

15. 集装箱船舶在确定甲板装箱数及堆装层数时，应考虑的因素是______。

A. 保证船舶驾驶视线的良好

B. 甲板及舱盖局部强度的限制

C. 甲板装箱数与舱内装箱数应保持适当的比例

D. A、B、C 都是

16. IMO 要求集装箱船前部甲板箱子的堆积层数，应满足船首盲区不大于______船长。

A. 0.5　　B. 1　　C. 1.5　　D. 2

17. 冷藏集装箱在船上堆装时，其制冷机组一端应保持朝向______方向，以防止海浪的冲击和侵入。

A. 船首　　B. 船尾　　C. 船舶左舷　　D. 船舶右舷

18. 集装箱船上，用于连接上下两层集装箱或集装箱与船体的系固设备是______。

A. 扭锁　　B. 桥锁　　C. 锥板　　D. 绑扎杆

19. 集装箱船编制配积载计划不同于普通货船，它包括三个过程，其中预配工作由______承担。

A. 集装箱船大副　　B. 集装箱船船长

C. 集装箱装卸公司　　D. 码头理货员

20. 集装箱运输中，最常用的两种集装箱型号分别为______。

A. 40 英尺集装箱，20 英尺集装箱　　B. 40 英尺集装箱，25 英尺集装箱

C. 40 英尺集装箱，10 英尺集装箱　　D. 30 英尺集装箱，10 英尺集装箱

21. 集装箱船通常用______表示其载重能力。

A. 总载重量　　B. 满载排水量　　C. 总吨位　　D. 标准箱 TEU 数目

22. 箱主代号、顺序号和核对数字共______。

A. 9 位　　B. 10 位　　C. 11 位　　D. 12 位

23. 下列装载情况，会发生捣载的是______。①先卸港箱位 130304，后卸港箱位 140382；②先卸港箱位 160484，后卸港箱位 170408

A. ①会②不会　　B. ①不会②会　　C. ①、②都会　　D. ①、②都不会

24. 集装箱箱号的第四位若为"Z"，则表示：

A. 常规集装箱　　B. 带可拆卸设备的集装箱

C. 集装箱专用车和底盘车　　D. 敞顶集装箱

25. 在国际标准集装箱标志中，第一行位置按顺序标明的内容是：

A. 国家代号、尺寸和类型代码

B. 国家代号、顺序号和核对数字

C. 箱主代号、尺寸和核对数字

D. 箱主代码、设备识别码、顺序号和核对数字

26. 校核集装箱船局部强度时，集装箱箱盖的允许装载量用______来表示。

A. 单位面积的允许重量　　B. 允许负荷量

C. 每堆集装箱最大允许负荷量　　D. 集中负荷

27. 为便利装卸，同一卸港的集装箱数量少时应：

A. 集中配装　　B. 分散配装　　C. 配装在特别箱位　　D. 上甲板配装

28. 集装箱船在充分利用箱容量时，主要考虑：

A. 船舶具有足够的强度　　B. 船舶具有适度的吃水差

C. 船舶具有足够的稳性　　D. 以上均对

29. 我们国家的铁路联盟标记是______。

A. ic33　　B. UC33　　C. CN33　　D. PRC33

30. 求解集装箱编号的核对数字时，模数是______。

A. 12　　B. 13　　C. 11　　D. 10

31. 产生集装箱运输货损货差事故的原因中，不由船方负责的有______。

A. 货物装箱不当　　B. 集装箱箱位配置不当

C. 货箱固定绑扎不牢　　D. 运输途中通风不当

第十二章　实践操作

本章是学生进行实际操作，根据杂货船资料和装货清单，编制杂货船积载图；上机编制集装箱船装载计划；上机编制散装船装载计划；对货物单元拟订一个系固绑扎方案。

重点：编制杂货船积载图

第一节　杂货船积载实例

"Q"轮第18航次拟承运下列"装货清单"（表12-1）所列货物，在广州黄埔港装货后开往曼谷和卡拉奇。油、水在始发港一次装足，预定开航日期为11月2日，试编制本航次积载计划（船舶资料见附录一）。

中国外轮代理公司

Loading List of M. V. "Q"

表12-1

装货单号 S/O No.	件数及包装 NO. Of Pkgs	货名 Description		毛重吨 Gross weight in metric tons	估计立方米 Estimated space in Cu. M	备　注
FOR BANGKOK						
1	3 030bgs	Tea seed extraction	茶籽饼	200.0	380.0	Dangerous cargo 4.2
2	6 000c/s	Earthen ware	搪瓷制品	150.0	345.0	
3	1 3540bgs	Talcum powder	滑石粉	677.0	1 150.9	
4	3 074d/s	Bees honey	蜂蜜	375.0	412.5	
5	219b/s	Rabbit hair	兔毛	35.0	84.0	
6	5 926rls	Hex wire netting	铁丝网	800.0	1 784.0	
7	7 200c/s	Plastics ware	塑料制品	360.0	1 530.0	
Total	38 989 pkgs			2 597.0	5 686.4	
For KARACHI						
8	1 015c/s	Medical ware	医疗用品	121.8	389.8	
9	3 920drms	Peanut oil	花生油	980.0	1 557.2	
10	3 560c/s	Wall dope	墙涂料	890.0	1 557.5	
11	1 299ctns	Textiles	纺织品	120.0	444.0	
12	4 000ctns	Toys	玩具	100.0	178.0	
13	7 000ctns	Porcelain Ware	瓷器	210.0	777.0	
14	180drms	Para-phenylene diam	对苯二胺	5.4	6.5	Dangerous cargo 6.1

续上表

装货单号 S/O No.	件数及包装 NO. Of Pkgs	货名 Description		毛重吨 Gross weight in metric tons	估计立方米 Estimated space in Cu. M	备注
15	4 180bgs	Groundnut	花生果	334.4	521.6	
16	445 000ctns	Canned goods	罐头	900.0	1 368.0	
17	2 415d/s	White oil	白油	454.0	1 034.2	
18	1 405rls	Castiron pipes	铸铁管	1 100.0	1 162.7	
19	12 000bgs	Soybeans	大豆	1 200.0	1 872.0	
20	5 000bgs	White paraffin wax	石蜡	250.0	424.8	Away from boiler
21	1 002c/s	exhibition article	展览品	60.0	204.1	Valuable goods
Total	91 976pkgs			6 725.6	1 1497.4	
grand total	130 965pkgs			9 322.6	17 183.8	

一、核定航次货运任务与船舶的载货能力是否相适应

1. 计算本航次船舶的净载重量 *NDW* 和查取船舶货舱的总舱容(包装容积) $\sum V_{ch}$

(1)计算净载重量 *NDW*。根据本轮开航日期及航线,在《载重线海图》上查得,本航次航行于热带季节区域,但开航时为夏季季节期,故只允许使用夏季载重线,其排水量为 Δ_s = 19 710t。本航次装有油 1 447t、水 322t、航次储备量中 G_1 = 28t,即 $\sum G$ = 1 447 + 322 + 28 = 1 797t,船舶常数 C = 220t,空船重量 Δ_L = 5 565t。所以,本航次船舶的净载重量为:

$$NDW = \Delta_s - \Delta_L - \sum G - C$$

$$= 19\ 710 - 5\ 565 - 1\ 797 - 220 = 12\ 128(\mathrm{t})$$

(2)查取船舶总舱容 $\sum V_{ch}$。由表 F1-4 查得"Q"轮的包装舱容 $\sum V_{ch} = 19\ 591(\mathrm{m}^3)$

2. 审核本航次拟装货物的重量、件数和体积

经审核,本航次拟运货物的总重量 $\sum Q$ = 9 322.6t、总件数为 130 965 件、包括亏舱的总体积 $\sum V_c$ = 17 183.8m^3。装货清单所列数据正确。

3. 比较船舶的载货能力是否满足航次货运任务的要求

经比较分析,因航次货载中特殊货物不多,本轮的载货能力大于货运任务,初步判定货物的承运条件可以满足,即能承运装货清单上的全部货物。

二、计算各货舱及各层舱配货重量的控制数

(1)根据本航次货运任务,算得为满足船舶纵向强度条件要求的各舱装货重量的上下限(表 12-2)。

(2)确定各货舱配货数量。本航次离始发港船舶排水量 Δ_L = 1 6904.6t,其漂心位于舯后 4.40 处(第三舱略偏后)且本船空载时尾倾较大(t = −3.55m),为避免装载后船舶的尾倾过大,在配货时应在漂心前的第一、第二货舱适当多配货(偏于上限),在漂心后的第四、第五货舱适当少配货(偏于下限)。

各货舱配货重量核算表

表 12-2

离港名称	数量(t) \ 舱别	No. 1	No. 2	No. 3	No. 4	No. 5	合计
	各舱容占总值百分(%)	9.36	25.77	27.87	22.47	14.53	100
	各舱装载调整值(t)	115	314	339	274	147	—
离黄埔港	各舱装货重量上下限(t)	988/758	2 717/2 089	2 937/2 259	2 369/1 821	1 531/1 177	—
	各舱实际装货重量(t)*	943.5	2 711.6	2 274.4	2 191.3	1 181.8	9 322.6
离曼谷港	各舱装货重量上下限(t)	745/515	2 047/1 419	2 213/1 535	1 785/1 237	1 154/800	—
	各舱实际装货重量(t)*	708.5	1 911.6	1 784.4	1 439.3	881.8	6 725.6

*注:该行数据是在各舱配货完成后再填入。

(3)确定各层舱配货数量。本轮空船重量比较适中,但油水舱多数在底部,为保证船舶具有适度的稳性,特别是在油水大量消耗的情况下仍具有足够的稳性,离始发港时,本航次货载在二层舱配置的重量比例应不大于总货重的35%。

三、确定货物的舱位和货位

1. 对航次货载进行分类

通过对航次装货清单进行的仔细分析,可以将其所列货物分类如下:

危险货:S/O No. 1 茶籽饼属4.2类易自燃物质,S/O No. 14 对苯二胺属6.1类有毒物质,从包装危险货物隔离表中查得,两者要求“远离”,同时S/O No. 14 对苯二胺应与所有食品至少分室配装;

贵重货:S/O No. 21 展览品,应尽可能配于贵重舱内;

食品货物:S/O No. 4 蜂蜜,S/O No. 9 花生油,S/O No. 16 罐头,S/O No. 15 花生果和S/O No. 19 大豆。其中S/O No. 16 罐头怕潮湿,应与易散发水分的S/O No. 15 花生果和S/O No. 19 大豆分舱装载;

怕热货:S/O No. 20 石蜡,应避免配装在靠近机舱的货舱内;

清洁货:S/O No. 3 滑石粉,应避免与其他散装货配装于一舱内;

易碎货:S/O No. 13 瓷器,应配装于货舱的顶层;

气味货:S/O No. 5 兔毛,最好与所有食品分舱配装。

2. 配货指导思想

在满足上述各舱各层舱配货重量控制数的前提下,根据本航次货物特点确定的配货的具体指导思想是:

No. 1 舱:危险货物(其中二层舱配易自燃货)和气味货,这样可以为其他各舱配装本航次数量较大的食品货物提供条件;

No. 2 舱:怕热货,裸装重货,食品;

No. 3 舱:易散发水分的食品货,怕热货;

No. 4 舱:食品,非怕热货,清洁货,非扬尘货;

No. 5 舱:非怕热货,食品;

3. 各舱配货结果(表 12-3)

各 舱 配 货 结 果 表 12-3

第一货舱			货名	重量(t)	体积(m^3)	件数
二层舱	曼谷	S/O 1	茶籽饼	200.0	380.0	3 030
	曼谷	S/O 5	兔毛	35.0	84.0	219
	卡拉奇	S/O 10	墙涂料	302.6	529.5	1 210
小计				537.6	993.5	4 459
底舱	卡拉奇	S/O 10	墙涂料	400.5	700.9	1 602
	卡拉奇	S/O 14	对苯二胺	5.4	6.5	180
小计				405.9	707.4	1 782
合计				943.5	1 700.9	6 241
第二货舱			货名	重量(t)	体积(m^3)	件数
二层舱	曼谷	S/O 6	铁丝网	120.0	267.6	889
	卡拉奇	S/O 16	罐头	630.0	957.6	31 500
小计				750.0	12 25.2	32 389
底舱	曼谷	S/O 6	铁丝网	680.0	1 516.4	5 037
	卡拉奇	S/O 17	白油	181.6	413.7	966
	卡拉奇	S/O 18	铸铁管	1 100.0	1 162.7	1 405
小计				1 961.6	3 092.8	7 408
合计				2 711.6	4 318.0	39 797
第三货舱			货名	重量(t)	体积(m^3)	件数
二层舱	曼谷	S/O 2	搪瓷制品	150.0	345.0	6 000
	曼谷	S/O 7	塑料制品	54.0	229.5	1 080
	卡拉奇	S/O 20	石蜡	250.0	424.8	5 000
小计				454.0	999.3	12 080
底舱	曼谷	S/O 7	塑料制品	306.0	1 300.5	6 120
	卡拉奇	S/O 15	花生果	334.4	521.6	4 180
	卡拉奇	S/O 19	大豆	1 200.0	1 872.0	12 000
小计				1 840.4	3 694.1	22 300
合计				2 294.4	4 693.4	34 380
第四货舱			货名	重量(t)	体积(m^3)	件数
二层舱	曼谷	S/O 3	滑石粉	270.8	460.4	5 416
	曼谷	S/O 4	蜂蜜	75.0	82.5	615
	卡拉奇	S/O 17	白油	272.4	620.5	1 449
小计				618.2	1 163.4	7 480
底舱	曼谷	S/O 3	滑石粉	406.2	690.5	8 124
	卡拉奇	S/O 9	花生油	980.0	1 557.2	3 920
	卡拉奇	S/O 10	墙涂料	186.9	327.1	748
小计				1 573.1	2 574.8	12 792
合计				2 191.3	3 738.2	20 272

续上表

第五货舱			货名	重量(t)	体积(m^3)	件数
二层舱	曼谷	S/O 4	蜂蜜	300.0	330.0	2 459
	卡拉奇	S/O 8	医疗用品	21.8	70.2	183
	卡拉奇	S/O 11	纺织品	120.0	444.0	1 299
	卡拉奇	S/O 12	玩具	100.0	178.0	4 000
	卡拉奇	S/O 16	罐头	270.0	410.4	13 500
	卡拉奇	S/O 21	展览品	60.0	204.1	1 002
	小计			871.8	1 636.7	22 443
底舱	卡拉奇	S/O 8	医疗用品	100.0	319.6	832
	卡拉奇	S/O 13	瓷器	210.0	777.0	7 000
	小计			310.0	1 096.6	7 832
	合计			1 181.8	2 733.3	30 275
	总计			9 322.6	17 183.8	130 965

四、对初配方案进行核查

1. 核查装货清单上所列货物是否全部配置完毕

经核查,装货清单上的货物已全部配置完毕,无漏配、重配,所有数据与装货清单完全一致,没有差错(见表12-4)。

航次全部货物装舱状况核查表 表12-4

关单号 S/O No 及到港	第一货舱		第二货舱		第三货舱		第四货舱		第五货舱		合计	
	重量(t)	体积(m^3)	重量(t)	体积(m^3)	重量(t)	体积(m^3)	重量(t)	体积(m^3)	重量(t)	体积(m^3)	重量(t)	体积(m^3)
到曼谷												
1	200.0	380.0									200.0	380.0
2					150.0	345.0					150.0	345.0
3							677.0	1 150.9			677.0	1 150.9
4							75.0	82.5	300.0	330.0	375.0	412.5
5	35.0	84.0									35.0	84.0
6			800.0	1 784.0							800.0	1 784.0
7					360.0	1 530.0					360.0	1 530.0
小计	235.0	464.0	800.0	1 784.0	510.0	1 875.0	752.0	1 233.4	300.0	330.0	2 597.0	5 686.4
到卡拉奇												
8									121.8	389.8	121.8	389.8
9							980.0	1 557.2			980.0	1 557.2
10	703.1	1 230.4					186.9	327.1			890.0	1 557.5
11									120.0	444.0	120.0	444.0
12									100.0	178.0	100.0	178.0
13									210.0	777.0	210.0	777.0

续上表

关单号 S/O No 及到港	第一货舱		第二货舱		第三货舱		第四货舱		第五货舱		合计	
	重量(t)	体积(m^3)	重量(t)	体积(m^3)	重量(t)	体积(m^3)	重量(t)	体积(m^3)	重量(t)	体积(m^3)	重量(t)	体积(m^3)
14	5.4	6.5									5.4	6.5
15					334.4	521.6					334.4	521.6
16			630.0	957.6					270.0	410.4	900.0	1 368.0
17			181.6	413.7			272.4	620.5			454.0	1 034.2
18			1 100.0	1 162.7							1 100.0	1 162.7
19					1 200.0	1 872.0					1 200.0	1 872.0
20					250.0	424.8					250.0	424.8
21									60.0	204.1	60.0	204.1
小计	708.5	1 236.9	1 911.6	2 534.0	1 784.4	2 818.4	1 439.3	2 504.8	881.8	2 403.3	6 725.6	11 497.4
合计	943.5	1 700.9	2 711.6	4 318.0	2 294.4	4 693.4	2 191.3	3 738.2	1 181.8	2 733.3	9 322.6	17 183.8

2. 核查各货舱、各层舱所配货物重量

(1)各货舱所配货物重量。

核查结果，各舱装货重量均在允许范围内，符合要求(表 12-2)。

(2)离黄埔港时二层舱与底舱配货重量及比例。

经核查，二层舱配货重量为 34.0%，底舱为 66.0%，船舶稳性不会有多大问题(表 12-5)。

各层舱配货重量核查表 表 12-5

舱层及离港港别	二层舱		
	离黄埔港	离曼谷港	离港
实配重量(t)/所占百分比(%)	3 771.7/34.0	1 966.9/29.2	—

3. 核查各到港货在各货舱的分布情况

各到港货在各货舱的重量和件数见表 12-6。

不同到港货物在各舱分布核查表 表 12-6

舱别/到港	第一货舱		第二货舱		第三货舱		第四货舱		第五货舱		合计	
	重量(t)	件数	重量(t)	件数	重量(t)	件数	重量(t)	件数	重量(t)	件数	重量(t)	件数
曼谷	235.0	3 249	800.0	1 569	510.0	13 200	752.0	6 031	300.0	2 459	2 597.0	20 748
卡拉奇	708.5	2 992	1 911.6	38 228	1 784.4	21 180	1 439.3	14 241	881.8	27 816	6 725.6	103 557
合计	943.5	6 241	2 711.6	39 797	2 294.4	34 380	2 191.3	20 272	1 181.8	30 275	9 322.6	130 965

4. 核查各舱配货体积

从各舱配货体积表 12-7 中可以看出，各舱实配货物体积(包括亏舱)均小于其舱室容积，所有货物均可以装入货舱。

各舱配货体积核查表 表 12-7

舱别/项目	No. 1		No. 2		No. 3		No 4		No. 5		合计(m^3)
	二层舱	底舱	二层舱	底舱	二层舱	底舱	二层舱	底舱	二层舱	底舱	
货舱容积(m^3)	1 030	804	1 789	3 260	1 630	3 830	1 312	3 090	1 720	1 126	19 591
配货体积(m^3)	993.6	707.4	1 225.2	3 092.8	999.3	3 694.1	1 163.4	2 574.8	1 636.7	1 096.6	17 183.8

注：No. 5 舱二层舱含贵重舱容积。

5. 核查各二层舱的防堵货物体积

从表12-8可以看出，各二层舱的防堵货物体积均小于其防堵舱容，底舱卸货时均可以全开二层舱舱盖。

各二层舱防堵状况核查表 表12-8

项目＼舱别		No.1货舱	No.2货舱	No.3货舱	No.4货舱	No.5货舱
各货舱二层舱的防堵舱容（m^3）	舱盖全开时	568	1 068	968	865	637
	舱盖半开时	799	1 429	1 299	1 084	969
各货舱二层舱实配防堵货物体积（m^3）		0.0	957.60	424.80	620.5	0.0

此外，经查此方案无货物互抵和舱位配置不合理情况。

五、校核和调整船舶的稳性、纵向受力和吃水差

1. 黄埔港至曼谷航段船舶稳性、纵向受力和吃水差校核

（1）船舶离黄埔港状态下根据初配方案及油、水配置，列表计算船舶排水量 Δ_1、垂向重量力矩 $\sum P_i Z_{i1o}$、纵向重量力矩 $\sum P_i X_{i1}$、对船中载荷弯矩 $|P_i X_i|$、自由液面倾侧力矩 $\sum \rho \cdot i_x$，及船舶重心距基线高度 KG_1、船舶重心距船中距离 X_{g1} 和自由液面对 GM 的修正值 δGM_1（表12-9）。

船舶离黄埔港装载状况下力矩计算表 表12-9

项目＼舱别		重量 P_i(t)	重心距基线 Z_i(m)	重心距船中 X_i(m)	垂向重量力矩 P_iZ_i (9.81kN·m)	纵向重量力矩 P_iX_i(9.81kN·m) 船中前	纵向重量力矩 P_iX_i(9.81kN·m) 船中后	对船中载荷弯矩 $\|P_iX_i\|$ 9.81kN·m	液体倾侧力矩 $\rho \cdot i_x$ 9.81kN·m
货物	No.1 二层舱	537.6	11.85	53.18	6 370.6	28 589.6		28 589.6	
	底舱	405.9	6.97	52.38	2 829.1	21 261.0		21 261.0	
	No.2 二层舱	750.0	11.42	32.18	8 565.0	24 135.0		24 135.0	
	底舱	1 961.6	5.51	31.30	10 808.4	61 398.1		61 398.1	
	No.3 二层舱	454.0	11.18	8.00	5 075.7	3 632.0		3 632.0	
	底舱	1 840.4	5.35	7.85	9 846.1	14 447.1		14 447.1	
	No.4 二层舱	618.2	11.17	−13.87	6 905.3		−8 574.4	8 574.4	
	底舱	1 573.1	5.37	−13.79	8 447.5		−21 693.0	21 693.0	
	No.5 二层舱	871.8	11.54	−55.55	10 060.6		−48 428.5	48 428.5	
	底舱	310.0	7.24	−54.25	2 244.4		−16 817.5	16 817.5	
	小计	9 322.6			71 152.8	153 462.8	−95 513.5	248 976.3	
油	No.1 燃油舱（左）	203.0	0.77	7.61	156.3	1 544.8		1 544.8	
	No.1 燃油舱（右）	253.0	0.76	7.67	192.3	1 940.5		1 940.5	
	No.2 燃油舱（左）	164.0	0.77	−13.88	126.3		−2 276.3	2 276.3	
	No.2 燃油舱（右）	206.0	0.76	−13.95	156.6		−2 873.7	2 873.7	
	燃油深舱（左）	83.0	6.25	−43.81	518.8		−3 636.2	3 636.2	
	燃油深舱（右）	83.0	6.25	−43.81	518.8		−3 636.2	3 636.2	

续上表

项目 \ 舱别		重量 P_i(t)	重心距基线 Z_i(m)	重心距船中 X_i(m)	垂向重量力矩 P_iZ_i (9.81kN·m)	纵向重量力矩 P_iX_i(9.81kN·m)		对船中载荷弯矩 $\|P_iX_i\|$ 9.81kN·m	液体倾侧力矩 $\rho\cdot i_x$ 9.81kN·m
						船中前	船中后		
油	燃油沉淀舱(左)	49.5	7.12	-43.85	352.4		-2 170.6	2 170.6	
	燃油沉淀舱(右)	49.5	7.12	-43.85	352.4		-2 170.6	2 170.6	
	燃油日用柜(左)	25.0	10.76	-43.85	269.0		-1 096.3	1 096.3	
	燃油日用柜(右)	21.0	10.64	-44.00	223.4		-924.0	924.0	
	柴油舱(左)	94.0	1.01	-30.78	94.9		-2 893.3	2 893.3	
	柴油舱(右)	116.0	1.02	-32.57	118.3		-3 778.1	3 778.1	
	柴油日用柜(左)	12.0	10.70	-39.35	128.4		-472.2	472.2	
	柴油日用柜(右)	12.0	10.70	-39.35	128.4		-472.2	472.2	
	滑油循环舱	20.0	1.32	-37.60	26.4		-752.0	752.0	
	滑油储存柜	17.0	10.70	-43.29	181.9		-735.9	735.9	
	汽缸油柜(左)	7.5	0.70	-43.85	80.3		-328.9	328.9	
	汽缸油柜(右)	6.5	10.62	-43.98	69.0		-285.9	285.9	
	污滑油舱	25.0	0.67	-34.50	16.8		-862.5	862.5	
	小计	1 447.0			3 710.6	3 485.3	-29 364.9	32 850.2	
淡水	饮水柜	60.0	11.10	-25.50	666.0		-1 530.0	1 530.0	
	淡水舱(左)	101.0	3.32	-50.80	335.3		-5 130.8	5 130.8	
	淡水舱(右)	129.0	3.27	-50.69	421.8		-6 539.0	6 539.0	
	锅炉水舱	19.0	1.07	-40.31	20.3		-765.9	765.9	
	汽缸冷却水舱	13.0	0.92	-27.40	12.0		-356.2	356.2	
	小计	322.0			1 455.4		-14 321.9	14 321.9	
其他	粮食	8.0	10.80	-34.00	86.4		-272.0	272.0	
	船员及行李	10.0	15.50	-30.00	155.0		-300.0	300.0	
	备品	10.0	13.00	15.00	130.0	150.0		150.0	
	常数	220.0	10.80	0.00	2 376.0		0	0.0	
	小计	248.0			2 747.4	150.0	-572.0	722.0	
空船		55 165.0	9.07	-8.63	50 474.6		-48 026.0		
合计	符号	$\Delta 1$	KG_1	X_{g1}	M_{z1}	M_{x1}		$\sum\|P_iX_i\|1$	δGM_1
	数值	16 904.6			129 540	157 098	-187 798	296 870	0.0

(2)根据离黄埔港时船舶的排水量,查船舶性能数据表及最小初稳性高度表查得有关数据如表 12-10。

船舶离黄埔港状况下静水力参数表 表 12-10

名称	排水量 Δ_1 (nl)	平均型吃水 dm_1 (m)	横稳性距基线高度 KM_1 (m)	浮心距船中距离 X_{b1} (m)	漂心距船中距离 X_n(m)	厘米吃水吨数 TPC_1 (t/cm)	厘米纵倾力矩 MTC_1 (9.81kN · m)	允许最小初稳性高度,GM_{c1} (m)
数据	16 904.6	8.10	8.77	-0.638	-4.422	24.73	207.5	0.30

(3)离黄埔港时初稳性高度、横摇周期、首尾吃水和吃水差的计算：

①未经自由液面修正的初稳性高度 GM_{01}：

$$KG_1 = \frac{\sum P_i \cdot Z_i}{\Delta} = \frac{129\ 540}{16\ 904.6} = 7.66(\mathrm{m})$$

$$GM_{01} = KM_1 - KG_1 = 8.77 - 7.66 = 1.11(\mathrm{m})$$

②经自由液面修正的初稳性高度 GM_{01}：

$$GM_1 = GM_{01} - \delta GM_1 = 1.11 - 0 = 1.11(\mathrm{m})$$

③船舶横摇周期 T_θ：

$$T_\theta = 0.58f\sqrt{\frac{B^2 + 4KG_1^2}{GM_{01}}} = 0.58 \times l\sqrt{\frac{21.2^2 + 4 \times 7.66^2}{1.11}} = 14.4(\mathrm{S})$$

④船舶吃水差：

$$X_g = \frac{\sum P_i \cdot X_i}{\Delta} = \frac{157\ 098 - 187\ 798}{16\ 904.6} = -1.816(\mathrm{m})$$

$$t_1 = \frac{\Delta_1(X_{g1} - X_{b1})}{100 \cdot MTC_1} = \frac{16\ 904.6(-1.816 + 0.638)}{100 \times 207.5} = -0.960(\mathrm{m})$$

经校验，离黄埔港时船舶的稳性符合要求，对船中载荷弯矩$\sum|P_iX_i|_1$（$=296\ 870 \times 9.81\mathrm{kN \cdot m}$）在有利范围内（308 8791 ~2 507 275kN · m），纵向强度条件满足要求，但尾倾过大，拟在首尖舱注入压载水进行调整，使之达到 $t'_1 = -0.40\mathrm{m}$。需调整的吃水差为：

$\delta t_1 = -0.40 - (-0.96) = 0.56\mathrm{m}$。则首尖舱应载水 P_1 为：

$$P1 = \frac{N_t.100MTC_1}{X_{p1} - X_{f1}} = \frac{0.56 \times 207.5 \times 100}{69.31 + 4.422} = 157.60(\mathrm{t})$$

⑤计算压载后船舶离黄埔港时的初稳性高度、对船中载荷弯矩和首尾吃水压载后初稳性高度改变量：

$$\delta GM_1 = \frac{P_1(KG_1 - Z_{P1})}{\Delta_1 + P_1} - \frac{p.\ i_{x1}}{\Delta_1 + p_1} = \frac{157.60(7.54 - 5.91)}{16\ 904.6 + 157.60} - \frac{72.4}{16\ 904.6 + 157.60}$$
$$= 0.015 - 0.004 = 0.01(\mathrm{m})$$

压载后对船中载荷弯矩改变量：

$$\delta|P_iX_i|_1 = P_1 \times X_p = 157.60 \times 69.31 \times 9.81 = 107\ 157(\mathrm{kN \cdot m})$$

压载后平均吃水改变量：

$$\delta d_{m1} = P_1/100TPC = 157.60/(100 \times 24.73) = 0.06(\mathrm{m})$$

所以，压载后船舶的初稳性高度：

$$GM'_1 = GM_1 + \delta GM_1 = 1.11 + 0.01 = 1.12(\mathrm{m})$$

压载后船舶的对船中载荷弯矩：

$$\sum|P_iX_i|'_1 = \sum|P_iX_i|_1 + \delta|P_iX_i|_1 = 296\ 870 \times 9.81 + 107\ 157$$
$$= 3\ 019\ 455(\mathrm{kN \cdot m})$$

压载后船舶的实际平均吃水：

$$d'_{m1} = d_{m1} + \delta d_{m1} + 0.03 = 8.10 + 0.06 + 0.03 = 8.19(\mathrm{m})$$

（此处 0.03m 为船舶的龙骨板厚度）

压载后船舶的实际首吃水：

$$d_{F1}=d'_{m1}+\frac{1/2L_{bp}-X_t}{L_{bp}}.t'_1=8.19+\frac{1/2\times148+4.422}{148}(-0.40)$$

$$=7.98(m)$$

压载后船舶的实际尾吃水：

$$d_{A1}=d'_{m1}+\frac{1/2L_{bp}-X_f}{L_{bp}}.t'_1=8.19+\frac{1/2\times148-4.422}{148}(-0.40)$$

$$=8.38(m)$$

结论：船舶离黄埔港时，首尖舱压载157.60t，未经自由液面修正的初稳性高度为1.12m，经自由液面修正的初稳性高度仍为1.12m，对船中载荷弯矩为3 019 455kN·m，处于中拱有利范围，吃水差为-0.40m，实际首吃水为7.98m，实际尾吃水为8.38m。

（4）由黄埔港至曼谷航段船舶最不利装载状态下稳性校核。

经查：黄埔港至泰国曼谷河口船舶航程约1 550n mile。按“Q”轮油水消耗定额及平均航速17.5kn计算，则3.69天中计划消耗燃油约92.3t，柴油约7.38t和淡水约73.8t，油水消耗舱室确定如表12-11所示。

设定的油水消耗舱室情况一览表

表12-11

序号	油水消耗舱室	油水消耗重量（t）	油水消耗设定的重心高度（m）	存在自由液面力矩 pi_x（9.81kN·m）
1	No.2燃油舱（左、右）	92.30	0.77	1 960.0
2	柴油舱（左、右）	7.38	1.01	435.0
3	淡水舱（左、右）	73.80	3.32	195.9
合计		173.48		2 590.9

按少量载荷变动对初稳性高度的计算公式，其计算结果为：

$$\delta GM_2=\frac{\sum P_1(KG_1-Z_{pi})}{\Delta_1+\sum P_i}-\frac{\sum\rho i_x}{\Delta_1+\sum P_i}$$

$$=\frac{-92.3(7.555-0.77)-7.38(7.555-1.01)-73.0(7.555-3.32)}{17\ 062.2-173.48}$$

$$-\frac{2590.9}{17\ 062.2-173.48}$$

$$=-0.212(m)$$

即船舶在设定的最不利装载状态下的初稳性高度为：

$$GM'_2=GM'_1+\delta GM_2=1.12-0.212=0.908(m)$$

由船舶排水量16 888.72t查“Q”轮“最小许用初稳性高度曲线图”得：

$$GM_c=0.39m$$

结论：因 $GM'_2>GM_c$，所以，可以确定船舶在黄埔港至曼谷航段的稳性均满足法定要求。

2. 曼谷至卡拉奇航段船舶稳性、纵向受力和吃水差校核

重复上述黄埔港至曼谷航段的稳性、纵向受力和吃水差校核过程。

六、绘制正式积载图

经上述校核和压载后，货物积载方案已满足各项要求，现据此绘制正式积载图，如图12-1所示。

目的港 DISTIATION	颜色 COOLOR	第一舱 NO.1	第二舱 NO.2	第三舱 NO.3	第四舱 NO.4	第五舱 NO.5		甲板货 DECK CARGO	总计 TOTAL
曼谷		235.0	800.0	510.0	752.0	300.0		0	2597.0
卡拉奇		708.5	1911.6	1784.4	1439.3	881.8		0	6725.6
总计 TOTAL		943.5	2711.6	2294.4	2191.3	1181.8		0	9322.6

中　国　远　洋　运　输　公　司

CHINA OCEAN SHIPPING COMPANY

货 物 积 载 图

STOWAGE　PLAN

船名M.V. “Q” 轮

航次 VOYAGE V18 自 FROM 黄浦港 至 TO 曼谷、卡拉奇

日期 离港 DSTE SALED 11月2日 到港 ARRIVED

水尺 DRAFTF. 前 7.98m 后 A. 8.38m 平均 M. 8.19m

舱位 HATCH	底舱 LOWER	二层舱 LOWER		共计 件数/吨数 TOTAL
第一舱 NO.1	1782/405.9	4459/537.6		6241/943.5
第二舱 NO.2	7408/1961.6	32389/750.0		39797/2711.6
第三舱 NO.3	22300/1840.4	12080/454.0		34380/2294.4
第四舱 NO.4	12792/1573.1	7480/618.2		20272/2191.3
第五舱 NO.5	7832/310.0	22443/871.8		30275/1181.8
总计 TOTAL	52114/6151.0	78851/3171.6		130965/9322.6

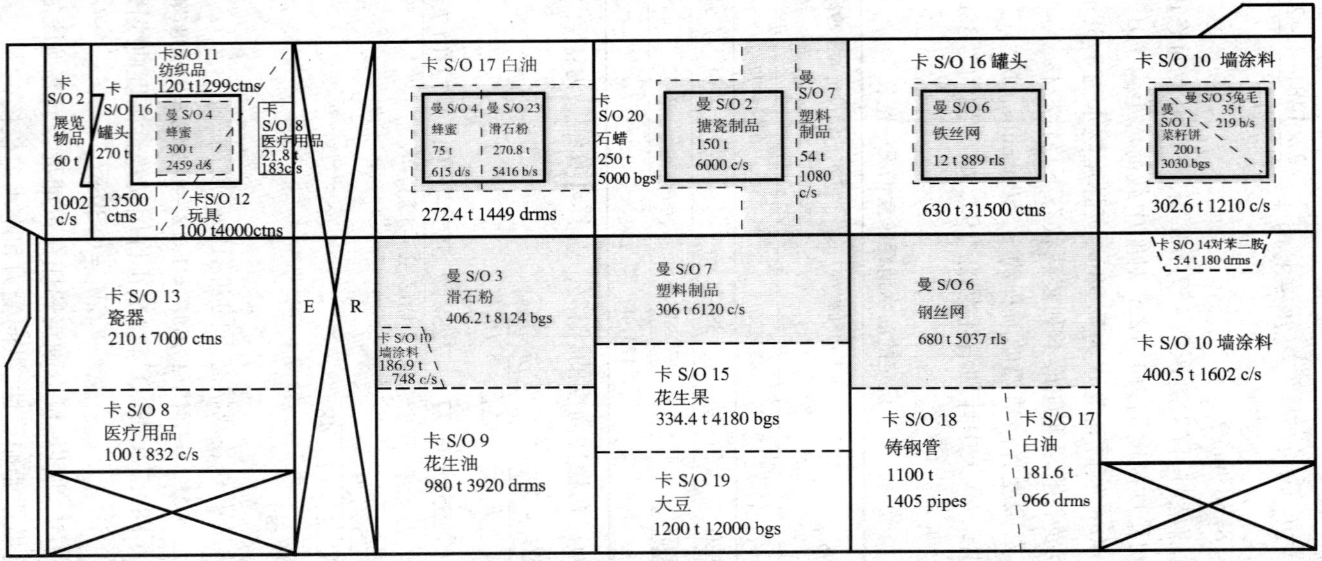

备 注
REMARKS　本船吊杆安全负荷量为5t。NO.1 舱内 S/O 1 属 4.2 类易自燃物质,其上应加木板和塑料薄膜衬垫后再堆装 S/O 5 兔毛, S/O 14属 6.1 有毒物质。NO.3 舱底舱内大豆和花生果之间应做好隔离。NO.4 舱底舱内花生油和墙涂料之上应使用木板和塑料薄膜衬垫, 该舱二层舱内的滑石粉之下也应使用塑料薄膜衬垫。装货中注意尽可能避免船舶发生过大的横倾。

SIGNATURE OF CHIEF OFFICER 大副签章 ________

图 12-1　积载图实例

第二节　编制杂货船积载计划

学生操作时间:180 分钟

教学方式:学生实操,老师辅导

评分标准(表 12-12):

表 12-12

载货能力核算	重量分配	初配方案及检查	计算指标	绘积载图	总计
10%	10%	40%	20%	20%	100%

一、情景模式及要求

"Q"轮第 V0099W 航次货运任务如下列"装货清单"(表 12-13)所列。船舶计划于__月__日在上海港装货后开航。全航程中船舶吃水无水深限制,船舶航速 15.0kn,船舶在始发港补足油水,无中途油水补给计划。船舶各液舱油水等储备量见"答题卷"中表 -5,"Q"轮其他详细资料见"船舶资料"。根据航次计划和杂货船资料,编制杂货船积载图,要求符合各项要求。

装货清单 Loading List of S. S/M. V "Q"

表 12-13

关单号码 S/O No.	件数及包装 No. of PKGS	货名 Description	重量(t) Weight in metric tons	估计体积(m^3) Estimated space in cu. m	积载因数 SF(m^3/t)	备注 Remarks
For Antwerp						
S/O 1	500 b/s	Rabbit hair 兔毛	80	192	2.40	
S/O 2	876 b/s	Silk piece goods 丝绸	54	180	3.33	Special stowage
S/O 3	10 000 c/s	Enamel ware 搪瓷制品	1 000	1 840	1.84	
S/O 4	17 500 bgs	Groundnut 花生果	1 400	2 184	1.56	
S/O 5	47 500 bgs	Soybeans 大豆	4 000	5 680	1.42	
S/O 6	15 970 ctns	Earthen ware 陶瓷制品	400	920	2.30	
S/O 7	15 000 c/s	Daily necessity 日用品	1 000	2 700	2.70	
Total	107 346		7 934	13 696		

二、实操项目"杂货船积载"答题卷

1. 核定航次货运任务与船舶载货能力是否相适应

(1)计算航次净载重量 NDW,查取航次装货重量,并判别能否承运?

结论:

(2)查取货物总体积及船舶总舱容,并判别能否承运?

结论:

(3)船舶其他装载能力是否满足要求？

结论：

2. 确定航次货重在各货舱、各层舱的分配控制数（表 12-14、表 12-15）

各货舱配货重量核算表 表 12-14

离港别	舱别 数量(t)	No. 1	No. 2	No. 3	No. 4	No. 5	合计
	各舱容占总值百分比(%)	9.36%	25.77%	27.87%	22.47%	14.53%	100%
	各舱装载重量调整值(t)	115	314	339	274	147	
离港	各舱装货重量上下限允许范围(t)	—	—	—	—	—	
	各舱实际装货重量(t)						
离港	各舱装货重量上下限允许范围(t)	—	—	—	—	—	
	各舱实际装货重量(t)						
离港	各舱装货重量上下限允许范围(t)	—	—	—	—	—	
	各舱实际装货重量(t)						

各层舱配货重量核查表 表 12-15

舱层及离港港别	二 层 舱		
	离港	离港	离港
实配重量(t)/所占百分比(%)	—	—	—

3. 确定货物的舱位和货位

货物配舱的基本要求：

(1)为满足稳性、纵强度和吃水差的要求，各舱实配货物重量应在上、下限范围内，上、下层舱配货重量比应保持在 30% ~35% 和 65% ~70%。

(2)合理确定不同货物的舱位和货位。

(3)忌装货物之间应进行妥善隔离。

(4)无重货压轻货，易碎品受压现象。

(5)各舱室实际配货体积至少需小于该舱舱容 $20m^3$。

(6)满足装卸顺序要求，先卸港货不被后卸港货堵住。

(7)各卸港货物的装载左右均衡，船舶无初始横倾角。

4. 对初配方案进行全面核查（表 12-16）

各货舱配货容积核查表 表 12-16

舱别 项目	No. 1		No. 2		No. 3		No. 4		No. 5			合计 (m^3)
	二层舱	底舱	二层舱	底舱	二层舱	底舱	二层舱	底舱	贵重舱	二层舱	底舱	
货舱容积(m^3)	1 030	804	1 789	3 260	1 630	3 830	1 312	3 090	259	1 461	1 126	19 591
配货体积(m^3)												

5. 离始发港状态下船舶的稳性、纵向受力和吃水差的核查与调整（表 12-17）

船舶载荷力矩计算表

表 12-18

项目		重量 P_i(t)	重心高度 Z_i(m)	重心距船中距离 X_i(m)		垂向重量力矩 P_iZ_i (t·m)	纵向重量力矩 P_iX_i(t·m) *		载荷对船中弯矩 $\lvert P_iX_i \rvert$ (t·m) *	自由液面倾侧力矩 ρi_x (t·m) *	备注
				船中前 +	船中后 −		船中前 +	船中后 −			
货物	No.1 二层舱		11.85	53.18							
	底舱		6.97	52.38							
	No.2 二层舱		11.42	32.18							
	底舱		5.51	31.30							
	No.3 二层舱		11.18	8.0							
	底舱		5.35	7.85							
	No.4 二层舱		11.17		13.87						
	底舱		5.37		13.79						
	No.5 二层舱		11.54		55.55						
	底舱		7.24		54.25						
	小计										
油	No.1 燃油舱(左)	203	0.77	7.61		156	1 545		1 545		
	No.1 燃油舱(右)	253	0.76	7.61		192	1 941		1 941		
	No.2 燃油舱(左)	164	0.77		13.88	126		2 276	2 276		
	No.2 燃油舱(右)	206	0.76		13.95	157		2 874	2 874		
	燃油深舱(左)	83	6.25		43.81	819		3 636	3 636		
	燃油深舱(右)	83	6.25		43.81	519		3 636	3 636		
	燃油沉淀舱(左)	49.5	7.12		43.85	352		2 171	2 171		
	燃油沉淀舱(右)	49.5	7.12		43.85	352		2 171	2 171		
	燃油日用柜(左)	25	10.76		13.85	269		346	346		
	燃油日用柜(右)	21	10.64		44.00	223		924	924		
	柴油舱(左)	94	1.01		30.78	95		95	95		
	柴油舱(右)	116	1.02		32.57	118		118	118		
	柴油日用柜(左)	12	10.70		39.35	128		472	472		
	柴油日用柜(右)	12	10.70		39.35	128		472	472		
	柴油沉淀柜	33	10.73		41.51	353		1 370	1 370		
	滑油循环舱	20	1.32		37.60	26		752	752		
	滑油储存柜	17	10.70		43.29	182		736	736		
	汽缸油柜(左)	7.5	10.70		43.85	80		329	329		
	汽缸油柜(右)	6.5	10.62		43.95	69		286	286		
	污滑油舱	25	0.67		34.50	17		863	863		
	小计	1 480				4 061	3 486	23 527	27 013		
淡水	饮水机	60	11.10		25.50	666		1 530	1 530		
	淡水舱(左)	101	3.32		50.80	335		5 131	5 131		
	淡水舱(右)	129	3.27		50.69	422		6 539	6 539		
	锅炉水舱	19	1.07		40.31	20		766	766		
	汽缸冷水舱	13	0.92		27.40	12		356	356		
	小计	322				1 455		14 322	14 322		

续上表

项目		重量 P_i(t)	重心高度 Z_i(m)	重心距船中距离 X_i(m)		垂向重量力矩 P_iZ_i (t·m)	纵向重量力矩 P_iX_i(t·m) *		载荷对船中弯矩 $\|P_iX_i\|$ (t·m) *	自由液面倾侧力矩 ρi_x (t·m) *	备注
				船中前 +	船中后 −		船中前 +	船中后 −			
其他	粮食	8	10.8		34.0	86		272	272		
	船员和行李	10	15.5		30.0	155		300	300		
	备品	10	13.0	15.0		130	150		150		
	船舶常数	220	10.8		0.0	2 376		0	0		
	小计	248				2 747	150	572	722		
空船		5565.0	9.07		−8.63	50 475.0		48 026.0			
合计											

从船舶资料中查取(表 12-18)：

表 12-18

查表引数(排水量)	d_m(m) *	X_b(m) *	MTC(tm/cm) *	KM(m)	GM_c(m)

(1)计算离港时的吃水差 t(要求 $t = -0.3 \sim -0.5$m)：

$$X_g = \frac{\sum P_i X_i}{\Delta} =$$

$$t = \frac{\Delta(X_g - X_b)}{100MTC} =$$

结论：

调整方法：(如果不符合要求)

(2)核算船舶离港时的纵强度：

$|\sum P_i X_i| =$

查船舶弯矩许用力矩表，船舶处于____________状态　　结论：

调整方法：(如果不符合要求)

(3)计算船舶离港时 GM 值，判别稳性是否符合要求：

$$KG_0 = \frac{\sum P_i Z_i}{\Delta} =$$

$\delta_{GM_f} =$

$GM = KM - KG_0 - \delta_{GM_f} =$

$GM_C + 0.2 =$

结论：

调整方法：(如果不符合要求)

6. 绘制正式积载图(图 12-2)

货物积载图
STOWAGE PLAN

船名（M/V）________ 航次（Voy no.）________
自（Form）________ 到（To）________

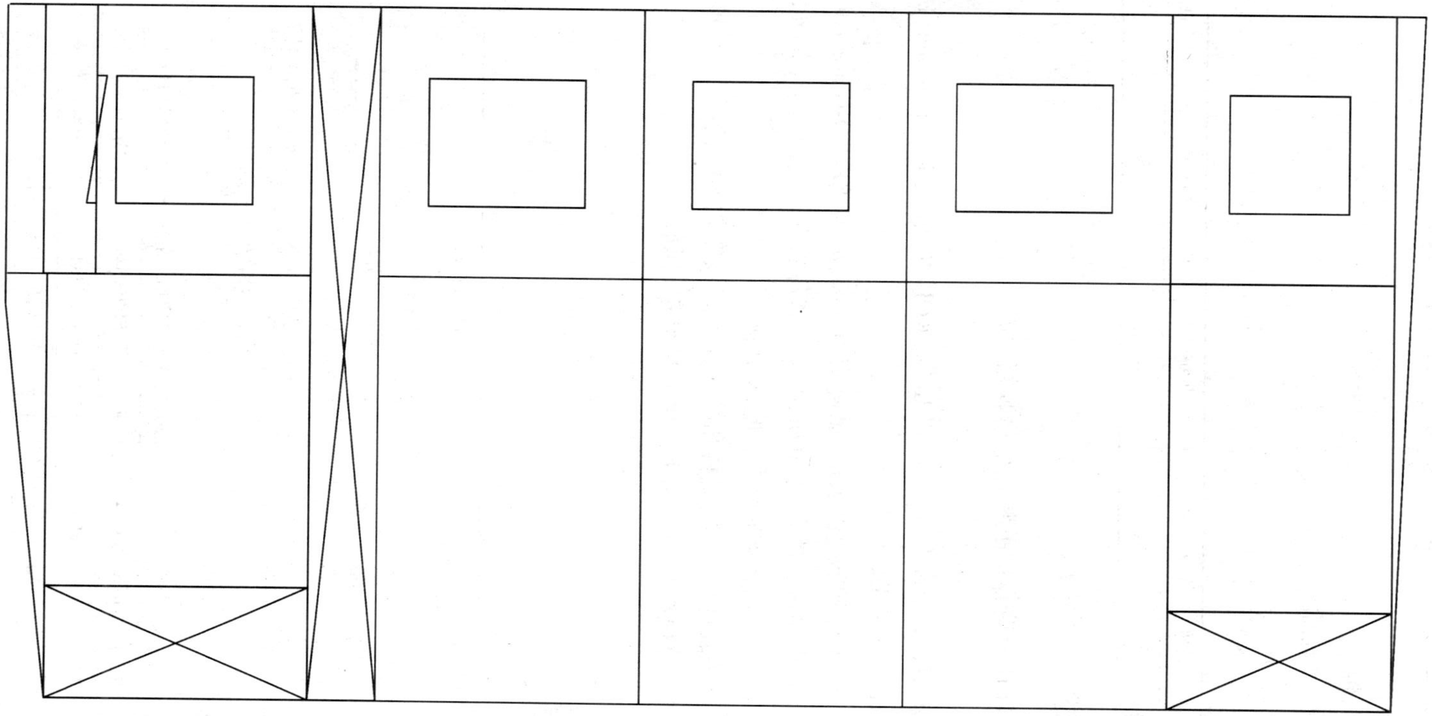

备 注
Remarks ________

大副签章（SIGNATURE OF CHIEF OFFICER）

图 12-2 货物积载图

第三节　编制集装箱船积载计划

学生操作时间:60 分钟

教学方式:学生实操,老师辅导

评分标准(表 12-19)。

表 12-19

港和箱输入	箱装载	压载方案	正确填表	系固方案	总　计
14%	40%	20%	10%	16%	100%

一、情景模式及要求

船名:"Z"轮(3800TEU 装箱容量吊装式全集装箱船)

航次:V0090E

始发港:上海 Shanghai(SHA,S)中途港:神户 Kobe(KOB,K)和长滩 Longbeach(LGB,L)

目的港:西雅图 Seattle(SEA,E)

新建的装载文件时,集装箱清单文件名取:试题编号. con,如本题取"O-con-e. con";

液舱方案文件名取:100full. tnk;储备品方案文件名取:default. mis

船舶舷外水密度取 1.025,船舶全航程中无吃水限制。

编制一份集装箱船舶装载计划,船舶资料和航次任务跟该船舶实际情况一致,该轮实际从中国经日本到美国,通过计算机编排一份离上海港时的装船计划。

二、装货清单

航次任务见表 12-20。

表 12-20

No. 序号	POL/POD 装/卸港	Weight 吨/箱	Size 长 高	Type 类型	Container No. 集装箱箱号	Remark 备　注
1 – 60	SHA/KOB 上海/神户	已被输入计算机				
合计			60(NU),45(TEU)+15(FEU)×2=75(TEU)			
61 – 290	SHA/LGB 上海/长滩	已被输入计算机				
合计			230(NU),202(TEU)+28(FEU)=258(TEU)			
291	上海/西雅图	20.0	40′×9′6′	GP　F	COSU257544 8	IMDG 3.1
292	SHA/SEA	18.5	40′×9′6′	GP　F	OOCL492843 0	IMDG 5.2
293		15.3	20′×8′6′	GP　F	APLU266492 9	
294		2.3	20′×8′6′	GP　E	COSU163584 0	Broken Container
295		2.2	20′×8′6′	GP　E	NYKU114655 5	
合计		58.3	5(NU),3(TEU)+2(FEU)= 7 (TEU)			
总计			295(NU),250(TEU)+45(FEU)= 340 (TEU)			

三、实操项目"集装箱船积载"答题卷

保存的航次装载文件名：__________. voy

在计算机上操作完成后请将离始发港状态的计算结果填入下列表格。

1. 基本计算结果(表12-21)

表12-21

名　称	结　果	单位	名　称	结　果	单位
船舶排水量		t	平均吃水		m
货物重量		t	首吃水		m
储备品重量		t	尾吃水		m
20′箱数量		TEU	吃水差		m
40′箱数量		FEU	横摇周期		s
危险品箱数量		NU	横倾角		°
冷藏箱数量		NU	盲区长度		m
舷外水密度		t/m^3	螺旋桨 I/D		—

2. 稳性校核结果(CCS,表12-22)

表12-22

名　称	要求值	单位	实际值	名　称	要求值	单位	实际值
K	1.00	/		θ_{smax}	30.00	°	
CM(经修正)	0.60	m		$\theta_{fd/2}$		°	
GZ|30°	0.20	m					

3. 船体强度校核结果(海上状态,见表12-23)

表12-23

肋骨位置	弯矩 Rel%	切力 Rel%	肋骨位置	弯矩 Rel%	切力 Rel%
Fr. 30			Fr. 189		
Fr. 48			Fr. 207		
Fr. 58			Fr. 225		
Fr. 83			Fr. 243		
Fr. 101			Fr. 261		
Fr. 117			Fr. 279		
Fr. 137			Fr. 297		
Fr. 153			Fr. 315		
Fr. 171			结论：		

4. 系固方案校核结果：(选择舱面一典型位置二层或以上层箱位处)

(1)校核箱位行号：____列号：____

(2)堆装图示(注明箱长度,是否受风压,每层箱重量及高度,系固方式)；

(3)角锁紧装置强度及绑扎杆参数：

结论：

第四节　编制散装船积载计划

学生操作时间:60 分钟

教学方式:学生实操,老师辅导

评分标准(表 12-24)。

表 12-24

吃水要求	稳性要求	强度要求	绘积载图	正确填表	总　计
14%	10%	30%	16%	30%	100%

一、情景模式及要求

1. 船舶、航线等概述

船名:"S"轮(共有九个舱的十万吨级散装货轮)

出发港:澳大利亚某港口　　　　日的港:中国北仑港

航次任务:装载 144,500t 矿石(S. F = 0.746m^3/t)　　　　装载效率:5000t/h

压载水排放效率:6000t/h

按照我国远洋散装船从澳大利亚装运矿石到北仑港实际情况,制定一份在澳大利亚港口装载计划。

2. 对固体散货装载后船舶的各项计算结果的要求

(1)稳性:满足 IMO 对稳性的各项指标要求,初始横倾角为零。

(2)强度:离始发港时,各横剖面上的剪力和弯矩满足其在海上状态下的要求。

(3)吃水差:离始发港装载状态下要求保持船舶尾倾控制在 0.5 ~ 1.0m 范围内。

3. 编制积载图(包括俯视图和侧视图)以及正确的大副批注

4. 将最后装载状态的有关数据抄录在答卷上

5. 将装载计算机上的最后装载状态存盘

文件名取法:准考证编号. stb。

在计算机上操作。

二、实操项目"散装船船积载"答题卷

保存的航次装载文件名:__________. stb

在计算机上操作完成后请将离始发港状态的计算结果填入表 12-25。

1. 基本计算结果:(海水密度 Density of Seawater: 1.025 t/m^3)

表 12-25

Displacement		VCG of ship (m)	
Deadweight		TCG of ship (m)	
Draft fore		Weight of ballast water	
Draft aft		Weight of fuel oil	
Trim (m)		Weight of diesel oil	
GM corrected (m)		Weight of fresh water	
Heeling angle		Weight of other Tanks	
Lever Balance		Weight of Stores/Misc.	
LCG of ship (m)		Weight of Cargo	

2. 船体强度校核结果(海上状态 Seagoing Condition,表 12-26)

表 12-26

肋骨位置	切力 Rel. %	弯矩 Rel. %	肋骨位置	切力 Rel. %	弯矩 Rel. %
Fr. 49			Fr. 194		
Fr. 63			Fr208		
Fr. 78			Fr. 223		
Fr. 92			Fr. 237		
Fr. 107			Fr. 252		
Fr. 121			Fr. 266		
Fr. 136			Fr. 281		
Fr. 150			Fr. 296		
Fr. 165			Fr. 311		
Fr. 179			结　论		

3. 货物装卸及压载水排放计划表(表 12-27)

表 12-27

装舱顺序	舱口 No.	预定装货量(t)	时间累计(h-min)	压载水排放舱 No.	首吃水(m)	尾吃水(m)
1						
2						
3						
4						
5						
6						
7						
8						
9						
10						
11						
12						
13						
14						
15						
16						
17						
18						
19						
20						
21						
22						
23						
24						
25						
总计						

说明:

4. 绘制积载图(图 12-3)

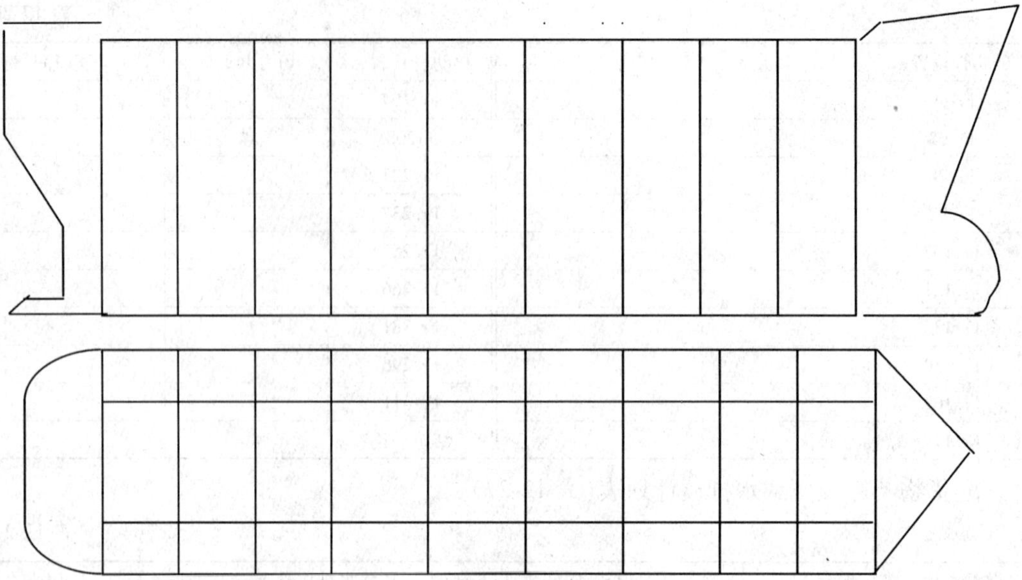

备 注:

图 12-3

第五节　校核舱面货物单元的系索强度

学生操作时间:40 分钟

教学方式:学生实操,老师辅导

评分标准(表 12-28)。

表 12-28

船货计算	系索计算	风溅力计算	加速度计算	运动核查	总　计
5%	15%	5%	12%	13%	50%

一、情景模式及要求

1. 船舶资料

船长	145.00m	船宽	22.50m
船舶航速	15.0kn	初稳性高度	1.31m

2. 货物资料

垂向货位	上甲板低位	纵向货位	距船尾 0.75 倍船长
货物重量	39.00t	货物长×宽×高	12×3.5×3.5m
系固点高度	2.8m	摩擦系数	0.3

3. 系索资料

横向加两道系索,纵向加一道系索,其参数为:

两道横向系索的系固角均取　32°　纵向系索系固角取　40°

每道横向索系的 MSL 均取　　　132kN　纵向索系 MSL　　　140kN

根据船舶、货物和系索资料校核该绑扎方案是否满足要求。

二、实操项目"校核舱面货物单元的系索强度"答题卷

该项目答题卷参见表 12-29 ~ 表 12-34。

有关船舶资料表　　表 12-29

船长 L(m)	航速 V(节)	船宽 B(m)	GM(m)	B/GM

有关货物资料表　　表 12-30

垂向货位	纵向货位/L（距船尾）	货物质量(t)	货物尺度			横向力臂	系固点高度	货重心距支点	摩擦系数
			长(m)	宽(m)	高(m)	L_Z(m)	h(m)	横距 b_1(m)	μ
		(1)	(2)	(3)	(4)	(5) = (4)/2	(6)	(7) = (3)/2	(8)

有关系索资料表　　表 12-31

系索	横向系索								纵向系索					
编号	左/右	系固角	MSL	CS	力臂 l	f	CS · f	CS · l	前/后	系固角	MSL	CS	f	CS · f
		(9)	(10)	(11) = (10)/1.5	(12) *	(13)	(11) × (13)	(11) × (12)		(14)	(15)	(16) = (15)/1.5	(17)	(16) × (17)
1	左								前					
2	左													
							(18)	(19)						(20)
合计						(左)			合计				前	
						(右)							后	

注 * (12) = ((3) + (6)/tg(9)) · sin(9)

甲板货物单元的风压力和波溅力计算表　　表 12-32

风压力		波溅力	
横向风压力	纵向风压力	横向波溅力	纵向波溅力
(21) = (2) × (4)	(22) = (3) × (4)	(23) = 2 × (2)	(24) = 2 × (3)

货物单元的加速度计算表　　表 12-33

基本加速度			K_1	K_2	修正后的加速度			$m(g-a_z)$
a_{0y}	a_{0x}	a_{0z}			a_y	a_x	a_z	
(25)	(26)	(27)	(28)	(29)	(30) = (25) × (28) × (29)	(31) = (26) × (28)	(32) = (27) × (28)	(33) = (1) × (9.81 − (32))

货物单元的运动情况核查表 表 12-34

横向移动核查			横向倾覆核查			纵向移动核查		
横向移动力 F_y	横向约束力 $[F_y]$	合格否？ $F_y<[F_y]$？	横向倾覆力矩 M_y	横向约束力矩 $[M_y]$	合格否？ $M_y<[M_y]$？	纵向移动力 F_x	纵向约束力 $[F_x]$	合格否？ $F_x<[F_x]$？
(34)=(1)×(30)+(21)+(23)	(35)=9.81×(1)×(8)+(18)	(34)<(35)?	(36)=(34)×(5)	(37)=9.81×(1)×(7)+(19)	(36)<(37)?	(38)=(1)×(31)+(22)+(24)	(39)=(33)×(8)+(20)	(38)<(39)?

结论：

三、附表

附表参见表 12-35 ~ 表 12-38。

基 本 加 速 度 表 12-35

垂向货位	横向加速度 a_{0y}(m/s²)									纵向加速度 a_{0x}(m/s²)
上甲板高位	7.1	6.9	6.8	6.7	6.7	6.8	6.9	7.1	7.4	3.8
上甲板低位	6.5	6.3	6.1	6.1	6.1	6.1	6.3	6.5	6.7	2.9
二层舱	5.9	5.6	5.5	5.4	5.4	5.5	5.6	5.9	6.2	2.0
底舱	5.5	5.3	5.1	5.0	5.0	5.1	5.3	5.5	5.9	1.5
纵向货位(距船尾)/L	0.1	0.2	0.3	0.4	0.5	0.6	0.7	0.8	0.9	
垂向加速度 a_{0z}(m/s²)	7.6	6.2	5.0	4.3	4.3	5.0	6.2	7.6	9.2	

与船长(L)和航速(V)有关的 K_1 修正系数 表 12-36

V(kn) \ L(m)	50	60	70	80	90	100	120	140	160	180	200
9	1.20	1.09	1.00	0.92	0.85	0.79	0.70	0.63	0.57	0.53	0.49
12	1.34	1.22	1.12	1.03	0.96	0.90	0.79	0.72	0.65	0.60	0.56
15	1.49	1.36	1.24	1.15	1.07	1.00	0.89	0.80	0.73	0.68	0.63
18	1.64	1.49	1.37	1.27	1.18	1.10	0.98	0.89	0.82	0.76	0.71
21	1.78	1.62	1.49	1.38	1.29	1.21	1.08	0.98	0.90	0.83	0.78
24	1.93	1.76	1.62	1.50	1.40	1.31	1.17	1.07	0.98	0.91	0.85

与 B/GM 有关的 K_2 修正系数 表 12-37

B/GM	7	8	9	10	11	12	≥13
上甲板高位	1.56	1.40	1.27	1.19	1.11	1.05	1.00
上甲板低位	1.42	1.30	1.21	1.14	1.09	1.04	1.00
二层舱	1.26	1.19	1.14	1.09	1.06	1.03	1.00
底舱	1.15	1.12	1.09	1.06	1.04	1.02	1.00

作为μ和α函数的f值（$f=\mu\sin\alpha+\cos\alpha$）　　表 12-38

α / μ	-30	-20	-10	0	10	20	30	40	50	60
0.3	0.72	0.84	0.93	1.00	1.04	1.04	1.02	0.96	0.87	0.76
0.1	0.82	0.91	0.97	1.00	1.00	0.97	0.92	0.83	0.72	0.59
0.0	0.87	0.94	0.98	1.00	0.98	0.94	0.87	0.77	0.64	0.50

附录一　杂货船"Q"轮船舶资料

1. 主要参数

夏季排水量 Δ_s	19710t	夏季型吃水 d_s	9.20m
热带排水量 Δ_T	20205t	热带型吃水 d_T	9.39m
冬季排水量 Δ_w	19215t	冬季型吃水 d_w	9.01m
空船排水量 Δ_L	5565t	空船型吃水 d_L	3.14m
垂线间长 L_{bp}	148.0m	型宽 B	21.2m
型深 D	12.5m	龙骨板厚度	0.03m
船舶常数	220.0t	设计船速	17.5kn

2. 静水力性能数据表（表 F1-1）

表 F1-1

型吃水 d	排水量 Δ	总载重量 DW	厘米吃水吨数 TPC	厘米纵倾力矩 MTC	横稳心距基线高度 KM	浮心距基线高度 KB	浮心距船中距离 X_b	漂心距船中距离 X_f
m	t	t	t / cm	9.81kN·m/cm	m	m	m	m
3.14	5 565	0	20.65	140.00	11.540	1.690	+0.360	+0.500
3.40	6 100	535	20.91	144.48	11.000	1.830	+0.370	+0.460
3.60	6 532	967	21.16	147.90	10.648	1.940	+0.379	+0.420
3.80	6 964	1 399	21.29	150.80	10.350	2.045	+0.380	+0.370
4.00	7 380	1 815	21.47	153.60	10.100	2.152	+0.379	+0.315
4.20	7 820	2 255	21.64	156.25	9.866	2.260	+0.371	+0.250
4.40	8 260	2 695	21.81	158.80	9.684	2.368	+0.362	+0.175
4.60	8 700	3 135	21.96	161.25	9.516	2.473	+0.350	+0.100
4.80	9 160	3 595	22.11	163.65	9.376	2.582	+0.336	+0.020
5.00	9 600	4 035	22.27	166.15	9.248	2.693	+0.316	-0.090
5.20	10 040	4 475	22.43	168.30	9.140	2.800	+0.294	-0.190
5.40	10 500	4 935	22.57	170.60	9.044	2.908	+0.270	-0.330
5.60	10 960	5 395	22.72	172.75	8.966	3.012	+0.238	-0.490
5.80	11 400	5 835	22.86	175.00	8.900	3.120	+0.202	-0.660
6.00	11 860	6 295	23.02	177.25	8.840	3.228	+0.164	-0.880
6.20	12 340	6 775	23.17	179.60	8.800	3.338	+0.120	-1.130
6.40	12 820	7 255	23.32	182.00	8.760	3.448	+0.068	-1.400

续上表

型吃水 d	排水量 Δ	总载重量 DW	厘米吃水吨数 TPC	厘米纵倾力矩 MTC	横稳心距基线高度 KM	浮心距基线高度 KB	浮心距船中距离 X_b	漂心距船中距离 X_f
m	t	t	t / cm	9.81kN·m/cm	m	m	m	m
6.60	13 280	7 715	23.46	184.50	8.738	3.553	+0.015	-1.710
6.80	13 760	8 195	23.63	187.00	8.720	3.660	-0.048	-2.040
7.00	14 240	8 675	23.78	189.75	8.710	3.770	-0.114	-2.400
7.20	14 710	9 145	23.95	192.50	8.710	3.887	-0.192	-2.750
7.40	15 200	9 635	24.11	196.00	8.714	3.990	-0.280	-3.135
7.60	15 680	10 115	24.29	198.50	8.720	4.100	-0.370	-3.510
7.80	16 180	10 615	24.46	202.00	8.740	4.212	-0.483	-3.895
8.00	16 660	11 095	24.64	205.60	8.760	4.322	-0.582	-4.250
8.20	17 160	11 595	24.83	209.40	8.786	4.435	-0.697	-4.600
8.40	17 660	12 095	25.01	213.60	8.820	4.535	-0.812	-4.900
8.60	18 180	12 615	25.21	217.65	8.852	4.651	-0.930	-5.200
8.80	18 680	13 115	25.39	222.50	8.894	4.760	-1.050	-5.450
9.00	19 200	13 635	25.59	226.60	8.936	4.870	-1.170	-5.690
9.20	19 710	14 145	25.78	231.20	8.980	4.983	-1.292	-5.890
9.392	20 205	14 640	25.94	235.50	9.020	5.100	-1.405	-6.055

3. 最小许用初稳性高度数据表(表 F1-2)

表 F1-2

船舶排水量(t)	6 000	8 000	10 000	12 000	14 000	16 000	18 000	20 000
最小许用初稳性高度(m)	2.32	0.98	0.39	0.15	0.15	0.23	0.49	0.83

4. 各液体舱自由液面惯性矩(表 F1-3)

表 F1-3

序号	舱　别	肋位号	最大装载重量(t)	液体密度 ρ (g/cm^3)	惯性矩 i_x (m^4)	$\rho \cdot i_x$ (9.81jkN·m)
1	No.1 燃油舱(左)	95-127	203.3	0.88	1000.0	880.0
2	No.1 燃油舱(右)	95-127	253.4	0.88	1780.0	1566.0
3	No.2 燃油舱(左)	68-95	164.6	0.88	777.0	684.0
4	No.2 燃油舱(右)	68-95	206.8	0.88	1445.0	1276.0
5	燃油深舱(左或右)	40-44	83.6	0.88	50.0	440.0
6	燃油沉淀舱(左或右)	40-44	49.6	0.88	16.0	14.0
7	燃油日用柜(左)	40-44	25.1	0.88	16.0	14.0
8	燃油日用柜(右)	40-44	21.1	0.88	16.0	14.0
9	溢 油 舱	40-43	21.2	0.88	191.0	168.0
10	柴 油 舱(左)	50-68	94.9	0.84	250.0	210.0
11	柴 油 舱(右)	43-68	116.8	0.84	268.0	225.0

续上表

序号	舱别	肋位号	最大装载重量 (t)	液体密度 ρ (g/cm^3)	惯性矩 i_x (m^4)	$\rho \cdot i_x$ ($9.81kN \cdot m$)
12	首尖舱	191-首	449.0	1.025	70.6	72.4
13	No.1 压载水舱	160-187	493.0	1.025	1200.0	1230.0
14	No.2 压载水舱(左)	127-160	152.7	1.025	383.0	393.0
15	No.2 压载水舱(右)	127-160	205.0	1.025	811.0	830.0
16	No.3 压载水舱	20-39	84.0	1.025	316.0	324.0
17	尾尖舱	尾-4	170.0	1.025	543.0	556.0
18	饮水柜	64-69	60.6	1.000	41.5	41.5
19	淡水柜(左)	25-39	101.0	1.000	72.4	72.4
20	淡水柜(右)	25-39	129.6	1.000	123.5	123.5
21	锅炉水舱	44-49	19.9	1.000	21.6	21.6
22	尾压载水舱	4-12	127.1	1.025	520.0	533.0

注：i_x 小于 $10m^4$ 的各油水舱柜均未列入本表。

5. 货舱容积表(表 F1-4)

表 F1-4

舱名		位置	包装舱容	舱容中心位置(m)		散装舱	舱容中心位置(m)	
		(肋号)	m^3	距基线	距船中	m^3	距基线	距船中
第一舱	二层舱	160 – 18	1 030	11.85	53.18	1 116	11.92	53.18
	底舱	160 – 18	804	6.97	52.38	887	7.04	52.38
	合计		1 834	9.71	52.38	2 003	9.76	52.83
第二舱	二层舱	127 – 16	1 789	11.42	32.18	1 897	11.47	32.19
	底舱	127 – 16	3 260	5.51	31.30	3 441	5.58	31.30
	合计		5 049	7.60	31.61	5 333	7.67	31.61
第三舱	二层舱	95 – 127	1 630	11.18	8.00	1 724	11.23	8.00
	底舱	95 – 127	3 830	5.35	7.85	4 043	5.42	7.85
	合计		5 460	7.09	7.90	5 767	7.16	7.89
第四舱	二层舱	69 – 95	1 312	11.17	−13.87	1 388	11.23	−13.87
	底舱	−6 995	3 090	5.37	−13.79	3 262	5.44	−13.79
	合计		4 402	7.10	−13.81	4 650	7.17	−13.81
第五舱	二层舱	12 – 40	1 461	11.54	−55.55	1 580	11.60	−55.55
	底舱	12 – 40	1 126	7.24	−54.25	1 241	7.31	−54.25
	合计		2 587	9.67	−54.99	2 821	9.72	−54.99
贵重舱	二层舱(左)	4 – 12	131	11.63	−68.70	142	11.71	−68.70
	二层舱(右)	4 – 12	128	11.63	−68.70	139	11.71	−68.70
	合计		259	11.63	−68.70	281	11.71	−68.70
总计			19 591	7.87	4.02	20 855	7.95	3.90

6. 航次储备量及油水消耗定额表(表 F1-5)

表 F1-5

项目	船用备品、粮食和供应品、船员和行李			燃料消耗量(t/d)				淡水消耗量(t/d)		燃料及淡水消耗量(t/d)		
				航行		停泊					停泊	
	粮食和供应品	船员和行李	船用备品	主机	辅机	使用装卸设备	不使用装卸设备	航行	停泊	航行	使用装卸设备	不使用装卸设备
重量	8	10	10	25	2	2	1	20	15	47	17	16

7. 对船中载荷弯矩允许范围(表 F1-6)

表 F1-6

型吃水 d_M (m)	排水量 Δ (t)	载荷对船中弯矩值 $\sum P_i X_i$ (kN·m)				
		中拱状态			中垂状态	
		允许范围临界值	有利范围临界值	静水力矩为零的临界值	有利范围临界值	允许范围临界值
3.14	5 565	1 028 807	0	—	—	—
3.50	6 320	1 223 930	195 122	—	—	—
4.00	7 380	1 498 826	470 017	—	—	—
4.50	8 480	1 792 420	763 610	182 094	—	—
5.00	9 600	2 089 947	1 061 138	479 621	—	—
5.50	10 730	2 397 059	1 368 250	786 733	205 215	—
6.00	11 860	2 703 190	1 674 381	1 092 864	511 346	—
6.50	13 050	3 034 817	2 006 008	1 424 491	842 973	-
7.00	14 240	3 366 120	2 337 311	1 755 794	1 174 277	145 468
7.50	15 440	3 700 347	2 671 539	2 090 021	1 508 503	479 695
8.00	16 660	4 046 375	3 017 566	2 436 049	1 854 531	825 723
8.50	17 920	4 412 681	3 383 871	2 803 355	2 220 837	1 192 029
9.00	19 200	4 781 389	3 752 580	3 171 063	2 589 546	1 560 737
9.20	19 710	4 933 023	3 904 213	3 322 697	2 741 179	1 712 371
9.392	20 205	5 078 632	4 049 823	3 468 306	2 886 789	1 857 980
9.40	20 240	5 093 799	4 064 991	3 483 473	2 901 955	1 873 147

8. 液舱容积表(表 F1-7)

表 F1-7

舱　　名	位置(肋号)	净舱容(m^3)					舱容中心位置(m)	
		燃油	柴油	滑油	压载水	淡水	距基线	距船中
No.1 燃油舱(左)	95 ~ 127	231.0					0.77	7.61
No.1 燃油舱(右)	95-127	288.0					0.76	7.67
No.2 燃油舱(左)	68-95	187.0					0.77	-13.88
No.2 燃油舱(右)	68 ~ 95	253.0					0.76	-13.95

续上表

舱　名	位置(肋号)	净舱容(m^3)					舱容中心位置(m)	
		燃油	柴油	滑油	压载水	淡水	距基线	距船中
燃油深舱(左)	40-44	95.0					6.25	-43.81
燃油深舱(右)	40-44	95.0					6.25	-43.81
燃油沉淀舱(左)	40-44	56.4					7.12	-43.85
燃油沉淀舱(右)	40~44	56.4					7.12	-43.85
燃油日用柜(左)	40~44	28.5					10.76	-13.85
燃油日用柜(右)	40~44	24.0					10.64	-44.00
溢油舱	40~43	24.1					0.78	-44.20
柴油舱(左)	50-68		113.0				1.01	-30.78
柴油舱(右)	43-68		139.0				1.02	-32.57
柴油日用柜(左)	46-50		14.3				10.70	-39.35
柴油日用柜(右)	46-50		14.3				10.70	-39.35
柴油沉淀柜	40~50		40.4				10.73	-41.51
滑油循环舱	44-56			22.5			1.32	-37.60
滑油沉淀柜	40-44			21.6			10.74	-43.45
滑油储存柜	40-45			19.7			10.70	-43.29
汽缸油柜(左)	40-44			8.6			10.70	-43.85
汽缸油柜(右)	40~44			7.7			10.62	-43.98
汽缸油日用柜	43~44			0.9			11.40	-42.73
污滑油舱	44~61			35.0			0.67	-34.50
首尖舱	187-首				438.0		5.91	69.31
No.1 压载水舱	160-187				481.0		2.53	52.22
No.2 压载水舱(左)	127~160				149.0		0.78	30.21
No.2 压载水舱(右)	127-160				200.0		076	31.21
No.3 压载水舱	20-39				82.0		0.80	-51.83
尾压载水深舱	4~12				124.0		7.59	-68.42
尾尖舱	尾-4				165.9		9.63	-74.43
饮水柜	64~69					60.6	11.10	-25.50
淡水舱(左)	25~39					101.0	3.32	-50.80
淡水舱(右)	25-39					129.6	3.27	-50.69
锅炉水舱	44~49					19.9	1.07	-40.31
汽缸冷却水舱	62-65					13.0	0.92	-27.40
总计		1 320.4	321.0	116.0	1 639.9	324.1		

附录二　有关货物及其他资料

一、常见货物包装种类(表 F2-1)

表 F2-1

包装名称		缩写		适装货类
		单数	复数	
箱装	箱装(Case)	C/—	C/S,Cs	箱的总称
	木箱(Box)	Bx	Bxs	小箱,适装五金等
	木箱(Chest)	Cst	Csts	小型轻便箱,适装茶叶等
	明格箱(Skeleton case)	C/—	C/S,Cs	土豆,红葱等
	胶合板箱(Veneer case)			
	夹板箱(Plywood box)			
	席包箱(Matted box)	M/Bx	M/Bxs	
	柳条箱(Willow case)			
	亮格箱(Crate case)	Cn	Crts	自行车、玻璃、机械等
	纸板箱(Cardboard case)			
	纸箱(Carton)	CtII	Ctns	易碎品、香烟、日用品等
包捆装	包、捆(Bale)	B,B1	B/S,Bls	纺织品等
	机包(Pressed bale)	Bl	B18	棉花、棉布、纸张等
	席包、蒲包(Mat)			
	布包(Burlap)	mp	Blps	砂糖、籽棉等
	麻布包(Jute c10 山)			
袋装	袋(Bag)	Bg	Bgs	袋装总称,粮食、水泥等
	麻袋(Gunny bag)	Bg	Bgs	大米、豆类、砂糖等
	草袋(Straw bag)	Bg	Bgs	谷物、盐等
	布袋(Cloth bag)	Bg	Bgs	面粉、滑石粉、淀粉等
	布袋(Sack)	sk. Sx	Sks,Sxs	
	聚乙烯袋(Polyethylene bag)	Bg	Bgs	化肥、氯化铵等
	牛皮纸袋(Paper bag,Kraft bag)	Bg	Bgs	水泥、石灰、化肥等
桶装	鼓形桶(Barrel)	Brl	Brls	油类、肠衣、松脂等
	桶(Keg)	Kg	Kgs	小五金、油漆等
	桶(Cask)	Csk	Csks	水泥、碱性染料等
	罐头桶(Can)	Cn	Cns	油漆等
	听(Tin)			猪肉、油漆、药品等
	铁桶(Drum)	Dnil	Drms	酒类、染料、药品等
	桶(Tub)			酱、酱油等
	手提桶(Pail)			油漆等
	桶(Butt)			酒等
	大木桶(Hogshead)	Hghd	HgIId8	烟叶、酒类等

续上表

包装名称		缩写		适装货类
		单数	复数	
特殊包装	瓶(Bottle)	Boil	Botls	酒类、化学药品等
	柳筐瓶(Demijohn)	Dmjn	Dmjns	酸类等
	坛(Jar)			榨菜、咸蛋、酸类等
	钢瓶(Cylinder)			液化气体、压缩气体等
	细颈瓶(Flask)			化学药品等
	笼(Cage)	Cg	Cgs	鸟类容器等
	篓、篮(Basket)	Bkt	Bkts	水果、蔬菜等
	包裹(Parcel)			样品、赠品、行李等
裸装	裸装(Unpacked)			汽车、挖掘机等
	盘(Coil)	Cl	Cls	盘圆、铁丝、绳索等
	卷(Roll)	R1	Rls	卷席、筒纸、油毡等
	卷(Red)			电线、电缆、铁丝等
	捆、扎(Bundle)	Bdl	BdlB	铜棒、铁筋、藤条等
	大捆(Skid)			马口铁、废铁片等
	管(Pipe,Tube)			钢管、铁管等
	块(Ingot,Slab,Castwheel)			铸铁块、铅块、豆饼块等
	棒(Bar)			铁棒、铁条、角铁等
	张(Sheet)	Sht	Shts	铁皮、铜板等
	个、件(Package)	Pkg	Pkgs	个数的总称
	个、件(Piece)	Pc	Pcs	铁条、型钢等
	对(Pair)	Pr	Prs	成对的车轮等
	组(set)			成套的轮胎等
	头、匹(Head)	Hd	Hds	牛、马等

二、部分货物忌装表(表 F2-2)

表 F2-2

忌装货名		混装后果	忌装要求
钢材、生铁、金属设备、干电池等	酸、碱、化肥	酸、碱、化肥对钢材、生铁、金属设备有腐蚀作用,会使后者生锈;干电池遇酸碱后会起铜绿,会使之走电,腐烂	酸、碱、化肥与贵重钢材、设备、干电池不同舱室;与一般金属制品不相邻堆装
白铁皮、紫黄铜、铝锭、镀锌五金	纯碱	锌遇碱性就会加重锌皮锈蚀;纯碱腐蚀金属表层,并使金属发绿发锈	不同室
白铁皮、黑铁皮	食盐	白(镀锌)铁皮、黑(镀锡)铁皮遇盐溶解,产生黄色锈水而退锌退锡,加速铁皮生锈	不同室
棉制品、皮制品、文具、纸张	酸碱	棉制品遇酸碱使棉花纤维脆弱,皮制品遇酸碱使皮面生裂纹,纸张文具遇酸碱受蚀,失去使用价值	不同室

续上表

忌装货名		混装后果	忌装要求
橡胶	酸、碱、苯、乙醚、二硫化碳等	橡胶遇上述物质受腐蚀使其表面生裂纹,失去弹性或被溶解	不同室
玻璃及其制品	纯碱及潮湿货	玻璃接触纯碱会使玻璃表面受蚀发毛;其受潮后会影响其透明度或不易分开	不同室
硫酸铵、氯化铵过磷酸等酸性肥料	碱类	酸性化肥与碱作用,起中和作用,失去肥效	不同室
萤石、白云石、方解石	酸类	它们多为散装,萤石遇酸易产生有极毒和腐蚀性的氟化氢;白云石和方解石遇酸会溶解	不同室
尼龙及其制品	樟脑	两者有亲和力,樟脑气体进入尼龙纤维内部,影响其强度和染色牢度	不同室
水泥	食糖、氧化镁、氨肥	水泥遇万分之一的糖类会失去凝固作用,食糖混入水泥不能食用;水泥中如有氧化镁,在使用时氧化镁会与水化合,体积膨胀,影响水泥制品的质量;氨肥混入水泥会使水泥加速凝固,降低其使用价值,混入水泥的化肥也会降低肥效并影响土质	不同室
滑石粉、膨润土	生铁、矿砂等粉粒状货物	滑石粉混入杂质不能用作造纸、医药、化妆品等原料;膨润土为白色块状物质,作翻沙制模型用,混入杂质会影响翻砂质量	不同室
食品类货物	气味货	食品类货物混入异味影响食品的食用价值	一般至少不同室,对气味严重与极易吸味货或具有挥发性的气味货与食品类货物应不同舱
	有毒物质(包括有些中药材如鲜半夏等)	食品类货物混入有毒物质便不能食用	不同室或不同舱
耐火材料(镁砂、焦宝石、黏土、矾土等)	铁、煤、石屑、木块、氧化镁、氧化钙、垃圾等	耐火材料混入杂质会影响其制品的耐火温度,失去使用价值	不同室
铅块、铝块、铝锭	铁锌煤等硬质杂质	铝锭为铜丝电缆的代用品,铅块用作电缆外层的保护层,混入杂质均会影响产品质量	不同室
精锌块、铁矿粉	各种矿、砂、煤等	混入杂质会影响其产品质量	不同室
焦炭	硫化铁	焦炭混入含硫物质会影响炼钢质量	不同室
生丝、棉麻及其制品	扬尘污染货	受污染后会影响其质量	一般应不同室,包装封闭时可不相邻
棉花及棉麻制品	桶装油类、种籽饼类、五金机械类(内含防锈油)、火腿、肉类	该类物质油污后易自热、自燃且影响其质量	不相邻

续上表

忌装货名		混装后果	忌装要求
纸浆、木浆及苇浆	生铁、砂渣、纯碱	纸浆、木浆及苇浆是造纸和人造棉的原料，混入杂质会影响其制品质量且会损坏机器	不同室
工艺品、棉花及其制品	潮湿货	工艺品受潮会影响其质量甚至失去其使用价值、棉花及其制品受潮会影响其质量甚至会发热自燃	不同舱
茶叶	酸性物质	茶叶中的茶碱与酸性物质中和使茶叶无味	不同室
茶叶、烟叶、罐头	潮湿货	茶叶、烟叶受潮霉变，罐头受潮生锈	不同舱
砂糖、水泥	潮湿货	砂糖受潮结块发酸；水泥受潮结块影响质量	不同舱
水果	粮谷	粮谷易发热，使水果受热蒸发水分而干枯；同时粮谷吸水易霉变	不同舱
硝酸	锌、镁粉、其他金属、松节油	混合后会发生燃烧或爆炸	不同舱

三、ISO 6346—1995 文件——集装箱识别和标记代号国际标准摘录

国际标准化组织集装箱技术委员会（ISO/TC104）于 1994 年 9 月通过该项国际标准。标准中集装箱尺寸代码和类型代码表摘录如下：

1. 集装箱尺寸代码（表 F2-3、表 F2-4）

第一位字符 表 F2-3

代 码	箱长（L）		代 码	箱长（L）	
	mm	ft in		mm	ft in
1	2 991	10′	D	7 430	24′6″
2	6 058	20′	E	7 800	
3	9 125	30′	F	8 100	
4	12 192	40′	G	12 500	41′
5	备用号		H	13 106	43′
6	备用号		K	13 600	
7	备用号		L	1 3716	45′
8	备用号		M	14 630	48′
9	备用号		N	14 935	49′
A	7 150		P	16 154	
B	7 315	24′	R	备用号	
C	7 420		…	…	

第二位字符 表 F2-4

H / W	2 438	2 438 < W ≤ 2 500	>2 500
mm（ft，in）	（8′）	（8′ < W（8′2″））	（>8′2″）
2 438（8′）	0		
2 591（8′6″）	2	C	L

续上表

H / W	2 438	2 438 < W≤2 500	>2 500
2 743(9′)	4	D	M
2 895(9′6″)	5	E	N
>2 895(9′6″)	6	F	P
1 295(4′3″)	8		
≤1 219(4′)	9		

注：表中 H——集装箱箱高；

表中 W—集装箱箱宽。

2. 集装箱类型代码（表 F2-5）

表 F2-5

代码	箱型	总代码	集装箱主要特性	细代码	代码	箱型	总代码	集装箱主要特性	细代码
G	通用		一端或两端开门	G0	V	通风	VH	无机械排气系统，货箱上部	V0
	集装箱（无通风设备）		货箱上部空间设有透气孔	G1		集装箱		或底部空间设有通风口（备用号）	V1
			一端或两端开门，加上一侧或两侧全部敞开	G2				箱体内部设有机械通风装置	V2
		GP	一端或两端开门，加上一侧或两侧部分敞开	G3				（备用号）箱体外部设有机械通风装置	V3 V4
			（备用号）	G4					
			…	…				（备用号）	V5
			…	…					…
			（备用号）	G9				（备用号）	V9
S	以货物命名的集装箱	SN	牲畜集装箱	S0	R	保温集装箱	RE	机械制冷	R0
			小汽车集装箱	S1					
			活鱼集装箱	S2		－冷藏			
			（备用号）	S3		－冷藏和加热	RT	机械制冷和加热	R1
				…					
				…		－自备动力冷藏和加热集装箱	RS	机械制冷	R2
				…				机械制冷和加热	R3
				…				（备用号）	R4
				…				…	…
			（备用号）	S9				（备用号）	R9
P	平台式集装箱（具有不完整上部结构板架式）	PL	平台集装箱	P0	T	罐式集装箱	TN	最小压力 45kPa	I0
								最小压力 150kPa	T1
						－用于液体非危险货物		最小压力 265kPa	T2

续上表

代码	箱型	总代码	集装箱主要特性	细代码	代码	箱型	总代码	集装箱主要特性	细代码
P	-固定式	PF	有两个完整和固定的端板	Pl		-用于液体危险货物	TD	最小压力150kPa	T3
			有固定独立柱或带有可拆卸的顶梁	P2					
	-折叠式	PC	有折叠完整的端结构	P3				最小压力265kPa	T4
			有折叠独立柱或带有可拆卸的顶梁	P4				最小压力400kPa	T5
	具有完整上部结构的板架式	PS	顶部和端部敞开	P5				最小压力600kPa	T6
			(备用号)	P6		-用于气体货物	TG	最小压力910kPa	T7
			…	…				最小压力2 200kPa	T8
			(备用号)	P9				最小压力(待定)	T9
H	保温集装箱设备	HR	设备置于箱体外部,其传热系数0.4(W/m^2k)	D0	U	敞顶式集装箱	UT	一端或两端开门	U0
			设备置于箱体内部	H1				一端或两端开门,加上端框架顶梁可拆卸	U1
	可拆卸的冷藏和(或)		设备置于箱体外部,其传热系数0.7(W/m^2k)	H2				一端或两端开门,加上一侧或两侧开门	U2
			(备用号)	H3				一端或两端开门,加上一侧或两侧开门,加上端框架顶梁可拆卸	U3
	加热集装箱		(备用号)	H4					
	隔热集装箱	HI	有隔热性能,其传热系数0.4(W/m^2k)	H5					
			有隔热性能,其传热系数0.7(W/m^2k)	H6				一端或两端开门,加上一侧局部敞开和另一侧全部敞开	U4
			(备用号)	H7				(备用号)	U5
			…	…				…	…
			(备用号)	H9				(备用号)	U9
B	干散货集装箱(无压力)	BU	封闭式	B0	A	空陆水联运集装箱	AS		A0
			气密式	B1					
			(备用号)	B2					
	干散货集装箱(有压力)	BK	水平卸货,试验压力150kPa	B3					
			水平卸货,试验压力265kPa	B4					
			倾斜卸货,试验压力150kPa	B5					
			倾斜卸货,试验压力265kPa	B6					
			(备用号)	B7					
			…	…					
			(备用号)	B9					

附录三 《国际危规》危险货物标志和标牌

类别标志

1

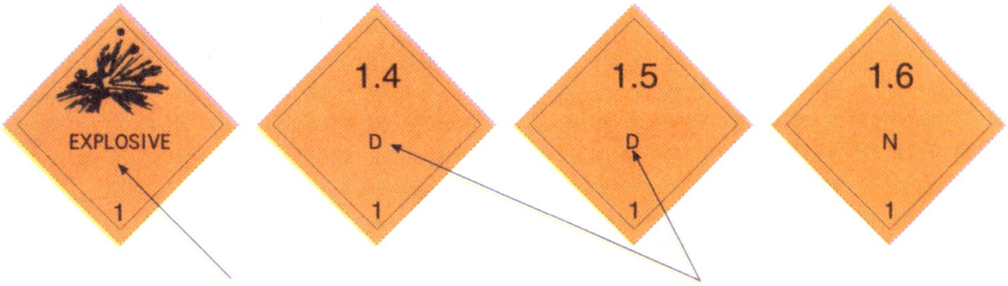

1.1 、 1.2 和 1.3 类相应的类别编号和配装类填于此处，如 1.1D 。

相应的配装类显示在此处，如 D 。对第 1 类中第 1.4 小类的配装类 S 来说，每个包件上也可以标上 1.4S 。

用于具有爆炸性的第 4.1 类自反应物质和有机过氧化物（第 5.2 类）的第 1 类副危险性标志。参见第 4.1 类绪论 1.5 和第 5.2 类绪论 5.1.1 。

类别标志

2

第 2.1 类

第 2.2 类

第 2.3 类

类别标志

3

类别标志

4

第 4.1 类

第 4.2 类

第 4.3 类

类别标志

5

第 5.1 类

第 5.2 类

副危险性标志

此处显示的是副危险性标志，但在其底角上不应加类别号。

例如：

类别标志

6

第 6.1 类

第 6.2 类

类别标志

7

包装类 I

包装类 II

包装类 III

类别标志

8

类别标志

9

标牌

有联合国编号的货物运输单元标志牌

第 1 种选择方案

第 2 种选择方案

* 类别编号的位置

* * 联合国编号的位置

海洋污染物标记

附录四 《水路危规》危险货物主标志

危险类别
1

主 1
适用于 1.1， 1.2 和 1.3 项货物

主 1.4
适用于 1.4 项货物

主 1.5
适用于 1.5 项货物

危险类别
2

主 2.1
适用于 2.1 项货物

主 2.2
适用于 2.2 项货物

主 2.3
适用于 2.3 项货物

危险类别
3

主 3
适用于 3 类货物

危险类别
4

主 4.1
适用于 4.1 项货物

主 4.2
适用于 4.2 项货物

主 4.3
适用于 4.3 项货物

危险类别
5

主 5.1
适用于 5.1 项货物

主 5.2
适用于 5.2 项货物

危险类别
6

主 6.1
适用于 6.1 项货物

主 6.2
适用于 6.2 项货物

危险类别
7

主 7
适用于 I 级放射性物品

主 7
适用于 II 级放射性物品

主 7
适用于 III 级放射性物品

危险类别
8

主 8
适用于 8 类货物

危险类别
9

主 9
适用于 9 类货物

参考文献

[1] 徐邦祯,邱文昌.海上货物运输[M].北京:人民交通出版社,2008.

[2] 姬中英.船舶原理与积载[M].北京:人民交通出版社,2007.

[3] 沈玉如.船舶货运[M].大连:大连海事大学出版社,2006.

[4] 邱文昌,施纪昌.海上货物运输[M].人民交通出版社,2005.

[5] 江明光.货物学[M].北京:人民交通出版社,2007.

[6] 徐邦祯,王建平,田佰军.海上货物运输[M].大连:大连海事大学出版社,2001.

[7] 陈桂卿,李治平.船舶货运[M].大连:大连海事大学出版社,1991.

[8] 中华人民共和国海事局.海船船员适任考试和评估大纲[M].大连:大连海事大学出版社,1998.

[9] 中华人民共和国海事局.船舶与海上设施法定检验规则[S].北京:人民交通出版社,2005.

[10] 交通部水运司.国际海运危险货物规则培训教材[M].北京:人民交通出版社,2002.

[11] 交通部.水路危险货物运输规则[S].北京:人民交通出版社,1996.

[12] 国际海事组织.国际海运危险货物规则.2006.